Ralph Giordano, Jahrgang 1923, wurde in Hamburg geboren. Weil seine Mutter Jüdin war, fiel die Familie im Deutschland der Hitlerzeit unter die Rassengesetze. Giordano lebte die letzten Monate vor der Befreiung in Illegalität. Seit 1946 arbeitet er als Journalist und Fernsehdokumentarist. Er veröffentlichte unter anderem: »Die Bertinis« (1982), »Die Spur – Reportagen aus einer gefährdeten Welt« (1984), »Wenn Hitler den Krieg gewonnen hätte« (1989).

Von Ralph Giordano sind außerdem erschienen:

Die zweite Schuld oder Von der Last, ein Deutscher zu sein (Band 3943)
Wenn Hitler den Krieg gewonnen hätte (Band 4810)
Wie kann diese Generation eigentlich noch atmen? (Band 4817)
An den Brandherden der Welt (Band 4860)

Dieses Buch wurde auf chlor- und säurefreiem Papier gedruckt.

Vollständige Taschenbuchausgabe Juli 1994
Droemersche Verlagsanstalt Th. Knaur Nachf., München
© 1992 Rasch und Röhring Verlag, Hamburg
Umschlaggestaltung Manfred Waller, Reinbek
Umschlagfoto Hanoch Guthmann
Druck und Bindung Elsnerdruck, Berlin
Printed in Germany
ISBN 3-426-80024-1

5   4   3   2   1

Ralph Giordano

»Ich bin angenagelt
an dieses Land«

Reden und Aufsätze über die
deutsche Vergangenheit und Gegenwart

Inhalt

Januskopf Bundesrepublik
Eine Bilanz nach 40 Jahren 7

Vom Widerstand und seinen Widersachern
Die Ursachen des Verlustes an humaner Orientierung 33

In memoriam Alfred Kantorowicz 54

Wehrmacht und Krieg – die »Heiligen Kühe«
Ein aktueller Kommentar zu einer alten Lüge 64

Der letzte für den Kaiser 71

Demokrat ohne Parteidoktrin und ideologisches Dogma 85

Rassismus und Militarismus im NS-Schulalltag 99

Ich bin geblieben – warum? 108

Man kann nur da sein, bei ihnen... 116

Ich bin und bleibe Hamburger 119

Kleines Volk mit großem Erbe
Zur Geschichte der Armenier 122

Es begann nicht am 9. November 146

Wiedersehen mit Bösdorf 173

Kinderzeichnungen aus dem KZ Theresienstadt 181

Aber du hast doch gar kein Abitur! 190

Der verordnete Antifaschismus 203

Ihr Feind heißt – Israel
Gedanken zur Nahost-Pathologie der Felicia Langer   217

Menetekel Saddam Hussein   234

Der verschenkte Triumph   245

Von der doppelten Last, deutscher Jude zu sein   250

Wider die »Ewigen Versailler«
Zur langen Tradition deutscher Unruhestifter   264

Und Auschwitz, Herr Bundeskanzler – Auschwitz?   272

Wir kommen zurück, ohne Gewehr –
Wir kommen mit Dollar und Mark
*Wie deutsche Revanchisten sich die »Wiedereroberung«
der Ostgebiete vorstellen*   278

Mit Ausländern leben – aber wie?   285

Wider Deutschlands trauerunfähige Linke!   315

Von der Kraft des Wortes   325

Zu keinem Zeitpunkt diese Republik geschont   330

Warum ich nicht glauben kann – und trotzdem hoffe…   332

Fragebogen   358

Januskopf Bundesrepublik

Eine Bilanz nach 40 Jahren

Eröffnungsrede in der Godesberger Stadthalle am 6. Mai 1989 zum Kongreß »Wer küßt die Republik? – Hoffnungen, Illusionen, Wirklichkeiten – 40 Jahre Bundesrepublik Deutschland«

Janus, das war der altrömische Gott der Torbögen und der öffentlichen Durchgänge. Mit dieser Einleitung will ich nicht Ihrer Bildung nachhelfen, sondern ein notwendiges und einleuchtendes Bild unseres heutigen Themas entwerfen. Torbögen und Durchgängen kann man sich bekanntlich von zwei Seiten nähern, und so zeigt Janus denn auch ein Doppelantlitz, das in verschiedene Richtungen weist – eines nach vorn, das andere rückwärts, oder – könnte man sagen – eines nach rechts und eines nach links. Gerade diese *zwei* Gesichter scheinen mir charakteristisch zu sein für die Bundesrepublik Deutschland, die nun ihren 40. Geburtstag begeht. Die Jubelfeiern, an deren Küssen die Republik zu ersticken droht, werden sich nur des einen annehmen. Deshalb wende ich mich dem anderen, unterschlagenen, dem verdrängten Gesicht zu, ohne jenes zu übersehen, in dem ich mich selbst wiedererkennen kann.

Vier Jahrzehnte sind eine lange Zeit, meine fünf Viertelstunden Rückschau für sie aber nur ein schmaler Spielraum. So bleibt nicht viel mehr, als sich an einer Leitlinie von Stichworten entlangzuhanteln – welcher?

Nach der Auszählung der Berliner Wahl vom 29. Januar 1989 riefen mich, bis in die Nacht hinein, jüdische Mitbürger an und fragten – verstört, ungläubig, einige auch panisch –: ob sie denn nun, nach dem Erfolg der Rechtsradikalen, und vor allem seiner Perspektive, in der Bundesrepublik bleiben könnten oder ob sie emigrieren müßten... Darunter etliche, die schon einmal emigriert waren, und andere, die die Kinder von Emigranten sind...

Es hat nach meiner Befreiung am 4. Mai 1945 in Hamburg wenige

Erlebnisse gegeben, die mich mehr erschüttert hätten als diese Anrufe – ein Präsent der Bundesrepublik zu ihrem vierzigsten an die überlebenden Opfer der nationalsozialistischen Verfolgung und deren Nachkommen. Was immer das vorwärtsweisende Gesicht des Doppelkopfes aufzuweisen hat, nichts vermag mich seit jener Berliner Wahlnacht zu trösten über die Wiedergeburt der Angst in den Herzen anderer, die glaubten, ihr für immer entronnen zu sein. Dazu ist noch ein anderes akut Unheimliches gekommen. Vor wenigen Tagen lagen manche Viertel bundesdeutscher Städte wie ausgestorben da, blieben Geschäfte geschlossen, hatten Eltern ihre Kinder nicht in die Schule geschickt. Es waren Viertel, in denen entweder ausschließlich oder überwiegend Ausländer wohnen. Und der Kalender zeigte den 20. April 1989, Adolf Hitlers hundertsten Geburtstag. Auch hier ging, unverkennbar, Angst um, wurden Pogrome gefürchtet. Sie traten nicht ein. Macht das irgend etwas besser?

Ich bin bei meinem Thema, der Biographie einer »Vierzigjährigen«.

Erstes Stichwort: *Der große Frieden mit den Tätern.*

1958 begann in Ulm ein Verfahren gegen zehn Angeklagte des einstigen ›Einsatzkommandos Tilsit‹. Ihnen wurde vorgeworfen, kurz nach dem deutschen Überfall auf die Sowjetunion vom 22. Juni 1941 in einem 25 Kilometer breiten Streifen des deutsch-litauischen Grenzgebietes alles jüdische Leben ausgelöscht zu haben. Mit diesem Verfahren setzte die Justiz zu einer gigantischen Kraftanstrengung an, die über mehr als dreißig Jahre bis in unsere Tage dauert – die NS-Prozesse vor bundesdeutschen Schwurgerichten.

Ich habe vielen dieser Verfahren ab 1958 beigewohnt, als Berichterstatter und als Fernsehmann. Sehr bald schon fragte ich mich: Wer wird hier eigentlich angeklagt, *wem* überhaupt noch der Prozeß gemacht? Die Antwort war binnen kurzem klar, und an ihrer Wahrheit hat sich bis heute nichts geändert: Vor den Schranken der bundesdeutschen NS-Prozesse standen und stehen die untersten Glieder in der Kette des industriellen Serien-, Massen- und

Völkermords der Nazis, die »kleinen Angestellten« des Staatsverbrechens, die niedrigsten Chargen des Verwaltungsmassakers, die *Tötungsarbeiter* selbst, wie die SS-Aufseher Gustav Sorge und Karl Schubert vom KZ Sachsenhausen-Oranienburg oder Martin Sommer, genannt die »Bestie von Buchenwald«. Es war die Gruppe derer, die nicht mehr sagen konnten, sie hätten von nichts gewußt, da sie mit eigenen Händen, mit ihren Nagelstiefeln, ihren Knüppeln, ihren Schußwaffen gemordet hatten. Sie standen und stehen völlig zu Recht vor Gericht, diese ›Kleinen‹. Aber da sie die Hauptmasse der Angeklagten über die Jahrzehnte bildeten, stellte sich immer dringlicher die Frage: Wo sind ihre Vorgesetzten, die Großen, die Planer, die Schreibtischtäter, die ihnen das *Menschenmehl* für die *Todesmühlen* zugeliefert hatten? Wo die Köpfe der Mordzentrale Reichssicherheitshauptamt, die doch nicht alle Selbstmord begangen hatten wie ihr Chef Heinrich Himmler? Wo die Wehrwirtschaftsführer, die hohen und pflichtschuldigen Militärs, ohne die nichts, aber auch gar nichts gegangen wäre und von denen doch nur einige wenige vor die Tribunale der Amerikaner, Briten und Franzosen zitiert worden waren?

Die Antwort auf die Fragen ist eindeutig und geschichtsnotorisch: Diese Täter sind davongekommen! Soweit die Funktionselite Hitlerdeutschlands überhaupt von den Alliierten im Nürnberger Hauptkriegsverbrecherverfahren und den zwölf Nachfolgeprozessen angeklagt und verurteilt worden war, befand sie sich seit Mitte der fünfziger Jahre auf freiem Fuß! Nutznießer des raschen Zerfalls der Anti-Hitler-Koalition nach 1945 und seines *Kalten Krieges*, wurden sie förmlich aus den Zuchthäusern und Gefängnissen herauskatapultiert, und zwar durch ein bundesdeutsch-westalliiertes Zusammenspiel, das bereits im Kriege, 1944, mit eindeutiger Stoßrichtung gegen die Sowjetunion begonnen hatte und das nun in ein nahezu perfekt organisiertes und von gesellschaftlichem Konsensus getragenes Entstrafungssystem der restaurativen Adenauer-Ära münden sollte.

Wir leben in einem Land, wo dem größten geschichtsbekannten Verbrechen mit Millionen und aber Millionen Opfern, die hinter den Fronten umgebracht worden sind wie Insekten, das größte

Wiedereingliederungswerk für Täter folgte, das es je gegeben hat. Von wenigen Ausnahmen abgesehen, sind sie letztlich nicht nur straffrei davongekommen, sondern sie konnten ihre Karrieren auch unbeschadet fortsetzen. Wir stehen vor einem wahren Leichengebirge, einem Leichen-Himalaja, für den aber Täter angeblich nicht haftbar gemacht werden konnten. Ich finde, das ist eine gefährliche Wahrheit, weil sie potentielle Täter ermutigen könnte, es ist aber auch eine unerträgliche Wahrheit, weil sie unumkehrbar ist – sie sind davongekommen. Das hatte schon 1946 angefangen, mit einer unseriös betriebenen, augenzwinkernden Entnazifizierung, deren schwerfällige Säuberungsmaschine dank eines geheimnisvollen, unergründbaren Mechanismus, dem niemand auf die Spur kommen konnte, genau das Gegenteil von dem hervorbrachte, was mit ihrer Hilfe zustande kommen sollte: Rehabilitierung, statt politisch Verantwortliche haftbar zu machen. In manchen Zweigen des öffentlichen Dienstes gab es 1947 mehr ehemalige Mitglieder der Nazipartei als im Dritten Reich. Es war die Ära der »Persilscheine«, wahre »Entlastungsfabriken«, nicht zuletzt der Kirchen. Die Episkopate beider Konfessionen wollten sich den Vorwurf fehlenden Widerstandes nicht zweimal machen lassen und glichen ihren diesbezüglichen Mangel im Dritten Reich damit aus, daß sie nun gegen die »neue Verfolgung« protestierten – was um so leichter war, als die plötzlich mutig gewordenen Bischöfe unter den veränderten Bedingungen keinerlei Gefahr mehr liefen… Immerhin aber war die Entnazifizierung noch als Sühnemaßnahme gedacht. Dagegen war das sogenannte 131er-Gesetz bereits ein Akt der organisierten Entstrafung. Mit ihm wurde fast der gesamte NS-Beamten- und Staatsapparat, eingeschlossen Angehörige des Vernichtungsapparates, in die Verwaltung der Bundesrepublik Deutschland übernommen, getragen von dem ausgeprägten Unwillen einer Mehrheit des bundesdeutschen Wahlvolks, sich mit ihrer NS-Vergangenheit auseinanderzusetzen. Dabei haben sich *alle* Parteien opportunistisch verhalten, besonders aber die konservativen.

Man muß sich einmal vergegenwärtigen, was da vor sich ging. Die Fachleute des vielgepriesenen Wiederaufbaus waren zuvor die

Fachleute der Zerstörung gewesen, und die Führung des industriell-bürokratisch-militärischen Blocks in der Bundesrepublik war bis in die siebziger Jahre hinein personell weitgehend identisch mit der vor 1945. Am größten war die Übereinstimmung zwischen Dienstträgern für Hitler und solchen für die Bundesrepublik: im diplomatischen Dienst, in der Führung der inzwischen aufgebauten Bundeswehr und bei den älteren Jahrgängen der Beamtenschaft. Die Spitzen des Vernichtungsapparates, an deren Händen das Blut von Millionen klebte, wurden überhaupt nie vor Gericht gestellt. Und von den Mördern in der Richterrobe, auf deren Konto mehr als 32 000 politische Todesurteile kommen, wurde nicht nur kein einziger von der bundesdeutschen Justiz verurteilt, sondern nahezu alle in ihr weiterbeschäftigt, einige bis in die Ränge von Ersten und Oberstaatsanwälten, Senatspräsidenten, ja Bundesrichtern. So gut wie davon kamen die Ärzte, die sich allen NS-Tötungsprogrammen nur zu willig zur Verfügung gestellt hatten, während die an den Ausrottungspraktiken im deutschbesetzten Europa, besonders im Osten, beteiligte Wehrmachtgeneralität völlig verschont blieb. Geradeso erging es Otto Bovensiepen, Chef der größten, der Berliner Gestapoleitstelle, unter anderem verantwortlich für die Deportation von 35 000 Juden aus der Reichshauptstadt, und Werner Best, Organisator der Einsatzgruppen in Polen. Bovensiepen erkrankte rechtzeitig und wurde für verhandlungsunfähig erklärt. Das Verfahren gegen Best, des 8000fachen Mordes angeklagt, wurde 1972 ausgesetzt und 1982 ganz eingestellt, da sich Heydrichs Stellvertreter der gesundheitlichen Belastung eines Mammutprozesses nicht gewachsen fühlte. Seither verstauben 800 Kilo Akten und eine 1000seitige Anklageschrift. Ein anderer, Bruno Streckenbach, Organisator der Einsatzgruppen in der Sowjetunion, angeklagt, den Tod von mindestens einer Million Menschen verursacht zu haben, starb 1977 unbestraft in Hamburg. Man vergleiche diese gefühlige Rücksichtnahme auf die körperliche Verfassung von Nazi-Massenmördern mit der Unerbittlichkeit und Härte der heutigen Legislative und Exekutive gegenüber den hungerstreikenden RAF-Gefangenen – und man hat eine Selbstcharakteristik der bundesdeutschen Justiz, wie sie sich enttarnter nicht denken läßt.

Welche Urteile erwarten nun die ›Kleinen‹ im großen Szenarium der NS-Prozesse vor bundesdeutschen Schwurgerichten, die ›Tötungsarbeiter‹, die KZ-Bestien, auf die die Verfahren als Haupttäter-Typus einzig zugeschnitten sind? Bleiben wir bei den Urteilen des ersten, des Ulmer »Einsatzkommando«-Prozesses, weil sie exemplarisch waren für die meisten der folgenden. Einem der Angeklagten – 526 Morde, drei Jahre Zuchthaus – wurde strafmildernd angerechnet: er sei bemüht gewesen, 1941 bei der Erschießung der Juden im deutsch-litauischen Grenzgebiet »die Form zu wahren«. Einem anderen – 423 Morde, vier Jahre Zuchthaus – kam zugute, daß er, nach einer schweren Jugend, einen »etwas einfältigen Eindruck mache« und »gefühlslabil« sei. Ein Dritter profitierte davon, daß er über »nur mäßige geistige Eigenschaften« verfüge und seine »weiche Veranlagung« in ihm Minderwertigkeitskomplexe ausgelöst habe. Dem »Weichveranlagten« waren über 500 Morde nachgewiesen worden, für die er drei Jahre Haft bekam... Das Verständnis der Ulmer Richter für die Täter war unerschöpflich, aber nicht, wie sich bald herausstellte, ungewöhnlich – es tauchte in zahlreichen späteren Prozessen ebenfalls auf.

Bei NS-Tätern wurde und wird grundsätzlich der strafmildernde Paragraph »Beihilfe zum Mord« angewandt. Haben Sie je vernommen, daß das gleiche in Verfahren gegen RAF-Angehörige geschieht?

Nicht zu vergessen in diesem Reigen der organisierten Täter-Entstrafung die *Arisierer*, die Übernehmer jüdischer Geschäfte, Firmen, Handels- und Kaufhäuser unter den schlimmsten Druckbedingungen für die entrechteten Eigentümer – eine besonders widerwärtige Variante von Nutznießern. Bei ihrer Behandlung wird einem, wenn möglich, noch speiübler: Fast alle Arisierer konnten ihren billig erworbenen, blut- und leidgetränkten Raub behalten – die Bundesrepublik, der erklärte Rechtsnachfolger Hitlerdeutschlands, wurde zum legalisierenden Konservator des größten Massendiebstahls, den es je an einer verlorenen Minderheit gegeben hat.

Die bundesdeutsche Restauration, dieser Triumph der Beharrungskräfte gegenüber allem, was nach 1945 an Erwartung, an

Hoffnung und Licht aufgebrochen war, sie hatte ihr manisches Symbol, ihre exemplarische Personifikation gefunden – Dr. Hans Globke! Erster Staatssekretär Konrad Adenauers, Schöpfer des Bundeskanzleramtes, Graue Eminenz der bundesdeutschen Frühepoche und – Kommentator der Nürnberger Rassengesetze vom September 1935.

Globkes Kommentar zum »Schutze des deutschen Blutes und der deutschen Ehre« hatte einen Umfang von 300 Seiten, und auf ihnen sind zwei der großen Gruppen, die dem Vernichtungsapparat des Reichssicherheitshauptamtes zum Opfer fallen sollten, exakt definiert – Zitat: »Artfremdes Blut ist alles Blut, das nicht deutsches Blut noch dem deutschen Blut verwandt ist. Artfremden Blutes sind in Europa regelmäßig nur Juden und Zigeuner.«

Globkes Kommentar wäre schon an sich und ohne die späteren historischen Folgen ein Dokument höchster intellektueller Verwerflichkeit und abschreckender Inhumanität gewesen, selbst wenn der Entrechtung und Diskriminierung der Juden nicht die Ausrottung gefolgt wäre. Aber selbstverständlich kann sein 300-Seiten-Opus nur in Zusammenhang mit dem tatsächlichen Ablauf der Geschichte gesehen werden. In ihm sind die ursächlichen Bindungen zwischen Rassegesetzen und physischer Vernichtung offensichtlich und unbezweifelbar – verschiedene Stufen ein und derselben Treppe in das Inferno der Gaskammern und der Exekutionskommandos der »Einsatzgruppen«.

Alle Anklagen und Proteste gegen Hans Globke haben nichts genutzt – Adenauer hielt unbeirrt an seinem Intimus fest. Oder genauer: die politische Übermacht, die der Kanzler damals repräsentierte, der bundesdeutsche Konservatismus, beließ Globke in Amt und Würden. Dieser Konservatismus ist der Vater dessen, was ich den »Großen Frieden mit den Tätern« nenne.

Sein außenpolitischer Bundesgenosse aber, von dem sich die bundesdeutsche Verdrängungs- und Verleugnungsgesellschaft nur zu ermutigt fühlen konnte, war der bereits zitierte Zerfall der Anti-Hitler-Koalition des Zweiten Weltkrieges in die rivalisierenden Machtblöcke unter der Vorherrschaft der USA und der Sowjetunion, der Kalte Krieg, der die Verbündeten von gestern in Feinde, und die Feinde von einst in die Verbündeten von heute verwandelte. In kürzester Frist verlagerte sich im Westen das Feindbild vom geschlagenen Nationalsozialismus auf die ungeschlagene Sowjetunion. Was immer die stalinistische UdSSR selbst dazu beigetragen hat, das antibolschewistische Feindbild erhalten zu helfen – mehr als alle anderen Konsequenzen der neuen deutschen Bündnisfähigkeit hatte eine besonders verheerende Folge für die Rehumanisierung der Deutschen: die langjährige Vorherrschaft jenes doktrinären Antikommunismus, der nichtdemokratisch und nichthuman motiviert ist und der nicht müde wird, sich als Bannerträger der Demokratie aufzuspielen, indes er doch in Wahrheit nie etwas anderes war als die Entsprechung seines Extremgegners mit eigenen Vorzeichen. Der im Fegefeuer der Nazipropaganda gehärtete Antikommunismus war über Jahrzehnte hin nahezu unkorrigiert der offiziell bundesdeutsche. Inzwischen zurückgedrängt, aber durchaus am Leben, erweisen sich seine Anhänger auch heute noch, angesichts der Gorbatschow-Ära, als unfähig, ihr Feindbild zu überwinden. Diesen in der bundesdeutschen Politik immer noch wirksamen Antikommunismus halte ich für einen außerordentlich gefährlichen Feind der Demokratie – ich nenne ihn den perversen, weil er seine wahre Natur unter falscher Flagge tarnt. Er war das ideologische Rückgrat des »Großen Friedens« mit den Tätern, ein Krake mit tausend Tentakeln, der seine Fangarme und Saugnäpfe über die ganze Gesellschaft ausgeworfen hatte.

Hier das Fazit der biographischen Fundamentalbetrachtung einer Vierzigjährigen: Im Rückblick taucht ein schwerer, kaum zu unterdrückender Verdacht auf – der Verdacht, als sei die Adenauer-Ära bis hinein in die sechziger Jahre so etwas gewesen wie eine gigantische Korrumpierungsofferte der konservativen Herrschaft an ein mehrheitlich auseinandersetzungs-unwilliges Wahlvolk, eine Art Stillhalteangebot, das sich teils wortlos aus der konservativen Atmosphäre dieses unsäglichen Abschnittes ergab, teils aber auch kräftig organisiert war. Die Offerte lautete: Für die Restauration, für die Beibehaltung traditioneller Besitz- und Machtverhältnisse; für die kollektiven Wiedereinstellungen selbst schwerstbelasteter Berufsgruppen, für Pensionskontinuität, großzügige Sozialregelungen auf dem während der NS-Zeit erreichten Standard, für das Verbot der KPD und für die systematische Ent-Strafung der Täter – für all das: Wohlverhalten gegenüber der parlamentarischen Demokratie und ihrem politischen System!

Diese Offerte ist von der bundesdeutschen Nachkriegsgesellschaft angenommen worden. Ich nenne das die zweite Schuld, nämlich die Verdrängung und Verleugnung der ersten unter Hitler nach 1945. Und das, wie wir gesehen haben, keineswegs nur rhetorisch oder moralisch, sondern tief institutionalisiert und materialisiert durch das, was ich den »Großen Frieden mit den Tätern« nenne. Er ist das Brandmal auf dem rückwärts gewandten Antlitz des bundesdeutschen Januskopfes, das historische Fundament, auf dem die Bundesrepublik Deutschland steht und von dem in keinem Geschichts- und Lehrbuch für Schüler und Studenten gekündet wird. Von ihm, dem »Großen Frieden mit den Tätern«, ist unsere politische Kultur bis auf den heutigen Tag wesentlich mitgeprägt worden.

Beides, die zweite Schuld und ihr Täterfrieden, sind die Urheber eines mentalen Bürgerkrieges, dessen Schauplatz diese Republik von allem Anfang an war, ist und wahrscheinlich noch lange bleiben wird. Er fällt in meinem Leben fast gleichzeitig mit der Befreiung zusammen, da sich sehr bald schon zeigte, daß der Nazismus zwar militärisch, nicht aber ideologisch geschlagen war.

Vor 14 Tagen habe ich ihn zuletzt gehört, diesen Spruch, der mir seit vierzig Jahren in den Ohren gellt: »Es waren ja gar nicht sechs Millionen Juden, die umgebracht worden sind, sondern…«, worauf dann Zahlenangaben folgen, die von fünf Millionen auf einige Hunderttausende herabsinken oder gar bei der Null-Opfer-These der Verfechter von der Auschwitz-Lüge enden. Mit dieser Gesinnung und allem, was zu ihr geführt hat und sie fördert, befinde ich mich im Zustand eines mentalen Bürgerkrieges. Zwischen mir und jenen, die sich getröstet fühlen, wenn es weniger als sechs Millionen waren, gibt es keine Koexistenz, geschweige denn Kooperation oder den »Konsensus der Demokraten« unterschiedlicher Auffassungen. Über Jahrzehnte hin konnten Auschwitz-Lügner risikolos verkünden, es hätte dieses größte Menschenschlachthaus aller Zeiten gar nicht gegeben. Ehe dann, viel zu spät, das wirkungslose, halbherzige Verbot kam. Wäre es denn so unverständlich gewesen, wenn sich jemand, dessen Familie in Auschwitz ermordet wurde, an einem anderen, der Auschwitz einfach bestreitet, vergriffen hätte? Natürlich träfe dabei den Staat und die Gesellschaft, die gestattet hatten, daß die Vergasten zum zweitenmal, nun verbal, getötet wurden, eine Mitverantwortung an solcher Selbstjustiz. Daß dies den notorischen Leugnern von der »Nationalzeitung« des Gerhard Frey in all dieser Zeit nicht widerfahren ist, grenzt an ein Wunder.

Es gibt nichts, was den überlebenden Verfolgten, außer dem bereits angeführten Katalog der zweiten Schuld, auf dem Territorium der Bundesrepublik nicht angetan worden wäre: von den bisher etwa tausend Schändungen jüdischer Friedhöfe, dem Polizeischutz für Neo- und Altnazis und einem Antisemitismus, der auch vor Mord nicht zurückgeschreckt ist, über den Demütigungs-Slalom der Überlebenden vor der Begriffslosigkeit und Schlimmerem einstiger Nazimitläufer in den Amtsstuben der »Wiedergutmachung« bis hin zum Zynismus der juristischen Täter-Verteidiger, die keinen Zweifel daran ließen, daß die eigentlichen Opfer nicht die an Leib und Seele zerschlagenen Zeugen, sondern ihre Klienten seien.

Mit diesen Zuständen, diesen Gesinnungen befinde ich mich in einem mentalen Bürgerkrieg, und dieses harte Wort trifft nicht nur auf die Lebenssituation vieler ehemaliger Verfolgter zu, sondern auf jeden human empfindenden Menschen in unserer Gesellschaft. Sie muß wissen, was die Stunde geschlagen hat, und es sieht nach den Wahlen in Berlin und Hessen nicht so aus, als würde die Situation milder werden.

Jetzt einige historische Typisierungen.

Erstes Stichwort: *Über die verbliebene Sehnsucht nach dem starken Mann –* womit ich, endlich, bei Franz Josef Strauß angelangt bin. Wie könnte über 40 Jahre Bundesrepublik referiert werden, ohne seiner zu erwähnen! Zwar sagt der Lateiner: »De mortuis nil nisi bene« – über Tote nichts als Gutes. Aber Sie werden zugeben: wollten Historiker und Politologen, Schriftsteller und Journalisten sich nach diesem römischen Spruch richten, dann könnten sie ihren Beruf aufgeben, und Konjunktur hätte nur noch eine Gattung – die Schönredner am offenen Grabe…

Die verbliebene Sehnsucht der Deutschen nach dem starken Mann hat mit der Katastrophe Hitler zwar einen schweren Schlag erlitten, erloschen ist sie mit ihm jedoch keineswegs. Vielmehr hat sie sich nach dem großdeutschen Führerkult sogleich ihren Nachkriegs-Verschnitt gesucht – und gefunden. Es war ja nicht schwer zu erkennen, wie sehr Konrad Adenauer profitiert hat von der Sehnsucht so vieler immer noch braun-infizierter Massen-Ichs nach einem neuen, nun mehr väterlichen, in jedem Falle aber doch autoritären Ich-Ideal. Anklänge dafür gab es, wenngleich nicht mit denselben Vorzeichen und deutlichem Generationsgefälle. Strauß aber hat sie und alle anderen Anwärter bei weitem übertroffen.

Wir sind bei einer wichtigen Teilcharakteristik der »Vierzigjährigen«.

Die Anhängerschaft von Franz Josef Strauß hat sich nie auf Bayern beschränkt, wenngleich sie dort am geballtesten war. Vielmehr hat die Sehnsucht nach dem starken Mann weit über diesen Ur-Raum hinausgereicht, und gerade die Bekundungen seiner Diaspora-Anhängerschaft nördlich des Mains offenbaren geradezu verräterisch, wer hier mobilisiert wurde und was sich darin widerspiegelt. In diesem Zusammenhang lohnt es sich, auf dokumentarische Belege seiner Fans einzugehen, zum Beispiel die sogenannten »Bürgerblätter«, die den Haushalten periodisch kostenlos zugestellt werden, so auch in Köln. Eines von ihnen fängt 1987 gleich hoch an, mit auf Strauß bezogenen Titulierungen wie »Fixstern am politischen Himmel«, um dann über »seherisches Auge« weiterzugehen bis zu der in unseren Breiten hier nicht unkühnen Feststellung, daß der Bayer »in der Rangordnung selbst noch über Adenauer hinaus« rangiere. Obwohl von dieser Ekstase alarmiert, fährt der Leser doch zusammen, wenn er bei der weiteren Lektüre nun auf die Preisung stößt: »So steht Strauß am Anfang und am Ende einer Epoche…« Amen! – möchte man ganz spontan ausrufen, kommt da doch selbst einem Glaubenslosen mächtig die Kindheitserinnerung an die *Offenbarung*

Johannes', Kapitel 1, Vers 8: »*Ich bin das A und das O, der Anfang und das Ende, der da ist und der da war und der da kommt – der Allmächtige!*« Man will es nicht glauben, aber der Höhepunkt ist immer noch nicht erreicht. Denn nun erst fällt das ungläubige Auge erstarrend auf die Überschrift des Ganzen, und die – eine Täuschung ist nicht möglich – lautet: »Die bayerische Bergpredigt«...

Es könnte einen ja durchaus der Argwohn ankommen: Hier hätten sich erklärte Gegner des dann also nur zum Schein Angebeteten unter der Maske von Anhängern zusammengeschlossen, um ihn mittels solcher Lästerungen unmöglich zu machen. Wer denn sonst als seine Feinde könnten ihn aufbauen in Jesu Christi Nähe, nachdem er vorher schon beängstigend an Gottvater herangerückt worden war? Jedoch auch diese Überlegungen werden rasch zerstreut, da alle Anzeichen dafür fehlen, daß in den »Bürgerblättern« atheistisch ironisiert werde. Die Frage, was der Vergottete selbst zu soviel byzantinischer Übertreibung gesagt habe, erübrigt sich, weil niemand je hörte, daß der Erhöhte daran Anstoß genommen hätte.

Aber wir spüren wohl alle, daß uns die Heiterkeit in der Kehle steckenbleibt angesichts der breiten Schadensspur, die Franz Josef Strauß in mindestens 35 der 40 Jahre bundesdeutscher Geschichte direkt oder indirekt gezogen hat, vom Tatort München oder von Bonn aus – mit »Spiegel-« und zahlreichen anderen Affären, der Förderung der Atom-Lobby, der Steuerzahler-Katastrophen von Wackersdorf und Airbus und der fürchterlichen Schneise der Ökologieschäden, die von der Vorherrschaft der Ökonomie quer durch die bayerische Landschaft geschlagen worden ist; dies übrigens auf die schmerzendste Weise Mitte April von einer vorbildlichen Fernsehdokumentation beschworen – im Bayerischen Rundfunk...

Beim nächsten Stichwort bundesdeutscher Typisierungen nun wird es delikat, ja gefährlich für den Chronisten, denn es lautet: Der *Zwangsdemokrat*. So aber darf ich Franz Josef Strauß nicht mehr nennen, bei Meidung einer Ordnungsstrafe von 100000 Mark bzw. sechs Wochen Haft – ein Urteil des Landgerichtes München I von 1988, also noch zu Straußens Lebzeiten gefällt und bezogen auf ein Interview im »Stern«, der in die angedrohte Strafe einbezogen ist.

Mit Strauß' Tod hätte die Sache ihr Bewenden haben können, indes die Familie des Verblichenen klagt über dieses Datum hinaus weiter. Dem »Stern« und mir soll's recht sein, und zwar, wenn nötig, bis zum Bundesverfassungsgericht. Ganz ehrlich gesagt, würde ich mich nur zu gern öffentlich gegen das bayerische Urteil vergehen, hat es doch in meinem Leben wahrlich schlimmere Situationen gegeben, als sechs Wochen Knast abzusitzen. Nur lasse man sich nicht täuschen von der angeblichen Austauschbarkeit: Karzer *oder* Knete. So ist es keineswegs, sei gewarnt für etwaige Nachahmer. Das Gericht könnte nämlich im Falle eines Falles durchaus auf den Moneten beharren. Und das nun, liebe Freunde, Straußens Millionen-Erben weitere hunderttausend Mark notlos zuzuschanzen – das bringe ich nicht übers Herz, sosehr es mich auch nach diesem Gesetzesbruch gelüstet.

Vergessen Sie also mit mir zusammen FJS, wenn ich nun besagtes Stichwort behandele – wie Sie sehen: ungesagt in einem Satz, in dem der Bayer auch auftaucht.

Mit *Zwangsdemokrat* meine ich jenen weitverbreiteten bundesdeutschen Politikertypus, der fortwährend die »freiheitlich demokratische Grundordnung« im Munde führt, in Wahrheit aber mit ihr gar nichts anfangen kann. Durch den Zufall der Geburt in diese von außen geschenkte Demokratie hineingeraten, ist sie das lästige Korsett seines Karrierestrebens und seiner autoritären Struktur äußerst zuwider. Und so rennt er denn, ihr Zepter hocherhoben in der Hand, gegen die Wände des parlamentarischen Spielraums an, immer bemüht, das demokratische Gesicht zu wahren, wenn er die Verfassung gewohnheitsmäßig auf Schwachstellen abklopft und die Verfassungswirklichkeit auf ihre Belastbarkeit prüft.

Es gibt den lokalen, den regionalen und den Bonner Zwangsdemokraten, also in Kommunalgremien, Kreisspitzen, Landesparlamenten und, natürlich, im Deutschen Bundestag. Dort läuft er zu seiner Höchstform auf, verfügt er via Bildschirm doch über sein größtes Publikum und die weiteste Öffentlichkeit, steht da aber auch seinen kritischsten und scharfäugigsten Gegnern gegenüber. Für den Laien ist er vor allem daran zu erkennen, daß er seine Aktivitäten, mit denen er Demokratie einengen will, gebetsmühlenhaft als deren Wohl ausgibt. Kennen Sie solche? Und vielleicht nicht nur in einer Partei, oder genauer, *Schwesterpartei*, allein? Mir sind ja durchaus auch SPD-Leute untergekommen, die ernsthaft der Meinung waren, daß außer der eigenen Partei eigentlich alle anderen überflüssig seien. Aber ebenso wahr ist auch, jedenfalls nach meinen Lebenserfahrungen, daß der *Zwangsdemokrat* bei den Konservativen sehr viel häufiger anzutreffen ist. Oft frißt er Kreide, falls erforderlich: tonnenweise – ohne dadurch jedoch vor dem Kundigen den alten Wolfsbaß verbergen zu können. Denn alles, was er tut, sagt und schreibt, ist immer wieder die gleiche Botschaft: die Macht des Staates über das Individuum zu vervollkommnen! Ich bin mir nicht ganz im klaren, ob es so etwas wie ein Nord-Süd-Gefälle des bundesdeutschen Zwangsdemokraten gibt. Aber zweifelsfrei ist Bayern vorneweg, und Aids hat es nur wieder an den Tag gebracht, wie das Schandurteil von gestern in dem Memminger Abtreibungsprozeß noch einmal gezeigt hat. Behördenhatz auf einzelne, auf Schwachgruppen und Minderheiten – da ist der Zwangsdemokrat in seinem Fett. Ranzig geölt von den Negativtraditionen des deutschen Obertan, will er Angst verbreiten, im Falle von Aids weit über den schrecklichen Anlaß hinaus und zu nichts anderem nütze, als die Bekämpfung der Seuche zu komplizieren und die Betroffenen zu kriminalisieren. Dem Aggressionstrieb des Zwangsdemokraten ist jeder Anlaß recht: heute die HIV-Träger, die selbstbestimmten Frauen, die Ausländer, die Asylanten – wer morgen?

Und doch gibt es einen noch gefährlicheren Feind der parlamentarischen Republik, eine Art Überpuppe des *Zwangsdemokraten*, deren Anhängerschaft viel tiefer zurückreicht als die mit dem Jahr 1919 sehr spät beginnende staatliche Demokratiegeschichte Deutschlands. Ich spreche von jener Kraft auf der Rechten, die Radikalismus auf der anderen Seite des politischen Spektrums zum Vorwand nimmt, um ihre eigenen autoritären Vorstellungen von Staat und Gesellschaft in der Bundesrepublik durchzusetzen. Ich habe sie deshalb – nächstes Stichwort – den *Gegenradikalismus* genannt. Um auf den aktuellen Punkt zu kommen: in der Bekämpfung des Terrorismus hat der Gegenradikalismus ein nahezu ideales Mittel gefunden, seinen Zielen legislativ Stück um Stück näher zu kommen.

Aber keine Mißverständnisse, der *Gegenradikalismus* ist nicht Produkt unserer Epoche, er ist die zeitgenössische Spielart einer Kraft, die aus der Tiefe der deutschen Reichsgeschichte bis in unsere Gegenwart hineinwirkt. Nachdem sie sich 1945 durch ihre Komplizenschaft mit dem Nationalsozialismus für die Dauer eines historischen Lidschlags irrtümlich für erledigt gehalten hatte, stieg sie auf den Flügeln der Restauration und der zweiten Schuld wieder hoch in die Lüfte, eine Kernkraft des deutschen Konservatismus und in ihrer Kontinuität fast schon bewundernswert, wenn sie nicht so bedrohlich wäre.

Was der *Gegenradikalismus* will, ist: Immer mehr Polizei, immer rigorosere Gesetze, schärfere Beschränkungen in einem Klima geistiger Reglementierung und Diskriminierung kritischer Intellektueller. Schier unbezähmbar ist seine Lust zu erhöhter Datenüberwachung, mit totalem behördlichem Datenverbund untereinander, immer wahnwitziger sein Sicherheitsfanatismus. Dem Staat Macht und immer mehr Macht zuzuschanzen, das ist, mit dem Bundesgenossen *Zwangsdemokrat*, das Grundprinzip des *Gegenradikalismus*. Er will eine Staatsform, die härter, rücksichtsloser umgeht mit denen, die er zu Feinden und zu Staatsfeinden erklärt, und die, wen wundert's, allemal links angesiedelt sind oder was der Gegenradikalismus dazu erklärt.

Sein Obrigkeitsverständnis fließt ein in das »Gewaltmonopol des Staates«. Alles, was in dessen Namen geschieht, erklärt er als unantastbar und rechtens. Diesem Ungeist haben wir das Loch in der Gefängnismauer von Celle zu verdanken, mit der ein Ausbruchversuch vorgetäuscht werden sollte, um in die RAF-Szene einzudringen. Das von keinem Gesetz gedeckte Verbrechen wurde offiziell gerechtfertigt. Wann kommt der nächste Anschlag aus dieser Ecke? Und wie sollen wir, nach diesem einen schon, künftig wissen, wer was getan hat? »Gewaltmonopol des Staates«? Wann denn würde der *Gegenradikalismus*, frage ich, je einen Zustand anerkennen, in dem Artikel 20 Absatz 4 des Grundgesetzes vom Bürger praktiziert werden müßte: das Recht, Widerstand zu leisten, auch gegen staatliche Autorität?

Es stimmt, daß es während der vierzigjährigen Geschichte der Bundesrepublik keine Regierung gegeben hat, die den *Gegenradika-*

lismus unisono verkörpert hätte. Wohl aber hat es in vielen konservativen Kabinetten Gegenradikale gegeben, die die Regierungspolitik innen- und außenpolitisch mitbestimmt haben. Das gilt auch für den gegenwärtigen, den 11. Deutschen Bundestag und seine konservativ beherrschte Koalitionsregierung, nachdem sie bereits mit dem 10. seit ihrem Regierungsantritt 1983 beängstigende, wenngleich dem Gegenradikalismus nicht ausreichende legislative Erfolge feiern konnte.

Was immer der *Gegenradikalismus* aus taktischen Gründen innenpolitisch verborgen hält, das entlarvt sich durch seine außenpolitischen Anfälligkeiten – er hat seine Sympathien für rechte Diktatoren rund um den Globus – von Franco bis Botha, von Salazar bis Pinochet – nie verbergen können.

Aber der *Gegenradikalismus* bekommt, wie schon angedeutet, in unserer Epoche sein besonderes Gewicht von einer gefährlichen Begünstigung seiner Absichten durch den Terrorismus. Wir werden zu Zeugen der traditionellen inneren Abhängigkeit äußerer Extremgegner, wobei jeder *seine* Existenz mit der des anderen zu rechtfertigen sucht. In diesem Eskalationspotential sehe ich derzeit die innenpolitische Hauptgefahr, halte aber innerhalb ihrer den Anteil des Gegenradikalismus für den weitaus größeren, da er seine Hand mit an den Hebeln staatlicher Macht hat.

Es ist bezeichnend, daß die konservativen Bekämpfer des Terrorismus keinerlei Eifer, ja eine ausgesprochene Abneigung an den Tag legen, ihn auf seine gesellschaftlichen Wurzeln, seine soziale Initialzündung und seine politische Erstmotivation zurückzuverfolgen. Kein Wunder, denn das würde zum Geständnis führen müssen, daß hierbei eine Gesellschaft Pate gestanden hat, die bis in die zweite Hälfte der sechziger Jahre ungestört im braunen Nachsaft ihrer Lebenslügen schmorte, täterorientiert, verdrängerisch, weitgehend unverwandelt und dazu noch konsumversessen – ein nationales Haus, das gezimmert worden war von den Zertrümmerern Europas, die zwar ihren Krieg verloren, den Frieden aber gewonnen hatten und nun glaubten, es könnte immer so weitergehen. Dieses Antlitz des bundesdeutschen Januskopfes war für human empfindende – besonders junge – Menschen unerträglich. Der

Chronist weiß, wovon er spricht. Der soziopolitische Schoß des bundesdeutschen Terrorismus ist die Gesellschaft der zweiten Schuld.

Aber der Weg aus der human motivierten Zerfallenheit mit ihr in den bewaffneten Kampf, mit Bomben, Abknallerei und Entführung bis in den mörderischen Ausgang war und ist der falsche. Ich kann ihn unter den Bedingungen der zweiten deutschen Demokratie mit nichts in Übereinstimmung bringen, was mein Leben ausmacht und bestimmt hat. Ich sage das als jemand, der sich während seiner Fernseharbeit in Asien, Afrika und Lateinamerika über anderthalb Jahrzehnte hin mit dem Problem der Guerilla immer wieder befaßt und mehr als einen Kontakt zu Guerilleros geknüpft hat. Ich kenne die gnadenlosen, unmenschlichen Bedingungen, die ungerechte Machtstrukturen mit Hunger und Gewalt heraufbeschwören und die den revolutionären Krieg zeugen. Ich bin in Bolivien den Spuren des ermordeten Che Guevara gefolgt, habe Mugabe-Anhänger interviewt, als Zimbabwe noch Rhodesien hieß, und wenn Camilo Torres in Kolumbien noch gelebt hätte, als ich 1969 dort seinen Weg filmte, dann wäre es nicht unmöglich gewesen, daß ich mich ihm in der Guerilla des Fabio Vasquez Castagno angeschlossen hätte, so hat dieser »Rebell des Kreuzes« mich damals beeindruckt.

Die Bundesrepublik Deutschland aber weist keine der Bedingungen auf, aus denen sich ein bewaffneter Kampf rechtfertigen könnte. Meine Rede zum 40. Geburtstag der Bundesrepublik richtet sich ja in vielem gegen dieselben Gegner wie die der RAF – aber nicht mit denselben Mitteln. Für Erfolg und Durchsetzung des eigenen politischen Willens jedoch sind sie ausschlaggebend.

Die RAF hier – das ist eine totgeborene Revolution. Diesbezügliche Einsichten sind bis weit in die Reihen verurteilter RAF-Leute gedrungen, mit entsprechenden Konsequenzen, wie wir wissen. Gerade die Korrekturen innerhalb der RAF lassen darauf schließen, daß die einstige Entscheidung für den Terrorismus als *Flucht aus der politischen Arbeit* erkannt worden ist und eine Verlängerung dieser Flucht nur in die Sackgasse persönlicher Auswegslosigkeit führen

23

kann. Ein harter Kern wird das nicht akzeptieren. Ihm ist möglicherweise nicht zu helfen. Immer wieder wird der *Gegenradikalismus* aus der Existenz dieses Kerns die eigene zu rechtfertigen und die Repressalien zu erhöhen suchen.

Es stünde der Bundesrepublik gut an, wenn sie sich dem verweigerte und eine Reife zeigte, die von einer Vierzigjährigen durchaus erwartet werden kann. Es täte mehr denn je not, bereits gegebene Beispiele individueller Beurteilungen und ihre konstruktiven Folgen zu vermehren.

Der erreichte Grad der Eskalation ist bestürzend. Steigert sie sich noch, so könnte der Gegenradikalismus das zum Anlaß nehmen, Verfassung und Rechtsstaat als überflüssigen Ballast einer gnädigeren, terrorismusfreien Vergangenheit zu diffamieren und außer Kraft setzen zu wollen. Ich wiederhole: Gegenradikalismus plus Terrorismus, dies ist die innenpolitische Hauptgefahr unserer Epoche, und wir befinden uns mitten in ihr. Bei dieser Gelegenheit: Sind sich die Kreuzberg-Chaoten der Berliner Nacht vom 1. Mai eigentlich darüber im klaren, daß Franz Schönhuber sich keine effizienteren Wahlhelfer wünschen könnte?

Ich bin bei den Kreislauf- und Herzstörungen im Organismus der »Vierzigjährigen« angelangt.

Der Ungeist, der hier waltet, führt mich zu zwei weiteren Stichworten, die nur aufs höchste schrecken können: *Bonner Totentempel* und *Deutsches Historisches Museum* zu Berlin.

Das hier ganz in der Nähe geplante »zentrale Ehrenmal« einer »gemeinsamen nationalen Mahn- und Gedenkstätte« soll nach dem Willen der Planer und ihres Mentors Helmut Kohl – Bitburg läßt grüßen! – die »Kriegstoten des deutschen Volkes, Opfer und Geopferte, in einem ›versöhnenden Gedanken‹ vereinen und, über alle Trennungen politischer, religiöser und sonstiger Art hinweg, ein Anliegen des ganzen Volkes sein...«.

Da schlage doch der Deubel zwischen! Verlogener, als es dieser falsche Versöhnungsschmus treibt, kann es nicht mehr zugehen. Opfer und Geopferte! Wer soll hier mittels eines »versöhnenden

Gedankens« postum in *ein* Grab nebeneinander? Der im Ghetto von Riga ermordete jüdische Arzt aus Leipzig neben den Einsatzgruppen-Pistolero, der dann später fiel? Die gleich 1933 erschlagenen Kommunisten, Sozialdemokraten und Christen neben ihre Henker, die das Jahr 1945 dann auch nicht mehr erlebten? Die an Klaviersaiten aufgehängten Männer des 20. Juli 1944 neben Roland Freisler, der als Bombenopfer doch auch zu den »Kriegstoten« zählt? Und war es etwa gleich, ob man *für* oder *gegen* Hitlerdeutschland starb? Was schließlich ist mit der viel größeren Zahl von Opfern nichtdeutscher Herkunft, deren kriegsgefallener Mörder der Bonner Totentempel doch auch gedenken will, nachdem ihre überlebenden Komplizen, wie wir gesehen haben, straflos davongekommen sind?

Was hier wirklich geschehen soll, ist, vor allem Soldaten im altverlogenen Geiste zu ehren. Das konservative Deutungsmonopol der Geschichte, das hinter allem steckt, versucht unbelehrbar eine nachträgliche Sinngebung für das schlechthin Sinnlose. Es drückt sich vor dem Eingeständnis, daß das Leiden und Sterben der deutschen Soldaten unter Ludendorf und Hitler keinen Sinn hatte, was immer sie selbst sich eingeredet haben mögen. Es gibt für den Tod dieser Millionen Gefallenen weder Rechtfertigung noch Trost, sondern nur die restlose Abkehr von jenem Ungeist, der sie in den Tod geschickt und bis heute überdauert hat.

Hier wollen sich die erste und die zweite Schuld Symbole ihrer Verdrängung und Verleugnung errichten, und das in einem Land, in dem bekanntlich nichts schwerer ist, als Gedenkstätten für Heinrich Heine, Carl von Ossietzky oder die Geschwister Scholl zu errichten.

Der Ungeist des Bonner Totentempels steckt auch hinter dem Projekt des »Deutschen Historischen Museums« in West-Berlin, was kein Wunder ist, da es denselben Initiator hat. Dort sollen sich auf einer Fläche von 19000 Quadratmeter im provokant gewählten Vorfeld des restaurierten Reichstages tausend Jahre deutscher Geschichte widerspiegeln – von Karl bis Helmut dem Großen. Von letzterem nämlich stammt die Idee, und das läßt nichts anderes befürchten, als daß ein abwählbarer Regierungschef sich noch zu seinen Lebzeiten unabreißbare Denkmale setzen will. Ohne die Praktiker des Museums vorverurteilen zu wollen – es fällt mir sehr schwer zu glauben, daß da in West-Berlin vom Grundgedanken des Schöpfers her etwas anderes entstehen könnte als ein Riesenpanorama, ein Monumentalfresko »guter« deutscher Geschichte, innerhalb derer das winzige Dutzend Jahre Hitlerdeutschland kaum mehr sein dürfte als ein häßlicher Klecks auf der ansonsten so macht- und glanzvollen Palette historischer Größe – von einem bald schon nicht mehr amtierenden Kanzler irreparabel durchgesetzt. Dazu droht, ebenfalls hier in Bonn, ein möglicher dritter Schreckensplatz, »Das Haus der Geschichte der Bundesrepublik Deutschland«. Mögen jene, die es ausrichten sollen, noch so guten Willens sein, ich bin überzeugt, sie kommen gegen die Uridee des Erfinders, auch in diesem Falle Helmut Kohl, dennoch nicht an. Ich bin mir ziemlich sicher, daß sich in diesem Museum nichts, aber auch gar nichts anfinden wird von den Daten und Tatbeständen des »Großen Friedens mit den Tätern« oder überhaupt von den Ungeheuerlichkeiten der zweiten Schuld, als eines geschlossenen, vom gesellschaftlichen Konsensus getragenen Ent-Strafungssystems für Nazitäter aller Couleur. Erbauung und Stolz sind erwünscht an diesen nationalen Weihe- und Wallfahrtsstätten, denen man sich nur mit Schauern nähern soll.

Was hier waltet, ist die unbelehrbare Linie des Schlußstriches, den niemand so fett gezogen hat wie Franz Josef Strauß mit der dumpfen Allegorie: »Wir müssen endlich aus dem Schatten Hitlers treten.«

Aber sonst soll's weitergehen wie gehabt! Und damit bin ich – »Alle Waffen unter einem guten Stern« – beim Stichwort: *Fusion Daimler und MBB:* Abkürzung für Messerschmidt/Bölkow/Blohm – drei Markennamen der Naziaufrüstung. Das kommt aus der schwärzesten Tiefe deutscher Geschichte, auch hier waltet die finsterste Kontinuität. Da ist ein Rüstungsgigant herangewachsen, der alle deutschen Vorgänger übertrifft und sich längst in die Weltspitze der Kanonen- und Raketenfabrikanten katapultiert hat – Fernlenkwaffen, Werfer-, Minenräum- und Feuerleit-Systeme, Kriegsschiffsausrüstungen, Panzer und Panzermotoren, Jäger 90,

Jagdbomber, Kampfhubschrauber, militärische Radaranlagen, und das alles unter *einem* Dach; diese Republik will offenbar zum internationalen Knallfrosch verkommen!

Gefahr ist im Verzuge: Abgesehen davon, daß der Erhalt von Arbeitsplätzen in der Bundesrepublik längst zu dem unternehmerischen Erpressungsargument geworden ist, mit jeder Art von obengedeckter friedens- und menschenfeindlicher Wirtschaftskriminalität in Stoßrichtung Dritte Welt; abgesehen von dem ungeheuren Aderlaß des bundesdeutschen Steuerzahlers durch die staatliche Übernahme der Milliarden-Garantien für den Airbus – und abgesehen auch davon, daß eine angeblich auf Wettbewerb eingeschworene Regierung hier ihre hehren Prinzipien einfach über Bord wirft, angesichts der Fusion von Daimler und MBB mit dann 360 000 Beschäftigten, steht ganz von selbst die Frage auf: wie abrüstungs- und friedensfähig bleibt die Bundesrepublik Deutschland denn überhaupt noch mit diesem Rüstungsmoloch, dessen Erhaltung ungeachtet einer sich entspannenden Weltsituation auf der unentwegten Produktion sinnlosen und vorausschaubar überflüssigen Kriegsgeräts beruht?

Da kann man doch nur aus tiefster Seele wünschen, daß ein hartnäckiger Michail Gorbatschow all diesen friedens- und abrüstungsproblematischen westlichen Atom- und Raketenstrategien das miese Geschäft so gründlich wie möglich verdirbt – und natürlich auch, daß er bei sich zu Hause fertig wird mit seinen Falken, seinen Ligatschows und mit Stalins furchtbaren Schatten.

Ich komme zum Schlußstichwort: *Januskopf Bundesrepublik*.

»Wo bleibt das Positive, Herr Kästner?« So ist der Unvergeßliche einmal gefragt worden, der Autor von »Emil und die Detektive« und antimilitaristische Poet. Erich Kästner hat mit der konsterniert-ironischen Gegenfrage geantwortet: »Ja, wo zum Teufel bleibt es?«

Ich will in unserem Zusammenhang darauf eine persönliche Antwort geben. Sie ist die Legitimation meiner Kritik an dem rückwärtsgewandten Antlitz der Republik und gleichzeitig mein Bekenntnis zu dem anderen, dem zweiten Gesicht des bundesdeutschen Doppelkopfes, denn jeder Posten meines Negativkatalogs hat seine Gegenkraft.

In der Nazizeit war für mich eines vollkommen klar, wie ein Gesetz, wie ein Schwur – wenn du befreit werden solltest, wirst du dieses Deutschland verlassen, in dem du all das erlebt hast, was du in das Buch über das Schicksal deiner Sippe legen willst, wirst seinen blutigen Staub von deinen Füßen schütteln und das Weite suchen, so entfernt, wie es nur geht...

Und doch bin ich, wie Sie sehen, geblieben.

Denen, die meine Rede zum 40. Geburtstag der Bundesrepublik Deutschland hier am 6. Mai 1989 in der Godesberger Stadthalle als einen Ausdruck des reinen »Anti«, der Nichtzugehörigkeit, des Außerhalb beschimpfen werden, antworte ich: Ach, wäre es das doch nur! Dann könnte ich fliehen, einfach Schluß machen, mir selbst zurufen: Jene Zeit der ersten deutschen Schuld zwischen 1933 und 1945 und danach noch einmal die vierzig Jahre der zweiten Schuld mit all ihrem Unzumutbaren und Schlimmeren für die Überlebenden der Naziverfolgung – das sei nun genug, übergenug! Aber ich konnte und kann es nicht. *Ich bin angenagelt an dieses Land*, ans Deutsche, es fragt mich nicht, was ich möchte, es hält mich fest, ohne jede Aussicht auf Änderung. Es hat mir meine Unlösbarkeit eingerichtet – wo immer ich auch hingekommen wäre, sie wäre mir überall nachgelaufen. Aber ich tauche hier nicht als jüdischer Racheengel auf oder als verlängerter Arm des strafenden Jehova. Ich spreche als ein Betroffener, der sich 56 seiner 66 Lebensjahre herumgeschlagen und herumgeplagt hat mit dieser Last, Deutscher zu sein – deutscher Jude oder jüdischer Deutscher –, und der sie nicht abwerfen kann und auch nicht abwerfen will – versöhnungsbereit gegenüber jedem, der das tut, aber absolut unversöhnlich gegenüber jeder Art von Unbelehrbarkeit. Ich nehme wohl zu Recht an, daß die Nationaltrompete des Dreggerschen »Patriotismus« mit solcher Art von Verbundenheit zu diesem Land ebensowenig anfangen kann wie jene traurige Zurschaustellung eines nationalen Minderwertigkeitskomplexes mit dem Aufnäher »Ich bin stolz, ein Deutscher zu sein«. In meine Verbundenheit zu Deutschland ist übrigens immer auch die DDR, wenngleich nicht der real existierende Sozialismus, eingeschlossen. Sie mag verwandt sein mit der Dialektik Heinescher Liebe, nämlich aus guten Gründen abgestoßen, aber aus ebenso guten auch angezogen zu sein, eine Mischung, die bekanntlich hierzulande immer noch Ärgernis erregt. Womit übrigens Heine, und uns, nur bestätigt wird, wie aktuell er noch nach 150 Jahren ist, aber auch, wie mumifiziert sich hier ein rückständiges Dunkelmännertum gehalten hat, das ich den »unsterblichen Konservatismus« zu nennen pflege und dessen »Hoch!« auf das Vaterland nur zu oft nichts anderes war und ist als der Haß auf die Vaterländer der anderen.

Die Zeit vergeht, und sie vergeht schnell. Die Verfolgten und Widerstandskämpfer, die noch Augen-, Ohren- und Tatzeugen waren, werden bald ihr natürliches biologisches Ende gefunden haben. Nur ein Rest von ihnen wird das 21. Jahrhundert betreten.

Aber noch sind Angehörige dieser Generation da, hier in der Bundesrepublik, einer Gesellschaft, die wissen soll, daß diese Zeugen nicht vergessen können und nicht vergessen wollen; daß die Zeit in ihrem Falle nicht heilt, die Bilder des Schreckens nicht verblassen, die Erinnerungen immer plastischer, immer alptraumhafter werden. Diese Gesellschaft soll wissen, daß unter ihr immer noch Menschen sind, denen beim unfreiwilligen Einatmen der Auspuffschwaden im Stau des motorisierten Wohlstandsblechs unweigerlich Gedanken an die Gaskammern von Auschwitz, an die Gaswagen von Chelmno kommen; Menschen, die beim Anblick jeder Wunde, jeden Tropfen Bluts an Buchenwald, an Dachau, an Lidice, an Oradour, an die Ardeatinischen Höhlen bei Rom denken, jede einzelne dieser Stätten ein Mahnmal nationalsozialistischer Mordherrschaft. In dieser bundesdeutschen Gesellschaft leben immer noch Menschen, die zusammenzucken, wenn sie das ebenso begrifflos wie inflationär benutzte Wort »Einsatz« vernehmen – nachdem es doch die mobilen Todeskommandos der »Einsatzgruppen« gegeben hat. Sie benutzen auch diese Vokabel der Sprache des Dritten Reiches, des Unmenschen, nie mehr – es sei denn bei einer Demonstration wie dieser.

Ich spreche von der Legitimation meiner Kritik an dem rückwärtsgewandten Gesicht der Bundesrepublik Deutschland. Aber heißt das denn, daß ich das andere nicht sehe? Daß man nicht mehr lachen kann oder darf in diesem Land oder sich nicht freuen? Predige ich hier etwa Miesepeterei, politisches Asketentum, Abstinenz von Freude, Schwung, Humor? Lassen Sie sich von meiner ernsten Miene nicht täuschen – wenn es ein anderes Thema, ein anderer Anlaß gewesen wäre, der mich hier zu Ihnen geführt hätte, so hätte ich sehr wohl den Beweis antreten können, daß es weder den Nazis noch der zweiten Schuld gelungen ist, den Humoristen in mir abzutöten. Und wüßte ich etwa nicht, daß dies ein schönes Land ist, in dem man leben kann? Ich habe doch nicht vergessen, wie ich, monatelang irgendwo auf fremden Kontinenten, klammheimlich Sehnsucht hatte nach ihm – nach der Melancholie der Lüneburger Heide oder dem penetranten Duft von Krabbenkochereien irgendwo an der Nordseeküste. Ich habe doch nicht vergessen, wie sich, zehntausend Kilometer von meiner Vaterstadt entfernt, das Panorama der Hamburger Kirchtürme vor mein inneres Auge drängte oder auch die geliebten Rundungen des Siebengebirges von diesem vermaledeiten Bonn aus – und zwar trotz oder gerade wegen des Anblicks von magischen Wüsten, majestätischen Hochgebirgen und üppigen Urwäldern vor dem äußeren Auge.

Ob Bürger oder fremder Besucher, jedermann erlebt die Bundesrepublik Ende der achtziger Jahre als eine bunte, vielfältige, pluralistische Gesellschaft. So dicht besiedelt, ja zersiedelt es auch in seiner handtuchschmalen Enge ist, dies ist immer noch ein Land von großer, wenngleich bedrohter Naturschönheit. Die Deutschen von heute sind die unkriegerischsten, die es je gegeben hat. Ihr Drang nach Frieden ist womöglich noch ausgeprägter als anderswo, sowohl aus Gründen erlebter Erfahrungen als auch wegen der hohen Verletzbarkeit am Schnittpunkt der rivalisierenden Weltmächte mit dem dutzendfachen Overkill des angesammelten Nuklearpotentials auf beiden Seiten der innerdeutschen Grenze – jenes Teufelszeugs, das verschwinden muß.

Natürlich besteht die Bundesrepublik keineswegs bloß aus alten, neuen oder verhinderten Nazis. Die Gegenwart sieht vielmehr eine Mehrheit von Bürgern, die nach 1945 geboren ist, also ohne persönliche Schuld am Dritten Reich, wenn auch nicht ohne Verantwortung für die Auseinandersetzung mit seinem Erbe. Niemand kann kraftvolle Demokratieprozesse übersehen, und die Probleme, die von der NS-Vergangenheit aufgeworfen werden, vereinen eine große Gemeinschaft von Bundesbürgern.

Und wer könnte denn ernsthaft bestreiten, daß die Bundesrepublik, trotz Rebmann, trotz Zimmermann, immer noch der freieste Staat in der Geschichte der Deutschen ist, und das nicht nur gemessen an den abschreckenden Meßmodellen von Potsdam bis zur Reichskanzlei? Ganz entschieden ist ja von allen Staatsübeln die parlamentarische Demokratie das kleinste, da sie, und nur sie bisher, die Errungenschaften der großen bürgerlichen Revolutionen und deren hartnäckig erweiterte Freiheiten institutionalisiert hat. Mein Bekenntnis zu ihr ist der Hinter- und Untergrund meiner Kritik an der Bundesrepublik. Schlimmes steht neben Großartigem: neben der neuen Ostpolitik »Radikalen-Erlaß« und »Berufsverbot«, der Sündenfall einer SPD, die hoffentlich reuefähig ist...

Diese zweite deutsche Demokratie und ihre Freiheiten sind eben nicht selbstverständlich von 1949 an bis in alle Ewigkeit, sondern eine fortwährend bedrohte Kostbarkeit, mit schlimmen Einbußen bereits, wie wir wissen, und gerade derzeit gefährdeter denn je. Dennoch warne ich vor jener Leichtzüngigkeit, mit der hierzulande unter Gebrauch solcher Vokabeln wie »faschistoid« oder gar »faschistisch« ignorante Vergleiche angestellt werden. Merken diese Leute, die sich selbst ja oft mit dem Ehrentitel »Linke« belehnen, merken sie denn gar nicht, daß sie sich da auf eine Stufe stellen mit jenen unsäglichen Relativierern und Nivellierern von rechts, die ebenfalls behaupten, den Nationalsozialismus hätte es auch anderswo in der Geschichte gegeben? Wer an die Bundesrepublik das Meßmodell Drittes Reich hält, hat keine Ahnung, was dieses Hitlerdeutschland wirklich war. Und welches Pulver hätte er denn noch auf der Pfanne, falls sich die Republik tatsächlich in eine Richtung entwickeln sollte, wo solche heute noch unberechtigte Anschuldigung keine bloße Schwarzmalerei mehr wäre? Dennoch – zu Beginn des fünften Lebensjahrzehnts stehen für die Bundesrepublik die Zeichen auf Sturm, ist sie konfrontiert mit einer unerträglichen

Massenarbeitslosigkeit, mit Ausländerfeindlichkeit und, nach wie vor, mit dem Vorrang der Ökonomie vor der Ökologie. Dazu kommt, daß der Rechtsradikalismus unter dem Etikettenschwindel »Republikaner« aus dem Schoße jener konservativen Päppelung, wo er vier Jahrzehnte überwintern durfte, herausgetreten ist und sich selbständig gemacht hat. Aber wir werden diese Republik nicht noch einmal ihren Feinden überlassen! Wo sie zehn sind, werden wir unserer hundert, wo sie hundert, wir unserer tausend sein! Die bundesdeutsche Gegenwart ist sensibilisierter als alle vorangegangenen Epochen für neue Konstellationen und Hoffnungen, und überall sind unsere Bundesgenossen. Also packen wir's an: Kohls positive Haltung im Raketenstreit mit den Amerikanern ist auf den öffentlichen Druck zurückzuführen! Weg mit Wackersdorf und allem, was dieser Name symbolisiert und materialisiert! Weg mit dem neuen US-Botschafter Vernon Walters, diesem Mephisto aus der Unheilskiste des pathologischen Antikommunismus! Weg mit den Raketen und den potentiellen Tschernobyls auf deutschem und europäischem Boden! Nieder mit den Rüstungsprofiteuren, den professionellen Umweltvergiftern, den Exporteuren des Todes, den Nutznießern der schmutzigen Kriege, wo auch immer in der Welt – ihnen das Handwerk zu legen, empfinde ich als den Gipfel positiven Tuns. Wir Schwarzseher, Fatalisten, Resignierende, Trübsalbläser?

– Ein Hoch dem Humor – gerade und nun erst recht!
– Es lebe der Antifaschismus –
  er wird wieder, und mehr denn je, gebraucht!
– Es lebe das kostbarste Gut des Parlamentarismus –
  die Abwählbarkeit der politischen Macht!
– Es lebe das andere, das zweite,
  das richtige, das *linke* Gesicht der Bundesrepublik Deutschland,
  das wir mit Freuden küssen können.
– Es lebe – *die Demokratie!*

Vom Widerstand und seinen Widersachern

Die Ursachen des Verlustes an humaner Orientierung

Aus »Widerstand und Exil 1933–1945«, Frankfurt 1986

Diese Arbeit will nicht die Geschichte des deutschen Widerstandes gegen den Nationalsozialismus beschreiben, auch nicht handeln von seiner Chronologie und seiner Soziologie. Ruhm und Größe des deutschen Widerstandes sollen vielmehr reflektiert werden von seinem Gegenpol her, seiner Inselexistenz im Meer der braunen Zustimmung – er war der atypische Mikrokosmos im Makrokosmos des Typischen. Der deutsche Widerstand gegen den Nationalsozialismus soll also in das politische Umfeld der Jahre 1933 bis 1945 gestellt werden – und in deren historisches Vorfeld, das tief in die Geschichte des Bismarck- und Kaiserreiches hineingreift.

Wenn man sich auf Prädikate einlassen will, so gebührt dem deutschen Widerstand ein Sonderrang: er war der zeitlich längste und – der einsamste im Resistenzspektrum der Gesamtepoche. Er wurde von der Nation nicht getragen. Erst die Nachkriegszeit mit ihren freiheitlichen Bedingungen in der Bundesrepublik Deutschland hat in aller Deutlichkeit das Ausmaß der inneren Verstrickung der von ihrem Lebensalter her verantwortlichen Generationen im Universum des Dritten Reiches aufgedeckt – nicht zuletzt in Form jener manischen Schuldabwehr, deren pathologisch-kollektiver Grundzug den vollen Kausalzusammenhang mit ihren Voraussetzungen unfreiwillig und überwältigend bestätigt hat.

Das soll der Rahmen sein, in den der Verfasser den deutschen Widerstand gegen den Nationalsozialismus stellen wird.

Hier ist die Rede von einem leicht mißbrauchbaren und also oft mißbrauchten Thema – als Alibi, als bloßes Feiertagsdekor strapaziert, von den unpassendsten Sprechern bei den unpassendsten

Gelegenheiten. Charakteristisch für die offizielle, sozusagen staatliche Interpretation des deutschen Widerstandes ist die Verengung auf bestimmte seiner Ausschnitte, besonders jenen des 20. Juli 1944, von dem noch zu sprechen sein wird. Es wirft ein grelles Licht auf den Grad der Wahrhaftigkeit, oder besser Unwahrhaftigkeit, mit der das Thema hier behandelt wird, daß ein gewisser Widerstand, wenn nicht ganz unterschlagen, so doch jedenfalls nicht nach Gebühr gewürdigt wird – nämlich der Widerstand von links, und innerhalb seiner vor allem jener der Kommunisten.

Das wird für opportun gehalten angesichts der kontinuierlichen Gegnerschaft zwischen der mächtigsten (und von Hitler ins Herz Mitteleuropas geholten) Kraft des Kommunismus, der UdSSR, und den westlichen Demokratien Europas und der USA, dieser welthistorischen Auseinandersetzung zwischen Parlamentarismus und Sowjetdiktatur, deren globale Rivalität Deutschland getrennt hat. Das ist der Grund, weswegen ein bedeutender Teil des deutschen Widerstandes gegen den Nationalsozialismus geleugnet oder minimalisiert wird. Wie ungefestigt, wie schwach muß eine Gesellschaft sein, die sich einem solchen Opportunismus verschreibt! Dahinter lauert noch etwas anderes, nämlich die These, daß Hitler in »diesem Punkt«, dem Antibolschewismus, jedenfalls recht gehabt habe... Es ist die These des nichtdemokratisch, nichthumanitär, also totalitär motivierten Antikommunismus, der sich bis heute bei uns erhalten hat und der sich im Streit mit seinen stalinistischen und neo-stalinistischen Kontrahenten nun noch einmal ausweist als ein Kampf von Brüdern im totalitären Ungeist.

Der deutsche Widerstand gegen den Nationalsozialismus hat Angehörige aller sozialen Schichten in seinen Reihen gehabt, als definierte politische Haltung aber war er zweifellos am stärksten in der Arbeiterschaft verankert. Neben den Vertretern eines antinazistischen Christentums, vor allem also des politischen Katholizismus und der protestantischen »Bekennenden Kirche«, waren die ersten und bevorzugtesten Opfer des Dritten Reiches Sozialdemokraten, Kommunisten und parteilose Linke. Beschränkt hat sich der Widerstand jedoch nie auf die Linke allein. Kleinbürger, Angehörige des Mittelstandes, der Bourgeoisie und Großbourgeoisie, des Militärs und des Adels, oft beide in Personalunion, haben ebenfalls ihren Blutzoll entrichtet.

Die innere Vielfalt des deutschen Widerstandes befand sich aber im Widerspruch zu seinem Umfang. Es handelte sich bei ihm stets um eine verschwindende Minderheit, wenn wir den Begriff als *aktiven* Widerstand verstehen wollen. Als sich dann gegen Ende der Epoche, gegen 1945 zu, die Katastrophe abzeichnete, die Niederlage offenbar wurde, gab es so etwas wie eine vermehrte Unruhe, aber eine echte Expansion des Widerstandes, im Sinne seiner qualitativen und quantitativen Ausweitung, hat nicht stattgefunden.

Der deutsche Widerstand gegen den Nationalsozialismus schrumpfte bald nach der sogenannten Machtergreifung Hitlers – aus mehreren Gründen. Einmal durch die Vervollkommnung des nazistischen Repressionsapparats; dann aber auch, weil größere Teile der Bevölkerung, die ursprünglich nicht für die Braunen waren, sich im Laufe der Zeit doch als empfänglich für Hitlers wahnhafte Ideen zeigten und – wie vor ihnen schon Millionen andere – entweder zu Mitläufern oder begeisterten Anhängern wurden. Die Größenverhältnisse zwischen Widerstand und Nichtwiderstand in Hitlerdeutschland waren eindeutig, und an ihnen hat sich bis zum Untergang des Dritten Reiches nichts geändert.

Natürlich war die Zahl derer, die *passive* Resistenz übten, weit größer als die der Aktivisten. Jene sicher nicht kleine Zahl von passiven Resistenzlern, die Hitler entweder die ganze Nazizeit über ablehnten oder in ihrem Verlaufe dazu kamen, können mit vollem Recht behaupten, Nazigegner gewesen zu sein, auch wenn sie die Schwelle vom passiven zum aktiven Widerstand nicht überwinden konnten und wollten. Nach meinen eigenen Erfahrungen aus der Nazizeit kam passive Resistenz häufig eher »aus dem Bauch«, nicht vom Kopfe her. Sie war oft kein reflektierter oder gar analysierter Zustand, sondern ergab sich aus einer humanen Unverführbarkeit. Je tiefer die Abwehr von Chauvinismus und Nationalismus in das Vorfeld des Jahres 1933 reichte, desto fester war man gefeit gegen die Versuchungen und die Sirenentöne der NS-Propaganda.

Das Gegenstück zu jener humanen Unverführbarkeit aber war der

Verlust der humanen Orientierung durch die massenhaften Einbrüche der Ideen und Ideologien des Nationalsozialismus, die erklärterweise auf Gewalt beruhten. Dieser Verlust ist ein, nein, *das* zentrale Thema im politischen und historischen Umfeld des deutschen Widerstandes gegen Hitler – und er hat seine Vorgeschichte.

Es gab lange vor 1933 mächtige deutsche Traditionen, die Widerstand gegen den Staat gleichsam zur Gotteslästerung machten – vorausgesetzt allerdings, dieser Staat war autoritär oder totalitär. Denn die erste deutsche Demokratie, die Weimarer Republik, bildete bekanntlich die Ausnahme von der Regel und ganz gewiß in der Nachkriegszeit, wenngleich mit sich abschwächender Tendenz, auch die zweite, die Bundesrepublik Deutschland. Nach 1918 fühlten sich gerade jene Traditionalisten verpflichtet, subversiv gegen die parlamentarische Ordnung anzuarbeiten, obwohl sie doch den Staat repräsentierte. Es war schon immer so: Der deutsche Konservativismus schaut sich genau an, wem gegenüber er sich loyal verhält, wenn die Etiketten, nicht aber die Inhalte die gleichen sind.

Der deutsche Widerstand gegen den Nationalsozialismus war selbstverständlich auch ein Widerstand gegen den Staat. Wie auf vielen anderen Gebieten, die von der deutschen Geschichte günstig vorgeformt waren, profitierte der Nationalsozialismus auch von einer Obrigkeitshörigkeit, die durchaus spezifische Züge trug und deren Endprodukt jener Untertan war, wie Heinrich Mann ihn so klassisch in der Figur des Diederich Hessling geformt hat.

Es gibt keine Gleichsetzung von Wilhelminismus und Nationalsozialismus – das wäre sowohl eine Dämonisierung des Kaiserreiches wie eine Bagatellisierung von Nazideutschland. Aber es gibt bestimmte stabile Einzelelemente, die sich von dem einen in das andere hinein bewahrten, und dazu gehört in erster Linie die Identifikation von Staat und Vaterland, Gesellschaftssystem und Vaterland – und sie traf sowohl auf die Epoche von 1871 bis 1918 als auch auf die zwölf Jahre zwischen 1933 und 1945 zu. Bezeichnenderweise aber für Millionen und aber Millionen Deutsche nicht auf die anderthalb Jahrzehnte der Weimarer Republik.

Aus der Gleichsetzung von Herrschaftssystem und Vaterland, die in jenen zitierten Perioden ganz selbstverständlich zum Lebensgefühl der Nation zählte, ergibt sich zwangsläufig der Trugschluß, daß Widerstand gegen den Staat dann auch Widerstand gegen das Vaterland sei. Liegen den herrschenden Ideen, also den Ideen der Herrschenden, aggressive und inhumane Triebkräfte zugrunde, so mußte, bei diesem hohen Maß an ihrer Verinnerlichung, die Identifikation von Staat und Vaterland unweigerlich zu Verlusten an humaner Orientierung führen. Das galt, mit der oben gemachten Einschränkung aus dem Grundcharakter beider Herrschaftssysteme, sowohl für den Wilhelminismus als auch für das Dritte Reich.

Für den aufmerksamen Beobachter werden, als Kennzeichen eines etwas zu schrillen Nationalismus, schon Symptome aus den sogenannten »Befreiungskriegen« gegen Napoleon I. erkennbar. Ganz deutlich tritt das Problem, zunächst der Erosion humaner Orientierung, dann in der zweiten Phase des deutschen Kaiserreichs unter Wilhelm II. auf. Die Identifikation breitester Bevölkerungsteile erst mit der Großmacht-, dann mit der Weltmachtpolitik dieses fast über Nacht im Zentrum des europäischen Kontinents entstandenen industriellen und militärischen Giganten Deutschland war tief. Wie verwerflich auch immer die Status-quo-Politik der bereits etablierten und Kolonialmächte England und Frankreich, die Ziele eines Rußland mit panslawistischen Tendenzen gewesen sein mochten – der Drang zu grundlegender Veränderung der globalen Machtverhältnisse kam von einem Deutschland, das sich von der Geschichte für zu kurzgehalten wähnte, sich aber zugleich mit der Kraft ausgestattet glaubte, dies ändern zu können. Die Annexion dieser Machtpolitik, in der sich bereits zweifelsfrei wahnhafte Realitätsstörungen widerspiegeln, und die Gleichsetzung von herrschaftlichen und vaterländischen Interessen mußten angesichts der letztlich auf kriegerische Gewalt hinsteuernden Politik zur Umverteilung der globalen Machtpositionen auf eine so gesinnte Population von enorm enthumanisierender Wirkung gewesen sein.

Man erhebt sich nicht über Vorfahren, wenn man, durch leidvolle Geschichte klüger geworden, heute zur Kenntnis gelangt ist, daß der Zufall der eigenen Geburt und der eigenen Nationalität natürlich gar nichts besagt über Recht oder Unrecht der Politik des eigenen Landes, wie ein naiver Zeitgeist damals vermeinte, und nicht nur damals wohl. Eine deutsche Sonderheit war das nicht, denn das Wort »Right or wrong – my country« (Recht oder Unrecht – mein Land) klingt schließlich original englisch. Eine Sonderheit war nur der erste Versuch – von zweien in der ersten Hälfte unseres Jahrhunderts –, nach der Weltherrschaft zu greifen. Die dahinter sichtbar werdende Rigorosität der Grundplanung hat auch das Ausmaß des Verlustes an humaner Orientierung bestimmt. Wir werden noch auf diese Problematik während der Nazizeit und danach zurückkommen.

Diese Ausführungen bedeuten keine Abschweifung vom Thema. Die unreflektierte Selbstverständlichkeit, mit der in der kurzen Einheitsgeschichte Deutschlands von 1871 bis 1945, während der wilhelminischen und der nationalsozialistischen Phase, Herrschaftssystem und Vaterland von einer Mehrheit identifiziert wurden, und der daraus entstandene Verlust der humanen Orientierung, sie sind die unmittelbare historische Kulisse, die der deutsche Widerstand gegen den Nationalsozialismus vorfand und die dann während der folgenden zwölf Jahre NS-Herrschaft zu wahrhaft schreckenerregenden Gebilden ausgebaut wurde.

Bis Mai 1945 konnte man sich in Deutschland hinsichtlich der eigenen Haltung gegenüber dem Nationalsozialismus auf den Zwang berufen, den er auf das Individuum ausgeübt hatte – danach nicht mehr. Danach zwang einen niemand mehr, nationalsozialistische Ideen zu konservieren und zu verteidigen. Genau dies aber geschieht bis in unsere Tage, und nicht vereinzelt, sondern massenhaft, vor allem aber sehr häufig unbewußt. Diese Konservierung und Verteidigung tragen das unverkennbare Stigma des Verlustes an humaner Orientierung. In den fast vierzig Jahren seit 1945 hat sich dieser Verlust als einer der hartnäckigsten und tiefstgreifenden Schäden entpuppt, die der Nationalsozialismus und sein nationalistisches Vorfeld hinterlassen haben. Er ist eine der stabilsten Kontinuitäten aus der NS-Zeit. Bevor wir zu seinen konkreten Äußerungen kommen, soll etwas zu seiner Charakteristik gesagt werden.

Der Verlust der humanen Orientierung ist gekennzeichnet durch eine ganz unverwechselbare Schizophrenie des agitierten Individuums, nämlich seine Spaltung in eine privat humanitäre und eine politisch nicht humanitäre Hälfte. Väter, Mütter, Eheleute, Eltern, Brüder, Schwestern, Söhne, Töchter, Menschen, denen Hilfe für den Nächsten, für den Nachbarn, denen Aufopferung, Mitleid, Fürsorge selbstverständlich waren – sie alle bekannten sich zur gleichen Zeit fanatisch zu politischen Gewaltideen, wie sie es zuvor noch nie gegeben hatte. Dem Nationalsozialismus gelingt die höchste politische Mobilisierung in der bisherigen Geschichte des deutschen Volkes. Erosion und Verlust der humanen Orientierung von Millionen und aber Millionen kraft der Identifikation mit den wahnhaften und unverhüllt gewalttätigen innen- und außenpolitischen Ideen des Nationalsozialismus, ihre sozusagen überirdisch zu erkennende Persönlichkeitsspaltung, ist in unserer Gesellschaft die meistverschwiegene Konsequenz aus dem Erbe des Dritten Reiches.

Der Verlust der humanen Orientierung sammelte sich nach 1945 in ganz bestimmten kollektiven Affekten der manischen Schuldabwehr, die sich überall auf die gleiche Weise formulierten und formulieren. Jeder von uns ist ihnen hundertmal begegnet. Sie lauten zum Beispiel:

»Es waren ja gar nicht sechs Millionen Juden, die umgebracht worden sind…« – Der Völkermord an den Juden im deutschbesetzten Europa wird hier also vor allem zu einer Frage der Zahl, der Quantität. Die Logik dieses Affektes: Je niedriger die Zahl der Ermordeten, desto beruhigter fühlt man sich selbst.

»Die anderen haben ja auch Verbrechen begangen, nicht nur wir Deutsche…« – Opfer anderer Unmenschlichkeitssysteme werden zu bloßen Kompensationsobjekten für das eigene schlechte Gewissen. Ermordete entsetzen nicht mehr, sie trösten.

»Die Konzentrationslager waren gar keine deutsche Erfindung, sondern eine der Briten im Kampf gegen die Buren Südafrikas…« – Vorgegebene Kenntnis weit zurückliegender Ereignisse in einem fremden Land in zehntausend Kilometer Entfernung, bei gleichzeitiger Beharrung auf der Unkenntnis der eigenen Geschichte im eigenen Land zu seinen Lebzeiten.

»Hitler hat nicht nur Schlechtes, er hat auch Gutes geschaffen, zum Beispiel die Autobahnen...« – Noch nach vierzig Jahren völliger Informationsfreiheit über den als System undifferenzierbaren NS-Verbrecherstaat wird geteilt in einen »guten« und einen »schlechten« Nationalsozialismus.

Die kollektiven Affekte der Schuldabwehr nach 1945 offenbaren die Verstrickung in die Ära davor, es sind die Reaktionen ein und derselben Haltung unter ganz verschiedenen gesellschaftlichen Bedingungen. Sie erhellen deshalb die Frage, in welcher Umwelt sich der deutsche Widerstand gegen den Nationalsozialismus vollzog: Da die Schuldabwehr kollektiven Charakter hat, haben es ihre Voraussetzungen auch – die Zustimmung zu Hitler. Der verräterischste Ausdruck der Kollektivität ist die einheitliche Diktion der Affekte: Die Schuldabwehrthesen haben überall den gleichen Wortlaut, ob nun in Köln, Berlin, Flensburg oder Winsen an der Luhe. Millionen Menschen, die sich nie gesehen haben, die nie miteinander gesprochen haben und sich also auch nicht absprechen konnten (was bei der Masse der Beteiligten ohnehin ein Ding der Unmöglichkeit wäre), die so unterschiedlich sind, wie Menschen nun einmal geraten, sie alle haben dennoch einen einheitlichen Nenner. Ob es nun objektiv eine Kollektivschuld gegeben hat oder nicht – die Voraussetzung der Schuldabwehr, nämlich ein subjektiv vorhandenes Schuldgefühl, ist nach 1945 in einer geradezu überwältigenden Kollektivität sichtbar geworden.

Ohne Kenntnis solcher historischen Grundtatsachen wäre das relativ geringe Ausmaß des deutschen Widerstandes gegen Hitler gar nicht zu erklären. Es war ja nicht so, wie häufig vorgegeben: daß die Deutschen unter Hitler zähneknirschend erduldet hätten, was der Nationalsozialismus von ihnen forderte. Diese Schutzbehauptung leugnet die Tatsache, daß die unermeßlichen Anforderungen, die Hitler an das deutsche Volk stellte, ohne aktive, ja begeisterte Beteiligung einer großen Mehrheit niemals hätten so erfüllt werden können, wie sie dann erfüllt worden sind. Die Gleichsetzung von NS-Herrschaftssystem und Vaterland war so lichtdicht, daß ein

Begriff wie »Naziregime« für die meisten der damaligen Deutschen überhaupt nicht existierte – er war ein verbales Kennzeichen von Nazigegnern.

Es gibt zwei weitere Indizien für den Verlust der humanen Orientierung, von denen das erste einen unmittelbaren Bezug zum deutschen Widerstand gegen den Nationalsozialismus hatte: die Interpretation des von Hitlerdeutschland ausgelösten Angriffskrieges auf Europa und die Welt, das meint: seine Uminterpretierung in einen vaterländischen Verteidigungskrieg oder »einen Krieg wie alle anderen auch«. Solche Überwindung der historischen Wahrheit gilt für Millionen ehemaliger Wehrmachtsangehöriger auch heute noch, war also vor 1945 erst recht in Kraft. Hier wird übrigens eine spezifische Konfrontation sichtbar, die gefährlich genug ist, nämlich ein antagonistischer Gegensatz zwischen deutschen Auffassungen und der einhelligen Gegenauffassung einer ganzen Welt (in die selbstverständlich, das sei wieder erwähnt, auch zahlreiche Deutsche eingeschlossen sind, die Hitlers Krieg immer für verbrecherisch hielten, oder solche, die, oft unter beträchtlichen Selbstqualen, im Laufe der Zeit zu dieser Auffassung gelangt sind).

Gerade dieses Indiz bestätigt, wie tief die Identifikation zwischen NS-Staat und Vaterland war. Ich selber habe staunend erlebt, wie sogar mancher, der Hitler bis zum 1. September 1939, dem Tag des Kriegsausbruchs, abgelehnt hatte, nun erklärte: Der Zwist müsse beendet werden, denn jetzt gehe es um das Vaterland.

Sonderbare Logik! In dem Moment, da Hitler das größte Unglück der bisherigen Menschheitsgeschichte vom Zaune bricht, in dem Augenblick, da er sein kriminelles Regime mit Hilfe von Waffen über die deutschen Grenzen katapultiert, also andere Völker durch militärische Eroberungen unterjocht – in dem Moment, unter den so eindeutigen Auspizien des Überfalls, »geht es um das Vaterland«. Wenn solche Argumentation bis an die Ränder der passiven Resistenz ging, was konnte dann von der politischen Indifferenz oder gar der Zustimmung zu Hitler erwartet werden?

Mit anderen Worten: *Im* Kriege hatte es der deutsche Widerstand gegen den Nationalsozialismus moralisch noch einmal so schwer wie vorher.

Das eigentliche Skandalon aber besteht in der Beibehaltung der Interpretationen von damals bis hinein in unsere Gegenwart – es bestätigt die Dauerhaftigkeit des Verlustes an humaner Orientierung. Auch vierzig Jahre absoluter Informationsfreiheit über das wahre Wesen des Nationalsozialismus, über den Leichen-Himalaja, den der Vernichtungsapparat des Reichssicherheitshauptamtes hinter den deutschen Fronten aufgetürmt hat, haben an der Beurteilung des Zweiten Weltkriegs nichts geändert. Hier wird eine eiserne Abwehr sichtbar, die auf die Enthistorisierung und Entnazifizierung des Kriegsgeschehens hinzielt.

Heute weiß jedermann, oder könnte es doch wissen, daß der »Spielraum« des Vernichtungsapparates immer abhängig war von dem Frontenverlauf der deutschen Militärmaschine. Nun darf wohl als indiskutabel sicher gelten, daß der deutsche Soldat zwischen 1939 und 1945 nicht mit der Absicht gekämpft hat, dem Vernichtungsapparat diesen Freiraum für seine Verbrechen zu schaffen. Aber wem von ihnen nicht schon während des Krieges wenigstens Teilkenntnisse des Holocaust und des Wütens der Einsatzgruppen-Kommandos zugekommen waren – die inzwischen unabweisbaren Tatsachen, was der Vernichtungsapparat für die besetzten Völker Europas, besonders jene im Osten, bedeutete, hätte überall zur Korrektur von Wertungen führen müssen, die aus der Ignoranz der historischen Fakten erwuchsen. Wo das bisher nicht geschah, bleibt wenig Hoffnung auf humane Regeneration. Es gibt keine vertretbare Erklärung dafür, die Beurteilung des Hitlerkrieges vom Jahre 1944 auch 1984 noch beizubehalten. Die deutsche Wehrmacht war das Schwert in den Händen der Naziführung, das war ihre objektive geschichtliche Rolle, völlig unabhängig von subjektiven Auffassungen deutscher Kriegsteilnehmer und ihrer Angehörigen. Die deutsche Wehrmacht hat keinen »wertfreien« Kampf geführt, wie so durchsichtig zugunsten ihrer Enthistorisierung und Entnazifizierung gefordert wird – ein solches geschichtliches Vakuum hat es nie gegeben.

Wer NS-Staat und Vaterland miteinander gleichsetzte, für den war natürlich Widerstand gegen diesen Staat Hoch- oder Landesverrat. Kann vor allem der jüngere Leser, dem Selbsterlebnisse von damals fehlen, ermessen, welche Wände sich vor einem Widerstand türmten, der der Meinung war, daß eben Hitlers Krieg die Krönung der nationalsozialistischen Verbrechen gegen die Menschheit sei? Kann man sich einen durch gegenteilige Einschätzungen und Überzeugungen der Umwelt gefährdeteren und isolierteren Widerstand vorstellen als den deutschen? Keine andere europäische Widerstandsbewegung während der deutschen Besetzung hatte mit ähnlichen Schwierigkeiten zu kämpfen – angesichts des Feindes von außen, des fremden Eroberers waren die Freund-Feind-Verhältnisse dort unangezweifelt.

Eingeschoben: Es gab allerdings einen deutschen Widerstand, der lange die These vertrat, auch Deutschland sei von den Nazis »besetzt« worden – nämlich in der Emigration. Es gehört zu den erschütternden Wahrheiten der damaligen Epoche, daß erklärte Nazigegner von außen, von jenseits der deutschen Grenzen, dieser Meinung waren. Und eines der großen Beispiele dafür ist der 1978 verstorbene Schriftsteller, Literaturprofessor, Hüter und Bewahrer der deutschen Emigrationsliteratur, Alfred Kantorowicz. Dieser Mann, der nach fast dreißigjähriger Mitgliedschaft in der KPD/SED 1957 mit der Partei brach, schrieb aus seinem Pariser Exil 1935: »Die Feinde meines Vaterlandes, das sind die braunen Besatzungsarmeen auf deutschem Boden.«

Hitler und Deutschland, das schien Alfred Kantorowicz damals ganz unvereinbar. Mit emigriert, erst nach Frankreich, dann nach den USA, war diese These, und zwar immer dringender verfochten, je verfemter Deutschland im Laufe des Krieges wurde. »Verwechselt die Deutschen nicht mit den Nazis!« lautete sein ständig wiederholter Appell.

Der Spanienkämpfer Alfred Kantorowicz wird erst durch seine Erfahrungen in der Bundesrepublik belehrt, was es mit den »braunen Besatzungsarmeen auf deutschem Boden« auf sich hatte. Mitte der sechziger Jahre kommt es zum Eingeständnis seines Lebensirrtums, seiner patriotischen Illusion:

»Am Ende des zweiten Drittels unseres Jahrhunderts hat sich nun nach Tausenden von Erfahrungen bei mir die Erkenntnis durchgesetzt, daß die große Mehrheit der älteren Generation der Deutschen das Hitlerreich mit Deutschland gleichsetzte, sich mit ihm identifizierte und alle, die sich dieser ›Volksgemeinschaft‹ entzogen oder von ihr ausgeschlossen waren, nur mit Vorbehalt wieder integriert. Dieses lang verdrängte Bewußtsein, daß Hitler so undeutsch nicht war, wie wir Exilierten behauptet hatten, das machte sich in meinen spärlich gewordenen Veröffentlichungen des letzten Jahrfünfts geltend. Ich muß gestehen, daß die Außerkraftsetzung der einst verbürgten Menschenrechte kein unseliger Zufall war, sondern ein Element der deutschen Geschichte des 20. Jahrhunderts. Mein Vertrauen in die Deutschen war blind, mein Zugehörigkeitsgefühl unerschütterlich. Oft habe ich mich in diesen Jahren an das berühmte Hölderlin-Zitat aus Hyperion erinnert: ›So kam ich unter die Deutschen. Ich forderte nicht viel und war gefaßt, noch weniger zu finden. Demütig kam ich, wie der blinde Ödipus am Tore von Athen...‹ – Die Demut ist mir jetzt vergangen!«

Selbstverständlich wäre Hitlers Angriffskrieg auch ohne Vernichtungsapparat verbrecherisch gewesen – die Aggression an sich war bereits ein Verbrechen, das Millionen Menschen den Tod brachte. Diese durch den deutschen Angriffskrieg verursachten Toten tauchen in der Vorstellung ungezählter Zeitgenossen auf der Schuldliste des Nationalsozialismus überhaupt nicht auf. Warum auch, wenn es sich um »einen Krieg wie alle anderen auch« handelte? Es ist grotesk, wenn die unbelehrbaren Altmänner der ehemaligen und in Nürnberg zur verbrecherischen Organisation erklärten Waffen-SS in ihren periodischen und unglaublicherweise genehmigten Zusammenkünften immer wieder beteuern, sie hätten »nur gekämpft...« Unter wessen Befehl denn, für welche Ziele und mit welchen Folgen?

Bis an diese Stelle gelangt, wirft sich die Frage auf, wieweit die Kriminalität des NS-Systems überhaupt bei uns als politische und moralische Erkenntnis vorhanden ist. Wie tief ist die bundesdeutsche Gesellschaft von dem unteilbar verbrecherischen Charakter des Dritten Reiches überzeugt? Ganz allgemein hat in den vergangenen vierzig Jahren seit dem Untergang des Dritten Reiches der weitverbreitete Hang bestanden, ein undifferenzierbar kriminelles System zu differenzieren. Eine ganze Reihe von Artikulationen der Schuldabwehr bestätigen das, zum Beispiel die bereits zitierte: »Hitler hat nicht nur Schlechtes, er hat auch Gutes geschaffen – die Autobahnen, die ›Kraft-durch-Freude‹-Schiffe usw....«

Jeder von uns hat das gehört, und er kann es in unseren Tagen immer noch hören – von mir selbst zuletzt vernommen in einem ärztlichen Warteraum, April 1984.

Diese und ähnliche kollektive Affekte verfolgen die Absicht, mit der Differenzierung gleichzeitig auch eine Teilexkulpierung des NS-Systems vorzunehmen. Viel deutlicher aber noch als durch solche Zitate kommt der Versuch, den verbrecherischen Charakter des NS-Systems zu reduzieren, in dieser These der Schuldabwehr zum Ausdruck: *»Aber wir haben doch von nichts gewußt!«*

Bei ihr müssen wir etwas länger verweilen, weil sie wie kaum eine andere These Rückschlüsse zuläßt auf die Realität, in der sich der deutsche Widerstand gegen den Nationalsozialismus vollzog.

Was ist damit gemeint, worauf bezieht sich dieses »... von nichts gewußt«?

Es bezieht sich auf Auschwitz und auf alles, was dieser Name symbolisiert und materialisiert. *Aber der verbrecherische Charakter des Nationalsozialismus begann nicht bei seinem Vernichtungsapparat!* Er begann bereits bei den Maßnahmen, die die demokratischen Freiheiten aufhoben, die Republik vernichteten, und setzte sich fort über die Verhaftungen, Folterungen und Ermordungen der politischen Gegner von gestern, die Proklamation der Rassengesetze, die Errichtung von Konzentrationslagern, die sogenannte »Reichskristallnacht« vom 9. November 1938 – alles Maßnahmen und Ereignisse, von denen jedermann in Deutschland gewußt hat! Und zwar so gut gewußt, daß schon sehr bald nach dem 30. Januar 1933 der »deutsche Blick« aufkam: Wenn zwei zusammentrafen, die sich nicht kannten, schätzten sie sich erst einmal ab, was der eine dazu beitragen könnte, den andern ins »Konzertlager« zu bringen. Es muß übrigens für Millionen damals einen seltsamen Zwiespalt gegeben haben, nämlich einem System zuzustimmen, das man gleichzeitig auch fürchtete. Auf den Nationalcharakter, die Nationalpersönlichkeit hat sich das nicht günstig ausgewirkt.

Nein und abermals nein! Der verbrecherische Charakter des Nationalsozialismus, seines Systems, seines Staates begann nicht mit dem Völkermord an den europäischen Juden, dem Massenmord an Polen, Russen, sowjetischen Kriegsgefangenen und Angehörigen aller anderen deutschbesetzten Völker. Die These der kollektiven Schuldabwehr: »Aber wir haben doch von nichts gewußt!«, schafft von der »Machtergreifung« bis zur Errichtung des Vernichtungsapparates und dem Beginn seiner Mordpraktiken im Großformat, also von 1933 bis Anfang 1942, eine quasi verbrechensfreie Strecke, nivelliert das Dritte Reich bis dahin mit anderen zeitgenössischen Gesellschaften diktatorialen Zuschnitts, ja baut geradezu eine Zone bürgerlicher Gesittung auf, gegen die anzugehen und Widerstand zu leisten jegliches Motiv entfiel. Welche Verdrehung der Wirklichkeit!

Die versuchte Reduzierung der NS-Totalität auf einen kriminellen Teilsektor, auf eine verbrecherische Teilphase, bestätigt den ungeheuren Verlust an humaner Orientierung bis in unsere Tage, denn diese Ansichten sind immer noch überall anzutreffen.

Tatsächlich jedoch war das NS-System durch und durch verbrecherisch, von der Peripherie bis zu seinem Zentrum. Die neun Jahre vom 30. Januar 1933 bis zur Wannsee-Konferenz vom 20. Januar 1942 (auf der die »Endlösung« beschlossen wurde) waren nicht relativ, sie waren absolut verbrecherisch – als der Schoß, aus dem dann als höchste Institutionalisierung der Vernichtungsapparat des Reichssicherheitshauptamtes kroch, der Hitler-Himmler-Heydrich-Kaltenbrunner-Holocaust. Dieser Apparat war die Spitze der Verbrechenspyramide, die das gesamte System des Dritten Reiches grundstrukturell von der ersten Sekunde seiner Etablierung an darstellte.

Der Schuldabwehrthese »Aber wir haben doch von nichts gewußt« folgt übrigens eine Art Zwillingsbeteuerung, eine weitere, sozusagen gekoppelte, und zwar oft im gleichen Atemzug: »Wir konnten doch nichts dagegen machen!« Wogegen? Wogegen wollte man denn eigentlich etwas machen? Gegen das, was man nicht gewußt hat?

Diese Instabilität wohnt sämtlichen Affekten, Thesen, Artikulationen und Formulierungen der kollektiven Schuldabwehr inne.

Der deutsche Widerstand gegen den Nationalsozialismus war und ist kein populäres Thema – damals nicht und heute nicht. Erinnert es doch immer noch viele, im besten Falle, an das eigene Versagen, die eigene Schwäche, mehr jedoch wohl an Blindheit und Zustimmung.

Meiner Meinung nach reichte die Kraft des Widerstandes nie aus, um die Naziherrschaft von innen her zu stürzen, ausgenommen vielleicht jener Resistenzkomplex, der sich die Tötung Hitlers zum Ziel gesetzt hatte. Auch dann, vor dem Krieg, mehr aber noch während des Krieges, wäre die Haltung der Bevölkerung ungewiß gewesen. Es ist sehr fraglich, wie sich ihre Mehrheit verhalten hätte, wenn die frühen Attentatsversuche hoher Militärs auf den »Führer« – oder der Anschlag im Bürgerbräukeller 1939 – erfolgreich gewesen wären. Retrospektive Bekenntnisse dürften wohl sehr häufig auf Selbsttäuschung, auf posthumes Wunsch- und Rechtfertigungsdenken zurückzuführen sein. Sogar ein anderer Ausgang des 20. Juli 1944, der Fall, die Bombe hätte Hitler zerrissen, hätte keineswegs unbedingt den Sturz der NS-Herrschaft zur Folge haben müssen. Und damals konnte es am Ausgang des Zweiten Weltkrieges bereits keinerlei Zweifel mehr geben. Wie fraglich wird in diesem Lichte dann alles, was vorher geschehen wäre? Ich greife zur Illustrierung eine ebenfalls noch weitverbreitete These auf: Das Ausland hätte nicht zusehen dürfen, wie Hitler vor Ausbruch des Krieges ganze Teile Mitteleuropas annektiert habe. Wahrlich, das Ausland hätte das nicht tun sollen! Aber einmal ganz abgesehen davon, daß es tatsächlich für die potentiellen Gegner Nazideutschlands intelligenter und wirkungsvoller gewesen wäre, keine Beschwichtigungspolitik, kein »appeasement« Hitler gegenüber zu betreiben – nach meinen eigenen empirischen Erinnerungen an den Grad pronazistischer Volkszustimmung in den Jahren 1938/39 hätte ein höherer Druck von außen keineswegs zur Entfremdung oder gar Spaltung von »Führer« und Volk geführt, sondern weit wahrscheinlicher zu deren stärkerer Bindung aneinander.

Bliebe noch, angesichts der These, das Ausland hätte »nicht zuse-hen dürfen«, die Frage, ob jemals eine andere Nation ihr eigenes Schicksal und ihre eigene Verantwortung in die einer fremden dele-giert habe, so wie es aus dieser falschen Problemsicht herauszuhö-ren und zu -lesen ist.

Ich spreche hier eine Hypothese aus, die nicht bewiesen werden kann, wohl aber das Ergebnis von fast fünfzig Jahren ununterbro-chener Beschäftigung mit dem Verhalten der von ihrem Lebens-alter her für das Dritte Reich verantwortlichen Generationen vor und nach 1945 ist. Mindestens seit den Olympischen Spielen von 1936 war der nationalsozialistische Repressionsapparat – legt man seiner Notwendigkeit vom Regimestandpunkt her die politische Gesinnung der Bevölkerungsmehrheit zugrunde – überbesetzt, wenn nicht gar überflüssig. Gemessen am Grad der pronazisti-schen Zustimmung, am Ausmaß der Identifikation von NS-Staat und Vaterland, Heimat, Deutschland, war der Planet der Konzen-trationslager von geradezu lächerlichem Übergewicht.

Natürlich, das ist der Konjunktiv der Geschichte, der Indikativ war, daß das Dritte Reich ohne seinen Repressions- und Über-wachungsapparat, ohne seine ganze Mordmaschinerie gar nicht denkbar wäre. Aber es geht bei dieser Hypothese allein um die Demonstration der Einbrüche und Überwältigungen, die dem Re-gime in wenigen Jahren gelungen waren. Für den aktiven deut-schen Widerstand, nicht zuletzt den jener Militärkreise, die sich Gefangennahme oder Tötung Hitlers zum Ziel genommen hatten, war die Kenntnis dieser Zustimmung, ja einer gewissen Verfallen-heit an Hitler, die Quelle allergrößter Besorgnisse, was im Falle eines Gelingens ihrer Attentatsversuche werden würde.

In diesem Zusammenhang noch ein Wort zum 20. Juli 1944: Seine Bewertung im Rahmen des gesamten deutschen Widerstandes hat ein gewisses Übergewicht erhalten und ist zu etwas wie seiner Galionsfigur geworden. So hat sich bei vielen der Eindruck herge-stellt, es habe außer den Männern und Frauen des 20. Juli so gut wie keinen Widerstand gegeben. Diese Verschiebung tut auch den Opfern und den Überlebenden dieses historischen Datums Un-recht an, denn es macht sie zur Legende. Legenden aber legen nur

Schleier über die Wirklichkeit, verhindern auch den Blick für Entwicklungen. Claus Graf Schenk von Stauffenberg war keineswegs von vornherein gegen Hitler, sondern hat selbst zunächst als Anhänger des Nazi-Systems sein Molekül zu jener Unerträglichkeit beigetragen, der er dann auch um den Preis des eigenen Lebens ein Ende bereiten wollte (er war bereit gewesen, neben Hitler mit der Bombe im Hauptquartier Wolfsschanze zerfetzt zu werden, was seine Mitverschwörer dann verhinderten). Innerhalb der ausgedehnten Kreise um den 20. Juli 1944 hat es viele Männer und Frauen gegeben, die von vornherein und kompromißlos gegen Hitler waren. Auf die Symbolfigur des dann fehlgeschlagenen Attentats – von Stauffenberg – traf das nicht zu. Sein Verdienst wird durch diese Feststellung eher erhöht als geschmälert. Es wäre gut gewesen, wenn mehr Menschen eine Entwicklung von Anhängern zu so erbitterten Gegnern des Nationalsozialismus genommen hätten wie dieser Sproß eines alten Geschlechts, dessen Moral so lange in dienendem Staatsgehorsam bestanden hatte.

In seiner unübertroffenen und bitteren Charakteristik des Durchschnittsdeutschen im Dritten Reich und in den ersten zwanzig Nachkriegsjahren, der »Unfähigkeit zu trauern«, schreibt Alexander Mitscherlich: »Es ist eine auffallende Gefühlsstarre, mit der auf die Leichenberge in den Konzentrationslagern…, die Nachrichten über den millionenfachen Mord an Juden, Polen, Russen, auf den Mord an politischen Gegnern aus den eigenen Reihen geantwortet wurde.«
Es ist die Rede von der totalen inneren Beziehungslosigkeit breitester Bevölkerungskreise zur Welt der Naziopfer. Und seine Ergänzung, daß auch »das Verschwinden der deutschen Heere in Gefangenschaft« mit ebendieser Resonanzlosigkeit aufgenommen wurde, bestätigt, daß die innere Beziehungslosigkeit zu den Naziopfern jeden Zugang von Schuldbesetzten gegenüber Opfern, und seien es in diesem Falle auch die eigenen Angehörigen, blockiert oder unmöglich macht. Es gibt also weder Trauer um Opfer, die aus Gegnerschaft zu Hitler, noch um solche, die aus Anhängerschaft zu ihm entstanden waren.

Seit Mitscherlichs klassischer Definition sind abermals zwanzig Jahre vergangen, in denen sich die innere Beziehungslosigkeit zur Welt der Naziopfer bei der älteren und noch mitverstrickten Generation immer wieder geoffenbart hat. Gleichzeitig jedoch – über all die Jahrzehnte seit 1945 hin – eine tiefe, ganz gewiß sehr oft unbewußte innere Affinität zur Welt der Täter, die mannigfachen Ausdruck fand und weiter findet, vor allem in der stereotypen Schuldabwehrthese: »Es muß doch endlich einmal Schluß gemacht, es muß doch endlich einmal vergessen werden.« Ich kenne Leute, die so seit dem Herbst 1945 argumentieren...

Noch konkreter hinsichtlich der inneren Beziehungslosigkeit zur Welt der Naziopfer ist dann eine Unterthese der soeben zitierten geworden, nämlich: »Schluß mit den NS-Prozessen vor deutschen Gerichten, Schluß mit der Anklage gegen NS-Täter!«

Die Motivationen dafür liegen auf der Hand: Wenn sogar den Mördern Absolution erteilt wird, von der Justiz bescheinigt und verbrieft, wie erlöst kann man sich dann erst selber fühlen als ehemaliger kleiner Mitläufer oder auch »Goldfasan«, der man war, das heißt NS-Würdenträger? Hatte man sich doch selbst die Hände nicht mit Blut befleckt...

Wie in allen anderen Schuldabwehrthesen ist auch in dieser der Verlust der humanen Orientierung beklemmend sichtbar.

Beklemmend, weil sich die Kontinuität zweier miteinander korrespondierender Haltungen ergibt: Die nach 1945 ist die Entsprechung, die Prolongierung jener vor diesem Datum. Noch einmal: Unter den völlig verschiedenen Bedingungen des Vor- und Nachher dieser welthistorischen Zäsur wird der Primärhaltung der Jahre 1933 bis 1945 sozusagen das zeitgemäße Sekundärgesicht danach zugelegt. Weit offener noch als die Hitler-Periode selbst, in der, vorgegeben oder tatsächlich, das Druckargument zur Verteidigung der eigenen Haltung angeführt werden kann, haben die seither verflossenen vier Jahrzehnte jene herrschenden Ideen bloßgelegt, unter denen sich der deutsche Widerstand gegen den Nationalsozialismus zu vollziehen hatte.

Es sind diese Bedingungen, durch die sein Mut, seine Größe, seine Einsamkeit dokumentiert werden.

Noch ein kleiner Epilog nach der zwangsläufigen Eingrenzung der Wirklichkeit durch das Ausschnitthafte des Themas.

Natürlich besteht die Bevölkerung der Bundesrepublik unserer Gegenwart keineswegs aus alten, neuen oder verhinderten Nazis. Ihre überwältigende Mehrheit sind Menschen, die von ihrem Lebensalter her keine persönliche Verantwortung für das Dritte Reich tragen. Breite Schichten sind in einem durchaus kraftvollen Demokratisierungsprozeß ausgesprochen antinazistisch, antifaschistisch eingestellt, und die Fragen, die von der Vergangenheit des Hakenkreuzes und seines Erbes aufgeworfen werden, vereinen eine große Bundesgenossenschaft ansonsten selbstverständlich durchaus heterogener Personen. Es gibt keinerlei Anzeichen und Aussichten, daß sich ein Datum wie der 30. Januar 1933 bei uns wiederholen könnte, und ganz allgemein kann gesagt werden, daß die Bundesrepublik der achtziger Jahre nur noch wenig Ähnlichkeit mit jener etwa der fünfziger Jahre aufweist. Dies ist weder ein faschistischer noch ein faschistoider Staat, wie so häufig von einer Seite auf deutschem Territorium behauptet wird, die ihrerseits selbst autoritäre und diktatoriale Traditionen der deutschen Geschichte unter neuen Vorzeichen institutionalisiert hat.

Dennoch hat die Bundesrepublik die allergrößten Schwierigkeiten, mental mit der Vergangenheit fertig zu werden. Dafür gibt es ein ganzes Pandämonium keineswegs nur immer national gezeugter Gründe, nicht zuletzt jene, die aus dem raschen Zerfall der ehemaligen Anti-Hitler-Koalition des Zweiten Weltkrieges in global rivalisierende Weltmächte erstanden sind: Beide Rivalen verleibten sich ihren Teil Deutschlands dem eigenen Bündnissystem ein – eine Entwicklung, die der Rehumanisierung zahlreiche Steine auf den ohnehin peinvollen Pfad gelegt hat. Eine Entwicklung aber auch, die den Rechtfertigungsapologeten des totalitär motivierten Antikommunismus Wasser auf ihre demagogischen Mühlen gegossen hat. Wir sollten wissen, daß seine Anhänger, ungeachtet ihrer Lippenbekenntnisse, nicht zu den Verteidigern der Demokratie zählen dürften...

Wesentlich beteiligt aber an der »unbewältigten Vergangenheit« ist die große Fehlentscheidung der von ihrem Lebensalter her für das

Dritte Reich verantwortlichen deutschen Generationen nach 1945, sich dieser Vergangenheit nicht zu stellen, keine Trauerarbeit zu leisten, sondern abzuwehren und zu verdrängen – jedenfalls, meiner festen Überzeugung nach, in ihrer Majorität.

Menschen mit Schuldgefühlen wollen sanft behandelt werden. Das ist eine Wahrheit, die für alle Zeiten galt und gelten wird. Indolenz gegenüber anderen und Sensibilisierung für alles, was die eigene Person angeht, sind die Kehrseiten ein und derselben Medaille. Dieses Bedürfnis nach Schonung ist auf dem Territorium der Bundesrepublik von der Nachkriegsepoche dann auch im großen und ganzen befriedigt worden. Übrigens zu einem erheblichen Teil aus wahltaktischen Gründen, eben um das Wahlvolk günstig für sich zu stimmen – eine erhebliche Problematik, wenn ein totalitäres oder autoritäres Regime durch die Demokratie abgelöst wird. Vergangene Wahrheiten werden dann nicht mehr gern gehört, weil Schuld im Spiele ist, und wehe der Partei, dem »politischen Willensträger«, der gegen diese untergründige Forderung verstößt.

In der publizistischen Auseinandersetzung der Gegenwart mit der Vergangenheit, wie das auf diesen Seiten geschieht, sollte solchen Harmonisierungsbedürfnissen nicht nachgekommen werden, zumal die Betroffenen selbst ein ganzes Geflecht der Schönung um sich und ihre Vergangenheit gewunden haben. Dennoch sollte Schärfe in der Argumentation des Verfassers nicht mißverstanden werden – sie dient der Erkenntnis, nicht dem Vorwurf. Auch will sie nicht zusätzlich anklagen, um dieses charakteristischerweise größte Reizwort in unserer Gesellschaft zu nennen, da Anklage jedem Thema, das sich mit dem Dritten Reich auseinandersetzt, immanent ist – es bedarf keiner subjektiven Zugabe, sie wäre vermessen. Anklage allein wäre außerdem steril, es käme nichts dabei heraus, was Nutzwert hätte. Den politischen Rahmen der Epoche zu behandeln, in der sich der deutsche Widerstand gegen den Nationalsozialismus zutrug, ihr historisches Vorfeld und ihre posthumen Konsequenzen, das kann nur *eine* produktive Motivation haben: den Nachgeborenen jene Klarsicht zu verschaffen, die die Generationen der Großeltern und Eltern denen der Söhne,

Töchter und Enkel aus Gründen verweigert haben, die auf den vorangegangenen Seiten ausführlich zur Sprache gebracht worden sind. Und auch dies wieder unter einem Aspekt, in dem sich alle anderen sammeln: nämlich nie wieder Zustände aufkommen zu lassen, in denen ein Widerstand wie der deutsche gegen den Nationalsozialismus nötig werden würde.

In memoriam Alfred Kantorowicz

Trauerrede, gehalten am 4. 4. 1979 im Krematorium Hamburg.

Verehrte Ingrid Kantorowicz
Liebe Trauergäste

Der Tod von Alfred Kantorowicz, Professor der Neuen Deutschen Literatur und Doktor Beider Rechte, beendet eine Epoche, deren letzter geistiger Repräsentant er war – Gestalten wie die seine, Riesen ihrer Art, wachsen so jedenfalls nicht mehr nach. In seiner Biographie bricht sich der bisherige Ablauf des furiosesten, moralischsten, grausamsten und ungewissesten Jahrhunderts der Menschheitsgeschichte, vor dessen Einläutung Alfred Kantorowicz am 12. August 1899 geboren wurde. Kollision und Engagement des revolutionären Sozialisten, des Deutschen, Juden und Humanisten Alfred Kantorowicz mit diesem Jahrhundert wollen posthum unvermeidlich erscheinen.

Genau besehen, sind es zwei große Irrtümer, von denen das Dasein des Alfred Kantorowicz bestimmt und – geadelt wurde, ein verfehltes Bündnis und eine patriotische Illusion. Sie wurden in persönlich unvergeßlichen Bildern reflektiert bei einer Rückkehr zu den biographischen Brennpunkten seiner Odyssee anläßlich eines Fernsehfilms über den Lebensweg dieses Mannes im Jahre 1968.

Welche Beschwörung von Vergangenem und doch so Aktuellem: Alfred Kantorowicz wieder auf dem Areal der einstigen *Künstlerkolonie am Laubenheimer Platz*, heute Barnay-Platz, zu Berlin-Wilmersdorf! – an den Ursprüngen also, wo er 1931 Mitglied der Kommunistischen Partei Deutschlands geworden war (man ermesse die Strecke von dem vaterländisch begeisterten Kriegsfreiwilligen des Jahres 1917 bis dahin...). Hier nun, im *Roten Block* der *Künstlerkolonie*, lebte Alfred Kantorowicz zwei Jahre in Nachbarschaft mit Ernst Bloch und, von vornherein, übergangslos, organisch, in Fehde mit der Funktionärsbürokratie der KPD. Doch der Hauptfeind ist das Hakenkreuz, hinter dem der andere Gegner immer wieder zurücktreten wird – wir sind an den Nervensträngen eines Lebenskonfliktes.

Dann Flucht aus einem Deutschland, in dem der Reichstag gebrannt hatte. Erste Station des ersten Exils: Hotel *Helvetia*, Rue de Tournon: *Über den Dächern von Paris* à la 1933.

Und dort nun beginnt Alfred Kantorowicz, als Generalsekretär des *Schriftstellerverbandes im Exil* in jene Rolle hineinzuwachsen, die ihn – dies ist sein Rang – zum Hüter der deutschen Literatur in der Fremde machen wird. Und den großen Heinrich Mann zu seinem Mentor.

1968 Erinnerungen am Seine-Ufer, natürlich nicht ohne Wehmut, aber auch andere, darunter jene sozialcharakteristische Emigrantenanekdote, deren Wiedergabe den Ernst von Ort und Stunde nicht beleidigt, denn dieser deutsche Professor ist stets und trotz allem ein großer Humorist gewesen:

Im gemeinsamen Hotel-*Helvetia*-Haushalt mit den Blochs hatte Karola Bloch etwas hinzuverdient und dafür eine Gans erstanden, eine wunderbare Gans, nach den späteren Schilderungen Alfred Kantorowicz', einen Braten, von dem die Frau des Freundes meinte, angesichts der frugalen Lage müsse noch etwas für morgen übrigbleiben. »Aber da«, so Alfred Kantorowicz 1968 in Paris, »hat Bloch in seiner ganzen Knurrigkeit gebrüllt: das käme überhaupt nicht in Frage, man wolle sich endlich einmal satt essen und die Gans müsse mit Haut und Haaren heute und jetzt verspeist werden – was dann auch geschah.«

Schon in Paris wird rasch einer der beiden großen Irrtümer des Alfred Kantorowicz sichtbar, in einem Brief nach Deutschland, darin es hieß: »Die Feinde meines Vaterlandes, das sind die *braunen Besatzungsarmeen* auf deutschem Boden.« Hitler und Deutschland – das schien Alfred Kantorowicz damals als unvereinbar. 1968 an der Seine: »Ich habe im Exil immer mit dem Gesicht nach Deutschland gelebt.«

In Paris aber wird auch der Urgrund des zweiten Irrtums erkennbar, in jener Stelle des Tagebuchs, wo die Rede ist von »der Todfeindschaft der meisten von uns Exilschriftstellern gegen jede Art und Form der Parteibürokratie, die uns unter vollständige Quarantäne stellen will.« Dann, wie ein Aufschrei: »Für mich war Spanien die Rettung!«

Der Chronist, damals 15 Jahre alt und durchaus schon entschieden parteiisch, steckte auf seinem Schulatlas die Fronten zwischen der spanischen Republik und dem Usurpator Franco ab, als Alfred Kantorowicz, erst in der 11., dann in der 13. Internationalen Brigade bei Pozoblanco, Madrid und Brunete kämpft und verwundet wird, sein *Spanisches Tagebuch* beginnt und, über den Kopf und zum Ärger der Funktionärszentrale in Barcelona, das Buch über das *Bataillon der 21 Nationen – Tschapajew* – herausbringt.

Im Rücken Schatten, Zweifel – was passiert hinter den republikanischen Fronten, in Barcelona, Valencia, Albacete? Was ist mit den Moskauer Schauprozessen? Im Tagebuch von damals heißt es: »Wer ist Stalin? Ein Besessener? Ein Monstrum? Noch muß die Geschichte erweisen, ob nicht die Unterlegenen im Recht waren. Ich weiß es nicht.«

Wir Heutigen wissen, ohne Verdienst, mehr, manche von uns auch das, was für die zeitgenössische Jugend, weil unerlebt, vielleicht schwer zu begreifen ist: nämlich die antifaschistische Hoffnung damals, in den dreißiger Jahren, auf die Sowjetunion, die vielen der Besten als ein letztes Bollwerk gegen das nazistische Zentralgestirn Hitler mit seinen faschistischen Monden angesichts schwächlicher, ja zwielichtiger Westmächte schien.

Beide Irrtümer des Alfred Kantorowicz korrespondieren miteinander, laufen nebeneinander her. Noch im Bombenhagel der *Legion Condor*, dieser Ouvertüre des Zweiten Weltkrieges, bleibt sein verklärtes Deutschlandbild unversehrt. Tagebucheintragung vom 21. Januar 1937: »Mit unserem Kampf hier suchen wir nicht nur die Freiheit des spanischen Volkes, sondern auch die des eigenen.«

Dann, am 1. Januar 1938: »Es schneit seit gestern abend. Madrid ist nun ganz weiß. Vielleicht schneit es auch bei Teruel. Und vielleicht hilft das, die Offensive Francos zu stoppen. Schon einmal, bei Guadalajara, hat ein Schneesturm sich als unser Bundesgenosse erwiesen...« Es schneite nicht.

Bei der filmischen Nachzeichnung des Lebensweges hat Alfred Kantorowicz seine spanischen Stationen nicht aufgesucht – der Diktator war immer noch an der Macht.

Wohl aber die französischen...

Unvergeßlichstes aller persönlich unvergeßlichen Bilder: Alfred Kantorowicz kehrt 1968, nach über 25 Jahren, unangekündigt zurück nach Brome an der Französischen Riviera, jenen Ort in lieblichster Lage, wo er nach seiner Flucht aus Spanien lange gelebt hatte – bei Madame Manetti, genannt *die Waschfrau Manetti*, der er alle seine Manuskripte und Tagebücher vor der nächsten Flucht dann anvertraut hatte –, in das bessere, das ewige Frankreich. Nun klingelt er an der Haustür. Auf macht eine weißhaarige Frau aus dem Volke, blinzelt, stutzt, traut ihren Augen nicht, schreit: »Monsieur Kantorowicz!« und liegt ihm in den Armen. Das war vor elf Jahren – und ist doch wie gestern.

Das offizielle Frankreich dagegen behandelte damals Antifaschisten wie Aussatz. Für Alfred Kantorowicz bedeutete das: Polizeiaufsicht – Verhaftung – Gefängnis – Ausbruch – Illegalität.

Die Alternative der Vichy-Zone: Auslieferung an die Gestapo oder das Billett nach Übersee. Die Hoffnung hat nur noch einen Namen: Marseille.

Aber für das Gelobte Land sind 1001 Stempel nötig – den letzten muß der Hafenkommandant selbst geben. Das scheint dem steckbrieflich gesuchten Alfred Kantorowicz fast als aussichtslos. Dennoch versucht er es, nach Intervention französischer Freunde.

Der Chronist sieht Alfred Kantorowicz 1968 noch vor sich an der windigen Pier von Marseille, wo sich der Freund an die lebensentscheidenden Minuten damals erinnerte: »Als ich in das Zimmer geführt wurde, sagte ich zu dem Hafenkommandanten: ›Mein Name ist Alfred Kantorowicz.‹ Er blickte auf: ›Ach, das sind Sie!‹, zerriß den Steckbrief, drückte den Stempel aufs Papier und schrie: ›Machen Sie, daß Sie rauskommen!‹« Das war im März 1941. Am 18. Juni, nach einer karibischen Irrfahrt, betritt er den Boden von New York, um dort die nächsten fünfeinhalb Jahre zu bleiben. Die USA – sie werden so etwas wie eine Oase in der Emigrationswüste des ersten Exils. Ungewohnte Rechtssicherheit; Arbeit (in der Nachrichtenabteilung des »Columbia Broadcasting Systems«, 17. Stock); die Luft der Freiheit und der Demokratie, Bundesgenossenschaft. Was Wunder, daß die Erinnerungen am Hudson-River bewegt geraten, vor allem am 10. Mai 1968 vor der Öffentlichen Bibliothek New Yorks, wo, auf den Tag 25 Jahre früher, am 10. Mai 1943, das Amerika Roosevelts den 10. Jahrestag des *Freien Buches* gefeiert hatte.

Mitemigriert war die These von den *braunen Besatzungsarmeen auf deutschem Boden*, und immer dringender, je verfemter Deutschland im Laufe des Krieges wird, ist der Appell Alfred Kantorowicz': »Verwechselt die Deutschen nicht mit den Nazis!«

Trotz der Geborgenheit in Amerika – der Gedanke, nach dem nie angezweifelten Sieg der Anti-Hitler-Koalition nach Deutschland zurückzukehren, war immer selbstverständlich.

Alfred Kantorowicz trifft am 18. Januar 1947 im Berlin der SED ein – »mit den schwärzesten Ängsten«, wie er seinem Tagebuch anvertraute.

Euphorie des Anfangs: Er gründet die Monatszeitschrift *Ost und West*, eine einsame, nie wiederholte Blüte der Weltoffenheit und des Ausgleichs im ansonsten längst sprachgeregelten Ulbricht-Reich.

Dieses *Ost und West* entzückte sogleich den Chronisten, der damals in Hamburg gerade der KPD beigetreten war, in dem Trugschluß, die Feinde seiner Feinde müßten auch seine Freunde sein... Der Herausgeber der Zeitschrift, dem 25jährigen Genossen persönlich noch unbekannt, erscheint ihm sofort als fertige Gestalt, akzeptiert ohne Vorverständigung, als Vorbild, Kompaß, geistiger Magnet, ein humanistischer Begriff von der ersten *Ost-und-West*-Nummer an.

Schrecken, Unverständnis dann, trotz tiefer Befangenheit im Stalinismus, zwei Jahre später, 1949, als die Zeitschrift plötzlich ihr Erscheinen einstellte – warum? weshalb? Wie leben ohne diese sehnlichst erwartete Monatslektüre? Die Partei gibt keine Antwort. Wir nähern uns der Kompressionsphase. Agonien werden sichtbar: am 17. Juni 1953, gleichsam ein Primäreffekt, die des künstlichen Staatswesens DDR, deren langsame Verfaulung gleichwohl noch das Leben mehrerer Generationen verderben kann – und die Agonie der Hoffnungen des Professors für Neue Deutsche Literatur an der Philosophischen Fakultät der Ostberliner Humboldt-Universität, Alfred Kantorowicz' letzte Zuflucht nach dem Verbot von *Ost und West*.

Der Tagebuch-Kommentar zum niedergeschlagenen Arbeiteraufstand: »Russische Panzer – *die* also mußten das Regime retten, das sich aus eigener Kraft nicht hätte behaupten können. Die Landvögte werden der Eingeborenen nicht Herr. Cäsar mußte ihnen seine Legionen zu Hilfe schicken.«

Drei Jahre später eine Fata Morgana, ein Irrlicht, das trügerische *Tauwetter* nach den Chruschtschowschen Enthüllungen über die Verbrechen der Stalin-Ära auf dem 20. Parteitag der KPdSU. Damals zitierte Alfred Kantorowicz in der Ost-*Berliner Zeitung* seinen inzwischen verstorbenen Freund und Mentor Heinrich Mann:

»Ein Schriftsteller, der um seiner Bequemlichkeit willen der Macht sein Wort leiht, auch wenn die Macht mißbraucht wird, verliert seinen Rang, er gibt sich selber auf. Wenn aber zeitweilig die Gewalt so stark ist, daß sie jeden Widerspruch zu unterdrücken vermag, dann soll der Schriftsteller eher verstummen, als im Chor der Mitläufer die Mächtigen zu preisen. Auch sein Schweigen wird beredt sein...«

Die Adresse, an die das gerichtet ist, begreift. Die Visiere sind geöffnet: Feinde stehen sich nun als erklärte Feinde gegenüber. An folgender Tagebucheintragung gibt es nichts mehr zu deuten:

»Gegen einen Parteisekretär kann ein Schriftsteller ebenso wenig Recht erhalten wie ein Rekrut gegen einen Unteroffizier oder wie ein Jude gegen einen SA-Mann.«

Dies kommt noch hinzu: das Ende des polnischen Oktober-Frühlings und die Katastrophe des aufständischen Ungarn – so werden Nabelschnuren durchgeschnitten, nein, durchgebissen.

Und dann, mit dem Bruch und der Flucht vom 20. August 1957, gesteht Alfred Kantorowicz öffentlich einen großen Irrtum seines Lebens ein – das verfehlte Bündnis, nämlich »geglaubt zu haben, daß diese dummen und rohen Leute, die die Partei führten, dennoch Verbündete im Kampf gegen Nazismus und Faschismus gewesen seien. Das war der Kurzschluß. Man mußte erst einmal zu dem Punkt gelangen, wo man erkannte, daß eben ein Ulbricht niemals ein Verbündeter im Kampf gegen Nazismus und Faschismus gewesen ist«. Erlauben Sie noch ein persönliches Einschiebsel, um die Wirkung dieses Namens anzudeuten.

Die publizierte Erklärung Alfred Kantorowicz' vom 22. August 1957 wird für den Chronisten zum allerletzten Anstoß, nach elf Jahren nun auch seinerseits mit der Partei zu brechen – Argumente und Erfahrungen deckten sich. Erste Korrespondenz mit dem verehrten Mann 1958; erste persönliche Bekanntschaft 1960: Alfred Kantorowicz allein und verloren im Zimmer eines katholischen Krankenhauses zu München – von da an wird er zu einem Bestandteil des eigenen Lebens. 1964, während eines Aufenthaltes des Chronisten auf Korsika, verdrängt die Lektüre beider Bände des *Deutschen Tagebuches* alle anderen Eindrücke: den Duft der Macchia, die Patina der genuesischen und pisanischen Festungsruinen, alle Schönheiten dieser Insel. 1968, in Dankbarkeit, wird der Chronist Autor der Sendung *O gäb' es eine Fahne – Der Lebensweg des Alfred Kantorowicz.*

Das zweite Exil findet auf deutschem Boden statt, zunächst, von 1957 bis 1962, auf bayerischem. Hier könnte der Nekrolog, nein, hier muß er, bitter werden, in Übereinstimmung mit den Erfahrungen, die Alfred Kantorowicz dort zu machen hat. Sie sind der Nachwelt erhalten, also begnügen wir uns mit dem Notwendigsten. Gefragt ist nicht Antifaschismus, sondern Antikommunismus – man kennt sich darin aus. Status, Wohlfahrt, öffentliche Beurteilung des Umhergetriebenen liegen da unten in den Händen von Leuten, in deren Organen zu Zeiten des *Tausendjährigen Reiches* Juden als *Kulturwanzen* bezeichnet wurden; Leute, die, so Alfred Kantorowicz selbst, »... Heil gebrüllt und ihre Karrieren gefördert haben, als die Gasöfen rauchten und der übrige Teil meiner Familie umgekommen ist«.

Meine Damen und Herren, Alfred Kantorowicz, inzwischen im siebten Lebensjahrzehnt, lernt den Januskopf der zweiten deutschen Demokratie kennen!

Ja, die Bundesrepublik *ist* der freieste Staat in der deutschen Geschichte – Alfred Kantorowicz hat das selbst immer wieder, in einer Art rührendem Staunen, daß er sagen konnte und schreiben, was er wollte, bestätigt – aber gleichzeitig ist sie ein Staat, in dem kein einziger Nazi-Richter für seine Verbrechen je zur Aburteilung gelangte...

Ja, die Bundesrepublik ist eine bemerkenswert stabile Demokratie, aber ist in diese Stabilität nicht auch der große *Friede mit den Nazis* integriert? – abgesehen von den untersten Gliedern in der Kette des industriellen Serienmords, deren sich die Justiz angenommen hat...

Ja, die Bundesrepublik kann eine militante Demokratie sein – gegen links. Wie viele Gegner müssen der bewaffneten Rechten zum Opfer gefallen sein, ehe sie auch in dieser Richtung militant wird? Anlaß und Zeitbeschränkung der Stunde lassen einhalten, den Folgen fehlender deutscher Selbstreinigung auf der langen Spur zu bleiben.

Der Spanienkämpfer Alfred Kantorowicz wird erst hier, bei uns, belehrt, was es mit den »braunen Besatzungsarmeen auf deutschem Boden« auf sich hatte. Mitte der sechziger Jahre kommt das Eingeständnis des anderen Lebens-Irrtums, jener patriotischen Illusion:

»Am Ende des zweiten Drittels unseres Jahrhunderts hat sich nun nach Tausenden von Erfahrungen bei mir die Erkenntnis durchgesetzt, daß die große Mehrheit der älteren Generation der Deutschen das Hitlerreich mit Deutschland gleichsetzte, sich mit ihm identifizierte und alle, die sich dieser ›Volksgemeinschaft‹ entzogen oder von ihr ausgeschlossen waren, nur mit Vorbehalt wieder integriert hat. Dieses lang verdrängte Bewußtsein, daß Hitler so undeutsch nicht war, wie wir Exilierten behauptet hatten, das machte sich in meinen spärlich gewordenen Veröffentlichungen des letzten Jahrfünfts geltend. Ich muß eingestehen, daß die Außerkraftsetzung der einst verbürgten Menschenrechte kein unseliger Zufall war, sondern ein Element der deutschen Geschichte des 20. Jahrhunderts.«

Welche Stelle in der neueren deutschen Hochliteratur ist erschütternder als das folgende Bekenntnis von 1966:

»Mein Vertrauen in die Deutschen war blind, mein Zugehörigkeitsgefühl unerschütterlich. Oft habe ich mich in diesen Jahren an das berühmte Hölderlin-Zitat aus *Hyperion* erinnert: ›So kam ich unter die Deutschen. Ich forderte nicht viel und war gefaßt, noch weniger zu finden. Demütig kam ich, wie der blinde Ödipus am Tore von Athen...‹ Die Demut ist mir jetzt vergangen!«

Das war wie eine Fanfare! Danach blieben ihm dreizehn Jahre, hier in Hamburg, wo er schon seit 1962 lebte. Zwar ist an diesen Professor niemals der Ruf einer bundesdeutschen Universität ergangen, aber geehrt, geachtet, gefragt war er dennoch – schon zu Lebzeiten seine eigene Legende, ohne daß irgendein Ruhm diesen preußischen Juden je hätte verbiegen können. Für uns, die ihn gekannt, ihn besucht haben, sich seine Freunde nennen durften, war und blieb er ein Gegenüber der Bereicherung, des Staunens und oft genug auch der Sorge um die gebrechliche Gesundheit dieses Unentwegten. Auch hatte es schließlich doch Heimat gegeben für den so ewig Heimatlosen: Alfred Kantorowicz in der Obhut seiner Frau, Ingrid Kantorowicz – sie ein illegaler Grenzgänger von Deutschland nach Deutschland, als die Mauer schon errichtet war. Beider Verbindung entzieht sich der Interpretation. Nur soviel: Alfred und Ingrid Kantorowicz – das war Gefährtenschaft, Kenntnis voneinander, Humanisierung, Liebe – so selbstverständlich, daß ich zweifle, dieses Wort sei zwischen beiden je direkt gefallen.

Ich komme zur letzten Begegnung. Alfred Kantorowicz stellte sich selbst die Frage: »Wie würde ich antworten, wenn sich heute einer bei mir erkundigte: ›Bist du noch Marxist?‹ – Ich würde antworten: ›Nein, nicht mehr, nicht so, nicht wie zu lange.‹«

Was war geblieben am Ende dieses Lebens? Die Zweifel der Weisheit, sokratische Einsichten. Wohl noch der Glaube in die Utopie einer bewohnbaren Welt, aber die Kenntnis des Weges dahin nicht mehr vorausgesetzt. Dagegen neue Beklommenheiten: wird es überhaupt je eine Synthese zwischen *Sozialismus und Demokratie*, *Sozialismus und Humanität* geben? Oder schließt die *geplante Gesellschaft*, gleich welcher *Couleur*, diese Synthese aus?

Aber auch neue Erkenntnisse: nämlich wie kostbar die Errungenschaften der bürgerlichen Revolutionen sind, ohne die es niemals, wenn überhaupt, einen menschlichen Sozialismus geben könnte: Meinungs- und Pressefreiheit; Achtung vor den Menschenrechten; Pluralismus; Abwählbarkeit der Mächtigen – nur erst hier und da auf der Welt realisiert, aber doch greifbar, praktiziert, institutionalisiert und – immer gefährdet. Aber ein höheres Beispiel gibt es nirgends!

Meine Damen und Herren, es ist die sechzigjährige Abscheulichkeit des *real existierenden Sozialismus* selbst, die den bürgerlichen Freiheiten der Parlamentarischen Demokratie die Palme menschlicher Gemeinwesen zukommen läßt!

Mit dieser großen Lehre starb Alfred Kantorowicz am 27. März 1979, dem Tag, an dem vor hundertundacht Jahren sein Mentor und Freund Heinrich Mann geboren worden war.

Das Ende der Odyssee: die Selbstbehauptung zwischen den Stühlen der herrschenden Mächte. Man könnte auch sagen: der Geber Alfred Kantorowicz fand in unserem Jahrhundert bezeichnenderweise keinen ebenbürtigen Empfänger, ganz so, wie es von Friedrich Hölderlin schon vor 180 Jahren mit dem Vers bezeugt wurde:

O gäb' es eine Fahne, ein Thermopylä
wo ich mit Ehre sie verbluten könnte
all die einsame Liebe
die mir nimmer brauchbar ist.

In memoriam Alfred Kantorowicz.

Wehrmacht und Krieg –
die »Heiligen Kühe«

Ein aktueller Kommentar zu einer alten Lüge

Aus der »taz« vom 29. Juni 1988

Noch hatte ich mich nicht erholt von der Nachricht, daß – wieder
einmal! – eine Kaserne der Bundeswehr nach einem hochdeko-
rierten Nazioffizier benannt werden sollte – dem Generaloberst
Eduard Dietl, Hitlers altem Gefährten aus der Münchener
»Kampfzeit« und, wie es hieß, »Erstem Soldaten« der Wehrmacht,
nachdem Dietl sich bei dem deutschen Überfall auf Norwegen
verdient gemacht hatte – also, noch hatte ich mich von dieser
Nachricht nicht erholt, da knipse ich arglos den Fernseher an.
Ohne mein Verschulden verkabelt, gelingt es mir, in Köln sogar
des bayerischen Regionalprogramms ansichtig zu werden. Dabei
gerate ich, offenbar kurz nach Beginn, in eine Diskussionsrunde
des »nachtClub«, deren Thema die Verteidigung des Abendlandes
gegen den Bolschewismus im allgemeinen, die der Bundesrepublik
Deutschland aber im besonderen zu sein schien. Nun erfahre ich
von einem ausgedienten Brigadegeneral der Bundeswehr, der seinen Dienst schon seit Reichswehr-Zeiten tat, daß seine Beteiligung
an der Naziaggression gegen Europa und die Menschheit – erst als
Kompaniechef, dann in einem Stab – ihm keine Stunde Schlafs
geraubt hat. Das verwundert mich, weil er dennoch ständig von
»Verteidigung der Demokratie und ihren Werten« sprach. Zwei
Herren jüngeren Jahrgangs, der eine in Uniform, der andere in
Zivil (aber nichtsdestotrotz, wie mir bald kund wird, als einstiger
Freiwilliger und jetziger Reserveoffizier der Bundeswehr äußerst
zugetan), beide Herren also sondern fortwährend Antikommunis-
men ab, wie sie mir seit den fünfziger Jahren vertraut sind: sie sind
eingeschworen auf die falsche Prämisse von der Sowjetunion als
potentiellem Verschlucker Mittel- und Westeuropas, ohne daß das

Dritte Reich und seine Streitkräfte anders denn als weißer Fleck erscheinen. Ich erfahre, auch im weiteren Verlaufe der Diskussion, nichts davon, daß die Sowjetunion an der Elbe steht, weil Hitler sie zuvor überfallen hatte, um den »Lebensraum im Osten« zu erobern. Daß es dabei etwa 20 Millionen sowjetische Kriegs- und Ziviltote gegeben hat, scheint den Herren nicht erwähnenswert, denn die Bilanz liegt ihnen so fern, daß sie von ihr nicht sprechen.

Aber nun wollen wir mit diesen Herren und ihresgleichen reden, und zwar Tacheles und so laut, daß unsere Stimme auch von der ständig belogenen Generation der *Enkel* gehört wird, die heute und morgen die Bundeswehrrekruten sind und sein werden.

Sie müssen wissen: das größte aller Verbrechen im Universum der Naziverbrechen war der *Krieg*, den Hitlerdeutschland vom Zaun gebrochen hat! Und die Wehrmacht war sein Träger, sie war das Schwert in den Händen der nationalsozialistischen Reichsführung, der einzigen Lenkungsgewalt im damaligen Deutschland; die Wehrmacht war das zentrale Werkzeug, das Hauptinstrument zur Verwirklichung der Hegemonial- und Weltherrschaftspläne dieser Führung. Das ist der *objektive* Charakter der Wehrmacht, und dies völlig unabhängig von den *subjektiven* Auffassungen der Generalität, des Offizierskorps und der Truppe. Für die überfallenen, besetzten und – im Osten – ausgemordeten Völker war es gänzlich belanglos, wie die Wehrmachtsangehörigen sich und ihren Kampf selbst interpretieren.

Die Hitlerwehrmacht zu entnazifizieren, und damit zu enthistorisieren – das ist die Lieblingslegende dieser zweiten deutschen Republik der Verdrängung und der nie bestraften Mörder. Diese Legende will den Eindruck erwecken, als hätte die Wehrmacht der Jahre 1939 bis 1945 mit dem Nationalsozialismus gar nichts zu tun gehabt. Als wären Heer, Marine und Luftwaffe unter dem Hakenkreuz Teil eines geschichtlichen Vakuums gewesen, losgelöst von der politischen Schubkraft und unabhängig von ihrem Oberbefehlshaber, der seit 1938 Adolf Hitler hieß – und dessen Krieg die Wehrmacht führte. Die Legende aber will uns weismachen, der Kampf der Wehrmacht sei – so lautet das Codewort der Umfrisierer – »wertfrei«. Das ist eine gleich mehrfache Lüge.

Auch wenn die Wehrmacht sich auf die bewaffnete Auseinandersetzung beschränkt hätte, wenn sie nicht beteiligt gewesen wäre an der Vernichtungs- und Ausrottungspraxis der NS-Führung, selbst dann läge ihre Verantwortung darin, daß sie die territorialen Voraussetzungen für die Ausdehnung der Naziherrschaft über weite Teile Europas schuf. Das heißt, die Wehrmacht exportierte das bis dahin nur innerhalb der Grenzen Deutschlands wirksame Nazisystem. Tatsache ist aber, daß sich der bereits vorhandene, nun aber nach Kriegsausbruch kräftig entwickelnde Vernichtungsapparat des Reichssicherheitshauptamtes der kämpfenden Truppe anschloß und ihr unmittelbar auf den Fersen folgte. Sein Radius war stets vom Verlauf der deutschen Fronten abhängig.

Es kann als absolut sicher gelten, daß die Kampfmotivation des deutschen Landsers im Zweiten Weltkrieg nicht darin bestanden hat, dem Vernichtungsapparat den Raum für seinen Massen- und Völkermord freizuschießen. Sie lag vielmehr in dem Fehlschluß, für Volk und Vaterland zu kämpfen. Dies wird im allgemeinen seine Kampfmotivation gewesen sein, selbstverständlich ohne daß die Interessen des Vaterlandes mit denen der verbrecherischen Reichsführung identisch gewesen wären. Womit nur noch einmal bestätigt wird, wie unabhängig das objektive Geschehen von den subjektiven Auffassungen Beteiligter sein kann.

Schon wenn die Verstrickung der Wehrmacht sich darauf beschränkt hätte, die Macht der Naziführung über die nationalen Grenzen hinaus zu katapultieren und damit dem Vernichtungsapparat die geographischen Voraussetzungen für eine immense Ausweitung des potentiellen Opferkreises zu verschaffen, käme ihr eine zentrale Verantwortung zu, auch ohne Beteiligung an den Mordaktionen.

Tatsache jedoch ist, daß die Wehrmacht an ihnen keineswegs nur indirekt, sondern auch direkt beteiligt war, ja, daß die Ausrottungs- und Vernichtungspraxis ihren grauenhaften Höhepunkt in den Jahren 1941 bis 1945 nur durch das Zusammenspiel von Wehrmachtführung und Reichssicherheitshauptamt erklimmen konnte – den Völkermord an den Juden, die Shoa, und den Massenmord an zahlreichen Völkerschaften, besonders den slawischen, im deutschbesetzten Europa.

Diese Verbrechen lassen sich durch Tausende deutscher Dokumente belegen, allen voran jene im Osten, und darunter wieder im Mittelpunkt die vier »verbrecherischen Befehle« im Rahmen des »Unternehmens Barbarossa«, also des Überfalls auf die Sowjetunion.

Dies waren: 1. Der Erlaß über die Zusammenarbeit des Heeres mit den Einsatzgruppen – 2. Der Erlaß über die Einschränkung der Kriegsgerichtsbarkeit – 3. Der Kommissarbefehl – und 4. Die Richtlinien für das Verhalten der Truppe in Rußland.

Auf diesen vier verbrecherischen Befehlen der Wehrmachtführung basierte die Organisation und Exekutive der NS-Ausrottungs- und Vernichtungspolitik.

Man muß das gelesen haben, wie die von Mansteins und von Reichenaus die Ausrottung des »jüdisch-bolschewistischen Systems« als Befehl an ihre Truppe besungen haben, wie sie die Mordorgien der Einsatzgruppen und ihrer mobilen Todeskommandos nicht nur vor der Truppe zu rechtfertigen suchten, sondern den Massenhenkern auch willig zuarbeiteten mit der Hatz auf Juden und Kommissare.

Im ukrainischen Belaja Cerkow sollten 90 jüdische Säuglinge und Kleinkinder bereits ermordeter Eltern vom Sonderkommando 4a des SS-Standartenführers Paul Blobel ebenfalls umgebracht werden. Als Helmut Groscurth, Oberstleutnant im Generalstab, daraufhin bei der Heeresgruppe Süd versuchte, den Mord zu verhindern, wurde er an das Armeeoberkommando 6 des Generalfeldmarschalls Walter von Reichenau verwiesen. Vierundzwanzig Stunden später, so erfahren wir aus Groscurths Tagebuch, informierte ihn von dort ein Generalstabsoffizier, »daß der Herr Oberbefehlshaber die Notwendigkeit der Beseitigung der Kinder anerkenne und durchgeführt wissen wolle, nachdem diese Maßnahmen in vorliegendem Falle nun einmal eingeleitet seien«.

Diese Akten, Herr Brigadegeneral a. D. aus der bayerischen Talk-Show »nachtClub«, haben Sie natürlich nie gelesen, obwohl sie alle einsehbar sind – durch Manfred Messerschmidt, Klaus-Jürgen Möller, Christian Streit und viele andere deutsche Historiker, die die Legende vom »sauberen Waffenrock« der deutschen Wehrmacht durch nichts anderes zum Einsturz gebracht haben, als in deren bürokratische Aufzeichnungswut Einblick zu nehmen. Kennen Sie, Herr Brigadegeneral a. D., auch nur ein einziges jener Dokumente, aus denen hervorgeht, daß von den 3,35 Millionen sowjetischen Soldaten, die zwischen dem 22. Juni und Mitte Dezember 1941 in deutsche Kriegsgefangenschaft gerieten, bis zum April 1942 rund 2 Millionen umgekommen waren? Kennen Sie das Schreiben, in dem der Leiter der Göringschen Geschäftsgruppe Arbeitseinsatz im Vierjahresplan, Ministerialdirektor Werner Mansfeldt, plötzlich auf Arbeitskräfte für die Rüstung scharf, konstatiert: »Es standen 3,9 Millionen Russen zur Verfügung, davon sind nur noch 1,1 Millionen übrig. Allein vom November 41, Januar 42 sind 500 000 Russen gestorben.«

Gestorben...

Dennoch haben die ungeheuerlichen Verbrechen, für die Ihre Wehrmacht die Voraussetzung schuf, Ihnen, Herr Brigadegeneral a. D. der Bundeswehr, keine schlaflose Stunde bereitet...

Ich beschaue mir den Mann da auf der Mattscheibe und denke: Der hat immer »funktioniert« – bei der Reichswehr, nicht gerade demokratiefreundliches Machtinstrument der Weimarer Republik; er hat funktioniert unter Hitler und in dessen Angriffsmaschine, und er hat funktioniert in der Bundeswehr, diesmal mit ihren Werten auf den Lippen. Völlig fiktiverweise stelle ich mir vor: Wie würde der in einem »Vierten Reich« funktionieren, das ganz anders aussähe als die Bundesrepublik? Wie würde sich die chamäleonhafte Fähigkeit, mit unversehrtem Gewissen ganz verschiedene Systeme durchzuhalten, morgen äußern?

Was macht mir den Mann und seine demokratischen Beteuerungen so verdächtig? Und da ist es: Der kann seinen Militärdienst in der Nazizeit, also in einem Verbrecherstaat, ohne weiteres mit dem in einer Demokratie vereinbaren. Der hat die Nabelschnur zu seiner eigenen Karriere in diesem Verbrecherstaat nie durchschnitten; er steht der eigenen Rolle im Dritten Reich völlig unkritisch gegenüber; er entnazifiziert und enthistorisiert die Wehrmacht, blind gegenüber den grauenhaften Folgen für das, was sie über die Völker Europas gebracht hat; blind für das Verbrechen »Krieg«

überhaupt. *Der Mann hat sich nie wirklich mit dem Nationalsozialismus auseinandergesetzt!* Ach, wenn der Wehrmachtsoffizier von einst und Brigadegeneral a. D. doch Hitlerdeutschland genauso verabscheuen würde wie er, erklärtermaßen, die Sowjetunion verabscheut! Dessen Antikommunismus ist durch all die Zeiten der gleiche geblieben, der hat sich so wenig gewandelt wie der Mann selbst. Und solange all das so ist, glaube ich ihm kein Wort, keinen Buchstaben, kein I-Tüpfelchen als »Verteidiger der Demokratie«, sondern spüre das unwiderstehliche Verlangen, die Demokratie gegen den Brigadegeneral der Bundeswehr und Hitleroffizier von einst zu verteidigen!

Und zu den Herren Jungsoldaten jener Diskussionsrunde und ihren Anhängern aller Lebensalter im Lande, die unentwegt die hanebüchene Prämisse von der Angriffswut der Sowjetunion auf Mittel- und Westeuropa im Munde führen: *Wer hat eigentlich wen angegriffen?* Die Sowjetunion Deutschland – oder Deutschland die Sowjetunion? Was gaben Ihre Sätze, Ihre Argumente, Ihre Gesinnungen denn her über ihre Kenntnis der Millionenopfer, die der deutsche Angriff die Völker der Sowjetunion gekostet hat? Aus Ihren Mündern, aus Ihren Gesichtern sprach nichts als die totale innere Beziehungslosigkeit zur Welt des deutschverursachten Leichen-Himalajas, und insofern unterschieden Sie sich beide entsetzlicherweise trotz des Altersunterschiedes nicht von dem unbelehrbaren Reichswehr-Wehrmacht-Bundeswehr-Offizier Ihnen gegenüber. Und wissen Sie, wann mir besonders übel wurde? Wenn ich bei Erwähnung des jüdischen Holocaust ritualisierte Betroffenheit registrieren mußte – ja, ja, der große Fehler der Nazis... Prüfen Sie sich mal, was Ihnen ein erschlagener Kommunist wert ist, meine Herren – wenn Sie überhaupt jemals an so etwas einen Gedanken verschwenden werden.

Zum Glück war Gerhard Zwerenz in der nächtlichen Runde, Autor des Buches »Soldaten sind Mörder«, das die Reizworte lieferte und dessen Verfasser kräftig konterte. Wie auch Margarete Mitscherlich, die Unentwegte, und ein stiller, aber sehr eindrucksvoller Kriegsdienstverweigerer.

Da wurde er nun demonstriert, der mentale Bürgerkrieg, der in der

Bundesrepublik ausgefochten wird zwischen Gruppen, für die es keine Koexistenz geben kann. Möglich, daß ich mit den beiden Jüngeren der Runde einen Versuch machen würde. Aber zwischen einem Mann mit meiner politischen Biographie und dem Brigadegeneral a. D. gibt es keine Brücken.

Ich war unter Hitler wehrunwürdig, Gott sei Dank. Ich brauchte nicht auf meine Befreier zu schießen, hätte es auch nicht getan, sondern wäre, wie Zwerenz, desertiert.

Ich brauchte auch nicht in der Bundeswehr zu »dienen«. Ich hätte es auch nicht getan. Ich hätte mich geweigert, eingegliedert zu werden in eine Armee, die von Nazioffizieren und Nazigenerälen aufgebaut worden ist (und die ich mir sehr gut in NS-Siegerpose vorstellen kann, wenn Hitler mit ihrer Hilfe den Krieg gewonnen hätte...). Ich hätte mich nicht eingliedern lassen in eine Armee, in der die Traditionslügen von der entnazifizierten Hitlerwehrmacht so hochgehalten und Kasernen nach Feldmarschällen benannt werden, deren militärischer Triumph den sicheren Tod meiner jüdischen Mutter bedeutet hätte. In dieser Armee, dieser Bundeswehr hätte ich nicht gedient, unter keinen Umständen und keinem Preis.

Die nahezu kollektive bundesdeutsche Begrifflosigkeit, was Deutsche den Völkern der Sowjetunion angetan haben, versperrt mir den Zugang zu den beschworenen Verteidigungstheorien und -strategien.

Mit solchen Bundesgenossen nicht!

Solange die Bundeswehr die dicke Trosse zur Hitlerwehrmacht nicht gekappt hat; solange von ihr nicht eindeutig geklärt worden ist, daß es nichts, aber auch gar nichts an Tradition gäbe, was die Armee einer Demokratie von der des Dritten Reiches übernehmen könnte; solange sie sich nicht von innen her gegen jenen aus der Nazizeit überkommenen totalitären Antikommunismus desinfiziert hat – kurz, solange Wehrmacht und Krieg, diese »heiligen Kühe« der Verdrängergesellschaft nicht ein für allemal geschlachtet worden sind – so lange ist das Bekenntnis zur Verteidigung der Demokratie für mich völlig unglaubwürdig.

Der letzte für den Kaiser

Zur Eröffnung der Ausstellung 100 Jahre deutscher Rassismus in Köln am 27. Oktober 1988

100 Jahre deutscher Rassismus – diese Zeitspanne zurückverfolgt bis an ihren Anfang, und wir sind in den achtziger Jahren des vorigen, des 19. Jahrhunderts. Ja, da ist er schon ganz sichtbar, der deutsche Rassismus, da tritt er weit hervor und aus sich heraus, und da faßt er sich vor allem, aber nicht nur, in die Form des modernen, des ideologischen, des rassistischen Antisemitismus! Dies zweifelsfrei auf dem Fundament eines christlichen Antijudaismus, der 1000 Jahre Vorarbeit geleistet hatte und mit dem kritische Christen unserer Tage sich zunehmend auseinanderzusetzen beginnen. Es hieße, die Frage nach der Geschichte des Antisemitismus unehrlich anzugehen, wollte man diesen Elementaraspekt tabuisieren.

Vor 100 Jahren schon sind sie da, ganz leibhaftig und volltönend, Wilhelm Marr, Eugen Düring, Adolf Warmung, und auch diese Worte, gemünzt auf Juden: *»Mit Trichinen und Bazillen wird nicht verhandelt. Trichinen und Bazillen werden auch nicht erzogen. Sie werden so rasch und so gründlich wie möglich vernichtet.«* Der das geschrieben hat, hieß nicht Heinrich Himmler oder Reinhard Heydrich, auch ist das kein Zitat aus Hitlers »Mein Kampf« – der das geschrieben hat, hieß Paul de Lagarde, ein deutscher Mann vor 100 Jahren und einer der ersten Theoretiker jenes Antisemitismus, der sich keiner religiösen Maske mehr bediente, sondern das Judentum zum bösen Prinzip der Weltgeschichte erklärte. Bei ihm und seinen Gesinnungsbrüdern galten Juden als Verursacher geistig-kultureller Umweltverschmutzung, als Schädlinge, als Krankheitserreger… In den damaligen Reden und Schriften eines epidemischen Antisemitismus feierte die Ökologiesprache unserer Gegenwart mit gegenteiligen Vorzeichen fröhliche Urständ'. Wer erinnert sich da nicht an Goebbels' Propagandafilm »Der Ewige Jude« und die hin und her flitzenden Ratten auf der Leinwand, Symbol menschlichen Ungeziefers? 100 Jahre deutscher Rassismus – wir sind auf jener Fährte, die zu Auschwitz führte.

Heute, nach 40 Jahren Verdrängung und Verleugnung kann den nachgewachsenen Generationen Deutscher nicht laut genug zugerufen werden: der deutsche Rassismus begann nicht erst 1933, seine Wurzeln reichen viel tiefer, hinein in die Geschichte des Deutschen Reiches von 1871 und noch weiter zurück. Die Zäsur, die falsche Weichenstellung ist sogar historisch erkennbar. Man lese bei Johann Gottlieb Fichte nach, zu Beginn des 19. Jahrhunderts, nicht dort, wo er Philosophie lehrt, sondern in seinen »Reden an die Nation« – da schrillt ein neuer Diskant hoch, zur Verherrlichung der Deutschen, werden ein überfrachteter Nationalismus erkennbar und ein Antisemitismus, der den christlich-konventionellen unheilvoll und weit hinter sich läßt. Da lese man nach und mache sich klar, daß solche Töne unter Friedrich II. von Preußen noch nicht möglich gewesen wären. Hier hatte etwas geklickt, hier war etwas geschehen, was uns bis heute verfolgt – der Humus für den deutschen Rassismus und seinen Höherwertigkeitswahn wird gestreut mit der Wendung gegen die Französische Revolution und ihre Folgen, jener Wendung, die in der nationalen Geschichtsschreibung von den sogenannten »Befreiungskriegen« gekrönt wird. Schöne Befreiung das, möchte man sagen, Befreiung in die Kerkermeisterei der Unheiligen Allianz des universalen Reaktionärs Metternich und seines Europa der Durchlauchten! Dagegen war der Usurpator Napoleon sogar noch ein Sturmwind der Freiheit, er, dem es trotz seiner hochfahrenden Imperialität nicht gelungen war, die Ideen der Großen Revolution zu zerstören. Manche deutsche Freiheiten wurden von seiner Herrschaft institutionalisiert, und zwar so, daß der alte Zustand nicht mehr wiederhergestellt werden konnte. Geprügelt wird auf Napoleon, der es vielleicht nicht besser verdient hatte, aber gemeint sind die Errungenschaften des Bastille-Sturms. Ach hätte dieses damalige Deutschland sich doch den Mutterländern der Demokratie zugewandt, dem England der bürgerlichen Grundlagen aus den Kämpfen des 17. Jahrhunderts, der Menschenrechtscharta der Sieger im amerikanischen Unabhängigkeitskrieg im späten 18. Jahrhundert und der Revolution des französischen Nachbarn, die bei allem unschuldig vergossenen Blut dennoch ein unersetzbares Datum der modernen Geschichte bleibt. Statt dessen entscheidet sich eine ganze deutsche Geistesrichtung für die Gegenaufklärung, begräbt unter sich die Stein/Hardenbergschen Reformen und zeugt eine romantische Germanisiererei, in die sich früh Töne naturgegebener deutscher Überlegenheit gegenüber welschem Südländertum mischen. Hier das bewahrende Deutsche – dort jenseits, dort westlich des Rheins die Unruhe, das Chaos, die Anarchie. Selbst der Olympier von Weimar, selbst Johann Wolfgang Goethe geht der Zeitströmung, wenn auch nicht für lange, in die Falle seiner unerträglichen »Hermann und Dorothea«-Idylle...

Die mag man dennoch nicht vergleichen mit den literarischen Ausgeburten eines Felix Dahn, bei dessen Person wir dann wieder am Beginn jener 100 Jahre stehen, um die es uns geht: »Ein Kampf um Rom«. Dahns germanische Lichtgestalten und römische Finsterlinge, sie entstehen nicht aus dem Nichts! Sie haben ihre Vorgeschichte, wie die Libretti der Wagnerschen Opern um Rheingold und Nibelungentreue.

Böse Zeiten das, vor 100 Jahren, vor allem für Juden. Nur – viele von ihnen merken es noch nicht einmal, es gibt ja durchaus Gegenläufiges. Denn gleichzeitig mit einem Antisemitismus, der an Unheimlichkeit alles hinter sich läßt, was er bisher ausgespien hatte, geht die gesellschaftliche Assimilierung der deutschen Juden vor sich, ein vor abermals 100 Jahren hier eingeleiteter Emanzipationsprozeß, an dem Preußen maßgeblich beteiligt war. Ungeahnte Fortschritte sind das für die Geächteten der Jahrtausende, und ohnegleichen seit dem »Goldenen Zeitalter der Diaspora« im maurischen Spanien des ausgehenden Mittelalters. Unersetzbar war dieses Gefühl der Zugehörigkeit für Juden, und aus ihm läßt sich manches überhitzte nationale Bekenntnis von ihrer Seite erklären. Wessen Zugehörigkeit nie bezweifelt worden ist, der mag diese jüdische Sehnsucht wohl nur schwer begreifen.

Deutschland – das war die unangezweifelte Heimat! So habe ich meine jüdischen Vorfahren kennengelernt, meine Urgroßeltern, meine Großmutter – und bei meiner Mutter war es ebenso.

Heute sage ich: es muß, schon damals, schon im Kaiserreich, eine gewisse jüdische Blindheit vorausgesetzt werden, um die Zeichen der Zeit nicht zu erkennen. Im Deutschen Reichstag von 1893 saßen 16 Abgeordnete von Parteien, die keinem anderen Zwecke als dem des organisierten Antisemitismus dienten. Es gab keine Ghettos mehr, gewiß, aber auch keine Mitgliedschaft für Juden in zahlreichen Organisationen, Ständevertretungen, zivilen und militärischen Behörden: vom »Bund der Landwirte« und dem »Deutschnationalen Handlungsgehilfenverband« über den »Alldeutschen Verband« bis zu den studentischen Korporationen und dem Offizierskorps. Der Jude Albert Ballin galt wohl als Vertrauter, ja als Freund Kaiser Wilhelms II., doch während man die Majestät mit dem Reederkönig Arm in Arm wandeln sah, wird das antisemitische Vorurteil in Deutschland Allgemeingut, eine Art Säure, die alle Schichten durchdringt, die unteren vielleicht etwas weniger, weil ihr Elend in der so oft gepriesenen »guten alten Zeit« eine Volltagsbeschäftigung war. Es entspricht zwar dem Wunschbild unentwegt stalinistischer Marx-Annektionisten, daß sich die deutsche Arbeiterschaft frei von Antisemitismus gehalten habe – aber es stimmt trotzdem nicht.

Doch Vorsicht, der deutsche Rassismus richtete sich keineswegs nur gegen Juden, gegen sie zentral und sowieso, aber nicht allein. Es gibt schon vor 100 Jahren kollektive deutsche Erhabenheit über die »Ostischen«, über das »slawische Gesindel«, minderes Pack an Flüssen mit so obskuren Namen wie Weichsel, Pruth oder gar Dnjpr, Arbeitssklaven höchstens die Masse, saisonmäßig über die deutschen Grenzen schwemmend zur Erntezeit, um danach wieder in ihr dunkles Dasein zurückzukehren. Damals schon entstehen als weitverbreiteter Konsensus Werturteile, die es einige Jahrzehnte später dem Vernichtungsapparat des Reichssicherheitshauptamtes und den fliegenden Mordkommandos der Einsatzgruppen unmittelbar hinter den Fronten der deutschen Wehrmacht leichtmachen werden, in der westlichen und südlichen Sowjetunion unverbergbar Millionen Menschen zu töten, ohne daß der von Tausenden und aber Tausenden beobachtete Massen-, Serien- und Völkermord nennenswerte Gegenreaktionen hervorgerufen hätte oder überhaupt Aufsehen erregt.

Doch das ist vorgegriffen. Noch ist es nicht soweit, noch ist der deutsche Rassismus dabei, ein anderes, ein überseeisches Feld zu finden, bei der Verteilung der Erde zwischen den imperialistischen Nationen Europas, zu denen nun, 1884, auch das Deutsche Reich Bismarcks zählt: Das Feld sind die Kolonien.

Ich habe mit Genugtuung gelesen, daß diese Periode bis zu ihrem unfreiwilligen Ende 1918 in die Ausstellung mit einbezogen worden ist, denn alles andere hieße, den deutschen Rassismus zu verfälschen und zu verniedlichen. Die Verherrlichung des kurzen Zeitalters zählt bei uns ja immer noch zu den alten deutschen Lebenslügen, immer noch triumphieren bei uns behütete Vorstellungen vom »besseren« Kolonialismus einst in Togo, Kamerun, Deutsch-Ost- und Deutsch-Südwestafrika, während seine Herrschaft in Wahrheit auf den beiden Säulen Ausbeutung und Gewalt beruht hatte, wie die britische, die französische, belgische oder portugiesische.

Der deutsche Kolonialismus in Afrika hatte jedoch einen deutlichen Sonderakzent: nämlich den eines nahezu ununterbrochenen, eines dreißigjährigen Krieges von 1884 bis 1914, dem Millionen Afrikaner zum Opfer fielen: vom Untergang der Wahehe und den Massakern an den Anhängern des Maji-Maji-Aufstandes in Deutsch-Ostafrika über den langjährigen Kampf gegen die zähen Hottentotten bis zum Völkermord an den Hereros zu Beginn unseres Jahrhunderts in Deutsch-Südwest. Völkermord! Bei Beginn der Feindseligkeiten, im August 1904, zählten die Hereros etwa 100 000 Köpfe. Nach der letzten amtlichen Statistik des Jahres 1913 waren es keine 22 000 mehr. Dazwischen lag das Ende von vier Fünfteln des Herero-Volkes im Sandfeld, dem Durstgebiet der berüchtigten Omaheke-Wüste. Als sie sich nicht so zähmen ließen, wie die zivile und militärische Kolonialadministration es sich wünschten, trieb General von Trotha die Verzweifelten in die glühende Einöde und wartete hinter einem kanonenbespickten Wall, was da kommen würde ... Die meisten der eingeschlossenen Herero, Männer, Frauen und Kinder, starben lieber, als sich dem deutschen Feind auszuliefern – nachdem sie bis zu 20 Meter tief vergeblich nach Wasser gegraben hatten...

Ich habe einen Film über den deutschen Kolonialismus gemacht, hier in Köln, für den WDR, vor 22 Jahren. Ich weiß, wovon ich spreche. Es war ein Film über deutschen Rassismus in seiner krassesten Form, nur noch überboten durch die NS-Praktiken. In Gestalten wie Carl Peters und Major Dominik wird ein Typus von grauenhafter Brutalität erkennbar, Leute, die damals keinerlei Grund sahen, sich zu verstecken, sondern ihre Schlächtereien zwischen zwei Buchdeckeln laufend veröffentlichten. Ich hatte keine Schwierigkeiten hinsichtlich dokumentarischen Materials: die deutsche Kolonialbürokratie hatte alles fein säuberlich festgehalten. Eine Ära, die nicht wußte, daß sie einst der Gegenstand einer deutschen Lebenslüge werden würde, hat sich sozusagen amtlich selbst entlarvt – die Flut der Kolonialakten ist nicht mehr überschaubar. Kein Geschichtsunterricht hier, nur zur Demonstration des deutschen Rassismus in Übersee, als Ausschnitt eines uferlosen Reservoirs, die vergleichende Prügelstatistik in den deutschen Kolonien der Jahre 1901 und 1913: Deutsch-Ostafrika: von 3467 auf 8057; Kamerun: von 315 auf 4800; Deutsch-Südwest: von 257 auf 1655; und Togo: von 162 auf 832.

Bei den Dreharbeiten zu meiner im Oktober 1966 ausgestrahlten Doppelsendung »HEIA SAFARI – Die Legende von der deutschen Kolonial-Idylle in Afrika« kamen wir nördlich von Daressalam in der Nähe des alten Sklavenzentrums Bagamoyo in ein Dorf, wo wir nicht nur auf die Exekutivwaffe der Prügler von einst stießen, den Kiboko, die Peitsche aus Nilpferdhaut, ein wahres Mordinstrument schon vom bloßen Aussehen. Wir begegneten dort auch einem uralten Einwohner, der sich noch so genau an die Prügelstrafe unter deutscher Oberhoheit erinnern konnte, daß er den obligatorischen Ausspruch vor dem Ende der jeweiligen Tortur in phonetisch einwandfreiem Deutsch wiedergab: *»Der letzte für den Kaiser!«*

Wie oft muß der Afrikaner diesen Satz gehört haben, um ihn in der fremden Sprache über den Zeitraum von fünfzig Jahren und mehr deutscher Abwesenheit zu behalten?

Der deutsche Rassismus hat sich übrigens eine besondere Perversion ausgedacht. Seit dem Verlust der deutschen Kolonien nach 1918 wird er, mit Ausläufern bis in unsere Gegenwart, nicht müde, als Kronzeugen deutscher Kolonisationsfähigkeit die treuen Seelen der Askari zu beschwören, schwarze Angehörige der einstigen »Schutztruppe«, die genauso geprügelt und geschunden wurden wie ihre nichtuniformierten Landsleute. Man vergegenwärtige sich, was hier vor sich geht, um einmal ganz in das Innere des deutschen Rassismus und seiner Lebenslüge einzudringen: die gleichen Rassisten, die in Wahrheit außerstande sind, das rassistische Wertsystem der Kolonialepoche und den Standpunkt des weißen Herrenmenschen wirklich zu überwinden, sie versuchen ihre einstigen Opfer in Fürsprecher zu verwandeln.

Es bedarf keiner Erwähnung, welche Haltung diese Zeitgenossen gegenüber der Apartheid-Politik des Burenstaates am Kap der schlechten Hoffnung an den Tag legen...

Als weiteres historisches Beispiel des deutschen Rassismus der letzten hundert Jahre: die »vaterländische Bildpostkarte« des Ersten Weltkrieges! Hier legt er los, hier demaskiert sich ein Verlust der humanen Orientierung, der vor nichts zurückschreckt und auch mit dem Argument der Verrohung durch Krieg keine erschöpfende Erklärung findet. Um nur einige Beispiele zu nennen, aus einer »Speisekarte von 1914«: da hat eine von knorrigen deutschen Fäusten geführte Küchenrolle die Körperpartien von Serben, Russen und anderen slawischen Untermenschen bereits bis zu den noch aufgerissenen Mündern plattgewalzt. Dazu tut sich dann ein deutscher Rekrut lukullisch von Tag zu Tag an allerlei Kannibalischem gütlich: an russischen Eiern mit Kosakenfleisch; an englischem Menschenbeefsteak mit Bombeneinlage; an serbischem Reisfleisch, in dessen Hitze drei ohnehin lebensunwerte Balkanbewohner frisch gegart werden, indes der hungrige Rekrut 24 Stunden später sein Messer zum Zwecke des Tranchierens in das saftig geröstete Hinterteil eines eßgerecht servierten Feindes gerammt hat – genug: all das hätte stilgerecht 25 Jahre später gut und gern auch in Julius Streichers »Der Stürmer« gepaßt, es sind die gleichen karikierenden Striche und Überzeichnungen, der gleiche Haßduktus, die gleichen verzerrten Züge durch die Brille des Rassismus.

Gewiß, die vaterländische Bildpostkarte des Ersten Weltkrieges, das war keine ausschließlich deutsche Erfindung, das konnten »die anderen« auch ganz gut, die Alliierten, die Gegner, ganz zu schweigen vom österreichischen Bundesgenossen, dessen Erfindungsreichtum den deutschen noch übertraf. Und dennoch wird, angesichts des weiteren Verlaufs der Geschichte etwas spezifisch Deutsches sichtbar. Es ist von Willy Haas, dem großen alten Mann des deutschen Feuilletons nach 1945 in der Bundesrepublik, in die angewiderten Worte gefaßt worden: *»Durch die Kriegspostkarten des Wilhelminismus hindurch ahnt man zuweilen schon die trüben Umrisse Adolf Hitlers.«* Das ist angemessen kommentiert.

Das ganze Höherwertigkeitsgefasel des deutschen Rassismus bleibt jedoch gezeichnet von unversteckbarer innerer Unsicherheit, natürlich, wie könnte es bei einem so unbestimmten Gebilde auch anders sein – es war in Deutschland nicht zu einer organisch gewachsenen, einer selbstverständlichen nationalen Identität gekommen. Der sogenannte Patriotismus des deutschen Untertanen, in Heinrich Manns Diederich Heßling unübertrefflich charakterisiert, dieser Patriotismus ist nie etwas anderes gewesen als der Haß auf die Vaterländer der anderen. Jeder wahrhaftigen nationalen Selbstsicherheit unfähig, erklärt sich aus diesem Defizit der schreiende Gegensatz so vieler Deutscher zwischen unerträglicher Siegerpose und der Weinerlichkeit des Besiegten. Solche Leute sind als Besatzer gefährlich, Unsicherheit macht bösartig, und Sieger waren sie ja einmal über die endlosen Äonen der Jahre 1939 bis 1943 von der Kanalküste im Westen bis zum Kaukasus im Osten, von Narvik im Norden bis zu Libyens Wüste... Was immer sie subjektiv von sich selbst dachten, es waren die Heerscharen des staatlich institutionalisierten deutschen Rassismus, der die Herrschaft nicht nur über das eigene Land, sondern über weite Teile der Welt errichtet hatte – das riesige Experimentierfeld eines Wahns, der einen wahren Leichen-Himalaja hinterließ.

Die Nazis haben den traditionellen Antisemitismus weder verändert, noch haben sie ihn ergänzt. Der Unterschied zwischen pränazistischem und nazistischem Antisemitismus bestand darin, daß der nazistische *tat*, was der pränazistische *dachte*. Die Bereitschaft zu Gewalt, zu Totschlag und Mord – sie war schon vor 100 Jahren da. Nur ließen die Verhältnisse ihre Entfesselung noch nicht zu.

So wie die unseren es heute nicht zulassen. Ich glaube jedoch, daß sich deshalb niemand der Illusion hingibt, diese Bereitschaft zur Gewalt sei verschwunden. Das ginge schon deshalb nicht, weil sie sich fortwährend äußert. Deutscher Rassismus, das bedeutet heute: Antisemitismus, natürlich – wenngleich so gut wie ohne Juden. Der Antisemit bedarf ihrer nicht. Er bedarf ihrer nicht, eben weil er sich nicht auf sie beschränkt. Das heißt: jeder Antisemit ist auch Ausländerfeind – es sind die Kehrseiten ein und derselben Persönlichkeitsmedaille.

Der deutsche Rassismus ist also auch ein Gegenwartsproblem, und er findet in der Bundesrepublik auf Grund ganz bestimmter Nachkriegsentwicklungen einen günstigen Nährboden.

Bis hierher war ein düsteres Gemälde zu entwerfen, wie es beim deutschen Rassismus in der Natur der Sache liegt. Da gibt es nichts zu beschönigen. Aber ebenso wahr ist, daß hier zwar eine exemplarische und durchaus typische, aber natürlich nicht die *ganze* deutsche Wirklichkeit umrissen worden ist. Denn immer gab es auch deutsche Feinde des deutschen Rassismus, deutschen Widerstand gegen ihn. Immer gab es auch deutsche Humanisten, ich meine die unbekannten Verfechter der Menschlichkeit, die verborgenen und dennoch wirksamen. Immer hat diese deutsche Gegenkraft existiert, und niemand könnte sich entschuldigen, der das vergäße zu erwähnen. Nur – ein Alibi darf sie nicht sein. Was die Nazizeit anbetrifft, so möchte ich in diesem Zusammenhang zitieren, was ich in meinem Buch »Die zweite Schuld oder Von der Last, Deutscher zu sein« unter dem Titel »Vom Widerstand und seinen Widersachern – Die mißbrauchte Minderheit« geschrieben habe: *»Wenn man sich auf Prädikate einlassen will, so gebührt dem deutschen Widerstand ein Sonderrang, wenn nicht die Palme: Er war der zeitlich* *längste und – der einsamste im Resistenzspektrum der Gesamtepoche. Er wurde von der Nation nicht getragen... Der Widerstand war der atypische Mikrokosmos im Makrokosmos der Volksbegeisterung für den Nationalsozialismus!«*

Dem wäre nicht viel hinzuzufügen. So ist es gewesen, und so sieht dann auch die Nachkriegsgeschichte eines Volkes aus, das keinerlei Anstalten gemacht hatte, sich des Verbrecherstaates revolutionär zu entledigen, weil dieser Staat von seiner Mehrheit und bis fünf Minuten nach zwölf getragen worden ist. Alles andere bezeichne ich als eine historische Lüge.

Aber inzwischen sind über vierzig Jahre vergangen, und vieles hat sich gewandelt, auch bei uns. Keine Euphorie, aber auch kein Pessimismus oder gar Fatalismus. In einem größeren historischen Zusammenhang sehe ich unsere, die Gegenkraft, am längeren Hebel.

Wir sind die Zeugen einer wirklichen und tiefen Zäsur in der Geschichte der Deutschen, wenngleich um den Preis des Zweiten Weltkrieges – nämlich jener Hinwendung zum Westen, die im vorigen Jahrhundert ausgeblieben ist! Nun meine ich Hinwendung nicht im Sinne schlichtgestrickter NATO-Apologeten oder jener nichtdemokratisch und nichthuman motivierten Antikommunisten, denen derzeit und hoffentlich recht lange noch Gorbatschow das Leben schwermacht. Ich meine die Hinwendung zu jener Form der Gesellschaft, in der bisher einzig reale Freiheiten institutionalisiert worden sind: nämlich der parlamentarischen Demokratie! Wir haben sie geschenkt bekommen, und dem anderen Teil Deutschlands wird sie vorenthalten. Mir scheint dieser Parlamentarismus nach dem Vorbild westlicher Demokratien von allen Staatsübeln noch das geringste zu sein. Jenen unter uns, die alt genug sind, um Vergleichsmöglichkeiten zu haben, bedeutet die demokratische Staatsform viel, trotz ihrer Unvollkommenheit. Das Unglück dieser Welt sind ja aber gerade die Vollkommenheitsapostel, und zu ihnen zählen natürlich auch die Rassisten.

Nun erkennen wir, daß die Freiheit ein schweres Gut ist. Denn in ihr hat sich auch der deutsche Rassismus eingerichtet – sie läßt ihn zum Ausdruck kommen. Eine Diktatur würde vielleicht eher mit ihm fertig werden – aber auflösen würde sie sich danach nicht. Hier liegen also weder Trost noch Alternative. Daß der Rassismus in der Bundesrepublik mannigfache Ausdrucksformen und auch Organisationen gefunden hat, widerspiegelt ihre Transparenz, bestätigt aber ebenso, daß unsere Gesellschaft human noch nicht gefestigt ist. Richtig, denn die Demokratie der zweiten deutschen Republik ist ja keineswegs von 1949 an bis in alle Ewigkeiten garantiert, sondern eine fortwährend bedrohte Kostbarkeit. Und zwar, füge ich hinzu, meiner Auffassung nach in unserer Epoche von innen her bedrohter als von außen.

Wir haben eine Chance, die nach dem Ersten Weltkrieg von der damaligen deutschen Nation vertan worden ist: wir haben die Chance, aus der von außen geschenkten Demokratie unsere eigene zu machen. Das mag zu einem gewissen Grad schon vollzogen sein, aber noch keineswegs beendet – der deutsche Rassismus ist noch nicht am Schluß, noch reckt er sein Haupt, noch treffen wir ihn allgegenwärtig an, oft unbewußt in den Köpfen spukend, ein besonders gefährlicher und von der Korrektur her schwieriger Verfassungszustand. Aber stellen wir diesem schwelend konservierten Nazismus, dieser Unfähigkeit zu trauern, dieser versteinerten Unbelehrbarkeit nicht geringer Bevölkerungsteile – stellen wir alldem unsere bürgerliche und demokratische Courage offensiv entgegen, die wachsame Humanität des Alltags, das Bewußtsein, daß wir nicht isolierte einzelne sind, sondern überall Bundesgenossen haben. Machen wir uns, wo wir auch sind, energisch zu Widersachern, wenn sich die Stimme des Rassismus wieder einmal mißtönend vernehmen läßt. Geloben wir, der Jugend Mut zuzusprechen, wo immer sie ihn nötig hat, und wir werden sehen, wie sehr sie ihn nötig hat angesichts der moralischen Wüste und der weißen Flecke historischer Kenntnisse, die die hartnäckige Verdrängungs- und Verleugnungsleistung einer Mehrheit der heute alten und älteren Generationen hinterlassen hat. Geloben wir, nie und nirgends Ausländerfeindlichkeit unwidersprochen hinzunehmen. Und lassen Sie uns für fern und nah sensibel bleiben und gleich die Probe aufs Exempel machen.

Mir wird anläßlich dieser Ausstellung und meines Einführungs-

vortrages von einem Kölner Mitbürger folgende Zuschrift zuge-
sandt:

»Anläßlich des 9. November finde ich es achtenswert, daß die christlich-jüdische
Gesellschaft auf ihrer Ausstellung auch dem Schicksal der Zigeuner in Deutsch-
land einen eigenen Beitrag widmen wird. Nicht befriedigend jedoch erscheint
mir die Tatsache, daß nicht auf die aktuelle Vertreibung der Roma vom
Butzweilerhof und ihre ›Verfrachtung‹ auf das verseuchte Glanzstoffgelände in
Longerich – ein Lager, das erklärtermaßen der ›Aussortierung‹ dienen soll –
eingegangen wird. Ich möchte Sie recht dringend bitten, falls noch möglich, in
Ihrem Beitrag auf diese aktuelle ›rassistische Vertreibung‹ der überwiegend
jugoslawischen und staatenlosen Roma aus Köln einzugehen.« [*]

Das will ich denn gleich mal tun, nachdem ich mich in dieser Sache
kundig gemacht habe. Und da bin ich nun in der Tat auf Erschrek-
kendes gestoßen.

Da sollen etwa 400 Personen, davon rund 300 Kinder, in ein Lager
mit Zaun und Wachpersonal ›umgesiedelt‹ werden, was, wie ich
dem »Kölner Stadtanzeiger« vom 6. September 1988 entnehme,
dem Bewachungsunternehmen 360000 DM im Jahr einbringen
würde, und zwar ›umgesiedelt‹ auf das Gelände der Glanzstoff-
werke, wo sich unter Hitler ein Zwangsarbeitslager und ein Strafla-
ger für italienische Kriegsgefangene befand. Die Ausbaukosten sollen 600000 Mark betragen, und all dies wurde gebilligt mit den
Stimmen der SPD und der CDU im Rat. Dabei hat Sony-Europa
seine Hand im Spiele, wie ein Schreiben vom 8. Mai 1988 an die
Stadtleitung erkennen läßt. In diesem Schreiben, in dem es unter
»Betr.« heißt: »Zigeuner-Problem«, lesen wir aus der Feder eines
Mannes namens Jack Schmuckli: *»Als derzeitig Verantwortlicher für*
Sonys gesamte Europa-Aktivität habe ich zwar nochmals bewirkt, daß ein
weiterer Neubau am Butzweilerhof entsteht, muß Sie aber darauf aufmerksam

---

[*] Auf diesen Plan eines Lagers für Sinti und Roma in Köln geht die Ausstellung,
was dem Autor vor der Eröffnung nicht bekannt sein konnte, ein und stellt in zwei
Exponaten – einem Flugblatt und einem Zitat die krassesten Äußerungen dazu aus
Köln aus dem Jahre 1988 aus. Gleichzeitig wird in drei Kurzzitaten auf eine ähnliche Situation in Köln im Jahre 1976 hingewiesen, als schon einmal die Ansiedlung
von nichtdeutschen Sinti und Roma verhindert werden sollte.

machen, daß mein Enthusiasmus für den Standort Köln arg auf die Probe gestellt wird. Es sind ernsthafte Überlegungen im Gange, Sonys Europa-Zentrale z. B. nach Holland umzusiedeln und dort auszubauen.« Wie nennt man das eigentlich, was uns hier schwarz auf weiß geboten wird? Hier werden wir jenseits schöner Theorien auf Herz und Nieren geprüft. Ich will das Problem gar nicht leugnen, aber wo sind wir denn eigentlich, daß versucht wird, es auf diese Weise zu ›lösen‹?

Ich sage: niemals hätte eine deutsche Stadtverwaltung heute Juden, woher immer sie kommen mochten, eine solche Behandlung mit Zaun und Wachpersonal zugemutet, auf einem Gelände, das unterm Hakenkreuz dem Vernichtungsapparat des Reichssicherheitshauptamtes diente – niemals wäre dergleichen Juden gegenüber gewagt worden. Und deutschen Aussiedlern ebensowenig. Aber mit »Zigeunern« glaubt man es sich erlauben zu können. Noch einmal: wo sind wir eigentlich, daß wir uns das gefallen lassen – ja, wir, denn ich solidarisiere mich, ohne das Problem ignorieren zu wollen, mit diesen Roma, die keine Lobby haben wie wir Juden. Was eigentlich sind Gedenken und Erinnerung an die Pogromnacht des 9. auf den 10. November 1938 wert, wenn dergleichen heute, 50 Jahre später, geschehen kann?

Das will ich gesagt haben, hier an dieser Stelle, und es will mir in Übereinstimmung stehen mit dem Geist dieser Ausstellung.

Mir ist keine andere bekannt, die sich so intensiv mit dem deutschen Rassismus befaßt hätte wie diese, so ernsthaft und so gründlich. Leicht zu begehen wird sie nicht sein, tut sich da doch ein grausiges Spektrum rassistischer Wucherungen und Metastasen auf, von denen ganze deutsche Geschichtsepochen und Gesellschaften bis in letzte Verästelungen befallen waren, ohne daß die Bestie Rassismus bei uns schon für immer auf dem Kehrichthaufen der Geschichte gelandet wäre. Diese Ausstellung ist ebenso erschütternd wie eindrucksvoll, weil in ihr etwas sichtbar wird von der dumpfen Volldampffahrt des deutschen Sonderzuges, der über die Stationen des Januar 1871, des 1. August 1914, des 30. Januar 1933 und des 1. September 1939 an den Prellböcken des 8. Mai 1945 zerschellte, nachdem er 50 Millionen Menschen tödlich überfahren hatte – darunter eine halbe Million »Zigeuner«.

Angesichts dieser überwältigenden Dokumentation schleicht sich unweigerlich und schaudernd registriert der furchtbare Gedanke ein: Was wäre gewesen, wenn Hitler, und alles, was dieser Name symbolisiert und materialisiert, den Krieg gewonnen hätte?

Es war der unvergeßliche Erich Kästner, der nach 1918 unter dem Titel »Die andere Möglichkeit« ein Gedicht schrieb, in dem er sich Gedanken machte, was geschehen wäre »... *wenn wir den Krieg gewonnen hätten – mit Wogenprall und Sturmgebraus / Dann wäre Deutschland nicht zu retten und gliche einem Irrenhaus / Dann läge die Vernunft in Ketten, wenn wir den Krieg gewonnen hätten – zum Glück gewannen wir ihn nicht.*«

Um wieviel mehr kann die letzte Gedichtzeile für das Deutschland des Zweiten Weltkrieges gelten!

Diese Stunde, zu der wir uns hier versammelt haben, ehrt die Stadt Köln, ihre Autoritäten, die die Ausstellung förderten, vor allem aber ehrt sie jene, die suchten und fanden, die sie erarbeiteten und zusammenstellten und die ihr Werk nun vor einer hoffentlich interessierten und beeindruckbaren Öffentlichkeit ausbreiten. Mögen vor allem die Jungen und Jüngeren kommen, die »Kinder der Demokratie«, wie ich sie nenne, kommen, damit sie sich mit dem Unvorstellbaren vertraut machen – auf daß der deutsche Rassismus nicht abermals 100 Jahre weiter am Leben bleibe.

So wie es hier gezeigt wird – dokumentarisch, sachlich und doch parteiisch gegen die organisierte Unmenschlichkeit, so, meine ich, könnte es überzeugen.

Möge der Ausstellung in diesem Sinne Erfolg beschieden sein.

Demokrat ohne Parteidoktrin und ideologisches Dogma

Rede am 28. April 1989 in Wiesbaden am Oberstufengymnasium West anläß-
lich der Umbenennung in Carl-von-Ossietzky-Schule

An einem trüben Herbstmorgen des Jahres 1934 fällt im KZ Esterwegen, das zunächst Lager 2 der Staatlichen Justizverwaltung
Emsland genannt wurde, der jüdische Häftling Louis Schild von
einem schmalen geländerlosen Steg in einen der vielen Abwässe-
rungsgräben dort. Schild versucht aufs Trockene zurückzukom-
men. Er muß es wieder und wieder versuchen, doch einer der SS-
Aufseher, 23 Jahre alt, stößt ihn ebensooft zurück, indem er ihm
mit seinen Nagelstiefeln gegen den Kopf tritt. Schließlich gelingt es
Schild, festen Boden unter den Füßen zu gewinnen, aber am
Abend desselben Tages stirbt er unter Delirien im Lagerabort. Das
Sterberegister von Esterwegen bescheinigt seinen Tod am 18. No-
vember 1935.
Ein Mithäftling des Ermordeten heißt Carl von Ossietzky.
Der SS-Mann, der Louis Schild getötet hatte, war Gustav Sorge.
Am 13. Oktober 1958 begann im Bonner Schwurgerichtssaal 113
unter dem Vorsitz des Landgerichtsdirektors Gerhard Schroeder
der Prozeß gegen ihn, Gustav Sorge, und Karl Schubert, beide SS-
Aufseher im Konzentrationslager Sachsenhausen-Oranienburg bei
Berlin, wohin Sorge 1936 von Esterwegen versetzt worden war.
Dort in Sachsenhausen-Oranienburg, im selben Jahr, nach einem
Morgenappell, als sich die Häftlinge noch im Dunkeln gruppier-
ten, findet ein älterer Mann sein Kommando nicht. Hilflos läuft er
über die Lagerstraße. Dabei gerät er Gustav Sorge in die Hände.
Der wirft ihn zu Boden und übt sich im Schlußsprung auf ihm, bis
der Brustkasten zertrümmert war.
Der Bonner Prozeß, der diesen, den Mord an Louis Schild und
hundert anderen enthüllt, wird fast vier Monate dauern und zahl-

reiche Zeugen aus beiden Teilen Deutschlands und aus aller Welt in die Bundeshauptstadt zitieren. Unter den Überlebenden sind solche mit zerbrochenen Gliedern, fehlenden inneren Organen, geplatztem Trommelfell und furchtbaren Narben – KZ-Male fürs ganze Leben! Bei der Beschwörung jener Jahre, im Anblick ihrer beiden Peiniger von einst, wurden viele Zeugen von Weinkrämpfen geschüttelt, sie kauerten sich nieder, verloren überwältigt die Sprache und rangen nach Luft. Die Zuhörer seufzten und stöhnten, und der Vorsitzende mußte immer wieder außerordentliche Pausen einlegen, weil kein Mensch ohne Unterbrechung mitanhören konnte, was damals allein in diesem Lager an der Bahnstrecke Berlin–Stralsund geschehen ist. Das Urteil wurde am 4. Februar 1959 gefällt: Lebenslanges Zuchthaus für beide Angeklagten, Gustav Sorge und Karl Schubert, wegen hundertfachen Mordes, versuchten Mordes, Anstiftung und Beihilfe zum Mord sowie Totschlags. Bevor Gustav Sorge in Sachsenhausen–Oranienburg seinen »Meister« machte, hat er seine »Lehr- und Gesellenjahre« im KZ Esterwegen absolviert. Es ist nicht bekannt, ob der »Eiserne Gustav«, wie sein Schreckensname lautete, dort auch Carl von Ossietzky begegnet ist und ob er ihn mißhandelt hat. Und dennoch haben wir eingehende Zeugnisse vom Zustand dieses Häftlings, wovon später noch zu sprechen sein wird. Was hatte Carl von Ossietzky in das norddeutsche Moorlager gebracht? Wenn es vorweg definiert werden soll: Dorthin gebracht hat ihn sein großer, sein unerschrockener Humanismus in einer Ära lärmender und gewalttätiger Inhumanität.

Chefredakteur der berühmten »Weltbühne«, seit 1926, dem Todesjahr ihres Gründers Siegfried Jakobson, hat keine andere Feder die erste deutsche Demokratie, die Republik von Weimar, streitbarer, sezierender, gnadenloser und verzweifelter verteidigt als dieser scheue, zurückhaltende, verletzliche Mann, der am 3. Oktober 1889 geboren worden war und keine 50 Jahre alt werden sollte. Hier stocke ich, denn können Sie, die Jungen und Jüngeren von heute, sich überhaupt eine Vorstellung machen von jenen eineinhalb Dekaden zwischen 1918 und 1933, von ihrer Gewalttätigkeit, ihrer Brutalität, ihren Saal- und Straßenschlachten? Dieses Weimarer Deutschland, oder doch die übergroße Mehrheit seiner damaligen Bevölkerung, war nicht nur begrifflos gegenüber der Verantwortung, die das Wilhelminische Kaiserreich und sein Imperialismus am Ausbruch des Ersten Weltkrieges hatten, es erwies sich auch als unfähig, die militärische Niederlage anzuerkennen und die realitätsgestörten Siegesillusionen anhand der Wirklichkeit zu korrigieren. Seit damals, seit 1918, waren hierzulande immer nur »die anderen«, das Ausland, sein Neid, seine Mißgunst schuld. Von niemandem erfahren wir klarer, schneidender und überzeugender als von Ossietzky, was sich hinter der demokratischen Fassade von damals tut. Ungenierter Revanchismus, neuer und alter Militarismus, die ganzen Folgen einer nahtlosen Übernahme des alten, des kaiserlichen Staatsapparates in die Verwaltung der ersten deutschen Demokratie. Mit einer republikfeindlichen, tief im Autoritätsglauben des 19. Jahrhunderts verwurzelten Justiz, einer auf »Linkshatz« gedrillten Polizei, einer in den Genen von antirepublikanischen traditionellen Obrigkeitsvorstellungen durchsetzten Reichswehr, und das alles Nährboden einer *Bewegung*, die zunächst wie auf verlorenem Posten scheint in diesem dampfenden Klima der »nationalen Schmach«, aber immer üppiger gedeiht: die nationalsozialistische des Adolf Hitler! Sie hatten ganz recht, die Anhänger des »Führers«, der Ungeist der Freikorps, die Gesinnung des rechten Hugenberg-Presseimperiums, in Carl von Ossietzky nichts anderes zu erkennen, als den Gegenpol, den Antipoden, den eingeborenen Widerpart ihrer racheschnaubenden, jederzeit gewaltbereiten politischen Existenz, in ihm, der immer wieder rief: »Die Waffen nieder!«. Das hatte den Wiederaufrüstern gerade noch gefehlt. Er wird die Zielscheibe der Reaktion, dieser Carl von Ossietzky, von dem sein »Weltbühne«-Kollege und schwieriger Freund Kurt Tucholsky einmal sagte: »Er ist der Demokrat ohne Parteidoktrin und ideologisches Dogma; er ist das beste Gewissen dieser Republik, die selber so gewissenlos ist.« Und er ist, muß hinzugefügt werden als stilles Menetekel für die Zukunft, kränklich, von gefährdetem Kreislauf und anfällig für Ohnmachten, dieser »Pazifist vom Dienst«, wie er von seiner Umgebung liebe- und respektvoll genannt wurde.

Ich setze bei Ihnen einige Kenntnisse dieser Biographie voraus und berühre deshalb nur die wesentlichsten Ereignisse.

Seit 1927 nimmt sich die Justiz Ossietzkys an. Geldstrafen zunächst, so nach dem Mordprozeß gegen den Leiter eines berüchtigten Femekommandos der Reichswehr, Paul Schulz. Die »Weltbühne« vom 27. Dezember 1927: Schulz sei der Befehlsempfänger gewesen, die eigentlich Verantwortlichen für diesen Mord aber, die Auftraggeber, Oberst von Bock, Oberst von Schleicher, und General von Seeckt-Schulz seien die »Letztverantwortlichen«. Damit hatte sich Ossietzky endgültig in die Schußlinie des deutschen Revanchismus begeben, jener Militärkreise, die heimlich aufrüsteten und die ihn nun bleibend aufs Korn nehmen werden. Darunter der frühere Reichswehrminister Geßler, der ihn einen »schreibenden Rabauken« nennt. In diesen Kreisen heißt es: »Wir kriegen ihn.« Die übernommenen Richter der kaiserlichen Justiz applaudieren, und ihr Nachwuchs auch. Es sind jene Juristen, die Kurt Tucholsky in bestürzender Prophetie 1929 als »Richter von 1940« sieht. Zitat: »Wenn diese Jungen einmal die Talare anziehen, ihr Mangel an Rechtsgefühl ist vollkommen.« Einer von ihnen hieß Roland Freisler, der spätere Präsident des Volksgerichtshofs.

Das braune Gebräu verdichtet sich in der zweiten Hälfte der zwanziger Jahre. Am 23. Januar 1930 schreibt Wilhelm Frick, Sieger der thüringischen Landtagswahl und Deutschlands erster nationalsozialistischer Landesminister, im »Völkischen Beobachter«: »Jetzt Thüringen, morgen Berlin! Und dann hütet Euch, Ihr Handlanger Moskaus, Ihr Judenhörige, Ihr Tollers und Ossietzkys. Wir werden Euch zeigen, wie man mit denen umgeht, die Deutschland der Schande preisgegeben haben...« Dazu Ossietzky: »Die nationalsozialistische Bewegung hat eine geräuschvolle Gegenwart, aber gar keine Zukunft.« War das ernst gemeint? Es war jedenfalls ein Irrtum. Wilhelm Frick wird am 16. Oktober 1946 in Nürnberg hingerichtet werden, doch Ossietzky das Datum nicht mehr erleben. Er wäre – kein Alter – 57 Jahre gewesen.

Zwei Artikel in der »Weltbühne« läuten das eigentliche Ende dieses Lebens ein: »Windiges aus der Luftfahrt« vom 12. März und »Atemnot der Luftfahrt« vom 23. April 1929. Als Autor zeichnete

»Heinz Jäger« – ein Pseudonym – mit stich- und hiebfesten Recherchen. Dies hatte er ausgemacht: Hinter der »Küstenflugabteilung der Deutschen Lufthansa« verberge sich eine militärische Institution der Marine, deren »Erprobungsabteilung Albatross« 30 bis 40 Flugzeuge besitze. Und jetzt der neuralgische Satz: »Nicht alle von ihnen aber sind in Deutschland.« Er trifft den Revanchismus und seine heimliche Aufrüstung mit ausländischen Konspirateuren mitten ins Herz. Reichswehrminister Gröner schäumt, und die Justiz, schlaflos auf der Lauer, schlägt zu: Anklage wegen Landesverrats und Verrats militärischer Geheimnisse gegen Autor und Chefredakteur! Die Instanzen lassen sich Zeit. Das Schwert der Justitia schwebt lange über Carl von Ossietzkys Kopf. Es liegt in den Händen des höchsten deutschen Gerichts, des Reichsgerichts Leipzig, über das der Angeklagte einmal geschrieben hatte: »Wir Publizisten von der Linken kennen das Reichsgericht und wissen auch, daß unser aller Weg einmal nach Leipzig führt, die festeste Zitadelle der Reaktion.« Und weiter, an einen Herbsttag des Jahres 1930 erinnernd, Ossietzky: »Im gleichen Saal und vor dem gleichen Vorsitzenden, Herrn Reichsgerichtsrat Baumgarten, hatte Adolf Hitler das berühmte Wort von den rollenden Köpfen gesprochen. Und damals hatte ich geschrieben: Das Reichsgericht ahnt den Herrn von morgen.«

Das Urteil wird am 23. November 1931 gefällt: Je 18 Monate Gefängnis für den Autor der beiden Artikel in der »Weltbühne« und für Chefredakteur Ossietzky. Der »Völkische Beobachter« zu dem »blamablen Urteil«: »Solche Vaterlandsverräter, solche Buben gehören in die Garotte oder unters Fallbeil. Wir brauchen eine neue juristische Moral in diesem unserem Vaterland. Niemand, der uns versteht, braucht allerdings zu fragen, wie diese neue Moral aussehen wird, die über uns alle kommt.« Am 10. Mai 1932 tritt Carl von Ossietzky seine Haftstrafe in Tegel an, am 23. Dezember verläßt er das Berliner Gefängnis wieder, aufgrund einer allgemeinen, in seinem Falle jedoch verzögerten Amnestie. In den 5 ½ Jahren, die ihm verbleiben werden, wird er nur wenige Monate kein Häftling sein.

Carl von Ossietzky hat gerade noch Zeit für sein letztes freies

Credo, gesprochen auf einer Kundgebung des Schutzverbandes deutscher Schriftsteller, Ortsgruppe Berlin, am 17. Februar 1933. Es lautete: »Ich gehöre keiner Partei an, ich habe nach allen Seiten gekämpft, mehr nach rechts, aber auch nach links. Heute jedoch sollen wir wissen, daß links von uns nur Verbündete stehen. Die Flagge, zu der ich mich bekenne, ist nicht mehr die schwarz-rot-goldene dieser entarteten Republik, sondern das Banner der geeinten antifaschistischen Bewegung. Und ich, der Pazifist, reihe mich nun ein in das große Heer, das für die Freiheit kämpft.« Aber sie war bereits verloren, diese Freiheit, und die antifaschistische Bewegung nicht geeint! – Noch zehn Tage bis zum Reichstagsbrand am 27. Februar 1933. Die geheime Staatspolizei kommt gleich am 28. Februar um halb vier Uhr morgens und nimmt Carl von Ossietzky in Haft. Seine Frau Maud schreibt später: »Die letzten Worte waren: Kopf hoch, ich komme bald wieder.«

Erst Spandau, dann ab 6. April 1933 KZ Sonnenburg in der Neumark. Ossietzkys Briefe an seine Frau verraten nichts über die wahre Situation. Nichts davon, daß die jungen, schlagwütigen Bewacher es gerade auf diesen kleinen Mann mit den zitternden Händen abgesehen haben. Auch nichts davon, daß ihm und einem Mithäftling, dem kommunistischen Schriftsteller Erich Mühsam, eines Tages befohlen wird, ihr eigenes Grab zu schaufeln, von sadistischen Aufsehern angetrieben und eingehend informiert, auf welche Weise sie sogleich vom Leben zum Tode befördert würden, ehe das »Spiel« dann abgebrochen wurde... Bis auf ein neues, bei dem etwa Aufseher in die offenen Wunden von geschlagenen und am Boden liegenden Häftlingen urinieren. Lassen wir es bei diesem Beispiel für viele andere, denen selbst die entwickeltste Phantasie nur schwer nachkommen könnte. Ossietzky verfällt, er schrumpft förmlich, Kreislaufkollapse, Ohnmachten, epileptische Anfälle. Sein Anblick bietet einen furchtbaren Gegensatz zu dem Weltnamen, den er – nun immer häufiger als Anwärter auf den Friedensnobelpreis ausgerufen – mehr und mehr gewinnt. Dann, am 15. Februar 1934, Verlegung nach Esterwegen – Häftling Nr. 562. Carl Jacob Burckhardt hat der Nachwelt einen Eindruck von ihm übermittelt. Damals Mitglied des Internationalen Roten-Kreuz-

Komitees und später Hoher Kommissar des Völkerbundes, hatte der berühmte Schweizer Politiker, Historiker und Essayist die Erlaubnis erhalten, das KZ Esterwegen zu besuchen. Er drängt darauf, Carl von Ossietzky zu sehen und zu sprechen, was ihm gegen den anfänglichen heftigen Widerstand des Lagerleiters auch gelingt. Aus Burckhardts Schilderung: »Vor mir, gerade noch lebend, stand ein Mensch, der an der äußersten Grenze des Tragbaren angelangt war. Kein Wort der Erwiderung. Ich trat näher. Jetzt füllte sich das noch sehende Auge mit Tränen. Lispelnd, unter Schluchzen sagte er: ›Danke, sagen Sie den Freunden, ich sei am Ende, es ist bald vorüber, bald aus, und das ist gut...‹ Dann kam wieder das Zittern... Ossietzky verneigte sich leicht in der Mitte des weiten leeren Lagerplatzes und machte eine Bewegung, als wollte er militärische Haltung annehmen, um sich abzumelden. Dann ging er, das eine Bein nachschleppend, mühsam Schritt vor Schritt zu seiner Baracke zurück.«

Als sich 1936, nach ähnlichen Meldungen im Vorjahr, die Gerüchte verstärken, daß Carl von Ossietzky der Friedensnobelpreis zugesprochen werden würde, weist Göring den Lagerkommandanten von Esterwegen, SS-Gruppenführer Eicke, an, den Häftling Nr. 562 gründlich zu untersuchen und ärztlich zu pflegen – es wird die Behandlung eines Todgeweihten. Am 28. Mai 1936 wird Ossietzky in das Staatskrankenhaus der Berliner Polizei gebracht: hochgradige offene Lungentuberkulose. Inzwischen plädiert eine Creme des Weltgeistes für den deutschen Häftling: Bertrand Russel, Thomas Mann, Virginia Woolf, J. B. Priestley, Aldous Huxley – mit Erfolg. Carl von Ossietzky erhält den Friedensnobelpreis für das vergangene Jahr, das Jahr 1935. Carlos Saavedra Lamas, der argentinische Minister für auswärtige Angelegenheiten, den für 1936.
– Kurt Tucholsky erlebte die Ehrung nicht mehr. Er hatte am 21. Dezember 1935 im schwedischen Exil Selbstmord begangen. Völlig vereinsamt und vom Kummer um das Vaterland auf eine Weise überwältigt, die konventionellen »Patrioten« und Hetzern gegen die Emigranten auf immer verschlossen bleibt.

Waschkörbeweise gehen nun die Glückwunschtelegramme im Berliner Westend-Krankenhaus ein, wo Ossietzky liegt. Die Nazi-Führung ist ratlos; es kommt zu einer gespenstischen Szene. Reichsmarschall Hermann Göring läßt Ossietzky zu sich kommen. Zigarren, Cognac und Sekt, Früchte und das Versprechen einer monatlichen Pension von 500 Reichsmark, wenn Ossietzky auf den Preis verzichtet. Der lehnt ab, Göring wird schrill – vergebens. Ossietzky kehrt ins Krankenhaus zurück, er hatte sich soeben sein »Lebenslang« eingehandelt.

Am 20. Dezember 1936 versammeln sich die Ehrengäste in Oslo – ohne den deutschen Preisträger. Und was geschah mit den 159916 Schweden-Kronen? Durch ein von Göring ausgehecktes Betrugsmanöver erhielten die Ossietzkys davon 16500 statt der vollen Summe von 99857 Reichsmark. Es war der letzte Schurkenstreich des Dritten Reiches an Carl von Ossietzky, bevor es ihm auch sein Leben nahm. Inzwischen in ein kleines Zimmer des Berliner Nordend-Krankenhauses Niederschönhausen umquartiert, wiegt er Ostern 1938 noch 70 Pfund. Carl von Ossietzky stirbt am 4. Mai jenes Jahres, kurz vor 15 Uhr. Keine Trauerfeier. Die Einäscherung, geheimgehalten vor der Öffentlichkeit, nur im kleinsten Kreis. Kein Wort, keine Musik, im Hintergrund einige Gestapo-Beamte. Der Platz, wo die Urne auf dem Friedhof von Berlin-Niederschönhausen versenkt wird, darf nicht markiert werden. Keine Blumen, keine Gedenktafel. Heinrich Mann in seinem Nachruf: »Ossietzky, der nicht mehr schreiben und sprechen konnte, ist in seinen Ketten dem hohen Glücksfall begegnet, daß einen Augenblick das Weltgewissen aufstand, und der Name, den es sprach, war seiner.«

Daß Sie Ihre Schule nach Carl von Ossietzky umbenannt haben, bewegt mich. Es bewegt mich, weil der Geist, der daraus spricht, nach manchen Erfahrungen, die ich seit meiner Befreiung am 4. Mai 1945 in Hamburg machen konnte, nicht selbstverständlich ist. Im Gegenteil: In dieser zweiten deutschen Republik haben es Männer wie Carl von Ossietzky schwer, anerkannt zu werden, und das fällt nicht auf ihn, sondern auf die Gesellschaft zurück, in der es geschieht. Eine Gesellschaft übrigens, in der es z. B. immer noch von Straßen wimmelt, die nach Militärs und Schlachten benannt worden sind, ausgewählt nach einem Deutungsmonopol der Geschichte, das verdeckt und zudeckt, statt aufzuklären und zu bekennen. Erinnern Sie sich noch, auf welche Schwierigkeiten und Widerstände es stieß, in Bergen eine Straße nach Anne Frank umzubenennen, dem jüdischen Mädchen, das dort ganz in der Nähe, im Lager Belsen, 1945 umgekommen war? Und sind Ihnen die Eiertänze gewisser Politiker und Kulturpolitiker gegenwärtig, die immer dann aufgeführt werden, wenn es um Heinrich Heine geht, dem damit doch nur bestätigt wird, wie aktuell er noch nach 150 Jahren ist, und uns, wie mumifiziert sich hierzulande ein rückständiges Dunkelmännertum gehalten hat, das ich den »unsterblichen Konservatismus« zu nennen pflege? Ja wahrlich, die zerquälte Liebe dieses herrlich-kühnen Dichters Heinrich Heine zu Deutschland äußert sich so ganz anders als die Nationaltrompete konventioneller »Patrioten«, deren »Hoch!« aufs eigene Vaterland meist nichts anderes war und ist als der Haß auf die Vaterländer der anderen.

Aber, ich möchte fragen: Was wäre denn mit Carl von Ossietzky heute? Wo stünde er wohl, der unabhängig Unbestechliche mit der ätzenden Feder seiner röntgenhaften Sehfähigkeit? Was würde er erwidert haben auf die Ungeheuerlichkeit des Heiner Geissler: der Pazifismus sei an Auschwitz schuld!? Also nicht die nationalsozialistische Reichsführung, nicht Hitler und Himmler, nicht der Vernichtungsapparat des Reichssicherheitshauptamtes, sondern eben Leute wie Carl von Ossietzky?... Was würde er denn sagen zu dieser Republik, auf deren Territorium dem größten geschichtsbekannten Verbrechen mit Millionen und aber Millionen Opfern, die hinter den Fronten umgebracht worden sind wie Insekten, das größte Wiedereingliederungswerk für Täter folgte, das es je gegeben hat? Was würde er denn sagen, daß diese Täter, von wenigen Ausnahmen abgesehen, letztlich nicht nur straffrei davongekommen sind, sondern ihre Karrieren in der Bundesrepublik auch unbeschadet fortsetzen konnten?

Was würde er denn sagen, daß die Fachleute des vielgepriesenen Wiederaufbaus zuvor auch die Fachleute der Zerstörung gewesen waren? Und daß die Elite des industriell-bürokratisch-militärischen Blocks nach 1945 bis hinein in die siebziger Jahre, mit Ausläufern bis heute, personell dieselbe war wie 1933 und 1945? Was würde Carl von Ossietzky denn dazu gesagt haben, daß die gesamte NS-Beamtenschaft, darunter auch ehemalige Angehörige des Vernichtungsapparates, über das 131er-Gesetz des Deutschen Bundestages nahezu geschlossen in die Verwaltung der Bundesrepublik übernommen worden ist? Dieser ganz gewöhnliche mausgraue NS-Berufsstand, der alle Tötungsparolen von oben in die Praxis des organisierten Serien-, Massen- und Völkermordes umsetzte?

Wie würde Carl von Ossietzky wohl darauf reagiert haben, daß von den Nazi-Richtern, die 32 000 Todesurteile gefällt hatten, nicht nur kein einziger je rechtskräftig verurteilt worden ist, sondern daß diese Massenmörder in der Robe auch weiterbeschäftigt wurden und allemal Pensionen bekamen und bekommen, die weit über dem Durchschnitt der Renten liegen, die den Opfern der nationalsozialistischen Verfolgung zugebilligt worden sind? Was würde er dazu sagen, daß der Kalte Krieg, und die damit verbundene neue deutsche Bündnisfähigkeit, die Funktionselite des Dritten Reiches, soweit sie überhaupt von den Alliierten angeklagt worden war, bis Mitte der fünfziger Jahre aus den Zuchthäusern herausgeschwemmt hatte, all diese Rüstungsindustriellen und Bankiers, Diplomaten, Juristen, Ärzte und Militärs, die – wenn sie gekonnt hätten – hinter Hitler bis ans Ende der Welt marschiert wären?

Und was würde er sagen, daß seither, seit 30 Jahren – seit 1958 – vor den Schranken der bundesdeutschen NS-Prozesse die untersten Glieder in der Kette des industriellen Serien-, Massen- und Völkermordes stehen, die »kleinen Angestellten« des Verwaltungsmassakers, die »Tötungsarbeiter« selbst, die nicht mehr sagen können, sie hätten von nichts gewußt, weil sie – wie Gustav Sorge – mit ihren eigenen Nagelstiefeln, ihren Knüppeln, ihren Pistolen gemordet haben? Ich habe vielen dieser NS-Prozesse vor bundesdeutschen Schwurgerichten beigewohnt, als Beobachter des ›Zentralrates der Juden in Deutschland‹, als Berichterstatter von Zeitungen und auch des Fernsehens. Sie standen und stehen völlig zu Recht vor Gericht. Nur jene, die ihren »Todesmühlen« das »Menschenmehl« zugeliefert haben, die Großen, die Schreibtischtäter, die Planer, die pflichtschuldigen Militärs, ohne die nichts gelaufen wäre, das dirigistische Element der Vernichtung, kurz, die Vorgesetzten dieser »Kleinen«, die Hierarchen des Verbrecherstaates, sie sind – wenn überhaupt je verurteilt – seit Jahrzehnten frei! Was würde Carl von Ossietzky dazu sagen, daß die Top-Mörder des Reichssicherheitshauptamtes, dieses Dachs des Vernichtungsapparates, nie zur Rechenschaft gezogen worden sind!? Die Täter sind davongekommen, und das, finde ich, ist eine gefährliche Wahrheit, weil sie andere Täter ermutigen könnte und sicher schon ermutigt hat. Es ist aber auch eine unerträgliche Wahrheit, weil sie unumkehrbar ist.

Was hätte Carl von Ossietzky zu alldem gesagt? Beantworten Sie sich diese Fragen selbst!

Während ich vorbereitend an dieser Rede arbeitete, dachte ich, da wirst du also am 28. April in Wiesbaden vor ihnen stehen, den Schülerinnen und Schülern der ›Carl-von-Ossietzky-Schule‹, wirst in ihre jungen Gesichter schauen und dich fragen: Was hast du ihnen gebracht, was hast du bis hierher anderes entworfen als ein Politszenario, das finster genug ist und das diese jungen Menschen von heute doch nur bedrücken und belasten kann. Sie, denen du dein Buch »Die zweite Schuld oder Von der Last, Deutscher zu sein« gewidmet hast, den de jure, de facto, politisch, moralisch, historisch schuldlos beladenen Enkeln und Enkelinnen. Mit welcher Berechtigung, mit welcher Legitimation sage ich Ihnen das alles im Rahmen dieser Eröffnungsfeier, wie rechtfertige ich meinen eigenen Standpunkt? Ich rechtfertige ihn damit, daß ich hier vor Ihnen nicht als jüdischer Racheengel auftauche oder als verlängerter Arm des strafenden Jehova, sondern vor Ihnen stehe als ein Betroffener, der sich sein ganzes Leben herumgeschlagen hat mit dieser Last, Deutscher zu sein, deutscher Jude oder jüdischer Deutscher und er sie nicht abwerfen kann und nicht abwerfen will: Versöhnungsbereit gegenüber jedem, der sich wirklich müht, auch gegenüber jedem ehemaligen Nazi, der das tut, aber absolut unversöhnlich gegenüber jeder Art von Unbelehrbarkeit und Unbetroffenheit. Ich rechtfertige meinen Standort und meine Kritik damit, daß ich meinem mir von den Nazis eingeimpften Fluchtinstinkt nicht nachgegeben, daß ich nicht Schluß gemacht, nicht entschieden habe, jene zwölf Jahre zwischen 1933 und 1945 und dann noch einmal die 40 Jahre der zweiten Schuld danach mit all ihren Unzumutbarkeiten und Schlimmerem für Überlebende der NS-Verfolgung, das sei nun genug, übergenug! Aber ich kann es nicht! Ich bin angenagelt an dieses Land, ans Deutsche, es fragt mich nicht, was ich möchte oder nicht, es hält mich fest, ohne jede Aussicht auf Änderung. Es hat mir meine Unlösbarkeit eingerichtet – wo immer ich auch hinginge, sie käme mir überall nach. In diesem Sinne fühle ich mich im Geiste Carl von Ossietzkys, orientiere ich mich an ihm, an seiner Biographie und an seiner Haltung.

Die Zeit vergeht, und sie vergeht schneller, als man es in der Jugend kennt. Nicht mehr lange, und die Generation der überlebenden Opfer, der Augen- und Tatzeugen wird ihr natürliches biologisches Ende gefunden haben. Nur noch ein Rest von ihnen dürfte das 21. Jahrhundert erleben. Aber heute noch sind wir da. Hier in der Bundesrepublik, einer Gesellschaft, die wissen soll und wissen muß, daß diese Augenzeugen nicht vergessen können, daß die Zeit in ihrem Fall nicht »heilt«, daß die Bilder des Schreckens nicht verblassen, die Träume immer plastischer, immer alptraumhafter werden.

Hier angekommen spüre ich, daß ich damit nicht schließen will, daß dem Gesagten, bei allem Gewicht, was es hat, doch etwas Torsohaftes anhaftete, wenn nicht noch eine Anfügung käme. Ist es denn etwa so, daß man nicht mehr lachen kann oder darf in diesem Lande, sich nicht mehr freuen? Müssen wir denn an nichts anderes denken als an das Grauen? Gibt es denn das Lichtere, das Unbeschwerte, das Fröhliche nicht? Aber selbstverständlich gibt es das! Wo bliebe denn das Leben in seiner uferlosen Vielfalt, seiner Dialektik von Glanz und Elend, der Unvermeidlichkeit seiner Gegensätze? Predige ich hier etwa Miesepeterei oder politisches Asketentum, Abstinenz von Freude, von Schwung, von Humor – ja Humor? Lassen Sie sich von meiner ernsten Miene nicht täuschen. Wenn es ein anderes Thema gewesen wäre, was mich hier zu Ihnen geführt hätte, so hätte ich sehr wohl den Beweis antreten können, daß es weder den Nazis noch der zweiten Schuld gelungen ist, diesen Humor in mir abzutöten.

Und wüßte ich etwa nicht, daß die Bundesrepublik tatsächlich der freieste Staat in der Geschichte der Deutschen ist, und dies ein schönes Land, in dem man leben kann? Natürlich weiß ich das, und natürlich ist es das. Aber sie ist auch so, wie ich sie geschildert habe, diese Bundesrepublik Deutschland. Sie hat einen Januskopf, ein Doppelantlitz, ein vorwärts- und ein rückwärtsgewandtes, und meine Hoffnungen sind bei Ihnen, daß Sie sich in dieser Auseinandersetzung, diesem Kampf auf die Seite derer stellen, die mit ihrem individuellen Anteil, ihrem persönlichen Molekül dazu beitragen wollen, dieses Land und damit auch diese Erde ein Stück bewohnbarer zu machen, als sie von Ihnen vorgefunden worden ist. Machen Sie Gebrauch von den Möglichkeiten, die Sie dabei hier haben. Ich weiß mich mit Carl von Ossietzky einig, wenn ich sage, von allen Staatsformen der bisherigen Menschheitsgeschichte sei die parlamentarische Demokratie ganz offensichtlich das kleinste Übel, weil in ihr, und bisher nur in ihr, die große Errungenschaft der bürgerlichen Revolutionen und ihrer Fortentwicklung – Menschenrechte, Freiheiten, Pluralismus – institutionalisiert sind. Schätzen Sie das nicht gering ein, gerade weil diese Errungenschaften auch bei uns ständig gefährdet sind. Unsere Demokratie ist keine Selbstverständlichkeit von 1949 an bis in alle Ewigkeit, sondern eine fortwährend bedrohte Kostbarkeit. Um sie zu erhalten, muß man etwas tun für diese Bundesrepublik. Sie, die Republik, ist ein hohes Gut, Ihr Kinder der Demokratie, in der Geschichte ist lange und immer wieder für sie gekämpft worden.

Was ich jenem rechtsextremistischen Unkraut, das da plötzlich aus dem Humus der konservativen Päppelung hervorschießt, am meisten übelnehme, ist, daß es sich ›Republikaner‹ nennt. Ich höre förmlich die Worte, ihren Schneid und ihren Biß, mit denen Carl von Ossietzky diesem Etikettenschwindel des Franz Schönhuber zu Leibe gerückt wäre. Der Chefredakteur der »Weltbühne«, dieser wirkliche Republikaner, dieser sanfte und unerbittliche, kränkelnde und unüberwindbare Mann, ist, seit ich so alt war wie Sie heute sind, in meinem Leben immer eine Art Kompaß gewesen – ein Idol!

Ich kann mir vorstellen, daß dagegen viele von Ihnen, als es an die Umbenennung Ihrer Schule ging, nicht wußten, wer dieser Mann war – so weit weg von seiner Zeit... Inzwischen haben Sie ein wenig mehr von ihm erfahren – und wissen: Nichts von dem, wogegen er kämpfte – gegen Gewalt, Intoleranz, Rassenhaß, Fremdenfeindlichkeit, Nationalismus –, nichts von dem ist bereits wirklich besiegt.

Ich wiederhole: Ich bin bewegt, daß Sie Ihrer Schule den Namen Carl von Ossietzky gaben. Es war mir eine Ehre, aus diesem Anlaß zu Ihnen sprechen zu dürfen. Ich danke Ihnen für diese Einladung.

Rassismus und Militarismus
im NS-Schulalltag

Aus »Erziehung zum Tod«, Kassel 1984

Vor mir liegt ein Gruppenfoto aus dem Jahre 1937 oder 1938, das Lehrerkollegium der Gelehrtenschule des Johanneums in Hamburg-Winterhude – auf diesem humanistischen Gymnasium habe ich von 1933 bis 1940 die Laufbahn vom Sextaner bis zum Obersekundaner absolviert.

Es sind einunddreißig Herren auf dem Foto, der Schulleiter eingeschlossen. Wenn ich sie mir einzeln, unter dem Gesichtspunkt »Rassismus und Militarismus im NS-Schulalltag« betrachte, dann verliert das Gremium sofort seine äußere Einheit und wird so heterogen, wie es sich nur denken läßt. Das ist die erste vorklärende Bemerkung. Die zweite: Das Hamburger Johanneum mit seiner langen liberalen Tradition und seiner sozialen Exklusivität von damals, dazu gelegen in einem weltoffenen Stadtstaat wie dieser Hafenmetropole an der Unterelbe, kann meines Erachtens für Schulverhältnisse in jenen Jahren nicht als exemplarisch angesehen werden, sondern bildete sicher nicht die einzige Ausnahme. Und dennoch haben sich dort sowohl Rassismus wie auch Militarismus bemerkbar gemacht, Erfahrungen, die ich aus eigener Sicht, und am eigenen Leibe verspürt, im folgenden behandeln will.

Uniformiert sind lediglich fünf der einunddreißig Herren, darunter der Turnlehrer, den ich als politisch harmlos in Erinnerung habe, sowie mein Griechischlehrer in Untertertia und Obertertia, von dem ich, der Sohn einer jüdischen Mutter, nie auch nur das geringste Zeichen von Antisemitismus empfing. Unter diesen Uniformierten aber ist auch jener höhere SA-Mann, Dr. Werner F., der die historische Ausgangsperson der »Speckrolle« in meiner Hamburger Familien-Saga, dem Verfolgten-Roman ›Die Bertinis‹, war – Nazi, Rassist, Militarist in einer Person.

Ich zähle ferner neunzehn Herren ohne Uniform, aber mit der Plakette der NSDAP, also Mitglieder der Nationalsozialistischen Deutschen Arbeiterpartei. Darunter sind solche, die mir als erklärte Antifaschisten in achtungsvoller Erinnerung geblieben sind, neben anderen, die sich selbst nur zu gern als stramme Hitler-Anhänger auswiesen, sooft es dazu Gelegenheit gab. Nur sieben Herren also stehen da ohne die Insignien der Hakenkreuzmacht, darunter zwei allgemein als notorisch nichtnazistische Lehrer bekannt, während andere in diesem Punkt nichtssagend geblieben sind oder in das braune Horn getutet haben.

Ein Lehrer fehlt auf diesem Foto des Jahres 1937 oder 1938: Dr. Ernst Fritz, mein Klassenlehrer von Sexta bis Quarta. Er wäre es wohl auch länger geblieben, wenn er nicht 1936 wegen staatsfeindlicher Äußerungen verhaftet und zu einer Haftstrafe verurteilt worden wäre, natürlich ohne jede Möglichkeit, nach der Entlassung wieder in den Schuldienst aufgenommen zu werden. Pikanterweise waren die Informanten Schüler unserer Klasse selbst, und zwar gar nicht wenige. Sie behielten über Monate oder gar Jahre während der Stunde im Kopfe, was der aufrechte Antifaschist mehr oder weniger verklausuliert und dennoch eindeutig an Regime-feindlichem von sich gab, hinterbrachten es den Eltern, die es ihrerseits wieder an die Geheime Staatspolizei weiterleiteten. Wir anderen, etwa die Hälfte der Klasse, haben nie etwas von diesem Treiben bemerkt – bis die Verhaftung Dr. Ernst Fritz' uns die Augen öffnete. So konspirativ wirkte die ideologische Erziehung auf die damals Zwölf- und Dreizehnjährigen ein, daß der Blitz den regimekritischen Teil der Klasse wie aus heiterem Himmel traf – die anderen, regimetreuen hatten dichtgehalten... Dies ist vielleicht der unheimlichste Aspekt in dieser todtraurigen Zerstörung einer Existenz, die die Initialzündung zu meinem eigenen Antifaschismus, zu meiner Nazigegnerschaft gelegt hat.

Dr. Ernst Fritz blieb ein gebrochener Mann. Ich werde diesen deutschen Lehrer ehren, solange ich lebe.

Beginnen wir mit dem Rassismus.

1933 gab es auf dem Johanneum einen beträchtlichen Teil von Schülern, die nach der Rassenarithmetik der Nazis plötzlich zu »Nichtariern« erklärt wurden, und zwar sowohl als »Volljuden« wie auch als »jüdische Mischlinge ersten Grades«, worunter ich fiel, weil ich eine jüdische Mutter, aber einen »arischen« Vater hatte. »Volljude« war, wessen Vater und Mutter jüdischer Herkunft waren. Es gab übrigens auch noch »jüdische Mischlinge zweiten Grades«, das heißt solche, bei denen ein Großelternteil jüdisch war, sogenannte »Vierteljuden«, die zwar auch unter die Rassengesetze fielen, aber die ihnen eigentlich zugedachte Behandlung einfach deshalb nicht erfuhren, weil dem Dritten Reich dazu nicht genügend Zeit übrigblieb.

Bis Kriegsausbruch hatte ein erheblicher Teil vor allem der »Volljuden« das Johanneum verlassen, aber auch eine gewisse Anzahl von »jüdischen Mischlingen ersten Grades«, auch »Halbjuden« genannt.

Ich habe auf dem Johanneum Antisemitismus – wenn wir diesen Begriff einmal in unserm Zusammenhang als Synonym für Rassismus nehmen – von mehreren Seiten erfahren, zum Beispiel von dem auf dem Gruppenfoto uniformierten Rechenlehrer L.: durch heftige persönlich-verbale Angriffe auf mich unter disziplinären Vorwänden; von dem Schulleiter Dr. P., der kaum eine direkte Begegnung in der Anstalt oder auf dem Schulhof ausließ, ohne hämische und herabsetzende Bemerkungen mir gegenüber zu machen; und ich habe Antisemitismus erfahren durch den Akademiker, der dies alles zu einem bloßen Vorspiel degradierte, Dr. Werner F., auf dem Foto der Uniformierte ganz rechts, SA-Führer mit Koppel, Hakenkreuzarmbinde und Schulterriemen, lange vor 1933 schon Mitglied dieser Schlägertruppe. Ich will es kurz machen: Dr. Werner F. hat mich so ausgeklügelt infernalisch gequält, daß ich mir im Herbst 1938 keinen anderen Ausweg wußte, als den Freitod zu wählen. Ich war damals fünfzehn. Nur einem unvorhergesehenen Umstand war es zu verdanken, daß der todernst unternommene Versuch nicht zur vollen Ausführung kam. Aber die Erinnerungen an die Jahre 1938, 1939, 1940 – so lange hatte ich noch mit

der »Speckrolle« zu tun – werden mich nie verlassen. Mir ist in dieser Inkarnation kein Antisemit, kein Rassist je wieder begegnet. Auch suche ich unter den anderen Herren des Gruppenfotos nach wenigstens von fern vergleichbaren Charakteren – ohne fündig zu werden. Gewiß, da war der für den VDA (Verein »Volksbund für das Deutschtum im Ausland«) emsig agierende Dr. H., durchaus Nazi, sogar mit schmißgezeichnetem Gesicht (wie das von Dr. Werner F. übrigens auch); gewiß, da war der damals noch jugendliche Dr. W., von den regimefeindlichen Schülern und Lehrern durchaus als ernstzunehmender Nazi eingestuft; und da war der nicht gerade durch Judenfreundlichkeit sich auszeichnende Prof. St., der seine Ressentiments eher heimlich, sozusagen hinterrücks, abprotzte – aber keinen von den dreien würde ich in eine Reihe stellen mit Dr. Werner F., der sich bei Latein- oder Griechisch-Extemporale in Obersekunda seine braune SA-Uniform anzog und während der Stunde wie von ungefähr und zufällig neben mir verweilte – lange verweilte und ich nicht die Feder aufs Papier setzen konnte, so zitterten mir die Hände, und die Arbeit also schlecht schrieb, wenn ich überhaupt imstande war, zu schreiben...
Nein, die anderen dreißig Herren waren nicht lauter »Speckrollen«. Aber dieser eine Lehrer genügte, um dem Sohn einer jüdischen Mutter zwischen dem fünfzehnten und siebzehnten Lebensjahr einige der furchtbarsten Erlebnisse seines Daseins zu bescheren.
Rassismus, Antisemitismus im NS-Schulalltag.

Militarismus im NS-Schulalltag.
Auch hier stellt das Gruppenfoto kein Unisono dar, auch keine kollektive Personalunion von Parteigenosse ist gleich Militarist oder Uniformträger ist gleich Militarist (wenn der Begriff Militarismus hier einmal ohne große Sophistik und fachidiotische Definitionswut stehen soll für: Verherrlichung des Soldatischen, des Krieges als Naturgesetz, der selbstverständlichen Unterordnung unter das Militärische; Verachtung des Zivilen, Superioritätsempfinden gegenüber Nichtuniformierten also, und schließlich Abstinenz gegenüber jeder Politik und ihrem System, die nicht ebenfalls militaristisch sind).

Aber ebenso wahr wiederum ist, daß es individuelle, wenn schon keine kollektive, Übereinstimmung zwischen Parteimitgliedschaft und militaristischem Gehabe gab, selbstredend bei Dr. Werner F., der sich nach der Annexion Österreichs im Jahre 1938 im sogenannten Innenhof des Johanneums auf die oberste Treppenstufe des Haupteingangs stellte und mit ekstatisch brechender Stimme schrie: »Niemand ist der deutschen Wehrmacht gewachsen, keiner kommt gegen unsere Waffen an – Großdeutschland Sieg heil!«

Wahr ist ferner aber auch, daß ich unter den einunddreißig Herren individuelle Personalunionen von Antimilitarismus und Antifaschismus entdecke, so zum Beispiel der großartige liebenswerte und erheblich sächselnde Deutschlehrer Dr. V. sowie sein und unser Freund Dr. K., einer der unerschrockensten und zugleich geschicktesten Nazigegner, die mir je begegnet sind.

Und doch ist mit dieser Gegenüberstellung – und etwa der Feststellung, dazwischen sei alles mehr oder weniger indifferent – die Realität unserer Frage nicht wirklich getroffen. Sie ist komplizierter, weniger vordergründig, als zu vermuten.

Dafür möchte ich drei Erlebnisse aus meiner Erinnerung zusteuern.

Eines Tages, in Quinta oder Quarta, also 1934 oder 1935, rückte der Rechenlehrer L., SA-Mann unterer Charge und übrigens der einzige Nichtakademiker des Lehrergremiums, mit folgendem Plan heraus: er wolle etliche Kleinkaliber-Gewehre erstehen, um uns »das Schießen beizubringen«. Was auch geschah. Finanziert wurden die teuren Gewehre und die Munition durch die Schüler selbst: bei jeder Übung hatten sie ein bestimmtes Entgelt zu entrichten, mit dem sowohl die Gewehre abgezahlt als auch die laufenden Kosten an Munition und Schießscheiben beglichen wurden. Da an dieser vormilitärischen Ausbildung viele Klassen, also Hunderte von Schülern, beteiligt waren, handelte es sich für den einzelnen nicht um große Summen. Natürlich war nicht gefragt worden, ob einer mitmachen wolle oder nicht – die Bereitschaft wurde als selbstverständlich vorausgesetzt, und dies entsprach dem herrschenden Zeitgeist. Und darin war Militaristisches enthalten.

Dazu einige Bemerkungen. Es handelte sich um eine Zeit, für die jene kritische Haltung gegenüber Militärischem, wie sie in unserer Gegenwart aus begreiflichen Gründen sehr ausgeprägt ist, nicht kennzeichnend war. Die geschichtlichen Erfahrungen des Ersten Weltkriegs hatten nicht ausgereicht, um den Nimbus von Soldaten, Armee und Waffen zu zerstören, und die Ereignisse, die historisch dokumentieren werden, zu welchen nationalen Katastrophen die unheilige Allianz von Nazismus und Militarismus fähig wäre, lagen noch in der Zukunft. Aufrüstung wurde großgeschrieben, das »Unrecht von Versailles« beschrien – ich erinnere mich an eine eigentlich unkritische, unreflektierte Grundhaltung des größeren Teils der damaligen, von ihrem Lebensalter her für das politische Geschehen mitverantwortlichen Generationen gegenüber dem Militärischen, orte eine weit größere Nähe zum Militärischen als eine allgemeine Empfindung, Teil des Lebensgefühls, als es heute der Fall ist. Und zwar ganz gewiß angefeuert durch die Nazipropaganda, in den Wurzeln aber doch viel weiter zurückreichend in die deutsche Vergangenheit als das Jahr 1933.

Diese Art von Konsensus, ein oft latentes, wohl auch unbewußt militaristisch geprägtes Denken, war es vor allem, das dem Plan des schieß- und ausbildungswütigen Rechenlehrers L. seine reibungslose Verwirklichung bescherte. Und bei dieser Ansicht bleibe ich auch dann, wenn mir entgegnet würde, daß Jungen in diesem Alter ohne allen Hintersinn und zu allen Zeiten gern die Möglichkeit zu Schuß und Knallerei wahrgenommen hätten. Wenn das so ist – in der NS-Ära, und präpariert durch manche voraufgegangene Militärpädagogik, hatte die Bereitschaft dazu ihre spezifischen Merkmale.

Der zweite Fall ereignete sich im Herbst 1939, also nicht lange nach dem Kriegsausbruch vom 1. September, und diesmal waren die handelnden Personen nicht Lehrer, sondern Schüler.

Zu unserer nicht geringen Gaudi wurden wir Obersekundaner zum Kartoffelbuddeln in die Lüneburger Heide geschickt, zu Bauern, auf deren Höfe wir uns einquartiert fanden, um bei der Ernte der nahrhaften Erdknollen mitzuhelfen. Und dabei geschah etwas, was keiner vorausgesehen hatte: Hitlerjugend-Führer aus der

Klasse, drei oder vier, begannen, ihre Mitschüler zu malträtieren, anzubrüllen, zu stoßen und in den Hintern zu treten. Dabei war keinerlei Order von oben dazu gegeben worden, war keineswegs eine Scheidung in Befehlshaber und Untergebene kraft höherer Anordnung erfolgt oder solche Teilung von sonst irgendwoher verlangt.

Und nun kam es zu völlig veränderten Beziehungen als den bisherigen, ja zu grotesken Umkehrungen! Die »Geistesgrößen« der Klasse, gewöhnlich also die Ranghöchsten, sahen sich schwächlich zusammengestaucht, getreten und gedemütigt, während es sich bei den wildgewordenen HJ-Führern eher um die Inhaber mittlerer oder unterer Zeugnisplätze handelte. Besonders tat sich einer hervor, dessen körperliche Übergröße in schreiendem Gegensatz zu seinem Einfluß und dem Grad der Anerkennung bei den anderen stand – den hatte bisher keiner für wirklich voll genommen! Und schon gar nicht diejenigen, die nun unerwartet seine bevorzugten Opfer wurden.

Nun würden wir es uns zu leicht machen, diese plötzlich aufgetretene Gewalttätigkeit als eine Abreaktion von Minderwertigkeitsgefühlen durch schlechtere Schüler an besseren hinzustellen – oder wenn das eine Rolle spielte, dann war es jedenfalls nicht die entscheidende und tiefste.

Tatsächlich war etwas viel Grauenhafteres, Hintergründigeres geschehen: ein bisher ziviles, ein privates Verhältnis war urplötzlich in ein militärisches umgewandelt worden – da sollte strammgestanden werden, Meldung erstattet, Gehorsam geleistet. Da wurde Unterordnung verlangt, Befehlsausführung, Zwanganerkennung. Dies war nicht die Stunde geheim gehegter und lang geplanter Abrechnung schulischer Inferiorität gegenüber Begabteren (denn auch die Unbegabtesten wurden getreten); die plötzliche Veränderung, mit Anwendung körperlicher Gewalt und seelischem Terror, ergab sich vielmehr aus einer inneren Haltung, die durch bestimmte Umstände freigemacht wurde – durch die Aufhebungsmöglichkeit der bisherigen Beziehungen in einem gewohnten und in seinen Regeln anerkannten Rahmen. Nun aber waren der Ort gewechselt, die Regeln außer Kraft. Und schon wurden aus vertrauten Klassengefährten von einer auf die andere Minute Vorgesetzte, Offiziere, Befehlshaber.

Lange dauerte das nicht an, da diese Anmaßung auf die geschlossene Abwehr nicht nur der direkt Betroffenen, sondern aller stieß. Aber es hatte sich ereignet, und während der wenigen Monate, die ich noch auf dem Johanneum sein konnte, stellte ich fest, daß diese unheimliche Erfahrung nicht getilgt werden konnte. Da war ein Bruch, ein deutlicher Einschnitt, und jeder spürte es.

Eine eingebleute, aber nichtsdestominder vehement aktive militaristische Haltung brauchte nur eine nächste passende Gelegenheit, sich zu entblößen – und tat es dann auch.

Von den drei Fällen, die ich hier nach ihrem chronologischen Ablauf anordne, scheint mir dieser zweite der bezeichnendste zu sein, weil er nicht nur die äußere Erscheinungsform militaristischen Denkens mitteilt, sondern das Wesen dahinter aufdeckt, das heißt, eine Pädagogik zum Militarismus, zu militaristischem Denken.

Der dritte Fall, obschon als Realität der entsetzlichste, ist sozusagen die logische Konsequenz dieses Denkens unter abermals veränderten Umständen.

Es ereignete sich Anfang 1940.

Lateinlehrer Dr. C. – ich sehe ihn auf dem Gruppenfoto unter den Parteigenossen – hatte den Überfall auf Polen im September 1939 mitgemacht, war dann aber bald aufs Johanneum zurückgekehrt.

Nun ließ er uns eines Tages wissen, wie er dort im Osten aufgeräumt hatte, ob mit Kombattanten oder mit Nichtkombattanten ist in diesem Falle nicht das wesentliche, da es nach seinen Schilderungen keinen Zweifel geben konnte, daß die Opfer keine Möglichkeit zu Gegenwehr hatten: »Wir hielten mit unseren Maschinenpistolen drauf – und da sind die Pollacken gepurzelt wie die Hasen...«

Es sind jetzt über vierzig Jahre her seit damals, aber ich habe diesen Satz immer noch im Ohr, ich kann ihn nicht vergessen. Das also sagte an einem humanistischen Gymnasium, vor Sechzehnjährigen, der Lateinlehrer und Parteigenosse C. Ich erinnere mich an keinerlei Folgen oder Diskussionen unter uns. Ein heutiger Schüler mag sich überlegen, welche Reaktion solch mörderischer Zynismus nach sich zöge, würde er laut in der Schule geäußert.

Der Zeitgeist war damals ein völlig anderer, und ein Teil von ihm war militaristisch. Im Fall zwei hatte es sich um Tritte, Schläge, Befehlsanmaßung gehandelt gegenüber langjährigen Bekannten, die mit Hemmschwellen rechnen konnten. Bei den wehrlosen Opfern des Lateinlehrers C. und seiner mechanischen Mehrschußwaffe handelte es sich nicht mehr um Mitschüler, sondern kriminelle Feinde, »Pollacken«, minderwertiges Kroppzeug, das Pulver nicht wert, mit dem man es umbrachte.

Militarismus erschöpft sich keineswegs in solcher pervertierten Mentalität – immer aber lebt in ihr Rassismus und Militarismus.

Ich könnte der Vater, ja der Großvater heutiger Schüler sein. Ich weiß, daß auch sie Probleme haben, Sorgen, eine ungewisse Zukunft vor sich. Ich, mit meinen Vergleichsmöglichkeiten von damals und heute, preise sie dennoch glücklich. So relativ ist das. Den Hut aber ziehe ich als Älterer vor jenen von ihnen, die sich mit Rassismus und Militarismus auseinandersetzen wollen, um diese Übel zu bekämpfen.

Sie sind *die* Jugend, die ich mir immer gewünscht habe.

Ich bin geblieben – warum?

Rede anläßlich der Verleihung des Hans-Fallada-Preises 1988 der Stadt Neumünster

In meiner Hamburger Familien-Saga »Die Bertinis« gibt es eine Szene aus dem Jahre 1936, während der Olympiade zu Berlin. Die Barmbeker Jungenschar, zu der auch Roman Bertini zählt, ergeht sich voller Nachahmungsdynamik in allerlei leichtathletischen Wettkämpfen, in Weit-, Hoch- und Dreisprung, in Laufdisziplinen längerer und kürzerer Distanz, dies in der Sandkiste am Ende der eigentlichen, der echten Lindenallee. Es sind Zehn- bis Dreizehnjährige, die sich da so sportlich-wüst tummeln, eine Gemeinschaft, die sich von Kindesbeinen an kennt. Im Buch, wörtlich:

»Und dann geschah es, zwischen zwei Wettkämpfen, in einer verschwitzten, atemlosen Pause – Heinzelmann Scholz schlug den Zeigefinger seiner rechten Hand gegen Romans Nase und schrie: ›Judennees! Judennees!‹

Und als die atemlose Stille blieb, als alles Leben, alle Bewegung ringsum zu erstarren schien, als die Schar in hilflosem Grinsen verharrte, statt den Schmäher zu packen und im Sand zu ersticken, da schrie Roman Bertini furchtbar auf, war mit einem Satz hoch und lief, von Cesar plattfüßig verfolgt, wie gepeitscht davon. Er lief die Lindenallee hinunter, hin zu Lea, seiner Mutter, und wimmerte und wimmerte erbärmlich in ihrem Schoße.« – Soweit im Buch.

Von dieser Sekunde, diesem »Judennees, Judennees«, gibt es keine Erholung, von dieser Wunde, noch in der Kindheit zugefügt, keine Schmerzfreiheit während eines noch so langen Lebens. Der Autor der »Bertinis« weiß, wovon er spricht. Es gibt eine biographische Wirklichkeit, und die des Buches – »Die Bertinis« sind keine bloße Ablichtung der Realität, sondern eine über vierzig Jahre in einem langen und qualvollen künstlerischen Prozeß selbständig gewordene zweite Wirklichkeit. Aber ebenso wahr ist, daß ich dieses Buch ohne die eigenen Erlebnisse nie hätte schreiben können, denn keine dichterische Phantasie vermag sich auszumalen, was damals Menschen geschah, deren Verbrechen darin bestand, daß sie da waren auf der Welt, in ihrer biologischen Existenz – als »Rassen-unreine«...

Der Katalog der Wunden und der Versehrungen – ich spreche jetzt von der biographischen Wirklichkeit – ist lang geworden seit jener Sommerstunde des Jahres 1936 bis zum 4. Mai 1945, dem Tag der Befreiung – ein für mich immer noch unfaßbares Datum, über das mein Erstaunen und meine Dankbarkeit unverbraucht sind und bleiben werden, solange ich lebe.

Bis zu diesem Frühlingstag vor nunmehr fast 44 Jahren war es selbstverständlich, eine Art inneren Gesetzes, daß ich im Falle der Befreiung Deutschland verlassen würde – ohne Wenn und Aber, ohne Zweifel, eine herrschende Idee.

Ich bin geblieben – warum? Gedanken über Zugehörigkeit...

Das aber sind Gedanken über die *doppelte* Bürde der überlebenden Verfolgten von einst. Wieso *doppelt*?

Mag überall sonst Zeit heilen, mag sie Bedrückendes gnädig unscharf machen, mildern, besänftigen, von Schrecklichem distanzieren – auf die Erinnerungen an die Jahre 1933 bis 1945 trifft das nach meinen Erfahrungen nicht zu. Im Gegenteil, die Bilder werden immer plastischer, die Träume immer gestochener, die Erinnerungsfähigkeit stärker und stärker. Wahr ist, daß das Dasein der Überlebenden in den Äonen, die seit der Befreiung vergangen sind, immer näher herangerückt ist an die Toten, daß die Ermordeten, die Gaswagen, die Gaskammer, der Exekutionsgräben immer fotografischer werden vor dem inneren Auge. Je größer die Kenntnis wird von der Bürokratie des Verwaltungsmassakers, vom Staatsverbrechen des industriellen Serien-, Massen- und Völkermords, desto deutlicher werden die Etappen, in denen er an den Opfern vollzogen wurde. Die Energien, die aufgewendet werden müssen, um diese Bürde zu ertragen, werden immer angestrengter. Was wird in fünf, was in zehn Jahren sein? Für manchen ist die Bürde, nachträglich, tödlich geworden. Jean Améry, und viele andere Überlebende, haben die Antwort auf diese Frage in der Zukunft nicht abgewartet, sondern sie in der Gegenwart gegeben, durch ihren Freitod: das Eingeständnis, von der Bürde überwältigt worden zu sein. Kein fröhliches Sonntagsmorgen-Thema dies, aber wir sollten wissen, womit wir es zu tun haben.

Dabei habe ich bisher nur von der *einen* Hälfte der Bürde gesprochen, die die Überlebenden zu tragen haben. Es gibt noch eine zweite – und man sollte nicht die Frage umgehen, ob Jean Améry vielleicht doch am Leben geblieben wäre, wenn sie, diese andere, zweite, doppelte Bürde, vermieden worden wäre. Welche?

Wir stehen vor einem wahren Leichen-Himalaja, für den Täter jedoch angeblich nicht haftbar gemacht werden konnten. Ich finde, das ist eine gefährliche Wahrheit, weil sie die Täter von morgen ermutigen könnte. Es ist aber auch eine unerträgliche Wahrheit, weil sie unumkehrbar ist – der »große Friede« mit den Tätern, ihre nahezu geschlossene Ent-Strafung, sie sind Geschichte.

Dies ist die doppelte Bürde, mit der die überlebenden Rasseverfolgten, die Nazi-Gegner und Widerstandskämpfer von einst leben müssen, dabei seit mehr als 40 Jahren konfrontiert mit der Unbelehrbarkeit nur allzu vieler, und von der Erfahrung geprägt, daß der staatlich institutionalisierte Nationalsozialismus, also Hitlerdeutschland, nicht nur eine lange Vorgeschichte, sondern auch eine an Zähigkeit und Hartnäckigkeit nicht zu überbietende Nachgeschichte hat.

Wo ist, angesichts all dessen, was hier verkürzt und auszugsweise zitiert wurde, mein Platz? Und nicht nur meiner – denn ich spreche keineswegs nur von mir. Alle Fragen, die sich stellen, treffen auch auf andere Überlebende zu, des jüdischen und des *nichtjüdischen* Holocaust. Denn diesen, meine Damen und Herren, den nichtjüdischen Holocaust, gibt es auch, obwohl er immer noch bezeichnenderweise ein weißer Fleck im Bewußtsein der bundesdeutschen Öffentlichkeit ist. Ich als Jude sage: der jüdische Holocaust droht bei uns zu einem Alibi zu verkommen, um die Gesamtopferziffer des NS-Vernichtungsapparates zu halbieren – der hat nämlich auch Millionen von Nichtjuden umgebracht, überall im deutschbesetzten Europa, besonders aber bei dem nur durch die Kriegsläufte verhinderten Versuch, Osteuropa »slawenfrei« zu machen, durch den Überfall auf die Sowjetunion, diesen »größten Raum- und Vernichtungsfeldzug der Weltgeschichte«, wie ihn nicht der heutige, wohl aber der frühere Ernst Nolte, Auslöser des Historiker-Streits, vor fünfzehn Jahren genannt hat...

Wo ist, angesichts all dessen, mein Platz? Es muß doch ein Gegengewicht zu dieser doppelten Bürde geben, es muß doch dergleichen vorhanden sein, da ich hier vor Ihnen stehe, nicht gegangen, nicht ausgewandert bin? Es muß doch etwas sein, was mich hielt, hält und halten wird. Ist es – Zugehörigkeit?

Ich kann dieses Wort nicht laut aussprechen, ich muß es vorsichtig nennen, behutsam behandeln, weil es immer noch zerbrechlich ist – und dennoch gibt es keine andere Hilfe, keine andere Hoffnung, von der doppelten Bürde nicht überwältigt zu werden, als sie – als Zugehörigkeit.

Ich werde oft gefragt: Wie halten Sie das eigentlich aus? Wieso sind Sie in Deutschland geblieben? Warum haben Sie den Staub dieses Landes nicht schon vor langer Zeit abgeschüttelt, da sich früh zeigte, daß dies die Gesellschaft der »zweiten Schuld« werden würde?

Ich versuche hier, abermals, die Antwort zu geben: ich bin geblieben, weil es sich erwiesen hat, daß die Bindungen an dieses Land stärker gewesen sein müssen als die Schäden, die es in mir angerichtet hat – und es müssen starke Bindungen sein, denn die Schäden sind nachhaltig, ja unverwindbar. Ich bin geblieben, weil sich nach der Befreiung sehr schnell herausstellte, daß der Nationalsozialismus zwar militärisch, nicht aber ideologisch geschlagen war, daß er weiterlebte in den Köpfen, und dies um so schlimmer – oft genug unbewußt. Ich bin geblieben, weil ich mir wie ein Deserteur vorgekommen wäre, wenn ich – nach jener Erkenntnis – gegangen wäre.

Ich bin geblieben, weil die deutsche Sprache meine Muttersprache ist, das wunderbare, unvergleichliche Instrument des Schriftstellers, diese deutsche Sprache, die auch in der Heimatlosigkeit der Nazizeit meine Heimat geblieben ist, ein lebendes Wesen, mit dem es niemals, niemals Dissonanzen gegeben hat. Die Idee zu den »Bertinis«, also Selbsterlebtes romanhaft zu gestalten, hatte ich schon im Januar 1942, fast dreieinhalb Jahre vor der Befreiung, und natürlich ohne jede Gewißheit, ob meine Familie und ich sie erleben würden. Doch schon damals, unabhängig von dem Emigrationsschwur in der Lichtlosigkeit der Verfolgung, war ich sicher, daß ich das Buch nur in deutscher Sprache schreiben würde und könnte, wohin auch immer ich verschlagen würde – unmöglich, in einer anderen Sprache zu schreiben, unmöglich, in einer anderen Sprache zu denken.

Ich bin geblieben, weil ich mich unlösbar verbunden fühle mit Hamburg, meiner Vaterstadt, dem Gehäuse für das zentrale literarische Projekt meines Lebens, »Die Bertinis«, die von Egon Monk eindrucksstark verfilmt worden sind.

Und ich bin geblieben, weil es Bundesgenossen gibt – und gab. Weil es Menschen gab, die in der Nazizeit bereit waren, ihr Leben für die Meinen und mich zu opfern, die das Risiko des Todes eingingen – für uns: Ehre ihnen und allen, die so gehandelt haben. Ich bin geblieben, weil ich immer wieder und überall auf Menschen gestoßen bin, die mich als ihren Bundesgenossen akzeptieren und als deren Bundesgenosse ich mich fühle. Ich habe spät zu ihnen gefunden, weil ich spät nach ihnen gesucht habe. Das große Anti, die Verschreckung, die endlose Isolation der zwölf Nazijahre – sie haben lange angedauert *nach* der Befreiung. Ich habe mich gewehrt gegen die Erkenntnis, daß es überhaupt *deutsche* Bundesgenossen geben kann – zu lange in diesem fürchterlichen Wettlauf zwischen Endlösung und Endsieg der Gegner Hitlerdeutschlands haben die Meinen und ich uns als ein Teil unserer Befreier, der Alliierten, empfunden. Es ist ein zäher Kampf über Jahrzehnte gewesen, dieses Ringen um Zugehörigkeit – aber nun gibt es in mir so etwas wie sie. Nicht selbstverständlich wie bei anderen, deren Zugehörigkeit nie angezweifelt worden ist, nicht so wie bei jenen, für die es nie ein Problem wurde, weil sie nie ausgegrenzt worden sind. Meine Zugehörigkeit bleibt bedroht von Ängsten – von Ängsten, deren Ursprünge weit zurückreichen, bis in jene frühen Jahre, denen meine eingangs zitierte Passage aus den »Bertinis« entsprang. Angst vor Freundschafts-, Angst vor Liebesverlust. Und dies auch noch in einem Lebensstadium, in dem ich souverän bestimmen kann, wessen Freund ich bin und wer mein Freund ist. Die alten Wunden wollen und werden nicht vernarben.

Solche Art von Zugehörigkeit ist es – aber es sei doch auch wieder gesagt, daß sie nicht aus Zucker ist und erprobt in manchen politischen Gewittern, trotz allem nicht leicht zu zerstören und widerstandsfähiger, als manchem zeitgenössischen Widersacher lieb ist. Und die gibt es ja, diese Widersacher, zuhauf, und mit meinem Buch »Die zweite Schuld oder Von der Last, Deutscher zu sein« habe ich sie auf die Hörner genommen, all diese Gegenradikalisten der konservativen Reaktion, all diese Zwangsdemokraten mit ihrem bundesdeutschen Sehnsuchtsverschnitt nach dem »starken Mann«, all diese autoritär geprägten Hüter von law and order, die selbst den Kampf gegen den Terrorismus nur als Vorwand nehmen, um ihre eigenen Vorstellungen von »mehr Staat«, »mehr Polizei«, rigoroseren Gesetzen, Strafverschärfungen gegen Demonstranten und eine handhabbarere Justiz durchzusetzen – die sind ja auch da, und die soll ich allein wirtschaften lassen?

Freund und Feind haben bewirkt, daß ich geblieben bin in diesem Land und daß ich bleiben werde. Nicht als jüdischer Racheengel oder als verlängerter Arm des strafenden Jehova, sondern als einer, der sich sein ganzes Leben herumgeschlagen und herumgeplagt hat mit dieser Last, Deutscher zu sein – deutscher Jude oder jüdischer Deutscher –, und der sie nicht abwerfen kann und nicht abwerfen will, versöhnungsbereit gegenüber jedem, der sich wirklich müht – auch gegenüber jedem ehemaligen Nazi, der das tut –, aber absolut unversöhnlich gegenüber jeder Art von Unbelehrbarkeit und Unbetroffenheit.

In seiner großen Rede im Berliner Reichtagsgebäude am 10. November 1987 sagte der jüdisch-amerikanische Friedens-Nobelpreisträger Eli Wiesel unter dem Motto »Erinnern führt uns zusammen«:

> »Oh, die Kinder, die Kinder! Die aus Lidice und aus Oradour und die jüdischen, eine Million, die den Mördern ausgeliefert wurden – oh, sie werden uns auf immer quälen mit ihrem wort-

losen Flehen um einen Funken Trost und Güte. Sagen Sie mir, wie viele von ihnen hätten Helfer der Menschheit werden können? Sagen Sie mir, wie viele hätten ein Heilmittel gegen Krebs oder Aids oder den Hunger entdecken können? Durch den Mord an ihnen straften die Mörder sich auch selbst. Zugleich aber die ganze Welt. Jahrhunderte werden vergehen, ehe die Menschheit von diesen Wunden genesen ist.«

Was mich hält in diesem Land, ist: Auschwitz und alles, was der Name symbolisiert und materialisiert.

Und nun zum Schluß dieser Rede: In einem Brief an Dr. Martin Sadek, der mir seinen Begleittext zur Ausstellung »Bauern, Bonzen und Bomben – Realität und Roman« geschickt hatte, schrieb ich: »Welch ein tapferes Leben!«, und meinte damit das des Rudolf Ditzen, der sich Hans Fallada nannte, lange hier in Neumünster lebte, in die deutsche Literaturgeschichte eingegangen ist und so lange gelesen werden wird, wie Leser ehrliche und tiefe Schriftsteller schätzen werden. Ganz unvergeßlich für mich die erste literarische Begegnung mit ihm durch das Buch »Jeder stirbt für sich allein«, dem sich dann, neugierig und beschenkt, die Lektüre seiner anderen Bücher anschloß. Es ist mir eine hohe Ehre, über diesen Preis mit dem Namen Hans Fallada verknüpft zu werden, eine hohe Ehre, diesen Preis empfangen zu haben.

Ich kann meine Gefühle nicht genauer und nicht inniger beschreiben als mit dem Bekenntnis, daß Sie mich glücklich gemacht haben. Glücklich bei aller Schwärze, die meinen Lebensweg begleitet hat – und weiter begleiten wird; glücklich bei all dem Unduldbaren, das ihn säumte – und weiter säumen wird; glücklich in dieser Stunde trotz all den Erinnerungen, die ich hier vor Ihnen beschwören mußte, wollte ich Ihnen und mir gegenüber ehrlich bleiben – und um Ihnen verständlich zu machen, wie schwer erkämpft und erlitten meine Zugehörigkeit ist.

Es gibt kein Leben ohne sie. Besonders, wenn Anfeindungen zum Alltag gehören, jedenfalls bei denen, die als publizistische Multiplikatoren gegen einen immer noch mächtigen Zeitgeist wirken: Androhung von Gewalt und Totschlag, die spezifische Perversion anonymer Rufmordversuche, Briefe von einem geradezu infernalischen Haß, dem Haß der Antisemiten, der Rassisten, der Menschenfeinde. All das ist in das Dasein eingebaut wie etwas Selbstverständliches und Unausweichliches, so daß man durch die lange Gewöhnung wohl den Blick verliert dafür, sich eigentlich in einer permanenten Ausnahmesituation zu befinden.

Da wird Zugehörigkeit überlebenswichtig. Noch einmal: ich weiß kein anderes Gegengewicht als sie zu jener doppelten Bürde, von der ich gesprochen habe – keine andere Hilfe und keine andere Hoffnung.

Ich begehe diese Stunde im Gedenken an meine geliebte, 1984 verstorbene Frau, Helga Giordano – an meine unvergessenen, 1979 und 1972 verstorbenen Eltern, Lilly und Alfons Giordano – an meinen älteren, 1983 verstorbenen Bruder Egon. Ich begrüße meinen jüngeren Bruder Rocco hier unter uns und seine Frau Rita. Und ich denke an unsere Schwester Gabriela Giordano, die hier nicht sein kann, weil sie nicht verstünde, was vor sich geht, ein geistig behindertes Kind, ein letztes Opfer der gleichen Täter.

Ich stehe hier, bewegt und ganz unfähig, das zu verbergen. Sie, meine Damen und Herren, der Jury, der Stadtverwaltung Neumünster, und alle, die Sie anwesend sind, geben mir das Gefühl, daß die Entscheidung, in Deutschland zu bleiben, richtig war. Sie geben mir das Gefühl, gebraucht zu werden, das Gefühl, dazuzugehören. Dies ist eine bedeutende, eine unvergeßliche Stunde für mich. Allen, allen, die zu ihr beigetragen haben, sagt der Autor der »Bertinis« – danke!

Man kann nur da sein, bei ihnen...

Aus der Festschrift zum 75. Geburtstag Lew Kopelews am 9. April

Lew Kopelew war mir schon bekannt, gut bekannt, bevor ich ihn persönlich kennenlernte – ich hatte sein Buch »Aufbewahren für alle Zeit« gelesen. In diesem erschütternden Werk hatte mich, mehr als alle anderen, *eine* Passage bewegt, erregt, durchgeschüttelt. Ich meine die Seiten, auf denen Lew Kopelews Reaktionen auf Gewalttaten von Rotarmisten gegen deutsche Zivilisten sichtbar werden – sie sind für mich ein *document humaine* sondergleichen! So begreiflich Vergeltung, Haß, Rache auch gewesen sein mögen, nach dem Serien-, Massen- und Völkermord der deutschen Eindringlinge in Osteuropa und in die Sowjetunion, in Stalingrad und Babi Jar: der Rotarmist Lew Kopelew behält – heißen Herzens – kühlen Kopf. Er zeigt sich nicht nur unfähig, mit der Übermacht des uniformierten Siegers selbst über Angehörige des geschlagenen Todfeindes herzufallen, er läßt auch, wo er es verhindern kann, nicht zu, daß andere es tun.

Ich habe diese Seiten wieder und wieder gelesen. Zwölf Jahre unter Hitler rasseverfolgt, kannte ich das Problem der Selbstjustiz an den Peinigern von gestern nur zu genau, nach der Befreiung. Immer wieder habe ich mich beim Lesen jener Passagen aus »Aufbewahren für alle Zeit« gefragt, was ich damals gemacht hätte, wenn ich, nach dem langen Kampfmarsch von der Wolga durch eine verwüstete und ausgemordete Heimat bis an die Grenzen Deutschlands, endlich den Boden betreten hätte, von dem Angriff und Vernichtung ausgegangen waren. Ich weiß es nicht. Ich weiß heute nur: ich hätte gern so gehandelt, wie Lew Kopelew damals gehandelt hat.

Erste persönliche Fühlungnahme übers Telefon, auf Heinrich Bölls

Gutsagung hin. Am anderen Ende der Leitung ein Baß, aus Göttingen: »Ich habe Ihr Abschwörungsbuch ›Die Partei hat immer recht‹ meinen Studenten hier zur Lektüre empfohlen.« Dahinter: eine Art gemeinsamen Erlebnisses, Stalinisierung und Entstalinisierung des eigenen Ichs – hier in Deutschland meines, von 1946 bis 1957, unter Schmerzen, Krämpfen – aber um wie vieles schwerer, grausamer, folgenreicher für Lew Kopelew, dort... Erste Begegnung in der Kölner Wohnung. Erster Gedanke, weit lebhafter noch als beim bisherigen Anblick von Fotos und Filmaufnahmen: ein Erzvater, eine biblische, eine alttestamentarische Gestalt! Aber dann, gleich darauf: Diesseitigkeit wird spürbar, herzlich und warm. Wer hier empfangen wird, hat die Phase der Vorverständigung wohl meist hinter sich.

Und nun – Frau Raissa! Dröhnend, sprühend. Erkenntnis nach mehreren Besuchen: Ihr Deutsch verbessert sich zusehends. Lew dagegen scheint nie eine andere Sprache als die deutsche gesprochen zu haben...

Ich kann mich nicht satt sehen an dem Verhältnis von Lew Kopelew und Raissa Orlowa-Kopelew zueinander. Aber da soll man gar nicht mit Beschreibungen beginnen, es hätte keinen Zweck. Diese liebevoll-kritische Gemeinsamkeit kann nur gelebt, nicht geschildert werden. Aber sie ist in allem sichtbar. Ich kann mich nicht satt sehen daran.

Die Küche! Werde ich in einen anderen Raum bugsiert, sage ich nichts. Aber ich denke, inmitten dieses Wohn- und Buchgebirges von archaischem Chaos: Wie kommst du mit ihnen in die Küche zurück? Was kannst du dir einfallen lassen, um wieder an den Tisch da, unter die Lampe zu kommen? Und warum willst du das eigentlich? Ich will es, weil mir einfältigerweise scheint, dort hätte es mehr mit der Moskauer Klause der Kopelews zu tun, sei es dem Zusammenhocken mit Gleichgesinnten wie einst gemäßer als an irgendeinem andern Platz dieser Behausung. Da wird, für mich, etwas fühlbar von der dichten Menschlichkeit, ohne die die Kopelews und ihre Freunde wohl erfroren wären...

Gleich darauf ein anderer Gedanke: Um Himmels willen, was tun diese beiden Menschen, was tun Lew und Raissa hier, in Köln, auf deutschem Territorium, in der Fremde? Es verschlägt mir den Atem, dieses Bild der Entwurzelung, und die Tapferkeit, mit der sie ertragen wird, macht nur noch betroffener. Welch ein Schicksal – »fern von Moskau«.

Was geht in diesen beiden Herzen vor, angesichts der neuen Nachrichten aus der Sowjetunion? Was bewegt Michail Gorbatschows Jahrhundertversuch einer Reform in den beiden Exilierten, die immer dahinüber horchten, nach Osten, als hätten sie Schlagseite in diese Himmelsrichtung? Man mag kaum fragen, weil zu vieles auf dem Spiel steht, die Alternativen zu bedrohlich, zu unausdenkbar sind: Erfüllungen unbeschreiblicher Hoffnung oder Versinken in den Status quo ante... Wäre er noch möglich, nach diesen Hammerschlägen auf die sowjetische Verkrustung? Frag nicht, frag Lew und Raissa nicht zuviel. Da schwingt und bebt etwas in ihnen, das einem näheren Zutritt verwehrt, verbietet. Niemand kann ihnen helfen in der Furcht um ihre Erwartungen. Man kann nur da sein, bei ihnen sein, mit ihnen hoffen, möglichst lautlos.

Und nun, in dieser Ungewißheit, wird Lew Kopelew 75!

Ich lese gerade sein Heine-Buch, »Ein Dichter vom Rhein«. Ich habe Lew angerufen und gefragt: »Sag mir, wie machst du das? Es gibt keinen Deutschen, der Heinrich Heine so verstanden hat wie du, ein russischer Germanist. Also sag mir – wie machst du das?« Er hat gelacht, und ich auch. Törichte Frage: Die Parallelen sind offenbar, nicht nur in der jüdischen Existenz, sondern auch in den Konfrontationen von damals und heute – immer noch. Und gerade deshalb, nun erst recht: Masseltov, Lew Kopelew, masseltov zum 75. Geburtstag – und ein langes, langes Leben noch!

Ich bin und bleibe Hamburger

Rede auf dem Empfang des Hamburger Senats zum 65. Geburtstag am 20. März 1988

Jeder, der auch nur ein wenig von meiner Biographie kennt, kann sich vorstellen, was diese Stunde hier für mich bedeutet – ich habe ja sehr andere Empfänge, sehr andere Zeiten innerhalb Hamburgs Mauern erlebt.

Zwar sagt der 65. mir selbst nicht viel, und tatsächlich hat er für meine Arbeit, für meinen Kopf keinerlei Bedeutung im Sinne eines neuen Lebensabschnitts. Denn ich werde weiter tun, was ich auch bisher getan habe, also publizieren, als Buchautor, als Fernsehmann und Journalist. Auch wird Verfeierlichung dadurch erschwert, daß eigentlich jeder Tag nach dem 4. Mai 1945 – der Befreiung hier in Hamburg durch die »Desert rats« der Britischen 8. Armee des Feldmarschalls Montgomery –, daß danach jeder Tag ein Wunder blieb, das völlig unverbraucht bis in die Gegenwart hineinwirkt.

Und dennoch ist diese Stunde für mich herausgehoben, weil sie eines der großen Lebensprobleme vieler ehemalig Verfolgter berührt, so auch meines – nämlich das zentrale Problem der Zugehörigkeit! Sie ist so etwas wie das biographische A und O geworden, der Anfang und das Ende und die Mitte aller persönlichen Auseinandersetzungen mit der Welt um mich herum, und währt 55 meiner 65 Jahre. Ich bitte, das Problem zu verstehen: ich war zehn Jahre alt, als mir Zugehörigkeit verweigert wurde, ganz plötzlich, von heute auf morgen in jenem Jahr des Unheils 1933 – und in einer Lebensphase von empfindsamster Eindrucksfähigkeit. Zugehörigkeit, das war bis dahin gewesen: ganz blitzlichthaft das Kindheitsparadies Barmbek, mit der Sandkiste am unteren Ende der Hufnerstraße als Treffpunkt; waren kerzenbeleuchtete Schneehöhlen und großkugelige Schneemänner, mit Kohlestücken als Augen und Mund und einer Wurzel als Nase; war der Blick an der Seite des Großvaters vom Podest der Hochbahnstation Landungsbrücken auf das gischtige Panorama des Hafens mit seinen bulligen Schleppern und der Majestät der mehr als haushohen Passagierdampfer an der alten Überseebrücke; war das immer neue Entzücken über das segelbetupfte Blauauge der Außenalster, das dem Knaben sichtbar wurde bei den aufregenden Fahrten mit der Straßenbahnlinie 6 in »die Stadt« – dies in der Erinnerung vornehmlich mit großmütterlicher Begleitung. Und Zugehörigkeit war, endlich, der sichere, feste Schluß an die Gleichaltrigen, die Spielgefährten, die Freunde...

Romanhaft verfremdet, habe ich in meinen »Bertinis« geschildert, wie rasch Zugehörigkeit damals zerschlagen wurde, wie zerbrechlich ihre Verhältnisse waren, wie gründlich sie aufgehoben werden konnten, und wie schmerzhaft. Allerdings, jenen, die sie zerschlugen, wollte ich nicht zugehörig sein! Aber dann, als die Zerstörer und ihr Staat durch die vereinten Anstrengungen einer ganzen Menschheit, und nach bis dahin unbekannten Verbrechen, abtreten mußten, da gewann das Problem der Zugehörigkeit in einer gewandelten Welt seine neue und bleibende Bedeutung. Denn es stellte sich sehr bald heraus, daß das entstandene Vakuum so rasch nicht aufzufüllen war. Und immer noch nicht ganz aufgefüllt ist, sage ich heute, zu meinem 65.

Wie oft bin ich durch die Straßen Hamburgs, meiner Vaterstadt, gegangen mit immer derselben Frage: Was ist mit deiner Zugehörigkeit? Sie kann ja nicht allein von einem selbst, sie kann nur wechselseitig beantwortet werden – denn es gibt keine Zugehörigkeit ohne Akzeptanz von außen!

Diese bange Frage: Was ist mit deiner Zugehörigkeit? empfand ich über Jahrzehnte hin als unbeantwortet, als eine mir weh bewußte Sehnsucht nach lange ausbleibender Antwort.

Ich glaube, soweit sie erfüllt werden konnte, diese Sehnsucht, ist sie es heute – mit einem unverhältnismäßig hohen Anteil der achtziger Jahre daran, was ganz gewiß mit dem Erscheinen der »Bertinis« und den öffentlichen Reaktionen auf diese Hamburger Familien-Saga zu tun hat, aber auch mit der ermutigenden Resonanz auf mein neues Buch »Die zweite Schuld oder Von der Last Deutscher zu sein« – was die Auseinandersetzung mit dem Nationalsozialismus und seinem Erbe angeht, so halte ich unsere Gegenwart für sensibilisierter als jede vorangegangene Epoche der bundesdeutschen Geschichte.

Der Boden für empfundene Zugehörigkeit war jedoch schon vorher bereitet worden, auf außerhamburgischem Territorium, nämlich dem des Westdeutschen Rundfunks Köln, der mir ab 1964 Möglichkeiten als Fernsehautor bot, wie ich sie mir in meinen kühnsten Träumen nicht zu erhoffen gewagt hätte – und für die der NDR Hamburg, an dem ich drei Jahre zugebracht hatte, offenbar blind war... Ich stelle diese rheinische Vorarbeit dankbar fest – aber fürchten Sie nichts: ehe Köln mich verköllschen könnte, würde ich es wohl eher hamburgisieren!

Die Nabelschnur zu Hamburg war ja nie durchschnitten und wird es nie sein, solange ich lebe. Ich hoffe, man hört es meinem Akzent an: ich bin und bleibe ein Hamburger!

Gerade darum war es mir wichtig, daß meine Zugehörigkeit auch ihre sozusagen *offizielle* Weihe bekäme, daß von der Stadtrepräsentanz her eine Brücke zu mir geschlagen würde. Ich gebe gern zu, daß ich darauf gewartet habe. Nun hat mich, in Gestalt dieser Stunde, solche Geste erreicht, und ich bekenne, daß sie mir viel bedeutet. So kommt denn auch mein Dank an Bürgermeister und Senat ganz von innen her.

Daneben muß ich Trauer erwähnen, über vieles, nicht zuletzt darüber, daß nicht mehr alle Familienmitglieder hier sein können – um so glücklicher bin ich durch die Anwesenheit von Bruder Rocco und Schwägerin Rita. Dennoch – Trauer, unverbergbar.

Aber auch Herzklopfen! Herzklopfen immer wieder, bei jeder neuen Ankunft hier, bei jedem abermaligen Anblick Hamburgs, von welcher Himmelsrichtung aus auch immer – Herzklopfen bis zum Halse!

Was, meine Damen und Herren, was kann die Vaterstadt mehr von einem 65jährigen Sohn verlangen?

Kleines Volk mit großem Erbe

Zur Geschichte der Armenier

Aus »Armenien, Kleines Volk mit großem Erbe«, Katholische Akademie, Hamburg 1989

Lassen Sie mich nach kurzen historischen Stichworten recht bald zu jener Tragödie kommen, von der zentral die Rede sein muß für jeden, der sich mit den Armeniern und ihrer Geschichte beschäftigt, denn diese Tragödie ist der Kern aller Assoziationen, besonders aber für uns Deutsche, denn wir sind tief in sie verwoben: Ich spreche von dem Völkermord an den Armeniern im türkisch-osmanischen Reich von 1915/16. *Völkermord*, sage ich, als Jude, der weiß, was dieser Begriff für unsereinen bedeutet. Ich werde belegen, wieso ich dazu komme.

Zur Geschichte: Es mögen jetzt 2500 Jahre her sein, daß sich die Armenier, aus Europa kommend, zwischen dem Hochtal des Euphrat und dem heißen Tiefland Mesopotamiens niederließen. Mythos dieses Volkes wird ein längst erloschener Vulkan, südlich der Gebirgskette des Kaukasus, der Ararat. Es ist die Durchgangsstation der Geschichte für immer neue Eroberer aus Ost und West, Nord und Süd. Ihnen, Römern, Byzantinern, Arabern, Persern, Mongolen, Türken, setzt der armenische Bauer, zusammen mit Handwerkern die Masse des Volkes, unassimilierbar, seine eigene Kultur entgegen: das Alphabet des Mönches Mesrop Maschtoz, also eine eigene Schrift; eine eigene Sprache, indogermanischen Usprungs, und – mit der Lehre von Jesus als fleischgewordenem Gott, seit dem frühen vierten Jahrhundert auch eine eigene christliche Kirche, die erste überhaupt, die als staatlich gelten kann, noch vor der römischen. Die Türken kommen im 16. Jahrhundert n. Chr., Hauptsiedlungsgebiet der Armenier im Osmanischen Reich sind die Provinzen Kilikiens und Ostanatoliens, genannt Westarmenien, mit einer Ausbuchtung ins Russische Reich, das im 19. Jahrhundert nach Süden gestoßen ist,

und mit Gemeinden in Smyrna, vor allem aber in Konstantinopel –
Ende des vorigen Jahrhunderts etwa 2 Millionen Menschen. Seit
seinem Anfang war es immer wieder zu schweren Zusammenstößen,
vor allem mit den muslimischen Kurden gekommen, was auch auf
armenischer Seite zu bewaffneter Militanz führte. Gleichzeitig drin-
gen von Europa aus die Ideen des Nationalismus und der Demokratie
ins Osmanische Reich, die nicht ohne Einfluß auf die hart bedrängte
armenische Gemeinschaft bleiben. Das Klima beginnt sich in der
zweiten Hälfte des 19. Jahrhunderts rapide zu verschlechtern, besonders nach dem türkisch-russischen Krieg Ende der siebziger Jahre.
Großmachtinteressen sind im Spiel – das Deutsche Reich unter
Bismarck; das England Benjamin Disraelis, Frankreichs Dritte Republik – es geht um Interessen, Beute, Macht: England und
Deutschland stützen den »kranken Mann am Bosporus« gegen
Rußland. Zur Bemäntelung werfen sich die Großmächte zu
»Schutzherren« der christlichen Armenier auf: die Forderung nach
einem Reformprogramm läßt sich leicht in ein Instrument der Einmischung verwandeln. In dem Schachspiel des europäischen Imperialismus um Einflußsphären im Vorderen Orient sind die
Armenier nichts als die Bauern.
Ab 1883 reorganisiert der deutsche General von der Goltz die türkische Armee. Große Waffenlieferungen folgen. Mit den militärischen Beziehungen werden auch die wirtschaftlichen zwischen
dem Deutschen und dem Osmanischen Reich enger und gipfeln
schließlich im Projekt der »Bagdad-Bahn«. Sie wird in der Geschichte der Armenier furchtbare Bedeutung bekommen.
1894 bis 1896 kommt es unter Sultan Abdul Hamid in den anatoli-
schen und kilikischen Provinzen zu einem furchtbaren Massaker
an Armeniern: Mord, Vergewaltigung, Raub, Zwangsislamisie-
rung. »Mechveret«, das Organ der sultanfeindlichen Opposition
der sog. »Jungtürken«, schreibt aus Paris: »Man muß zur Schande
unserer Regierung feststellen, daß dieses Massaker ein offiziell ge-
lenktes Verbrechen war.«
Ebendiese »Jungtürken« werden es, zwanzig Jahre später, vollen-
den. 1908 stürzen sie den Sultan und verwandeln das Osmanische
Reich in eine konstitutionelle Monarchie unter dem Szepter Enver

Paschas. Dieser charismatische Abenteurer bildet zusammen mit Talaat Bey, Großwesir und später Innenminister, und dem Marineminister Dschemal Pascha das Dreigestirn der jungtürkischen Revolution. Es ist die Revolution des türkischen Ultranationalismus. Die ebenfalls nationalistischen Organisationen der Armenier fühlen sich als Verbündete des Umsturzes, von dem sie sich endlich Reformen versprechen – ein tragischer Irrtum. Denn im April 1909 kommt es abermals zu einem furchtbaren Massaker an Armeniern, in Kilikien, besonders in der Stadt Adana.

Das Osmanische Reich bleibt nach dem Verlust Nordafrikas und den verlorenen Balkankriegen ein Krüppel, der Schatten seiner einstigen Größe. Geblieben sind unruhige Minderheiten: Kurden, Griechen, Armenier. So geht, im November 1914, der »kranke Mann am Bosporus« in den Ersten Weltkrieg – an der Seite des Deutschen Reiches und der Habsburger Monarchie gegen – England, gegen Frankreich und gegen das Rußland Zar Nikolaus' II. Und dort nun, im Transkaukasus, kämpfen Armenier auf beiden Seiten. Aber kein Zweifel: nach allen bisherigen Erfahrungen liegen ihre Sympathien und seiten Rußlands. Wir nähern uns den Orten und der Zeit der Tragödie. Einer jungtürkischen Aufforderung, die Armenier in russischen Diensten zum Aufstand zu verleiten, kommen die osmanischen Armenier nicht nach, beschwören aber ihre Loyalität. Auf russischer Seite tragen Armenier zu einer vernichtenden Niederlage der türkischen Kaukasus-Armee unter Enver Pascha und zur Besetzung türkischen Territoriums bei – die Situation könnte nicht verzweifelter sein. Dazu ist im Westen die Schlacht um die Dardanellen entbrannt, versuchen Engländer und Franzosen, Konstantinopel zu erobern und den Zugang zum Schwarzen Meer zu erzwingen.

In dieser Situation kommt es zu Maßnahmen, deren letzte Motive nur durch die bisher ungeöffneten osmanischen Staatsarchive restlos aufgeklärt werden können – die historischen Fakten sind es bereits.

Im Februar 1915 werden die als tapfer bekannten armenischen Soldaten aus dem türkischen Heer ausgestoßen, in sog. »Arbeitsbataillone« zusammengefaßt und bald darauf an vielen Orten längs der Bagdadbahn erschossen – der Auftakt der Katastrophe.

Am 24. April 1915 läßt der Innenminister des türkisch-osmanischen Reiches, Talaat Bey in Konstantinopel Hunderte armenischer Notabeln verhaften. Die Verhafteten werden niemals wiederkehren. Am 27. Mai 1915 erläßt Talaat Bey den Befehl zur Deportation der Armenier, mit der Begründung: Abwehr drohenden Verrats, Aufstände, Hilfe für den Feind. Dieser Befehl setzt in Ostanatolien, in der Schwarzmeer-Region und in Kilikien, später auch im europäischen Teil des Reiches, viele Hunderttausende Armenier beiderlei Geschlechts und jeden Alters in Bewegung – Beginn einer der größten Völkertragödien, die sich je in der Geschichte der Menschheit zugetragen haben.

In unübersehbaren Kolonnen werden die Deportierten aus ihren Wohnsitzen mit meist nicht mehr als den Kleidern, die sie auf dem Leibe tragen, über Gebirge und Flüsse den Wüsten Syriens und Mesopotamiens zugetrieben – wo nur ein Rest der Unglücklichen eintreffen wird. Die anderen werden unterwegs angefallen von Gendarmen, Soldaten, professionellen Räubern, von Kurden und von ausdrücklich zu diesem Zweck von den osmanischen Behörden entlassenen Sträflingen, den Tschetes.

Die menschliche Phantasie reicht nicht aus, um sich die Schrekkensbilder vorzustellen, die nun zwischen Trapezunt und Aleppo, Kesaria und Wan über Monate und Monate des Jahres 1915 abrollen und die sich zutragen zwischen Waffenlosen und Schwerbewaffneten. Massenexekutionen und Einzelmorde, Tod durch Pfählen, Abhäuten und Verbrennen bei lebendigem Leibe, Massenschändungen von Frauen und Gewalttaten an ihnen in jedem Dorf, jedem Weiler, die die von Hunger, Durst und Angst Ermatteten und Willenlosen erreichen. Die größten Verluste erleidet die Bevölkerung aus den Kerngebieten des östlichen Anatolien, also Westarmeniens, Massaker, die auf immer verbunden bleiben werden mit den Namen Van, Erserum, Bitlis, Diarbekir, Kemal Bog.

Ende 1915 ist das Gros der Armenier im türkisch-osmanischen Reich vernichtet, aber die Blutspur zieht sich noch weit in das Jahr 1916 hinein. Der Rest der Tragödie sind die Wüstenlager – Der-es-Sor, Homs, Hama, Mossul.

Der Völkermord an den Armeniern ist dokumentarisch überwältigend belegt, von Angehörigen vieler Nationen, auch solchen, die sich später mit den Türken im Kriege befanden. Zentrale Bedeutung erhält deshalb das Zeugnis von Deutschen, den damaligen Bundesgenossen der Pforte. Der Untergang der Armenier 1915/16 entrollt sich nahezu lückenlos in der Akte Türkei 183, Band 36 bis 46, im Politischen Archiv des Auswärtigen Amtes zu Bonn. In Hunderten und aber Hunderten amtlicher Schreiben deutscher Konsularbeamter aus der osmanischen Provinz an die Kaiserlich-Deutsche Botschaft in Konstantinopel-Pera enthüllt sich ein Universum menschlichen Leids, splittert sich die armenische Tragödie in unzählige Einzelszenen auf. Ein paar Beispiele:

Konsul Rößler am 27. Juli 1915 aus Aleppo an die Deutsche Botschaft in Pera, Dok. No. 81:

»Das berichtete Vorbeitreiben von Leichen auf dem Euphrat, das in Runkaleh, Birodjik und Djerabulus beobachtet worden ist, hatte ... 25 Tage gedauert. Die Leichen waren alle in der gleichen Weise, zwei und zwei auf den Rücken gebunden. Diese Gleichmäßigkeit deutet darauf hin, daß es sich nicht um Metzeleien, sondern um Tötung durch die Behörden handelt. Es heißt, und ist wahrscheinlich, daß die Leichen durch Soldaten in Adianan in den Fluß geworfen worden sind.«

Die Kaiserlich-Deutsche Botschaft in Konstantinopel-Pera am 12. August 1915 an den Reichskanzler von Bethmann-Hollweg, Dok. No. 501:

»Die systematische Niedermetzelung der aus ihren Wohnsitzen deportierten Armenier hatte in den letzten Wochen einen solchen Umfang angenommen, daß eine erneute eindringliche Vorstellung unsererseits gegen dieses wüste Treiben, das die Regierung nicht nur duldete, sondern offensichtlich förderte, geboten schien, zumal da an verschiedenen Orten auch die Christen anderer Rassen und Konfessionen nicht mehr verschont blieben.

Im Anschluß an Vorstehendes muß erwähnt werden, daß unter der türkischen Bevölkerung im Inneren vielfach die Auffassung besteht, daß die deutsche Regierung mit der Ausrottung der Armenier einverstanden sei und sie sogar dazu veranlaßt habe.«

Und ein drittes, letztes Beispiel, ein Augenzeugenbericht aus Aleppo an Konstaninopel, Dok. No. 95:

»Am 10. und 12. d. M. kamen je ein Zug von etwa 200 verbannten Frauen

und Kindern über Ras ul Ain zu Fuß in völlig erschöpftem Zustand hier an.
Ein Zug, der nur durch den Pinsel eines Werestschagin in seiner Grauenhaf-
tigkeit hätte wiedergegeben werden können. Die Gendarmen trieben die elen-
den abgemagerten Geschöpfe, denen vielfach der Tod auf dem Gesicht geschrie-
ben stand, mit Peitschenhieben vor sich her durch die Straßen Aleppos zum
Bahnhof, ohne daß sie hier in der Stadt einen Schluck Wasser hätten trinken
dürfen oder ein Stück Brot erhalten hätten. Die Einwohner der Stadt, die
Wasser und Brot verteilen wollten, wurden daran verhindert.«

Ich habe alle diese Dokumente selber im Politischen Archiv des
Auswärtigen Amtes eingesehen, obwohl sie von dem großen deutschen Anwalt der Armenier, Johannes Lepsius, in seiner Samm-
lung diplomatischer Aktenstücke unter dem Titel »Deutschland
und Armenien 1914–1918« nach dem Ersten Weltkrieg in Buch-
form herausgebracht worden sind.

Der Völkermord an den Armeniern ist aber nicht nur schriftlich,
sondern auch im Bild, fotografisch, belegt – durch Arnim T. Wegner, einen deutschen Sanitätsgefreiten, der im Stabe des Feldmarschalls von der Goltz auf dem Marsch von Konstantinopel nach
Bagdad durch das Deportationsgebiet zog. Trotz strikten Verbots
machte Wegner unter Lebensgefahr viele hundert Aufnahmen. Sie
lassen sich nur mit den Bildern vergleichen, die die Alliierten gegen
Ende des Zweiten Weltkrieges bei der Befreiung der deutschen
Konzentrationslager machten. Die Originale der Wegnerschen Fotos, altmodische Glasplatten noch, liegen im Deutschen Literatur-
Archiv zu Marbach am Neckar, wo ich sie Bild um Bild gesehen
habe. Das brauchte seine Zeit. Denn niemand kann diese Fotos,
ebenso wie die Akte »Türkei 183«, studieren, ohne Pausen einlegen
zu müssen – weil anders kein Mensch das Grauen durchhalten
würde, das ihn aus Wort und Bild anspringt. Bei den amtlichen
Briefeschreibern ist es der immer wieder gescheiterte Versuch, ihr
persönliches Entsetzen zu unterdrücken und bei dem gewohnten
nüchternen Amtsdeutsch zu bleiben, der unser Grauen bis in die
Unerträglichkeit vertieft.

Wie ging es weiter?

In einem Schreiben des Kaiserlich-Deutschen Botschafters von
Metternich an Reichskanzler von Bethmann-Hollweg heißt es am

7. Dezember 1915: »Die Seele der Armenierverfolgung ist Talaat Bey.« Dieser Organisator der armenischen Tragödie flieht nach der militärischen Niederlage des Deutschen Reiches und seiner Bundesgenossen von 1918, wird 1919, wie Enver und Dschemal Pascha, von einem türkischen Gericht in Abwesenheit zum Tode verurteilt und fällt am 15. März 1921 unter der Pistolenkugel des armenischen Studenten Salomon Teilirian in Berlin-Charlottenburg – wohin Talaat sich verkrochen hatte. Am 3. Juni 1921 wird der Täter vor ein Berliner Landgericht gestellt. Der Prozeß dauert nur zwei Tage, enthüllt aber viel von dem Grauen der Tragödie. Er endet mit einem sensationellen Freispruch für Teilirian, dessen Familie auf der großen Deportation nahezu vollständig umgekommen war.

In diesem Berliner Verfahren waren, als Originale vom Gericht anerkannt, Telegrammerlasse vorgelegt worden, die eine zentrale Tötungsabsicht bloßlegten und von Talaat unterschrieben waren. Diese Telegramme verschwanden wenig später und blieben bis auf den heutigen Tag verschwunden. Die Türken bestritten und bestreiten nicht nur die Echtheit diese Dokumente, sondern auch jede zentrale Tötungsabsicht der jungtürkischen Regierung. Sie verweigern ferner die Anwendung des Begriffes Völkermord im Sinne der UNO-Konvention von 1948 auf die armenische Tragödie, reden von einem »gegenseitigen Massaker« von der »Ausbalancierung des Schreckens« und von der »Vergleichbarkeit des türkischen mit dem armenischen Schicksal«. Mit anderen Worten: es triumphiert als offizielle türkische Haltung seit 70 Jahren das, was man ganz offiziell die »türkische Armenier-Lüge« nennen kann. Sichtbar wird das Panorama einer amtlichen Geständnisunfähigkeit, deren verantwortungslose Schuldabwehr sich aus einem Nationalismus heraus erklärt, den ich nach eigenen empirischen Erfahrungen nur als pathologisch bezeichnen kann. Damit sind wir in unserer Gegenwart, der gegenüber noch einmal festgestellt werden soll: Die Frage, ob es 1915 einen zentralen Tötungsbefehl aus Konstantinopel gegeben hat oder nicht, ändert am Ablauf des armenischen Untergangs 1915/1916 gar nichts: der Befehl zum Aufbruch Hunderttausender Menschen von heute auf morgen, ohne jede Vorbereitung; die Tötung der Männer auf dem Marsche als eine ebenso kollektive wie notorische Maßnahme; der Mangel an allem, an Nahrung und Wasser, an Transportmitteln und medizinischen Vorkehrungen; die Gewißheit, daß die Deportierten unterwegs dem Abschaum der muslimischen Bevölkerung und den organisierten Angriffen staatlicher und nichtstaatlicher bewaffneter Verbände schutzlos ausgesetzt sein würden; schließlich der trostlose Charakter der Zielorte in der syrischen und mesopotamischen Wüste – all das ergibt insgesamt, daß die Deportation als das große Instrument der Massenvernichtung gedacht war und daß ihre Urheber in Konstantinopel davon genaue Kenntnis hatten.

Hier wird etwas gegen Türken gesagt – und also ist Behutsamkeit am Platze, gerade bei uns in der Bundesrepublik, angesichts einer weitverbreiteten Ausländerfeindlichkeit, die eigentlich genauer »Türkenfeindlichkeit« genannt werden müßte, denn sie ist der Hauptkern. Der zentrale Stoß der Ausländerfeindlichkeit richtet sich gegen diese – auch religiös von ihrer Umwelt unterschiedene – Minderheit, und es sind dumpfe Ursprünge und zähe Kontinuitäten, die sich hier melden, besonders aus der grundsätzlich fremden- und menschenfeindlichen Nazizeit. Ich schicke das voraus, ehe ich sage: anzuklagen wegen erwiesener Geständnisunfähigkeit sind nicht die Türken, wenn damit eine Bevölkerung gemeint ist, die von ihrer wechselnden Herrschaft seit eh und je in Unkenntnis und Unwissen gehalten wird. Wer aber anzuklagen ist unter den Türken, wider besseres Wissen den Völkermord an den Armeniern bis auf den heutigen Tag verschwiegen zu haben, das sind die türkischen Intellektuellen aller Generationen seit 1915. Inzwischen hatten sie über 70 Jahre absoluter Informationsfreiheit, sich kundig zu machen und ihr Gewissen sprechen zu lassen – und sie haben es nicht getan. Wie die Mächtigen in ihrem Lande, sehen vielmehr auch sie heute zu, wie nach der physischen Ausmordung nun noch die Zeugnisse armenischer Baukultur dem Verfall, ja der Zerstörung preisgegeben werden und wie die Istanbuler Restgemeinde der Armenier unter dem aushöhlenden Druck einer Dauergeisel steht. Ihnen, den türkischen Schriftstellern, Dichtern und Publizisten besonders, vermag jedenfalls ich nicht zu vergeben.

Denn es sind eigene Erfahrungen, von denen ich spreche. Am

21. April 1986 strahlte das Fernsehen der ARD, Westdeutscher Rundfunk, I. Programm, zu bester Sendezeit meine Dokumentation »Die armenische Frage existiert nicht mehr – Tragödie eines Volkes« aus. Sie war 45 Minuten lang und wurde von etwa 6 Millionen Zuschauern gesehen. Die Resonanz war groß und andauernd, mit Hunderten und aber Hunderten von Briefen und Textanforderungen, der Tenor eindeutig: Das haben wir nicht gewußt. In bezug auf die Nazizeit glaube ich diesem Spruch nicht – aber jenem wohl. Ich werde auf den bestätigenden Zusammenhang noch kommen, wenn nicht mehr von der türkischen, sondern von unserer, der deutschen Verantwortung die Rede sein wird.

Die Türken reagierten schon auf die erste öffentliche Ankündigung der Sendung in den Tageszeitungen, im Februar 1986, sofort und ersuchten bei der Leitung des Senders um »Aufklärung«. Wir, die das Thema auf den Programmplan gesetzt hatten, das heißt Gerhard Ruge und ich, waren uns von vornherein bewußt, welcher Druck türkischerseits ausgeübt werden würde, um die Ausstrahlung der Sendung zu verhindern, kannten wir doch die zahlreichen und keineswegs immer erfolglosen Beispiele türkischer Interventionen aus diesem Anlaß, die notorischen Proteste gegen jede publizistische Behandlung der armenischen Frage, die nicht der türkischen Interpretation entspricht. Noch im Februar die erste Morddrohung, über mein Telefon, ein Spielchen, das über Monate anhalten sollte. Der Druck von seiten der türkischen Botschaft in Bonn-Mehlem auf die Senderleitung war enorm, also auf den Intendanten Friedrich Nowottny und den Programmdirektor Dr. Günter Struve. Sie haben diesem Druck standgehalten, und ich sage – als ein Mann, der seit fast dreißig Jahren im Dienste des öffentlich-rechtlichen Fernsehens steht –: diese Haltung war nicht selbstverständlich ...

Nach der Sendung gab es einen vieltausendköpfigen Protestmarsch in Köln von meistens jungen Türken, die, in totaler Unwissenheit türkisch-osmanischer Geschichte gehalten, gegen Sendung, WDR und Autor protestierten. Unser elektronisches Zeitalter, in diesem Falle der geschmähte Sender, hielt das fest: Haß aus Unkenntnis, entstellte Gesichter, die Manipulierbarkeit der Ignoranz. Die türkische Presse nimmt sich der Sendung wochenlang an, ohne auf eine einzige Einzelheit einzugehen, und sie tut das unter dem Hinweis, daß der Autor Jude sei, immer wieder »yahuda assili«... Dann ein Schreiben der türkischen Botschaft, elf Seiten lang, an die Intendanz des WDR. Ob Sie es mir glauben oder nicht – dem endlosen Schreiben gelingt die Verdrängung und Verleugnung des Völkermords an den Armeniern so vollständig, daß er darin mit keinem Wort erwähnt wird. Es ist diese Haltung grimmiger Unbelehrbarkeit einer bestimmten Machtschicht, die mir den Verdacht nahelegt, daß ein abermaliges Massaker an Minderheiten auf dem Territorium der heutigen Türkei jederzeit möglich ist, und dies außerhalb der Dauerunterdrückung und Bekriegung der mit-islamischen Kurden. Wo das Nationalitätenproblem so ungelöst ist, da ist diese Gefahr allgegenwärtig. Und es scheint, als ob sie sich heute in muslimischen Gesellschaften mit den Vorzeichen des Fundamentalismus besonders leicht mobilisieren und aktivieren läßt. Natürlich denkt jeder von uns jetzt an die schrecklichen Pogrome in Berg-Karabach und der aserbeidschanischen Sowjetrepublik vom Anfang des Jahres 1988.

Lassen Sie mich aber auch berichten, daß ich nach der Sendung Anrufe von Türken bekam, die mir ihre Scham eingestanden, ihren Zorn gegen die offizielle Verneinung der armenischen Tragödie und ihre Angst, dagegen öffentlich und mit dem eigenen Namen anzugehen. Sie würden aus der nationalen Gemeinschaft der Türken ausgestoßen werden, so erklärten sie mir. Sie baten deshalb um Verständnis für ihren Wunsch nach Anonymität.

Eine kurze historische Ergänzung: Das Schicksal der überlebenden Armenier vollzieht sich unter der Herrschaft Mustafa Kemal Paschas, genannt Atatürk, Schöpfer der modernen Türkei. In einer imponierenden nationalen Anstrengung wehrt er sich erfolgreich gegen die Versuche der alliierten Sieger, sich auch das türkische Kernland einzuverleiben. Dabei werden die zurückgekehrten Armenier vertrieben, ein von den Alliierten garantierter armenischer Nationalstaat nach kaum zweijähriger Existenz zerstört und auch die griechische Minderheit nach schweren Kämpfen zur Räumung gezwungen. Im Vertrag von Lausanne 1923 werden die Armenier nicht mehr erwähnt. Der gegen alle Aufteilungspläne geschaffene türkische Nationalstaat löscht gleichzeitig bis auf Splittergruppen die Existenz der Armenier aus, in einer Republik, die Talaat Denkmale setzt. Als einziges staatliches Territorium verbleibt die Armenische Sozialistische Sowjetrepublik. Wir werden auf sie in der Frage der armenischen Identität in der Diaspora zurückkommen.

Jetzt ein Wort zur deutschen Verantwortung gegenüber den Armeniern, eingeführt durch ein charakteristisches Beispiel unserer Gegenwart, das sich in Stuttgart zugetragen hat, und es lohnt sich, ein wenig ausführlicher zu werden. Schauplatz ist der Hauptfriedhof im Ortsteil Bad Cannstatt. Dort steht seit April 1987 ein Gedenkstein der Armenier, weil hier 50 von ihnen bestattet worden sind. Aber der Stein ist nicht so, wie die Armenier ihn sich gewünscht hätten. Sie wollten eine Inschrift haben, in der der 24. April 1915, das Initialdatum für den Völkermord, eingraviert würde, zum alljährlichen Gedenken. Die Stuttgarter Stadtverwaltung unter Oberbürgermeister Manfred Rommel gestattete jedoch nur eine Inschrift mit den Worten: »Zum Gedenken an die Opfer des armenischen Volkes«, daneben die Übersetzung in armenischer Schrift. Der Text läßt eine beliebige Auslegung zu, denn Opfer haben die Armenier in ihrem Transitland für große Völkerströme und Kriegszüge durch ihre ganze Geschichte erbringen müssen. Es kam auf die historische Lokalisierung an. Gestattet aber wurde nur die reduzierte Fassung. Doch auch daran noch wurde Anstoß genommen – vom türkischen Generalkonsul in Stuttgart. In einem Schreiben an den Oberbürgermeister hieß es: »Bei der Übersetzung in die armenische Fassung wurden zwei Zeilen eingefügt. Ein Wort der Ergänzung hat u. a. die Bedeutung ›Völkermord‹. Diese Formulierung war nicht genehmigt. Der Hauptfriedhof ist ein kommunaler Friedhof, bei dem die Landeshauptstadt Stuttgart darauf achten muß, daß durch Inschriften keine Friedhofsbesucher oder Bevölkerungsgruppen in irgendeiner Weise verletzt werden können. Sie haben somit gegen § 15 Bestattungsgesetz in Verbindung mit § 33 Friedhofssatzung der Stadt Stuttgart verstoßen.«

Wir sehen, daß der türkische Generalkonsul wohlinformiert ist über bundesdeutsche Bestattungs- und Friedhofssatzungen, aber auch, daß seine Geschichtskenntnisse lückenhaft sind – denn bei allem, was sich um diesen Stein dreht, sind nicht Türken, sondern Armenier die Verletzten.

Es ging um das armenische Wort »Jeghern«, das mehrfach gedeutet werden kann, als Unglück, Mißgeschick, Verhängnis, Katastrophe, aber nicht Völkermord. Nun werden von den Parteien – Deutsche, Armenier, Türken – Übersetzer bemüht. Während diese Auseinandersetzung tobt, teilt die Friedhofverwaltung den Armeniern mit, daß der Text im Armenischen bis zum 31. August 1987 so geändert werden müsse, daß er der genehmigten Inschrift entspreche. Andernfalls werde die Stadt den Granitstein entfernen, und zwar für Kosten in Höhe von 500 DM. Die Lagerung des Steins werde pro Jahr 50 DM kosten. Für diese Summen hätten die Armenier aufzukommen. Derweil ist auch ein öffentlicher Kampf zwischen Befürwortern und Gegnern des Gedenksteins in Stuttgart-Bad Cannstatt ausgebrochen, in der Presse und durch private Korrespondenz, und in sie schaltete auch ich mich ein, durch einen Brief an den Oberbürgermeister, Dr. Manfred Rommel: es sei nicht nur der Gedenkstein beizubehalten, sondern auch das Datum des 24. April 1915 hinzuzufügen. Müßten vor dem Ausmaß des armenischen Opferganges nicht alle formalen, taktischen Überlegungen zurücktreten? Wirke Beschwichtigung durch die ausgelassene, deutscherseits verbotene Jahreszahl nicht kleinlich, bewußtlos gegenüber dem Leichengebirge, das sich schier unüberblickbar türme? Wieso nur die halbe Wahrheit über diesen Ozean an Blut und Tränen? Und sollte man vor diesen verstümmelten Gedenkstein etwa auch nur mit halber Trauer treten?

Ich hätte gewarnt sein sollen, denn Manfred Rommel hatte in diesem Streit schon öffentlich verlauten lassen, er wolle nicht, »daß auf unseren Friedhöfen ohne zwingende Not Politik gemacht wird«.

Ich persönlich erfahre nun durch ein an mich gerichtetes Schreiben von ihm: Es werde so verfahren, weil es sich im Zusammenhang mit den Geschehnissen von 1915/16 nicht um Deutsche handele, sowohl was die Opfer als auch was die Täter betreffe, und daß sich fremdes Unrecht nicht auf deutschen Friedhöfen manifestieren könne. Denn sonst könne ja auch, zum Beispiel, der Untergang der nordamerikanischen Indianer auf bundesdeutschen Friedhöfen beklagt werden... So unglaublich es klingen mag, ich zitiere wörtlich. Ich protestiere! Ich protestiere aus zwei Motiven dagegen: erstens, die Begründung, es seien keine Deutschen, um die es in diesem Falle gehe, schafft ein unterschiedliches Maß auf bundesdeutschen Friedhöfen, nämlich eines für Armenier und eines für – Juden! Denn die Bundesrepublik kennt viele Gedenkmale des jüdischen Holocaust, auf denen Jahreszahlen und Ortsnamen stehen, obwohl die überwältigende Mehrheit der ermordeten Juden nicht Deutsche, sondern Ausländer gewesen sind. Und zweitens, was den Vergleich mit den nordamerikanischen Indianern und ihrer Tragödie über die Jahrhunderte der Ausrottung von der Ostküste bis zur Westküste der USA betrifft – so fern, wie jenem Drama, so fern stehen die Deutschen und ihre Geschichte der armenischen Völkertragödie nun wahrlich nicht.

Und damit sind wir endgültig bei unserer, der deutschen Verantwortung für die Armenier angekommen, und zwar Auge in Auge mit der Tatsache, daß die Türkei auch heute wieder in der NATO zu unseren Bundesgenossen zählt, wie damals, und daß dieses historische Faktum niemanden von uns daran hindern darf, Opfer Opfer und Täter Täter zu nennen.

Es gibt für uns eine historische und – daraus resultierend – eine aktuelle Verantwortung für die Armenier.

Historisch: es wäre falsch, die eigentlichen Urheber des Völkermords an den Armeniern, das jungtürkische Dreigestirn und besonders Talaat Bey, auf Kosten der damaligen deutschen Bundesgenossen zu entlasten. In diesen Köpfen entstand die Vernichtungsparole. An einer Mitverantwortung des kaiserlichen Deutschland und seiner politischen und militärischen Führung an der armenischen Tragödie kann es jedoch keinen Zweifel geben. Die Akte Türkei 183 weist aus, daß Reichskanzler und Reichsführung durch die deutsche Botschaft in Konstantinopel-Pera umfassend über die Massaker und ihre Urheber unterrichtet waren. Einer der wenigen, die damals öffentlich ihre Stimme erheben, ist der Reichstagsabgeordnete Karl Liebknecht, so mit einer Anfrage vom 18. Dezember 1915: »Welche Schritte hat der Herr Reichskanzler bei der verbündeten türkischen Regierung unternommen, um die gebotene Sühne herbeizuführen, die Lage des Restes der armenischen Türkei menschenwürdig zu gestalten und die Wiederholung ähnlicher Greuel zu verhindern?«

Die Reichsspitze schweigt auch weiterhin. Dabei gibt es ein überzeugendes Beispiel, was deutsche Intervention bewirken konnte. Im November 1916 hatte der deutsche Marschall Liman von Sanders in Smyrna erfahren, daß mit der Deportierung von Armeniern aus der Stadt begonnen worden war.

In meiner Sendung heißt es dazu:

»Am 13. November 1916 telegrafiert die deutsche Botschaft nach Berlin: ›Die Massenverschickung der Armenier hat in diesen Tagen begonnen. Marschall Liman von Sanders hat in militärischem Interesse Einspruch erhoben.‹ Am gleichen Tag geht ein Schreiben an den Reichskanzler, Dok. No. 703, in dem Liman von Sanders selbst schildert, auf welche Weise sein Einspruch erfolgte: ›Da derartige Maßnahmen in das militärische Gebiet übergreifen... hatte ich den Wali benachrichtigt, daß ohne meine Genehmigung derartige Massenverhaftungen und -deportationen nicht mehr stattfinden dürften. Ich verständigte den Wali, daß ich sie im Wiederholungsfall mit Waffengewalt verhindern lassen würde. Daraufhin hat der Wali nachgegeben und mir zugesagt, daß sie unterbleiben würden.‹ Am 17. November 1916 erfolgte die Bestätigung an das Auswärtige Amt in Berlin: ›Armenierverschickungen aus Smyrna haben auf Eingreifen des Marschalls aufgehört. Bericht folgt. gez. Kühlmann.‹«

Soweit der Text meiner Sendung vom 21. April 1986 mit den entsprechenden Dokumenten auf dem Monitor.

Niemand kann den Jungtürken die Schuld an dem Völkermord abnehmen. Aber gerade der Erfolg des Marschalls Liman von Sandes wirft unweigerlich die Frage nach der deutschen Verantwortung auf. Da wird es ja wohl gestattet sein, darüber nachzudenken, welche Wendung das Schicksal der Armenier im Machtbereich des türkischen Bundesgenossen hätte nehmen können, wenn Kaiser und Reich gegen die ihnen detailliert bekannte Abschlachtung so protestiert hätten, wie ihre Kenntnis es erfordert hätte. Es geschah jedoch nichts.

Armenier nennen eine Gesamtopferzahl von 1,5 Millionen Menschen, neutrale Beobachter die von 800000 bis 1 Million, Türken sprechen von 300000 getöteten Armeniern, denen sie stets eine viel größere Zahl von türkischen Verlusten gegenüberstellen – nämlich den Opfern, die der Krieg 1914 bis 1918 den Türken abgefordert hatte –, eine Kompensationsmethode von offenkundiger Unaufrichtigkeit angesichts der unterschiedlichen Verursachung. Das wäre so, als könne man die Kriegstoten des Zweiten Weltkrieges auf deutscher Seite gegen die 10 Millionen Ermordeten des jüdischen und des nichtjüdischen Holocaust aufrechnen. Es wird schwer sein, genaue Opferziffern zu ermitteln, aber sie liegen eher bei dem zitierten Maximum als bei der türkischen Minimalisierung. Gewiß dürfte nur sein, daß es ohne die Niederlage des Osmanischen Reiches überhaupt keine Überlebenden gegeben hätte – wie selbstverständlich auch keine Juden, wenn Hitler den Krieg gewonnen hätte.

Seit über 70 Jahren geschieht deutscherseits nichts in der armenischen Frage. Keine der wechselnden Regierungen ist je in ihr initiativ geworden. Kein deutscher Staatsmann hat sich je der über die ganze Welt Verstreuten angenommen. Bei uns wird eisern geschwiegen, und dies im Gegensatz zu anderen Ländern, etwa Frankreich. Ich bin für die Dreharbeiten dort gewesen. Wir haben in Paris, bei Lyon, in Marseille gefilmt, darunter auch die Geschichte des 82jährigen Aram Gureghian aus Sebastian, dessen ganze Familie Glied um Glied 1915 hingemordet wurde und der dies in dem erschütterndsten Interview, das ich in meiner Fernseharbeit erlebte, den Zuschauern schilderte, als sei es gestern gewesen.

Frankreich ist mit rund 300000 Armeniern das europäische Hauptaufnahmeland dieses Volkes in der Diaspora. Es gibt dort keine Spur von Armenierfeindlichkeit, aber viele Freunde, ja große Anwälte der Armenier, wie etwa den französischen Arzt und Schriftsteller Yves Ternon. Am 7. Januar 1984 rief François Mitterand, der Präsident der Republik, vor Armeniern in Vienne, einem Ort in der Nähe der Hauptstadt, unmißverständlich aus: »Es ist unmöglich, die Spur des Völkermords zu vertuschen, von dem Sie geschlagen worden sind!«

Welche Unzweideutigkeit, welche Klarheit! Nichts dergleichen in dem Staat, dessen Bürger ich bin, der Bundesrepublik Deutschland. Statt dessen Geschehnisse wie die auf dem Friedhof von Stuttgart-Bad Cannstatt. Nein, der Stein dort ist nicht weggeräumt worden. Der türkische Schwindel mit dem Wort »Jeghern« kam ans Tageslicht und hat auch die resistente Stadtverwaltung beeindruckt. Der Stein blieb also, aber ohne das Datum, und deshalb geht der Kampf weiter. Auch gegen das Schweigen. Es triumphiert hierzulande ja nicht völlig – wofür diese Tagung ein bescheidenes und hoffentlich fortgesetztes Indiz sein dürfte. Wir erleben ja so etwas wie eine kleine Renaissance der beiden genannten Kämpfer und Moralisten, Johannes Lepsius und Arnim T. Wegner, der eine durch einen tapferen kleinen Verlag in Bremen, der unter nicht unerheblichen finanziellen Risiken die Werke von Lepsius wieder verlegt, der andere durch die Arnim-T.-Wegner-Gesellschaft des unermüdlichen Dr. Martin Rooney. Und lassen Sie mich bei dieser Gelegenheit auch Dank sagen an eine unentwegte deutsche Vorkämpferin der armenischen Sache – an die Berlinerin Frau Dr. Tessa Hofmann. Wer sich bei uns der armenischen Sache annimmt, steht in achtungsvollster Tradition. »Deutschland und Armenien« und »Der Todesmarsch des armenischen Volkes«, diese beiden Werke des Chronisten Johannes Lepsius werden in ihrer überwältigenden Beweiskraft und erschütternden Wahrhaftigkeit alle Zeiten überdauern und zum Ruhme eines Mannes beitragen, der 1915 den beschwerlichen und gefährlichen Weg nach Konstantinopel ging, um sich an höchster Stelle für die verfolgten Armenier zu verwenden – vergeblich: Enver Pascha blieb gnadenlos. Franz Werfel hat diese Szene in seinem großartigen Roman »Die vierzig Tage des Musa Dagh« in die Weltliteratur eingebracht. Johannes Lepsius aber ist aus dem deutschen Geschichtsbewußtsein gestrichen. Die Vergeßlichkeit geht so weit, daß wir ihn auch im Brockhaus vergeblich suchen würden. Unter diesem Namen wird dort lediglich ein Ägyptologe genannt – Karl Richard, der Vater von Johannes Lepsius...

Und Arnim T. Wegner? Der Mann, dessen beschwörende Darstellung des Massakers an den Armeniern in einem Brief an den US-Präsidenten Woodrow Wilson 1919 ein »document humaine«, ein Zeugnis der Menschlichkeit sondergleichen war; der Verfasser der armenischen Leidenschronik »Weg ohne Heimkehr«; der furchtlose Fotograf der armenischen Tragödie; Arnim T. Wegner, genannt der »Dichter gegen die Macht«, der in einem Schreiben an Hitler furchtlos für die Juden eintrat und dafür jahrelang im KZ saß – er verstarb 1978 92jährig in Rom: hochgeehrt von den Israelis und den Armeniern, jedoch ohne daß die deutsche Öffentlichkeit auch nur die kleinste Notiz von seinem Ableben nahm. Immerhin hat sich der Brockhaus seiner erbarmt, wenngleich mit einer bezeichnenden Einschränkung in den biographischen Daten: wohl wird der expressionistische Lyriker erwähnt, der Erzähler und Reiseschriftsteller, auch, daß er nach siebenjähriger Haft emigrierte – aber von dem optischen Chronisten der armenischen Tragödie kein Wort.

Als vorletztes noch ein paar Gedanken zur Frage der Identität, dem großen Problem der armenischen Diaspora.

Die Weltkarte dieser Diaspora zeigt, daß, außer den etwa drei Millionen Armeniern in der sowjetischen Kleinrepublik, noch etwa 30- bis 50000 in Istanbul leben (neben einer unbestimmten Zahl von Kryptoarmeniern im mittleren und östlichen Anatolien, die sich nicht bekennen können); etwa 575000 Armenier im Vorderen und Mittleren Orient – Irak, Syrien, Libanon, Iran; 335000 in Europa, vorwiegend in Frankreich, und etwa 10- bis 12000 in der Bundesrepublik; 600000 in Nordamerika, vor allem im Westen der USA und etwa 170000 in Lateinamerika, mit Schwerpunkt in Argentinien. Daneben Mikroziffern von Armeniern in fast 80 Ländern der Erde.

Ohne die Situation der Armenier in der Diaspora idealisieren oder ungebührlich harmonisieren zu wollen, und mit deutlichem Hinweis auf das Menetekel von Berg-Karabach, kann doch gesagt werden, daß Armenier sich in weiten Teilen der Zerstreuung keinem feindlichen Außendruck und seinen Folgen ausgesetzt sehen. In Westeuropa und in beiden Amerika leben die Armenier als Christen unter Christen, wenngleich mit eigener Kirche, aber doch ohne das Odium eines prekären oder lästigen Ausländertums. In vielen Weltgegenden werden sie von ihrer Umgebung eher willkommen geheißen als abgelehnt, und einen Begriff von »Armenierfeindlichkeit« gibt es in der Regel kaum. Im großen und ganzen darf gesagt werden, daß Armenier in der Diaspora verschont geblieben sind von jenen traditionellen Pressionen, von denen die jahrtausendealte jüdische Diaspora gezeichnet war und zum Teil noch ist. Aber gerade das, was den Armeniern erspart bleibt, erschwert ihnen gleichzeitig ihr zentrales Problem: die Bewahrung ihrer Identität in einer Diaspora von noch nicht absehbarer Dauer. Geben wir es zu.

Die türkischen Machthaber setzen ganz zynisch auf diese Karte, auf die Zeit, auf die Erwartung, daß sich das armenische Volk in der Zerstreuung erst zersetzen, dann auflösen wird; daß die Armenier in aller Welt und über die Generationen hin von ihrer nationalen Umgebung aufgesogen werden; und daß sich damit, wie mir gegenüber offen erklärt wurde, »das Problem von selbst löst«. Auf diese Weise, ohne einen neuen physischen Völkermord, ohne Gewalt- und Waffeneinwirkung, soll den Armeniern der Garaus gemacht werden – das ist die türkische Zukunftsplanung in der armenischen Frage. Dies ist der Grund meiner Bedrückung: Diaspora kann auch Umarmung bedeuten, in der man hinschmilzt und in der die nationalen Eigenarten, das Typische und Exemplarische eines Volkes, sanft und angenehm ausbluten können. Mir scheint kein regionales, kein nationales, kein globales Schicksal irgendeines anderen Volkes in seiner kulturellen Eigenart, seinem politischen Zusammenhalt und seiner biologischen Existenz so tief gefährdet zu sein wie das armenische in der Diaspora. Ich werde durch das Studium der armenischen Zerstreuung und ihrer Perspektiven kaum weniger erschüttert als durch die unwiderlegbaren Beweise des Völkermords an den Armeniern. Und ich sage das angesichts immer neu aufbrechender Flüchtlingsströme in unserer friedlosen Welt und des offenbar nicht einzudämmenden Vertreibungselends unseres Zeitalters, in das ich als Fernsehmann oft genug bis an die Grenzen des Erträglichen hinabgelotet habe. Die Türken verweigern jegliche Rückkehr von Armeniern in ihr angestammtes Territorium, sie verweigern die Anerkennung des großen Massakers als »Völkermord« – und sie wissen, warum sie beides tun. Sie fühlen sich am längeren Hebel der Geschichte...

Ich habe dennoch auch Zuversicht für die armenische Sache, und das nicht als trostvolles Lippenbekenntnis. In den vergangenen vier Jahren, in denen ich diese Sache zu meiner eigenen gemacht, in denen ich sie annektiert habe, in dieser Zeit konnte ich erkennen, wie zäh armenische Existenz in der Fremde sein kann, wie tief sie sitzt, auch und erst recht in der dritten Diaspora-Generation von heute, während die vierte schon geboren wird. Ich habe gespürt, wie wahr es ist, was die armenische Historikerin Anahid Ter Minassian in Paris vor unserer Kamera sagte: daß nämlich die Armenier ein altes Volk seien. Sehr wahr, denn das bedeutet, daß es seine jetzige Gestalt aus der Kette unzähliger Geschlechter bezogen hat, und darin steckt eine eingeborene Widerstandsenergie gegen die türkische Hoffnung auf die auflösende Kraft der verrinnenden Zeit. Ich habe gespürt, daß es fremdem Einfluß schwerfallen wird, den Fels armenischen Ursprungs abzuwittern, armenische Originalität von außen abzutragen. Dort, wo sich Armenisches mit Nichtarmenischem mischt – wir sind in Frankreich sehr wohl darauf gestoßen –, dominiert nach meinem Augenschein das Armenische in der Regel ganz selbstverständlich. Bis heute darf wohl, ohne in den Verdacht eines selbstbetrügerischen Optimismus zu kommen, gesagt werden, daß auflösende Anpassung nicht nur ausgeblieben zu sein scheint, sondern die ganze Entwicklung vielmehr eher in die Richtung bewußter Selbstbehauptung geht, in den Stolz auf Erbe und Gegenwart, in Widerstand und Widerspruch gegen die türkische Absicht, armenische Existenz zu verneinen und durch Verweigerung mutlos zu machen. Unnötig zu betonen, daß in dem gewiß lange währenden Kampf der Armenier um ihr Überleben in der Diaspora der armenischen Sowjetrepublik eine Bedeutung zukommt, die schlechthin nicht zu unterschätzen ist – kostbarer Boden, Gewißheit bleibender Existenz (möchte man doch sagen trotz der furchtbaren Pogrome und negativen Reaktionen der Moskauer Zentralmacht, auch der Gorbatschow-Ära, auf die armenische Forderungen). Dort, in Jerewan, ist man in fühlbarer Nähe zur Region der größeren Heimat von einst. Elementar natürlich auch die Bedeutung der armenischen Kirche und der internationalen Organisationen der Armenier, neben regionalen und lokalen Bemühungen um nationale Traditionen.

Ich habe die Armenier in starkem Zwiespalt zur Gewaltfraktion in den eigenen Reihen erlebt. Ihren Anschlägen sind – in Lissabon, auf dem Pariser Flughafen Orly, in Ankara, Brüssel, Los Angeles und anderen Plätzen – bis zur Stunde 58 Menschen zum Opfer gefallen, darunter 41 türkische Diplomaten. Einer der Gewaltbefürworter, oder doch jedenfalls der armenischen Militanz, Angehöriger der dritten Diaspora-Generation, sagte uns in Paris: »60 Jahre lang, bis 1975, versuchten die Armenier auf politische Weise, ihre Rechte geltend zu machen. Sie wandten sich an die internationalen Instanzen, um zumindest die Anerkennung ihrer geringsten Forderungen zu erreichen, die historische Anerkennung des Völkermords und die Verurteilung ihrer Urheber. Doch 60 Jahre lang hat das armenische Volk nichts erreicht und nichts erhalten. So beschlossen armenische Gemeinschaften 1975, nunmehr zum bewaffneten Kampf überzugehen. Wir sind ein Volk im Exil, ein seines Bodens beraubtes Volk, dessen Geschichte verleugnet wird. Ein Volk, das der Auslöschung seiner Identität unterzogen wird. Wir führen einen Kampf zur Wahrung unserer Identität und für die Befreiung der armenischen Territorien, die uns durch den Völkermord genommen worden sind.«

Er dürfte einem Nichtarmenier schwerfallen, dazu etwas zu sagen. Tatsächlich leben wir in einer Welt, in der die blutige Saat dieser Anschläge in dem Sinne aufgegangen ist, als die Kenntnis vom Völkermord buchstäblich in das Globalbewußtsein gebombt worden ist, das Zeugnis einer furchtbaren zeitgenössischen Indolenz, die das Anfangsglied der Gewaltkette bildet. Aber ich habe auch den Eindruck, daß wohl der Mehrheit der Armenier nichts Schlimmeres passieren könnte, als wenn diese Anschläge fortgesetzt werden würden. Darauf wartet der Gegner nur, das ist die Sprache, in der er zurückschlagen kann, und darum wäre sie die falsche. Nicht zu billigen wohl, aber unverständlich ist nichts, was es an armenischen Reaktionen auf die türkische Verweigerung gegeben hat (und auf die Verweigerung der Welt).

Und damit komme ich zum letzten Punkt. Ich kann ihn charakterisieren mit drei Worten: Armenier und Juden. Ich habe festgestellt, daß es typologisch und psychologisch zwischen Armeniern und Juden manche Gemeinsamkeit gibt. Nicht nur, daß ihrer beider Geschichte auf Grund der geopolitischen Durchgangsterritorien für Stärkere und Mächtigere, die oft genug auch blieben, Parallelen aufweist – ich habe bei meinem näheren Umgang mit Armeniern auch entdeckt, daß es geradezu verblüffende Übereinstimmungen von Eigenschaften gibt, auch und erst recht, wo es problematich wird. Etwa, was die verbreitete Fähigkeit der Armenier, sich inbrünstig miteinander zu streiten, betrifft, und den eigenen Standpunkt so hingebungsvoll zu verteidigen, daß nicht der geringste Zweifel entstehen kann: die eigene Person hat immer recht. Das mutet mich dann sehr vertraut, sehr heimatlich-jüdisch an. Wie Juden, so scheinen mir auch die Armenier nur schwer unter einem Dach zu vereinigen zu sein, wie Juden weisen auch Armenier einen fast schon beängstigenden Individualismus auf.

Aber es gibt, neben anderem, einen großen Unterschied zwischen Armeniern und Juden, was ihre Situation in der Welt und im Weltbewußtsein betrifft, und der Ursprung dieses Unterschieds wird sichtbar an einer Äußerung Adolf Hitlers, die er am 22. August 1939, unmittelbar vor Ausbruch des Zweiten Weltkrieges, vor Befehlshabern der Wehrmacht und Kommandeuren seiner SS-Todesschwadronen machte: Dies werde kein Krieg wie andere zuvor, sondern ein gnadenloser Ausrottungsfeldzug gegen Mann, Weib und Kind. Und dann, wörtlich: »Wer redet heute noch von der Vernichtung der Armenier?«

Ja, wer hat zwischen den beiden Weltkriegen davon geredet? Von den am 24. April 1915 verhafteten Notabeln Konstantinopels, die nie wiederkehrten? Von den Müttern, Frauen und Mädchen, die sich, um Schlimmerem als dem Tod zu entgehen, aneinander gebunden in die Kemal-Bog-Schlucht des Euphrats stürzten? Wer hat zwischen den beiden Weltkriegen gesprochen von der Ermordung der armenischen Soldaten in den sogenannten »Arbeitsbataillonen« vom Februar/März 1915? Wer hat gesprochen von den Gekreuzigten, den Verhungerten, den Verdursteten in den Lagern Der-es-Sor, Homsk, Hama, Mossul? Wer hat davon gesprochen, geschrieben, geklagt – außer den Überlebenden selbst?

Was wäre geschehen, wenn der Untergang der Armenier im türkisch-osmanischen Reich nach 1918 eine ähnliche Publizität gehabt hätte wie der Völkermord an den Juden im deutschbesetzten Europa sie nach 1945 hatte, hat und weiter haben wird? Ja, was wäre geschehen...

Ich plädiere dafür, daß Juden endlich ihren Anteil dazu beitragen, den Völkermord an den Armeniern in das öffentliche Bewußtsein der Menschheit zu institutionalisieren, und daß hier eine längst überfällige Solidarität der Betroffenen hergestellt wird. Ich sage das als ein Verfechter der These, daß Auschwitz und alles, was dieser Name symbolisiert und materialisiert, singulär ist und daß sich diese Einzigartigkeit auf das gesamte System erstreckt, das Auschwitz hervorgebracht hat. Ich halte den Nationalsozialismus und seinen Vernichtungsapparat für etwas absolut Präzedenzloses in der Geschichte der Menschheit und halte jeden Vergleich mit anderen Gesellschaften und Herrschaftsformen für deren Dämonisierung, sobald er an den SS-Staat gehalten wird, der damit nur bagatellisiert, minimalisiert oder relativiert werden kann. Ich werde in dieser Überzeugung bestärkt durch ein Buchprojekt, an dem ich derzeit arbeite und das sich mit den Plänen der Nazis nach dem Endsieg befaßt. Sie übersteigen alle apokalyptischen Visionen.

Aber ungeachtet der nationalsozialistischen Singularität halte ich es für völlig verfehlt, zwischen Juden und Armeniern so etwas aufzurichten wie einen Monopol-Anspruch auf »höheres Leid«, wie eine Holocaust-Rivalität. Das Gebot der Stunde scheint mir nicht die Furcht zu sein, daß armenisch-jüdische Verbundenheit den eigenen Leidanteil schmälert, sondern Solidarität herzustellen zwischen Menschen, deren Vorfahren die aufeinanderfolgenden Opfer der großen Völkermorde unseres Jahrhunderts geworden sind und deren zeitgenössische Gemeinschaft in unserer Gegenwart, wo immer sie sich auch aufhalten, jederzeit tödlich bedroht werden kann. Das lehrt das Massaker in der Synagoge von Istanbul, das lehrt Berg-Karabach, das lehrt der Anschlag auf das Jüdischen Gemeindezentrum von Frankfurt, und das lehrt, immer wieder, Israel.

Ich plädiere, als Fortsetzung der Geschichte, für Solidarität von Juden und Armeniern, und dies in Gegenwart und Zukunft. Ich bin von niemandem dazu, außer von mir selbst, autorisiert worden und kann mich daher auf keine Organisation oder Institution berufen, aber ich werde nicht müde werden, diese Solidarität zu fordern, ohne jede Bürokratie, ohne die kleinste Administration, sondern als einen humanen Grundkonsensus zwischen Betroffenen und Gefährdeten, zwischen zwei kleinen Völkern mit großem Erbe.

Das ersetzt nicht andere Bundesgenossen, weitere Bundesgenossenschaft für die Armenier, sondern soll ihr Teil werden. Denn die nichtarmenischen Bundesgenossen sind unersetzbar. Mag die Türkei derzeit und für lange noch den Schlüssel zu einer territorialen Lösung in Händen haben und jeden Zugang zu ihr versperren. Der Schlüssel zu einer langfristig politischen Lösung beider armenischen Grundforderungen – der nach moralischer Anerkennung des armenischen Untergangs 1915/16 als *Völkermord* und der nach Rückkehr in die geraubte Urheimat –, dieser Schlüssel gehört in den Gewahrsam einer humanitären Weltgemeinschaft. Einer Gemeinschaft, die sich hartnäckig den türkischen Verdrehungen, Umkehrungen und simplen Lügen verweigert, auf den belegbaren Nachweis der kollektiven Ausmordung pocht und Täter zu Tätern, Opfer aber zu Opfern erklärt. Der Schlüssel zu solcher Lösung gehört in den Gewahrsam einer Weltgemeinschaft, die sich der Errungenschaften des Nürnberger Tribunals gegen die Nazihauptkriegsverbrecher erinnert und die in dessen Geist sowohl den einstigen türkischen Tätern als auch ihren heutigen Vertretern das geforderte Verständnis versagt – um denen Recht und Stimme zuzuerkennen, denen das Unrecht vor dem Weltgewissen angetan worden ist. Ein internationaler Durchbruch gegen diesen Fall tür-

kischer Großkriminalität von mehr als 70 Jahren völliger Unge-
sühntheit könnte zu einer unwiderstehlichen politischen Gewalt
werden. Ihr müßte sich eine doch schließlich auch in dieser und
nicht in irgendeiner anderen Welt existierende Türkei beugen,
wenn sie nicht mehr verlieren will, als sie sich mit ihrer immer
unhaltbarer werdenden Verneinung der armenischen Tragödie zu
erhalten sucht.

Am 4. September 1915 – Dokument No. 565 der Akte Türkei 183
im Politischen Archiv des Auswärtigen Amtes zu Bonn –, am
4. September 1915 schreibt der kaiserlich-deutsche Botschafter,
Fürst zu Hohenlohe, aus Konstantinopel-Pera an den Kanzler des
Deutschen Reiches, Theobald von Bethmann-Hollweg nach Berlin.

*»Vor einigen Tagen hat Talaat Bey mir gegenüber die Äußerung getan: ›La
question arménienne n'existe plus‹ – die armenische Frage existiert nicht
mehr...«*

Trage jeder von uns sein Molekül dazu bei, daß diese Rechnung
auch künftig nicht aufgehen wird.

Es begann nicht am 9. November

Rede anläßlich der Gedenkveranstaltung 1991 in der Synagoge zu Hamburg

Am 12. November 1938 kommen im Berliner Reichsluftfahrtministerium zehn Männer zusammen, darunter: Hermann Göring, Reichsminister, Reichsmarschall, Bevollmächtigter des Vierjahresplans; Joseph Goebbels, Reichsminister für Propaganda und Volksaufklärung; Reinhard Heydrich, Chef der Sicherheitspolizei, des Sicherheitsdienstes und der Gestapo, und ein Mann namens Hilgard, seines Zeichens Versicherungsangestellter.

Das Protokoll der Sitzung ist erhalten geblieben. Es geht darin um die Nacht vom 9. auf den 10. November 1938 im Großdeutschen Reich.

Aus diesem Protokoll einige Auszüge:

Heydrich: »Es sind im ganzen 101 Synagogen durch Brand zerstört, 76 Synagogen demoliert, 7500 Geschäfte zerstört.«

Goebbels: »Die Juden müssen das bezahlen. Ich bin der Meinung, daß das der Anlaß sein muß, die Synagogen aufzulösen…, daß Juden verboten wird, deutsche Theater, Kinotheater und Zirkusse zu besuchen…, daß ein Jude mit einem Deutschen ein gemeinsames Schlafwagenabteil benutzt. Für Juden müssen besondere Abteile eingerichtet werden.«

Göring: »Das würde ich gar nicht extra einzeln fassen. Wenn der Zug wirklich überfüllt ist…, da wird er herausgeschmissen, und wenn er allein auf dem Lokus sitzt während der ganzen Fahrt.«

Goebbels: »Es wäre auch zu überlegen…, den Juden das Betreten des deutschen Waldes zu verbieten. Heute laufen Juden rudelweise im Grunewald herum.«

Göring: »Also werden wir den Juden einen gewissen Waldteil zur

Verfügung stellen und dafür sorgen, daß die verschiedenen Tiere, die den Juden verdammt ähnlich sehen – der Elch hat ja so eine gebogene Nase –, dahin kommen und sich da einbürgern.«

Heydrich: »Im übrigen ist in rund achthundert Fällen geplündert worden, aber wir sind dabei, das geplünderte Gut herbeizuschaffen.«

Hilgard: »Bei der Glasversicherung, die eine sehr große Rolle spielt, ist der weitaus größte Teil der Geschädigten arisch. Der Jude war in der Regel nur der Mieter des Ladens.«

Goebbels: »Da muß der Jude den Schaden bezahlen.«

Hilgard: »Von der Fabrikationsseite aus wird man ein halbes Jahr brauchen, um das Glas zu liefern, das zum Ersatz der Schäden notwendig ist.«

Göring: »Und die Juwelen?«

Hilgard: »Der größte Fall ist der Fall Margraf Unter den Linden. Der Schaden ist bei uns in Höhe von 1,7 Millionen angemeldet...«

Heydrich: »Sachschaden, Inventar- und Warenschaden schätzen wir auf mehrere hundert Millionen Mark.«

Göring: »Mir wäre lieber gewesen, ihr hättet zweihundert Juden erschlagen und nicht solche Werte vernichtet.«

Heydrich: »Es sind fünfunddreißig Tote.«

Soweit das Protokoll.

Reinhard Heydrich irrte – in jener Nacht vom 9. auf den 10. November 1938 wurden 91 Menschen ermordet. Das Gespräch unter Banditen wurde geführt von einigen der ranghöchsten Vertreter des damaligen Deutschland.

Dies war vorausgegangen:

Am 7. November 1938, gegen 9.35 Uhr früh, betrat Herschel Grynspan die Deutsche Botschaft in der Pariser rue de Lille 78 und gab mit einem Trommelrevolver des Kalibers 6,35 fünf Schüsse ab, die den Botschaftssekretär Ernst vom Rath trafen. Die Familie Herschel Grynspan gehörte zu den etwa 17000 polnischen Juden, die am 27. und 28. Oktober 1938 im Deutschen Reich in Abschiebehaft genommen und an die deutsch-polnische Grenze transportiert worden waren, in der Absicht, sie loszuwerden. Polen aber weigerte sich, sie aufzunehmen. So mußten die Vertriebenen in einer Art Niemandsland unter katastrophalsten Bedingungen dahinvegetieren, in ehemaligen Militärbaracken und ausgedienten Pferdeställen – dies gegen Mitte des 20. Jahrhunderts und im Herzen Europas, veranlaßt von der Deutschen Reichsführung, die sich anschickte, die Welt das Gruseln zu lehren. Der 17jährige Herschel Grynspan hatte am 3. November eine Postkarte seiner in Zbaszyn internierten Eltern und Geschwister erhalten und von ihrer trostlosen Situation erfahren.

Er schoß auf Ernst vom Rath als Repräsentanten jenes Systems, das seiner Familie das Leid zugefügt hatte – sein Opfer war zufällig, die Schüsse hätten auch einen anderen treffen können.

In der »New York Tribune« schrieb eine der berühmtesten internationalen Journalistinnen ihrer Zeit, Mrs. Dorothy Thompson: »Der Fall Herschel Grynspan ist nicht der Fall eines einzelnen, er ist der Fall einer ganzen Rasse, die in den Ländern, wo sie verfolgt wird, keinen Anspruch auf Recht hat. Hinter dem begangenen Mord können Dinge stehen, die für alle Völker der Welt von großem Interesse sind.«
Wahrlich!

Goebbels heizt zum Pogrom auf

Vom Rath erliegt zwei Tage später seinen Verletzungen.
Hitler erfährt am 9. November um 21.00 Uhr, daß Ernst vom Rath gestorben ist. Das geschieht in München. Der 9. November war ein wichtiges Datum in den Annalen des Nationalsozialismus, hatte an ihm doch hier im Jahre 1923 mit dem Marsch auf die Feldherrnhalle ein mißglückter Putsch stattgefunden. Wie in jedem Jahr, scharten sich aus diesem Anlaß wieder die »Alten Kämpfer« um ihren »Führer« im Alten Rathaussaal zu München.
Eine Stunde später, gegen 22.00 Uhr, verkündet Goebbels den Versammelten den Tod des Diplomaten, mit einer Rede, die nach Vergeltung und Rache schreit. Diese Rede löst die Ereignisse vom

9. auf den 10. Nobember 1938 aus, Ereignisse, die in der Formel von der »Reichskristallnacht« die bösartigste Verharmlosung erfahren, die sich denken ließe, und früh die Tendenz offenbart, schreckliche Tatsachen in täuschende Wortilluminationen zu verkleiden.

Die anwesenden Parteiführer deuten die Rede Goebbels' ganz richtig – als Empfehlung, auf die Juden im Reiche einzuschlagen und den angestauten Judenhaß unverzüglich zu entfesseln. Im Konsensus der Totschläger bedeutet das: wir sind von oben gedeckt, die wichtigste Voraussetzung, um aktiv zu werden.

Die Übermittlung von München aus zu den Gaupropagandaämtern, den Kreis- und Ortsgruppenleitern der NSDAP erfolgt telefonisch. Die Ausgewählten springen aus den Betten – sie haben sofort verstanden und folgen der Aufforderung zum Pogrom mit einer Energie, als hätten sie lange darauf gewartet. Es folgen im gesamten Reichsgebiet Stunden, wie sie Europa nach der Bartholomäusnacht des Hugenottenmordes von 1572 nicht mehr erlebt hatte – nur, daß es inzwischen das Zeitalter der Aufklärung gegeben hatte.

Als Hitler und Himmler um 24.00 Uhr auf dem Münchener Odeonsplatz eine Vereidigung von SS-Rekruten abnehmen, klirrt bereits das Glas zerbrochener Schaufensterscheiben, brennen schon Synagogen, sind jüdische Menschen ermordet worden. Aber die meisten Verbrechen fallen in die ersten Morgenstunden des 10. November 1938. Die Telefonwellen der Gauleiter und der SA-Führer, erst gegen Mitternacht abgeschlossen, zeigen jetzt ihre volle Wirkung. Die Fernschreiben von Heydrich und Goebbels treffen später ein. Daß die Anweisung, über Hab, Gut und Leben der längst entrechteten Minderheit herzufallen, so rasch in die Tat umgesetzt werden konnte, läßt keinen Zweifel an der latenten Bereitschaft dazu. Ein urnazistisches Element von Feigheit wird hier sichtbar. Die Kräfteverhältnisse sind so ungleich, wie sie nur sein können: eine ungeheure Übermacht wirft sich auf Wehrlose.

In dieser Nacht wurden Juden in Deutschland geschlagen, getreten, beraubt, aus Fenstern geworfen, Treppen hinuntergestürzt, erschossen, erstochen oder mit Knüppeln erschlagen. Hier einige Beispiele, von denen ich vorausschicke, daß ich uns nicht schonen werde, und die ich meinem Studium der Reichspogromnacht im Rheinland entnehme:

Aus dem Bericht eines SA-Mannes über seine Teilnahme an der »Judenaktion« in Brühl: »Mit Eisenstäben bewaffnet, zogen wir nun los... Zuerst kam der Judenladen Jülich auf dem Adolf-Hitler-Platz dran. D. und ich führten voller Grimm den ersten Schlag gegen die Schaufenster, daß es nur so klirrte... Dann ging es in den Saftladen hinein, wo wir unter Wehgeheul der Juden, das uns wie lieblichste Musik in den Ohren klang, aufräumten... Ganz Brühl war auf den Beinen. Eine solche Volksmenge habe ich in Brühl noch nie gesehen. Der ganze Verkehr auf der Hauptstraße stockte. Jedes Möbelstück, das heruntergeschleudert wurde, wurde mit viel Geschrei und haaa und oh begrüßt.«

Eingeschoben: In diesem Bericht sind nachträglich alle Namen der Täter, nicht die der Opfer, bis auf den ersten Buchstaben ausgestrichen worden. Das nennt man heute wohl Datenschutz. Wer wird hier geschützt?

Aus dem Bericht des Düsseldorfer Rabbiners Max Eschelbacher: »Es hatte viele Tote gegeben... Paul Marcus, der Inhaber des Cafés Karema, flüchtete, als sein Restaurant vollkommen zerstört war. Er ist in der Nacht erschossen worden und wurde am frühen Morgen vor der Wohnung von Dr. Max Loewenberg am Martin-Luther-Platz tot aufgefunden. In Hilden sind Frau Isidor Willner und ihr Sohn Ernst erstochen worden. Ferner sind dort Carl Herz und Nathan Mayer entweder erstochen oder erschossen worden. Schwer verwundet wurde Frau Paul Marcus, die Frau des Ermordeten... Sie soll mehrere schwere Bauchschüsse erhalten haben.«

Aus dem Protokoll des Amtsgerichts Buchen vom 10. November 1938, Aussagen des Adolf Heinrich Frey, 26 Jahre, ledig, Landwirt und Ortsgruppenleiter in Eberstadt: »Ich gebe zu, daß ich die in ihrem Hause hier tot vorgefundene Witwe Susanne Stern geb. Gimbel heute vormittag kurz vor acht Uhr durch Revolverschuß getötet habe... In dem Augenblick, als die Frau Stern rief, machen Sie mit mir, was Sie wollen, habe ich den Sicherungsflügel der Pistole herumgedrückt und den ersten Schuß auf die Frau Stern abgegeben… Auf den ersten Schuß ist die Stern auf dem Sofa in sich zusammengesunken. Ich habe nun unmittelbar danach den zweiten Schuß auf sie abgegeben, und zwar diesmal nach dem Kopf zielend. In diesem Augenblick hat die Stern noch Lebenszeichen von sich gegeben. Sie hat in kurzen Abständen geröchelt. Damit ich ganz sicher war, daß die Stern tot ist, habe ich auf die Daliegende in einer Entfernung von ungefähr 10 cm einen Schuß in die Mitte der Stirn abgefeuert.«

Das Verfahren gegen den Mörder Adolf Heinrich Frey wurde durch Erlaß des Reichsjustizministers unter dem Aktenzeichen III g 10 b 1621/38 g vom 2. Oktober 1940 niedergeschlagen.

Andere starben in jener Nacht, ohne daß Gewißheit besteht, ob sie ermordet worden sind oder ob sie durch den ausgestandenen Schrecken umkamen. Wieder andere töteten sich selbst, wie aus dem Rapport des Oberbürgermeisters von Ingolstadt zu ersehen ist: »Die Aktion gegen die Juden wurde rasch und ohne besondere Reibung zum Abschluß gebracht. Im Verfolg dieser Maßnahme hat sich ein jüdisches Ehepaar in der Donau ertränkt.«

Der Perversion waren keine Grenzen gesetzt. Ein Mitglied der Jüdischen Gemeinde in Baden-Baden, Dr. Thomas Flehinger, wurde gezwungen, in der Synagoge vor den Gemeindemitgliedern unter SS-Aufsicht aus Hitlers »Mein Kampf« vorzulesen.

Am 10. November, um 1.20 Uhr morgens, ordnete Reinhard Heydrich in einem Blitzfernschreiben an alle Leitstellen der Geheimen Staatspolizei an: »Sobald der Ablauf der Ereignisse dieser Nacht die Verwendung der eingesetzten Beamten hierfür zuläßt, sind in allen Bezirken so viele Juden – insbesondere wohlhabende – festzunehmen, als in den vorhandenen Hafträumen untergebracht werden können.«

Auf Grund dieser Anweisung wurden etwa 30000 Juden verhaftet und in die Konzentrationslager Dachau, Buchenwald und Sachsenhausen verschleppt.

Erinnerung des Dachau-Häftlings Karl Röder an den November 1938: »Beiderseits der Geleise stehen SS-Leute. Auch dicht vor meinem Fenster steht einer. Sie haben die Gewehre in den Händen am Lauf, wie Vorschlaghämmer, bereit, damit zuzuschlagen. Von

rechts kommen, dichtgedrängt wie eine Schafsherde, Zivilisten –
Juden. Ich erblicke die aufgenähten Sterne. Alle halten die Hände
über den Kopf, manche verdecken sich auch das Gesicht. Die Augen,
die ich sehe, drücken nackte Todesangst aus, sie sind starr geradeaus
gerichtet. Die SS-Leute schlagen mit den Gewehren wie mit Dresch-
flegeln auf die Köpfe ein. Ich erblicke in Sekundenschnelle, wie auf
einer Filmleinwand, zerplatzte Schädel, herunterhängende Hautfet-
zen, einen Stürzenden, über den ein SA-Mann steigt, welcher ihm mit
dem Gewehrkolben wie mit einem Rammbock auf die Brust schlägt,
so daß aus dem Mund des Liegenden ein dicker Strahl Blut bricht;
einen, dem bereits der Arm zerschlagen ist und den nun ein Gewehrkolben mitten in das Gesicht trifft, das ohne Nase, grauenhaft
deformiert, meinem Blickkreis entschwindet... Dieses Bild wird bis
an mein Lebensende in meinem Gedächtnis bleiben.«

Die Verschleppung der Hennefer Juden in die Konzentrationslager erfolgt bis zur Zwischenstation Brauweiler per Bus. Uns liegt
ein Schreiben der Rhein-Sieg-Eisenbahn-Aktiengesellschaft vom
10. November 1938 an die Polizeibehörde Hennef (Sieg) vor. Darin
heißt es: »Wir bestätigen ergebenst den uns heute erteilten Auftrag
auf Gestellung von 1 Sonderwagen für zusammen 15 Personen für
die Strecke Hennef-Brauweiler am 10. 11. 38... zum vereinbarten
Betrage von 0,65 M je Nutzkm und 0,40 M je Leerkm. Der Betrag
ist an den die Quittung vorzeigenden Kraftwagenführer vor der
Abfahrt zu zahlen.«

»Westdeutscher Beobachter«, Ausgabe Köln-Stadt, 13. November
1938. Darin heißt es in einem Artikel mit dem Titel »Schluß mit
der Gefühlsduselei!«: »Das Weltjudentum mag wissen, daß jeder
einzelne Jude in Deutschland für die Unversehrtheit unserer Volks-
genossen gegen jüdische Terrorversuche haftet. Wenn die sogenannten Demokratien zu schlapp oder zu verseucht sind, um den
jüdischen Bazillus auszuscheiden, so ist das für das starke Deutschland kein Grund zur Schwäche. In diesem Riesenkampf spielen
zertrümmerte Fensterscheiben und demolierte Läden keine Rolle.
Hier geht es um Sein oder Nichtsein.« Der Verfasser: Dr. W. Win-
kelnkemper. Was geschah ihm, wenn er überlebte? Ist er je zur
Verantwortung gezogen worden?

Herschel Grynspans Tat lieferte nur den Vorwand zum Pogrom. Wäre der 7. November in Paris nicht gewesen, hätte es ein anderes Ereignis gemacht. Infolge einer geradezu hysterischen Aufrüstung waren, nach Görings Eingeständnis, die Reichsfinanzen äußerst angespannt. Die Kontribution von 1 Milliarde Reichsmark, die nun den Juden auferlegt wurde für den Schaden, der ihnen zugefügt worden war, sollte den Notstand beheben helfen. Ebenso die bereits eingeleitete, jetzt aber mächtig anschwellende »Arisierung« jüdischer Geschäfte und Betriebe (die übrigens 1988 ihr 50jähriges Jubiläum mit Glanzstoff-Broschüren feiert, ohne daß auch nur ein Wort auf die Ursprungssituation verschwendet wurde). Weiteres Motiv des Pogroms: Den Vertreibungsdruck auf die deutschen Juden zu erhöhen, um sich gleichzeitig ihren Besitz anzueignen. Die Verbleibenden sahen sich in eine immer diskriminiertere und bedrohtere Randexistenz gedrängt. Die schon im Jahre 1933 begonnene und mit den Nürnberger Rassengesetzen vom September 1935 legalisierte Entrechtung der deutschen Juden strebte nach dem November-Pogrom 1938 ihrem Höhepunkt zu. Die Durchführungsverordnungen zur »Entjudung der Wirtschaft« vergaßen kein Gebiet, von den Maßnahmen zur Eintreibung der 1-Milliarde-Kontribution und gegen den jüdischen Einzel- und Großhandel über die Bestimmungen zur Wohnungsfrage bis zu denen der Entfernung von Juden in führenden Posten. Nun erst wurde der Verbotskatalog endlos: verboten war Juden der Besuch von Theatern, Kinos, Konzerten, Museen und öffentlichen Leihbibliotheken; das Betreten von Badeanstalten, Sportstätten und Parkanlagen, wo lange schon Bänke aufgestellt waren mit der Aufschrift »Für Juden verboten«. Das gleiche galt für zahlreiche Hotels, Restaurants und Cafés, wobei viele Besitzer und Eigentümer das gesetzliche Verbot gar nicht abgewartet hatten, sondern selbst die Initiative ergriffen. Juden wurden Kraftfahrzeuge und Führerscheine entzogen sowie die Fernsprechanschlüsse gekündigt. Sie mußten den Zusatznamen »Sara« oder »Israel« annehmen und durften nach acht Uhr abends nicht mehr auf die Straße treten. Mancherorts bestand sogar das Verbot, daß sich jüdische Familien innerhalb eines Hauses nach dieser Stunde gegenseitig aufsuchten. Jüdische Kinder mußten in separate Schulen gehen, und blinden Juden wurde nicht erlaubt, die gelbe Armbinde zu tragen – weil das Mitleidsgefühle wecken könnte und die Gefahr heraufbeschwor, ihnen behilflich zu sein. Juden erhielten keine Raucherkarte und keine Lebensmittelmarken für Eier, Milch, Fleisch, Fisch, frisches Obst und Gemüse. Damit sich beim Einkauf Juden und andere Käufer nicht berührten, gab es entweder gesonderte »Judenläden« oder, wo das nicht möglich war, gesonderte Einkaufszeiten für Juden.

Ich weiß, was ich Ihnen zumute, aber ich setze die Liste der Verbote noch um einige Fakten fort: Juden wurden Schuh- und Textil-Bezugsscheine verweigert, ebenso das Material, um Schuhe zu besohlen. Vom Reichswirtschaftsministerium wurde verfügt, daß Nähmaterial nur noch bis zum Höchstwert von 20 Reichspfennigen vierteljährlich von Juden bezogen werden konnte. Längst waren sie ausgeschlossen von der Belieferung mit Zeitungen und Zeitschriften, vom gesetzlichen Mieterschutz und von der Fortzahlung des Gehalts im Krankheitsfall. Haarschneiden bei nichtjüdischen Friseuren war untersagt, ebenso der Besitz von Plattenspielern, Fahrrädern, Schreib- und Rechenmaschinen. Ab September 1941 mußten Juden den gelben Stern tragen und ab April 1942 alle Wohnungen von Juden mit dem gelben Stern gekennzeichnet werden. Der Flecken wurde von einer Berliner Firma hergestellt, viel mehr, als es noch Juden in Deutschland gab – 1 Million Stück. Sie wurden auf lange Stoffrollen gedruckt und in schwere Ballen verpackt. Bei Zahlung innerhalb von fünf Tagen 2 Prozent Skonto. Zahlen mußten die Sternträger. Das alles nur verordnet? Die Würzburger Mainfränkische Zeitung vom 9. Oktober 1941: »Neben den angeborenen, seit Jahrhunderten vererbten Kennzeichen – krummnasiger ›Synagogenschlüssel‹, Plattfüße, watschelnder Gang, Schlappohren und unsteter Blick – tragen seit einiger Zeit die noch in Würzburg verbliebenen Juden den gelben Stern mit der Aufschrift ›Jude‹.«

Viele Juden überlebten das nicht. Zu ungeheuerlich war der Gegensatz zwischen der einstigen Illusion der Zugehörigkeit und dieser neuen Wirklichkeit. Deutschland, das war die unangezweifelte Heimat gewesen, nach dem »Goldenen Zeitalter der Diaspora« im maurischen Spanien des ausgehenden Mittelalters, die stärkste Assimilation und Integration von Juden, die es seither gegeben hatte. Deutschland – das war auch ihr Deutschland! So, meine Damen und Herren, habe ich meine jüdischen Vorfahren erlebt, meine Urgroßeltern, meine Großmutter – und mit meiner Mutter war es ebenso. Wieviel Vertrauen... wieviel liebende Blindheit...

In vier großen Schüben begingen Juden nach 1933 Selbsttötung nach dem Boykott jüdischer Geschäfte im April jenes Jahres; nach der Annektion Österreichs vom März 1938; in und nach der Pogromnacht vom November 1938 und während der Deportationsperiode zwischen dem Oktober 1941 und dem Januar 1944. Die Charakteristika jüdischer Selbsttötung waren: hohes Alter und hoher Grad der Assimilation. Den Hauptanteil stellten Alleinstehende und Ehepaare ohne Kinder. Fast alle warteten, bis die Bescheide bei ihnen eintrafen.

Dann die Deportation, die Spanne zwischen diesem Bescheid und dem Abtransport. Der 24-Stunden-Tag hat 86400 Sekunden, die der Nächte zählen doppelt. Die Schar der Leidensgefährten auf den Bahnhöfen, der Zug, die Fahrt nach Osten, immer nach Osten. Schon hier beginnt unsere Phantasie zu versagen vor der Realität, schon hier bereits geht bei den Betroffenen die Entkleidung alles Menschlichen vor sich, schon hier ist, spätestens, die Gegenwelt, die irdische Hölle leibhaftig. Kann man sich die Qualen in diesen rollenden Gefängnissen vorstellen? In der Enge einer Sardinenbüchse – keine Nahrung, kein Wasser vor allem und keine hygienischen und sanitären Einrichtungen. So geht es oft Tage, nicht nur für die Juden aus Deutschland, sondern aus allen Ländern des deutschbesetzten Europa. Hier, in diesen vollgestopften, zugepferchten Güterwagen und Viehwaggons, erfolgt der Abschied, endgültig und doch wohl uneingestanden vor sich selbst bei der allmächtigen Fähigkeit des Menschen, zu hoffen. Dann der Halt und für die, die noch lebten, Licht durch die aufgezogenen Türen. Wo war man? Eine Rampe, ein Daumen – rechts, links – links, rechts – dann der letzte Gang.

Lassen wir Gnade walten an uns, den Lebenden und Überlebenden, und unsere hilflose Begleitung an dieser Stelle abbrechen.

Die Nacht vom 9. auf den 10. November 1938 war nicht der Höhepunkt der Judenverfolgung, sondern der Vorhof der Vernichtung.

Meine Damen, meine Herren – ich bitte Sie, sich von Ihren Plätzen zu erheben, um die Opfer jener Nacht zu ehren. Stellvertretend für die 6000 ermordeten jüdischen Bürger und Bürgerinnen Hamburgs seien genannt: Rebecca Rothschildt und Henriette Arndt; Siegbert Frenkenthal und Dorothee Bernstein; Sophie London, Emil Nedun, Leopold Hirsch, Else Behrend, Johann Keibel, Naftali Eldad, Felix Hecht – in memoriam.

Gedanken zu einem deutschen Datum...

Der Volkszorn? Der Volkszorn war es nicht, der hier losbrach, wie die Goebbelssche Propagandamaschine verkündete und es der Welt weiszumachen versuchte – was wieder nur eine ihrer unzähligen Lügen war.

Der Pogrom war von der Reichsspitze befohlen worden, von Hitler, Himmler, Goebbels und Heydrich. Von dort, von oben kamen Parolen und Anweisungen. Die Schiene der Zerstörung, des Raubes und des Mordes verlief auf der Trasse des organisierten Verbrechens durch Verbände der Partei, der SA und der SS. Aber mit dieser historisch zutreffenden Feststellung wäre dennoch die Situation von damals nur sehr unzureichend analysiert. Denn die Pogromnacht ereignete sich in einem Deutschland, dessen überwältigende Bevölkerungsmehrheit in den fünf Jahren seit 1933 längst für den Nationalsozialismus gewonnen war, ihm begeistert zustimmte, ja ihm inbrünstig anhing.

Am 17. Juli 1944 trug Thomas Mann an seinem kalifornischen Wohnsitz Pacific Palisades ins Tagebuch ein: »Man soll nicht vergessen und sich nicht ausreden lassen, daß der Nationalsozialismus eine enthusiastische und funkensprühende deutsche Volksbewegung mit einer ungeheuren seelischen Investierung von Glauben und Begeisterung war.«

Ja, das soll man sich nicht ausreden lassen, das war die Wirklichkeit, sage ich, als naher, unmittelbarer und persönlicher Augenzeuge – und zwar mit all meinen Lebenserfahrungen bis 1945 und danach. Denn fast noch mehr als jene zwölf Jahre hat die Zeit nach dem Untergang des Dritten Reiches die tiefe Verstrickung der damaligen Deutschen mit ihm offenbart. Die Verschmelzung war, bis auf Reste, total, und es gibt in der Geschichte der Deutschen kein zweites Beispiel, das an diese Amalgamierung, diese Bindung von Führung und Volk, diese Verlorenheit des Massen-Ich an das Ich-Ideal des »Führers« auch nur entfernt heranreichen könnte. Gerade sie machen ja Ruhm und Größe des deutschen Widerstandes aller Schattierungen aus, dieser Insel im Meer der braunen Zustimmung: der deutsche Widerstand war der atypische Mikrokosmos im Makrokosmos der Volksbegeisterung für den Nationalsozialismus. Das ist die Grundwahrheit jener Epoche, und auch ihre Geschichte beginnt nicht bei Hitler. Davon später.

Jetzt bleibt zu fragen, in welchen Zustand die damaligen Deutschen durch die Ereignisse der Novembernacht versetzt worden waren. Denn hier hatte ja etwas Beispielloses stattgefunden, etwas, das sich weder vor noch nach dem 9. November 1938 je wieder in Deutschland so abgespielt hat. Während sonst die Gewalt des Staatsverbrechens hinter den Toren und Zäunen der Konzentrationslager und in den Schreckenskammern der Gestapo gewütet hatte, abgeschirmt von der Öffentlichkeit, und entlassene Häftlinge vorher unterschreiben mußten, draußen nichts zu berichten, um den Preis erneuter Einlieferung bei Zuwiderhandlung – während bis dahin so verfahren worden war, hatte in jener Nacht die Gewalt unter freiem Himmel getobt, war der interne Terror auf die offene Bühne getreten. Niemand konnte mehr sagen, er habe es nicht gewußt. Zu laut hatten die zerschlagenen Scheiben geklirrt, zu heftig das Feuer gebrüllt, zu durchdringend hatten die Schreie der Mißhandelten und der Sterbenden in die Nachbarschaft gegellt. Tagelang noch standen die Rauchschwaden in der Luft, lagen die Scherben auf tausend Straßen, mußten die Splitter von den Geschäftsinhabern zu werktätiger Zeit unter uniformierter Aufsicht beseitigt werden. Auch wurden Juden und Jüdinnen durch die Orte getrieben, ohne Ziel, einfach um sie zu kommandieren, zu demütigen, ihnen Todesangst einzujagen – um Macht zu erproben. Auch hier in Hamburg.

Die Nation konnte erkennen, wozu und wessen die Herrschaft fähig war, auf die sie sich inzwischen so tief eingeschworen hatte und deren Teil sie geworden war. Die Nacht vom 9. auf den 10. November 1938 zwang alle Deutschen damals in die öffentliche Mitwisserschaft des Großverbrechens! Die Machthaber hatten die Schamschwelle der Nation geprüft, und das war ihnen wichtiger als die sichere Gewißheit, mit der Pogromnacht Deutschland endgültig außerhalb der gesitteten Menschheit gestellt zu haben.

Was kam bei dieser Prüfung heraus?

Es gibt eine überzeugende Kette von Beispielen für Abscheu, Trauer, Wut, Empörung über die Verbrechen jener Stunden und Tage, wenn meist auch nicht offen bekundet, sondern unterdrückt geäußert und übrigens in manch offiziellem Bericht über die Reaktionen der Bevölkerung mißbilligend dokumentiert. Diese Haltungen traten überall auf, aber ebenso Gegenbeispiele, Beispiele der Genugtuung über die Geschehnisse, Beispiele der Bereitschaft, am Offiziellen privat mitzumachen, Beispiele demonstrativer und massenhafter Zustimmung, individuelle Roheit, absolute Mitleidlosigkeit.

Die Geschichtsforschung neigt nach allen Ermittlungen eher dazu, die Gruppe der Ablehnenden für die größte zu halten. Das dürfte zutreffen. Schwieriger wird es schon bei der Frage, welche Motive für die Ablehnung vorherrschten – ob es natürliches Mitleid war, um so bemerkenswerter zu einer Zeit, da die Mehrheit durch weitgehende Identifikation mit den herrschenden Ideen bereits einen hohen Verlust der humanen Orientierung erfahren hatte; oder ob das allgemeine und von der Führung, wie gesagt, durchaus registrierte Unbehagen, ja die Verstörung auf die aufgezwungene Mitwisserschaft zurückzuführen waren, eine Mitwisserschaft, durch die sich die ganze Nation in die Rolle eines Komplizen gestellt sah, der nicht gefragt worden war, ob er sie denn spielen wolle oder nicht.

Aber wie auch immer – es gibt keine Anhaltspunkte dafür, daß die Pogromnacht vom November 1938 auch nur eine graduelle, geschweige denn eine prinzipielle Veränderung in der Popularität des Nationalsozialismus bewirkt hätte. Volkszorn – noch einmal –

hatte die Nacht gewiß nicht ausgelöst, jedoch war es posthum auch keineswegs so, daß sich dieser Zorn gegen das System gerichtet hätte. Wenn eingewendet wird, daß ein äußerer Bruch unter den gegebenen Bedingungen nicht möglich gewesen wäre – auch der innere Bruch blieb aus, nirgends wird eine politische und moralische Konsequenz kollektiven Ausmaßes sichtbar. Das war der exemplarische Tatbestand, und verwundern sollte es niemanden, denn es hatte ja auch keine vernehmlichen Gegenreaktionen auf all das Unrecht und die Gewalt bis zur Stunde des Pogroms gegeben: auf die Aufhebung der demokratischen Rechte und Freiheiten gleich nach dem 30. Januar 1933; die Verhaftungen von Sozialdemokraten, Kommunisten, Christen, die rasch errichteten KZs – und auf die ununterdrückbaren Nachrichten von Folterung und Mord darin; keine vernehmlichen Gegenreaktionen auf die Bücherverbrennungen, den Boykott jüdischer Geschäfte schon im April 1933; auf die viehische Brutalität, mit der Hitler seinen SA-Rivalen Ernst Röhm und dessen Anhang im Juni 1934 umbringen ließ; auf die Proklamation der Nürnberger Gesetze dann im September 1935 und die nachfolgende Entrechtung der Juden.
Auf all das, was jedermann in Deutschland wußte, hatte es bis zum Herbst 1938 keinerlei Konsequenzen gegeben, die die Reichsführung hätten beunruhigen können.

Der exemplarische Tatbestand läßt den Freiraum, daß viele, sehr viele Deutsche sich von den Verbrechen der Novembernacht abkehrten, daß sie Empörung, Scham und Wut gegen die Täter empfanden und ihr Mitgefühl den Opfern galt – ohne daß die bereits eingegangenen Bindungen an die bestehenden Herrschaftsverhältnisse dadurch gelockert wurden. Die Gleichsetzung von Regierung und Vaterland – (dieser tragische Grundirrtum über die größere Geschichtsstrecke des einheitlichen deutschen Nationalstaates von 1871 bis 1945) – diese Identifikation war 1938 bereits zu tief vollzogen, als daß die Nacht vom 9. auf den 10. November jenes Jahres an ihr wirklich rütteln konnte.
Aber die Deutschen von damals waren ein Glied, nicht der Anfang jener Kette, die bis zu dem Pogrom, dann jedoch weit darüber

hinaus zum Holocaust führte. Es waren tiefe Stufen vorgehauen. Denn es begann nicht an jenem 9. November...

Die Vorgeschichte des Antisemitismus

Synagogen haben hier schon vor 900 Jahren gebrannt, 1096 zu Zeiten des ersten Kreuzzuges. Die frommen Pilger, die von Nordfrankreich kamen, warteten nicht ab, bis sie die Heiden an den heiligen Stätten im Morgenland vor sich hatten, sondern massakrierten vorab erst einmal die Juden des Rheintals. Diesem Massenmord folgten andere Massaker, besonders im 14. Jahrhundert, dem der Großen Pest, für die vielerorts Juden verantwortlich gemacht wurden – zur Heiligung des göttlichen Namens, wie es in der Straßburger Chronik heißt, die den Untergang der dortigen Juden vom Februar 1349 schildert. Das entscheidende Motiv für Mord und Totschlag an Juden aber war immer wieder, daß einige ihrer Vorfahren Jesum ans Kreuz geschlagen hätten. Nach christlichem Selbstverständnis aber hat Gott doch den Sohn geopfert, um die Menschheit zu erlösen, Urzeugnis des Neuen Testaments. Das heißt, Juden sind über mehr als ein Jahrtausend gehängt, verbrannt, gerädert und geviertelt worden für ein göttlich beschlossenes Ereignis, ohne das es keine Heilslehre, kein Evangelium, kein Christentum gegeben hätte. Der Leidensgang ganzer Zeitalter jüdischer Verfolgung durch Christen begründet sich mit eben jenem Initialereignis, der Kreuzigung Jesu. Dieser Interpretation entsprang ein religiöser Antijudaismus, der das Schicksal von Juden über eine unendliche Strecke der abendländisch-christlichen Historie bestimmt hat und der in christlichen Nationen bis heute nicht überwunden ist. Kritische Christen unserer Tage beginnen sich zunehmend mit diesem Antijudaismus zu beschäftigen und gehen seinen Spuren im Neuen Testament ernsthaft nach. Christen und Juden aber stellen heute lauter denn je die Frage: was hat der christliche Antijudaismus zur Entstehung des modernen, des rassistischen Antisemitismus beigetragen? Es gibt keine ehrliche Auseinandersetzung mit ihm, wenn dieser Frage nicht gründlich nachgegangen wird, und es dient der Vertiefung des christlich-jüdischen

Verhältnisses unserer Gegenwart und Zukunft, wenn sie nicht tabuisiert werden würde.

Nein, es begann nicht in der Nacht vom 9. auf den 10. November 1938, und wir können die Ära ziemlich genau bestimmen, wann auf deutschem Boden der christlich-konventionelle Antijudaismus in eine andere Qualität umschlägt – nämlich zu Beginn des vorigen, des 19. Jahrhunderts! Man blättere einmal in den Schriften des Johann Gottlieb Fichte nach, nicht dort, wo Fichte Philosophie lehrt, sondern in seinen »Reden an die Nation«. Da schrillt nicht nur ein neuer Diskant hoch zur Verherrlichung der Deutschen, da wird nicht nur ein von vornherein mit Stoßrichtung auf die Vaterlandsliebe der anderen schwer überfrachteter Nationalismus erkennbar. Da kommt auch ein tief-inniger, verbal-rigoroser Judenhaß hoch, der unter dem keineswegs judenfreundlichen Friedrich II. von Preußen noch völlig unmöglich gewesen wäre, den christlich-konventionellen unheilvoll und weit hinter sich läßt und dem modernen Antisemitismus so etwas wie einen Prolog schreibt. Damals werden die Weichen der deutschen Geschichte falsch gestellt, wird auf den Usurpator Napoleon eingeprügelt, aber die Französische Revolution gemeint, wendet sich das werdende Deutschland nicht den Mutterländern der Demokratie zu, dem England der bürgerlichen Revolution des 17. Jahrhunderts und ihrer Fortschreibung, der großen Freiheitscharta des siegreichen amerikanischen Unabhängigkeitskampfes im späten 18. Jahrhundert und dem Sturm des französischen Nachbarn auf die Bastille von 1789. Statt dessen entscheidet sich eine ganze deutsche Politik- und Geistesrichtung für die Gegenaufklärung, begräbt unter sich die Stein-Hardenbergschen Reformen, begräbt auch das liberale Bürgertum und seine Emanzipation mit der Niederlage von 1848, domestiziert es im Obrigkeitsstaat von 1871 und zeugt unterwegs eine romantische Germanisiererei, in die sich früh Töne angeblich naturgegebener deutscher Überlegenheit gegenüber welschem Südländertum mischen. Hie das bewahrende lichte Deutsche – dort jenseits, dort westlich des Rheins die Unruhe, das Chaos, die Anarchie. Selbst der Olympier von Weimar, selbst Johann Wolfgang von Goethe geht der Zeitströmung, wenn auch nicht für lange, in die Falle seiner unerträglichen »Hermann-und-Dorothea«-Idylle...

Die mag man dennoch nicht vergleichen mit den weiterfortge-schrittenen literarischen Ausgeburten eines Felix Dahn, etwa sei-nem »Kampf um Rom« und dessen germanischen Heroen neben den finsteren Römlingen – solche Figuren entstehen nicht aus dem Nichts. Sie haben ihre Vorgeschichte.

Und da sind sie dann auch ganz präsent, ganz da, schon vor 100 Jahren – die Judenhasser par excellence, die Eugen Düring, Wilhelm Marr, Adolf Warmung, dem österreichischen Lueger in gar nichts nachstehend. Und wir finden schon damals Sätze wie diese, wohlgemerkt auf Menschen, auf Juden gemünzt: »Mit Tri-chinen und Bazillen wird nicht verhandelt. Trichinen und Bazillen werden auch nicht erzogen. Sie werden so rasch und so gründlich wie möglich vernichtet.« Der das geschrieben hat, hieß nicht Adolf Hitler, Heinrich Himmler oder Reinhard Heydrich, sondern Paul de Lagarde, ein deutscher Mann vor 100 Jahren und einer der Theoretiker des modernen Antisemitismus. Der hält sich keine reli-giöse Maske mehr vor, der erklärt die Juden einfach zum bösen Prinzip der Weltgeschichte. Nicht mehr die Mörder Christi sind sie, sondern profane Schädlinge, ekle Krankheitserreger, bösartige Viren, die aus dem Volkskörper ausgeschieden werden mußten. Wer denkt dabei nicht sofort an Goebbels' antisemitischen Propa-gandafilm »Der ewige Jude«, an die Bildfolge der huschenden Ratten, Symbol menschlichen Ungeziefers?

Der Hetzfilm hat seine Vorgeschichte, denn es begann nicht am 9. November 1938…

Wer weiß heute noch, daß es im Deutschen Reichstag von 1893 16 Abgeordnete von Parteien gab, die keinen anderen Programm-punkt als den des Antisemitismus auf ihre Fahnen geschrieben hatten? Und wann ist je die nationale Lebenslüge vom »besseren« Kolonialismus in Togo, Kamerun, Deutsch-Ost- und Deutsch-Südwestafrika bis zu jener Stelle vorgedrungen, die wie eine Vor-formulierung der Nürnberger Rassengesetze auf Afrikaner ange-wandt klingt?: »Wenn auch nur die Möglichkeit bestünde, daß Bastardblut unsere Rasse schädigt, muß jede Aufnahme verhindert werden. Hier handelt es sich um den Bestand unserer Rasse, da haben sich eben ethische und rechtliche Normen nach zu richten.«

Oder: »Über die Hottentotten geht das Urteil meist dahin, daß sie wirtschaftlich im weitesten Sinne unbrauchbar sind und insofern kein Interesse an der Erhaltung der Rasse besteht.« Das Kolonialzeitalter ist ein unerschöpfliches Reservoir zur Demonstration auch des deutschen Rassismus.

Das folgende Zitat aus jener Zeit vor gut 100 Jahren ist eine der schmerzlichsten Überraschungen für mich gewesen. Ich habe sie erlitten, als ich kürzlich die in Köln beginnende Wanderausstellung »100 Jahre deutscher Rassismus« besuchte. Besagtes Zitat lautet: »Überall stören sie –« gemeint sind die Juden – »alles vermanschen sie... Es ist, trotz all seiner Begabungen, ein schreckliches Volk, nicht ein Kraft und Frische gebender ›Sauerteig‹, sondern ein Ferment, in dem die häßlichen Formen der Gärung lebendig sind, ein Volk, dem von Uranfang etwas dunkelhaft Niedriges anhaftet, mit dem sich die arische Welt nun mal nicht vertragen kann.« Das wurde 1898 geschrieben, und der diese Sätze schrieb, hieß Theodor Fontane. Wie soll man da nicht verzweifeln?

Wo wird denn heute noch gewußt, daß Juden im deutschen Kaiserreich die Mitgliedschaft in zahlreichen Organisationen, in Ständevertretungen, in zivilen und militärischen Behörden verwehrt war? – vom »Bund der Landwirte« und dem »Deutschnationalen Handlungsgehilfenverband« über den »Alldeutschen Verband« bis zu den studentischen Korporationen und dem Offizierskorps. Aber der Jude Albert Ballin galt doch als Vertrauter, sogar als Freund des Kaisers! Gewiß, doch während die Majestät mit dem Reederkönig Arm in Arm geht, wird diese Äußerung Wilhelms II. bekannt: »Die Juden sind die Parasiten meines Reiches... In meinem Land gibt es viel zu viele von ihnen. Sie sollten ausgemerzt werden.« Das wird 1907 geäußert, und meint natürlich nicht Albert Ballin, sondern die Juden, die einem nicht Freund sind, die nicht gekannt werden – also nahezu ihre Gesamtheit. Der Kaiser sagt nur, was Heinrich Himmler 35 Jahre später zu der Bemerkung veranlaßt: Er kenne mehr Parteigenossen, die einen »Ausnahmejuden« kennen und sich für ihn stark machen, als es überhaupt Juden gäbe...

Wie sollen wir da nicht verzweifeln, wenn wir sehen, welchen geschichts- und politikprägenden Einfluß das Irrationale schon im Deutschen Reich vor 1914 eingenommen hat? O ja, Frankreich hatte seine Dreyfus-Affäre, und es stimmt auch, daß sie weit über die damaligen deutschen Verhältnisse hinausging. Aber Dreyfus wird von der Teufelsinsel zurückkehren und 1935 in seinem Bette sterben – sieben Jahre bevor Auschwitz zu ›arbeiten‹ begann...

Rätselhaftes Deutschland – hier, auf seinem Territorium, hatte vor 200 Jahren der große jüdische Emanzipationsprozeß begonnen, war das Ghetto überwunden worden, und Preußen hatte dabei Pate gestanden. Ungeahnte Fortschritte hatte es seither für die Geächteten der Jahrtausende gegeben, staunend und mit unendlicher Dankbarkeit und Bereitschaft zur Gegenliebe angenommen. Unersetzbar war der neue Status, auch wenn er noch keine volle bürgerliche Gleichberechtigung bot. Dennoch war Heimat geworden, und die hieß Deutschland! Sollten wir uns nicht angewöhnen, manch überhitztes Nationalbekenntnis von jüdischer Seite im deutschen Kaiserreich aus dieser Quelle zu verstehen?

Ja, rätselhaftes Deutschland, Land der Gegenläufigkeit: denn gleichzeitig mit einem Antisemitismus, der an Unheimlichkeit alles hinter sich ließ, was er bisher ausgespien hatte, vollzieht sich die Assimilation der deutschen Juden bis in ein tiefes Vaterlandsbewußtsein hinein. Aber – noch einmal – wieviel Vertrauen, wieviel liebende Blindheit auf jüdischer Seite...

Verantwortung vor der eigenen Geschichte

Der Beginn des deutschen Sonderweges nach Auschwitz mag fließende Grenzen haben – doch der Erste Weltkrieg war sein Menetekel! 1914 begonnen, ist er 1918 verloren an einem 9. November – noch zwanzig Jahre bis zur Pogromnacht.

Die Mehrheit der damaligen Deutschen erwies sich als unfähig, die militärische Niederlage moralisch zu akzeptieren und mit ihrem Selbstwertgefühl in Übereinstimmung zu bringen – die Legende vom »Dolchstoß« in den Rücken der kämpfenden Truppe, ausgeführt durch die »Novemberverbrecher« in der Heimat, mußte herbei, die Lüge von »Im Felde unbesiegt«.

Es war ein Kampf unter imperialistischen Staaten, aber von den kriegführenden Mächten hatte keine ein so elementares Interesse wie das Deutsche Reich, die bestehenden Kräfteverhältnisse mit Waffengewalt zu seinen Gunsten zu verändern, hatte dieser zu spät gekommene Energieprotz in der Mitte Europas doch die Welt bereits aufgeteilt vorgefunden, als er sich seiner stählernen Muskeln bewußt wurde.

Die Mehrheit der Deutschen nach 1918 war aber nicht bereit, den deutschen Anteil an der nationalen und internationalen Katastrophe dieses ersten großen Maschinenkrieges auf sich zu nehmen. Von dieser Haltung wird niemand so profitieren, wie ein vorerst nur bayerischer Regionalpolitiker – Adolf Hitler. Mit seinem sog. Marsch auf die Münchener Feldherrnhalle zum – mißglückten – Sturz der demokratischen Reichsregierung schreibt er einen weiteren 9. November, nämlich den von 1923, in die Geschichte ein – offenbar ein deutsches Schicksalsdatum. Von jetzt ab sind immer »die anderen« schuld – am Triumph Hitlers, 15 Jahre später: der Versailler Vertrag und die große Arbeitslosigkeit der Wende von den 20er zu den 30er Jahren. Nicht die Generäle, die blieben, während der Kaiser gehen mußte; nicht der unversehrt übernommene Wilhelminische Staats- und Verwaltungsapparat; nicht eine bis in die Knochen konservativ-reaktionäre Justiz und eine auf Linkshatz gedrillte Polizei. Schuld an Hitlers Triumph sind in dieser Vorstellungswelt auch nicht die Vorarbeiten der Freikorps, der Reichswehr und der Schwarzen Reichswehr, der Nationalismus-Chauvinismus der Hugenberg-Presse, nicht ein aus allen Rechtsporen brechender Antisemitismus, der sich ebenso unter legislativen Naturschutz gestellt sah wie die Mord- und Totschlägerbanden der SA und SS. Kein Fitzelchen zu Hitlers Triumph soll jenes Deutschland des Revanchismus beigetragen haben, vor dem Kurt Tucholsky tausendfach gewarnt hatte, bevor er, ohne Hoffnung, selbst sein Leben beendete, so wie auch Carl von Ossietzky vergeblich gerufen hatte, der Nobelpreisträger von 1936, der zwei Jahre später an den Folgen seiner KZ-Haft starb.

Für den Triumph Adolf Hitlers vom 30. Januar 1933 – noch fünfdreiviertel Jahre bis zur Pogromnacht – wurden und werden bis heute als kollektiv herrschende Ansicht der Versailler Vertrag und die große Arbeitslosigkeit für hauptverantwortlich erklärt. Bezeichnenderweise – denn beide kamen von außen! Der Versailler Vertrag von den Siegern des Ersten Weltkrieges, während das deutsche Erwerbslosenelend seinen Ursprung in der Weltwirtschaftskrise hatte, die dem Schwarzen Freitag an der Wall Street von 1929 folgte. Hier sind wir an einer Nahtstelle unbeirrbar fortbestehenden deutschen Geschichtsverständnisses: nämlich die Verantwortung für die eigene Historie samt deren Katastrophen in die Verantwortung fremder Mächte zu delegieren! Das trifft keineswegs nur für das Jahr 1914 und den Triumph Hitlers 1933 zu, sondern setzt sich fort mit der unsäglichen These der Auslöser des sog. »Historikerstreits« von 1986, die behaupten: ohne das Vorbild des Archipel GULAG hätte es Auschwitz nicht gegeben... Welch eine Tradition, welche Kontinuität!

Diese Fähigkeit, sich aus der Verantwortung für die eigene Geschichte argumentativ herauszukatapultieren – selbst angesichts eines so eingeborenen Zentralverbrechens wie Auschwitz – und dies anderen Mächten, Staaten, Regierungen, hier der Sowjetunion, aufzuhalsen – diese Fähigkeit macht den Deutschen keiner nach!

Was immer Versailles und die große Arbeitslosigkeit zu Hitlers Triumph beigetragen haben – er läßt sich nicht aus Ereignissen erklären, die nahe an 1933 liegen, sondern nur aus der Tiefe der deutschen Reichsgeschichte. Es ist ein viel größerer Geschichtsraum als jene zwölf Jahre, mit dem sich auseinandergesetzt werden muß, eine Epoche, die weder 1933 begann noch 1945 endete. Womit so viele Deutsche nicht fertig werden, ist die Ära des ersten einheitlichen deutschen Nationalstaates samt den Ursachen seines katastrophalen Untergangs und dessen langandauernden Nachwehen.

Wie hatte der unvergessene Erich Kästner in den zwanziger Jahren gefragt und prophezeit? »Kennst du das Land, wo die Kanonen blühn? Dort reift die Freiheit nicht, dort bleibt sie grün. Was man auch baut – es werden stets Kasernen. Kennst du das Land, wo die Kanonen blühn? Du kennst es nicht? Du wirst es kennenlernen!«

Die Welt hat dieses Deutschland wenig später kennengelernt – über 50 Millionen Tote.

Die Ermordeten der Nacht vom 9. auf den 10. November 1938 sind ein Molekül in diesem Universum der Entleibten.

Gedanken zu einem deutschen Datum.

Es sind diese Erfahrungen, aus denen sich für mich, und für andere mit einer ähnlichen Biographie, die Last ergibt, deutscher Jude, Jude in *Deutschland* zu sein.

In *Deutschland*, nicht nur in der ehemaligen Bundesrepublik, denn in unser Thema war immer auch die ehemalige DDR einbezogen – und ist es noch und mehr denn je.

Womit wir, bestürzenderweise, abermals bei einem 9. November angelangt sind – nämlich dem von 1989.

Dazu ein paar Worte.

Als auf der Wetterkarte im Fernsehen plötzlich die Trennlinie zwischen der Bundesrepublik und der DDR wegfiel, spürte ich mit Staunen eine elementare, fast kreatürliche Freude in mir – und die dauert an.

Was kann es denn anderes als Genugtuung geben über die historische Entwicklung in den Untergang des Stalinismus auch auf deutschem Boden? Was anderes als Freude über das Ende des Kommandostaates von SED-Gnaden und der Stasi-Herrschaft? Ja und abermals ja zu diesem Gang der Dinge, auch wenn die Hypothek schwer, überschwer sein wird. Und das wird sie, denn dort muß nicht nur die *stalinistische*, es muß auch noch die *nazistische* Vergangenheit aufgearbeitet werden: der von oben *verordnete Antifaschismus* hat – entgegen der offiziellen Propaganda – jede wirkliche Auseinandersetzung mit dem Dritten Reich verhindert. Sie ist nachzuholen. Was nun? Wird sich am Beispiel der ehemaligen DDR abermals bestätigen, daß die Täter davonkommen, wenn ein Gewaltregime von einer Demokratie abgelöst wird, wie so oft in unserem Jahrhundert schon? Konnte auch diesmal straflos unterdrückt, verfolgt, gequält, gemordet werden? Werden sich die Täter, noch einmal, ins Fäustchen lachen können, weil sie nun einem *Rechtsstaat* in die Hände fallen, der zwar jeden kleinen Ladendieb aburteilt, *politische Verbrecher* aber, wie wir gesehen haben, so gut wie unversehrt ließ? – und der deshalb kein Recht hat, sich als Vorbild oder gar als Richter aufzuspielen. Können wir in der ehemaligen DDR nicht schon wahrnehmen, daß die Sorge um die *Opfer* weit zurücktritt vor der Frage, wie die Verfolger von gestern und ihre Mitläufer zu behandeln seien? Deutschland, deine Täter... Wie wird der 9. November *1989* ausgehen? Und welche Antwort wird er finden auf den 9. November *1938*?

Wer der Spur dieses Datums folgt und dem, was zu ihm hin und von ihm weggeführt hat, der begibt sich auf die Dunkelseite der Geschichte.

Aber sie ist nicht die einzige.

Während der ganzen Zeit meines Vortrages und seines düsteren Freskos, das der Gedenktag erzwingt, spüre ich das dringende Bedürfnis, Trost zu empfangen und Trost zu spenden, lebt in mir das Verlangen, Versöhnendes zu sagen, Hoffnung zu geben, Mut einzuflößen, Licht zu schaffen. Nachdem offen ausgesprochen worden ist, was es den Überlebenden der Pogromnacht und der Shoa so schwer gemacht hat und noch macht, in diesem Lande zu leben, sei bekannt: es gab auch immer Bundesgenossen, Freunde, Mitstreiter. Ich stehe nur vor Ihnen, weil es im Dritten Reich Deutsche gab, die *ihr* Leben für das *unsere* wagten, als sie uns bei sich versteckten. Immer gab es hier auch Gegner, eingeschworene Feinde von Chauvinismus, Nazismus, Antisemitismus und Rassismus. Ich meine nicht nur die großen Namen, die Hervorgetretenen, ich meine vor allem die vielen Verborgenen und dennoch Wirksamen, die Selbstlosen, die, was sie riskierten, nicht um des Lohnes oder des Dankes willen taten, sondern weil sie menschliche Menschen geblieben waren. Noch einmal: Ehre dem deutschen Widerstand, ihm vor allem – denn im Resistenzspektrum der Epoche war er, vom eigenen Volk verlassen, der einsamste von allen.

Mag die *Unfähigkeit zu trauern* auch bestimmender, exemplarischer gewesen sein – ich habe neben versteinerter Unbußfertigkeit auch die Beispiele qualvoll empfundenen Schuldgefühls erlebt, eine oft lebenslange Bürde, die nach Erlösung rief. Nicht bei den *großen* Tätern, nicht bei denen, deren Hände mit dem Blut von Tausenden befleckt waren – eher bei jenen »Kleinen«, die vielleicht nicht mehr getan hatten, als »Heil!« zu rufen und mitzulaufen, und die sich danach dennoch gepeinigt fühlten, weil sie sich ihr Gewissen bewahrt hatten. Auch das lernte ich kennen. Es gibt nach meiner Befreiung am 4. Mai 1945 in Hamburg wenig, was mich mehr erschüttert und mir mehr bedeutet hätte als die Begegnung mit Menschen, deren Grundproblem ihr Schuldgefühl war und die jene Trauerarbeit leisteten, der sich weit Schuldigere so standhaft versagten – sie sind meine Bundesgenossen!

Und es gibt Richard von Weizsäcker, diesen *deutschen* Präsidenten, der in meinem *jüdischen* Herzen wohnt.

Natürlich hat sich in den langen Jahrzehnten nach dem Ende des Zweiten Weltkrieges hier viel verändert. Natürlich besteht die Bevölkerung keineswegs nur aus alten, neuen oder verhinderten Nazis. Die Gegenwart sieht vielmehr eine Mehrheit von Bürgern, die in der NS-Zeit ihrer Jugend wegen keine Schuld auf sich geladen haben konnte oder die überhaupt erst nach dem Untergang des Dritten Reiches geboren wurde. Kraftvolle Demokratisierungsprozesse sind unleugbar, und wer könnte daran zweifeln, daß der größere der beiden Teilstaaten der freieste Staat der deutschen Geschichte war? – dem nun die Struktur des ganzen Deutschland folgen soll!

Gleichzeitig aber zeigen sich gerade jüngst eine epidemische Ausländerfeindlichkeit, die aus den fossilen Quellen deutscher Negativtraditionen schöpft, rechtsextremistischer Haß und eine Gewaltbereitschaft, die sich wie ein Flächenbrand über das ganze Deutschland ausbreiten. Es wird schon wieder gemordet in diesem Land, sind dem Fremdenhaß doch bereits Menschen zum Opfer gefallen, darunter auch Kinder. Der 9. November 1991, unsere Gedenkstunde, sie sieht sich eingebettet in eine Renaissance der Gestrigen. Und das geschieht nahezu unbehelligt von einer Staatsmacht, die ganze Heere von schlagstockbewehrten Ordnungshütern nebst Wasserwerfern entsenden konnte gegen die Sitzstreikenden von Wackersdorf, gegen die Hausbesetzer der Hamburger Hafenstraße oder gegen die Protestler einer neuen Startbahn des Frankfurter Flughafens. Die bedrohten Fremden unter uns können jedoch angeblich nicht ausreichend geschützt und die Täter nicht ermittelt werden. Was waltet hier, was geht hier um? Warum übt sich diese zweite deutsche Republik, wie schon die erste von Weimar, militant immer nur gegen links, nie aber gegen rechts?

All das bestätigt uns, daß die deutsche Demokratie und ihre Freiheiten keine Selbstverständlichkeiten von 1949 und 1989 an bis in alle Ewigkeit sind, sondern eine fortwährend bedrohte Kostbarkeit. Es ist der Humus der zweiten Schuld, auf dem das Unkraut des alten Ungeistes sprießt. Der Schoß ist fruchtbar noch, aus dem das kroch. Sie sind immer noch unter uns, die faktischen und die potentiellen Täter.

Wir sollten dergleichen weder überschätzen noch unterschätzen. Aber wir sollten wissen, daß die Mörder unter uns sind und daß nie wieder Verhältnisse hergestellt werden dürfen, unter denen sie sich austoben könnten. Vor anonymen Attacken des realexistierenden Antisemitismus kann es keinen wirksamen Polizeischutz geben. Die Unbelehrbarkeit wird sich jedoch öffentlich um so dreister gebärden, je risikoloser sie sich wähnen darf. Ihr Spielraum wird also bestimmt von der Militanz der demokratischen Republik bei der Verteidigung ihrer Humanitas.

Stellen wir deshalb dem gewöhnlichen, dem schwelenden Nazismus, der kultvoll gepflegten Unfähigkeit zu trauern, der bekennenden Unbelehrbarkeit – stellen wir ihnen offensiv unsere bürgerliche Courage entgegen, die wachsame Humanität des Alltags. Lassen Sie uns energische Widersacher sein, wo immer die Kakophonie von Rassismus, Antisemitismus und Ausländerfeindlichkeit mißtönend zu vernehmen ist. Geloben wir, der Jugend Mut zuzusprechen und ihr zur Seite zu stehen, wo immer sie es nötig hat angesichts der Aggressivität einschüchternder Gewalttäter, die nur in Horden mutig sind. Legen wir uns die kritische Sonde aber auch selber an, beobachten wir auch uns mißtrauisch, wo *wir* anfällig sind gegenüber Gedanken und Handlungen, die wir verabscheuen und die uns dennoch nicht unvertraut sind. Und stellen wir uns nicht über andere, da wir doch erfahren, daß wir immer wieder mit uns selbst kämpfen müssen, um den besseren, den menschlicheren Teil in uns zu mobilisieren.

Nicht mehr die Bundesrepublik und die DDR getrennt, *Deutschland* übernimmt nun das Erbe seines spezifischen Novemberdatums: des von 1918, des von 1923, des von 1989 – und des 9. Novembers 1938, an dem es nicht begann und nicht endete.

Das *ganze Deutschland* soll, es muß wissen, daß die Überlebenden des Holocaust eine doppelte Bürde tragen: neben der Last der unvergeßbaren Verfolgung auch noch die Erfahrungen mit der zweiten Schuld danach: daß die Täter davongekommen sind. Die Gesellschaft der nun größeren Bundesrepublik Deutschland soll und muß wissen, daß in ihr, immer noch und sicher über die Jahrhundertwende hinaus, Tatzeugen von damals weilen, die wohl vergeben, nicht aber vergessen können. Sie muß wissen, daß darunter Menschen sind, denen beim unfreiwilligen Einatmen der Auspuffschwaden im Stau des motorisierten Wohlstandsblechs unweigerlich Gedanken an die Gaskammern von Auschwitz, an die Gaswagen von Chelmno kommen. Dieses *Deutschland* muß wissen, daß in ihm noch Menschen weilen, die beim Anblick jeder Wunde, jeden Tropfen Bluts, an Lidice, an Babi Jar, an Oradour-sur-Glane denken; Menschen, die zusammenzucken, wenn sie das ebenso begrifflos wie inflationär benutzte Wort *Einsatz* vernehmen – nachdem es die mobilen Mordkommandos der *Einsatzgruppen* gegeben hat. Ich benutze diese Vokabel der *lingua tertii imperii*, der Sprache des Dritten Reiches, des Unmenschen, nie mehr – es sei denn bei einer notwendigen Demonstration wie dieser.

Dieses Deutschland soll und muß aber auch wissen, was es bedeutet hat, daß während des Golfkrieges Juden wieder in Gefahr waren, getötet zu werden durch Gas, an dessen Herstellung deutsche Firmen hauptbeteiligt waren. Denn wo immer Juden sind auf der Welt – Israels Bedrohung ist ihre Bedrohung. Wo immer sie leben, Israel bleibt ihr geliebtes Land, unabhängig von den Maßnahmen und den Fehlern abwählbarer Regierungen. Sie bangen um Israel, ihr Schicksal ist unaufknotbar verbunden mit dem seinen.

»Wie kann man unter all diesen Gewichten leben – in diesem Land?« So werden Juden hier oft gefragt. Ich gebe *meine* Antwort: Ich bin nicht gefragt worden, was ich möchte oder nicht, ich bin angenagelt ans Deutsche, es hält mich fest, ohne jede Aussicht auf Änderung, ohne jede Möglichkeit zu fliehen. Es hat mir meine

Unlösbarkeit eingerichtet – wohin ich auch immer gehen würde, sie käme mir überall nach. Nationale Gesinnungen, oder was sich bei uns dafür hält, werden solche Art von Bindungen wohl nie begreifen. Gleichzeitig gebe ich damit Zeugnis ab für die Liebe der Ermordeten zu ihrer Heimat, auch der Juden Hamburgs, eine Liebe, die damals nichts galt, die aber dennoch da war und mit in den Tod genommen wurde. Wir Überlebenden der Shoa sind hiergeblieben, in Deutschland, und sind draußen deshalb mancher Verständnislosigkeit aus den eigenen Reihen begegnet. Wir brauchen uns dieser Entscheidung nicht zu schämen. Nicht, daß der von den Nazis injizierte Fluchtinstinkt ganz abgestorben wäre. Ich gestehe, daß er immer wieder provoziert wird und daß ich nicht nur einmal daran gedacht habe, angesichts der zweiten Schuld und der zehntausendsten Begegnung mit der Unbelehrbarkeit wegzulaufen: da es nun genug, übergenug sei, dieses: »Es waren ja gar nicht *sechs Millionen* ermordete Juden« – oder – »Die anderen haben auch Verbrechen begangen« – oder – »Es muß doch endlich einmal Schluß gemacht werden«…

Aber ich gebe nicht nach – es waren die Nazis selbst, die mich im Kampf gegen sie und ihren weiterwuchernden Ungeist kapitulationsunfähig gemacht haben.

Hinter all dem steht ein Daseinsmotto, das nur erkämpft und erlitten werden konnte, das alles bestimmt und an dem ich mich orientiere wie an einem Kompaß, der mir unbetrügbar den Weg weist – ein Motto, in das die Summe alles biographisch Erlebten eingeschlossen ist, auch die Nacht vom 9. November 1938. Es lautet: *Auschwitz – und das Leben… Auschwitz – und das Leben!*«

Wiedersehen mit Bösdorf

Aus dem »Zeit«-Magazin vom 14. Juni 1991

Gleich hinter dem Ortsschild biege ich mit dem Wagen ab, weg vom Dorf, die fünfhundert Meter quer durch Felder und Wiesen zum Bahnhof hinunter. Und dann stehe ich, mit meinem Bruder Rocco, an dem eingleisigen Schienenstrang der Nebenstrecke Oebisfelde–Magdeburg und schaue mich um und will es nicht glauben. Da steht er, an der Front des Bahnhofsgebäudes, in den alten Lettern, der Name der Station, der identisch ist mit dem des Ortes: BÖSDORF...

Nach unserer Ausbombung in Hamburg vom 29. auf den 30. Juli 1943 waren wir hier ausgestiegen, Blinden gleich, zufällig, die gesamte Sippe, Großeltern, Eltern, Söhne – im ganzen acht Personen. Über jene Stunde heißt es in meiner autobiographischen Familien-Saga »Die Bertinis«:

»Auf einer kleinen Anhöhe, geduckt wie eine fette Kröte, aus deren Rücken stachelig der Kirchturm stieß, lag eine Ortschaft vor ihnen. Der Weg dahin, geschlängelt, sandig, war zur Linken von Feldern, zur Rechten von Weideland gesäumt. Seit hundert Stunden ohne Schlaf, kniffen die Bertinis im Licht der Sonne die Augen zu, dann setzten sie sich langsam in Bewegung. Schrittweise, vielgliedrig, tastend, wie Vogelscheuchen rückten sie vor... Das war der Einzug Alf Bertinis mit den Seinen in Bodendorf über Obenwalde, einem Ort in der Altmark von bisher fünfhundertzweiundneunzig Seelen, ungefähr auf halber Strecke zwischen den Städten Braunschweig und Magdeburg gelegen, aber etwas nach Norden hin.«

Das war am 2. August 1943 gewesen. Neun Monate später hatten wir Bösdorf – das Bodendorf in den »Bertinis« – wieder zu verlassen – auf Befehl der Gestapo. Dazwischen lag ein unvergeßliches Kapitel unserer Familienchronik. Und nun, nach 47 Jahren, waren mein jüngerer Bruder Rocco und ich, die einzigen, die von den damaligen Ankömmlingen noch leben, hierher zurückgekehrt – dank des Falls der Mauer. Lag das Dorf doch an der sogenannten »Schutzzone« der deutsch-deutschen Grenze in der ehemaligen DDR, in die und aus der heraus nur mit besonderen Ausweisen zu gelangen war. Keiner von uns hatte je geglaubt, Bösdorf zu seinen Lebzeiten noch einmal wiederzusehen.

Aber jetzt fahren wir auf das Dorf zu, stellen den Wagen auf dem großen Platz, »Im Winkel«, an die Seite, gehen zu Fuß weiter, in der Erinnerung alles wie eingebrannt und nun unversehrt wiedergefunden: der gewölbte Boden des »Winkel«; die Kirche, schartig, bemoost, Patina von 400 Jahren; die alte Kastanie; hinten, im Halbrund, die Höfe; auf der anderen Seite der Dorfstraße das Gebäude, in dem damals französische Gefangene untergebracht waren.

Die Haltung meines Bruders ist stocksteif, seine Kiefern mahlen das Gesicht weißlich, er gibt sich keine Mühe, seine Bewegung zu verbergen. Rocco war damals 13, der jüngste von uns, und innerlich der schutzloseste. Er weist nach rechts, auf das Fachwerk eines großen Hauses, sagt: »Die beiden Fenster.« Dort war die Mutter unseres Vaters, Emma Giordano, untergekommen, bei Olga und Friedrich G., herzensguten Menschen. Aber als der Sohn, Fritz G., auf Urlaub von der Ostfront gekommen war, hatte er die alte Einlogiererin wortlos rausgeschmissen, samt ihrer geringen Habe und unbeeindruckt von den unglücklichen Gesichtern des Bauern und der Bäuerin.

Wir treten heran, und ehe wir klingeln, wird uns die Tür aufgemacht, von einer älteren Frau: »Ich habe Sie schon gesehen, ich kenne Sie. Kommen Sie herein.« Sie führt uns in das Zimmer, wo einst unsere Großmutter gewohnt hat. Binnen kurzem ist klar, daß es sich um die Frau von Fritz G. handelt, der den Krieg überlebte und vor einigen Jahren gestorben ist.

Wir haben ihn als ausgesprochenen Nazi in Erinnerung, aber darüber wird nicht gesprochen. Was kann die Frau dafür, die ihn viel später geheiratet hat? Dennoch spüren Rocco und ich, daß wir Mühe haben, uns von der Vergangenheit nicht überwältigen zu lassen. Das Schwerste liegt noch vor uns.

Weiter ins Dorf hinein, und mit immer deutlicherer Anspannung auf das sogenannte »Altenteil« zu, wo wir fünf untergekommen waren: unsere Mutter, Lilly Giordano (die Lea der »Bertinis«), der Vater Alfons, der älteste (1983 verstorbene) Bruder Egon, Rocco und ich. Das Tor ist nicht mehr aus Holz, wie damals, doch dahinter scheint die Zeit stehengeblieben zu sein: das grobe Pflaster; der überdachte Teil des Hofes; das Plumpsklo; das kleine Kabuff, in dem ein holländischer Zwangsarbeiter ein verlorenes Leben führte; die Stufen zur Haustür hoch. Dann drinnen, hereingebeten von dem Mieter, der hier seit 1945 wohnt und unsere Geschichte kennt – »Wie das ganze Dorf: Ihr Buch, seine Verfilmung, Ihre Fernsehdokumentationen. Die Giordanos sind eine Legende in Bösdorf«, sagt der Mann, schlank, leise, in meinem Alter. Ich stehe in der Wohnung, die ich als 19jähriger betreten hatte, heute bin ich 68. Wie unwirklich das alles: das Schlafzimmer von einst, jetzt Wohnraum; in der Küche anstelle des alten Herdes ein modernes Gerät, aber die gleiche Atmosphäre; das winzige Wohnzimmer, wo wir jedem Schritt von außen entgegengebangt hatten.

Ich trete nach hinten in den Garten hinaus. Das Fliedergesträuch, in dem sich einst gefährliche Bewohner niedergelassen hatten, steht nicht mehr, ebensowenig wie der Apfelbaum, dessen Stamm gezittert und gebebt hatte, als das 40 km entfernt liegende Braunschweig in einer Nacht von den Bombenteppichen der Royal Air Force zerstört wurde. »Die Früchte eines krumm gewachsenen Apfelbaumes strömten ein kräftiges Aroma aus. Über Fliederbüschen, die den Garten von einem Acker trennten, schwirrten bösartig und riesenhaft Hornissen. Das Feld hinter dem Flieder stieg an und zeichnete einen nahen Horizont an den blauen, sonnentrunkenen Augusthimmel. In seinem Licht standen die Bertinis hinter dem Altenteil und rieben sich die Augen.«

Als wir hier, in dieser Idylle, eintrafen, lagen zehneinhalb Jahre Verfolgung, Bedrohung und Entrechtung aus rassischen Gründen hinter uns. Berufsverbot für die jüdische Mutter (Klavierlehrerin), neben hundert anderen Untersagungen; Berufseinschränkung für den Vater (Musiker); Schulverweisung aller drei Söhne; Gestapoverhöre; Denunziationen; nach dem Abtransport der letzten volljüdischen Familien in Hamburg, vom Mai 1943, kurz vor der Ausbombung die Zustellung *der* Formulare, die jene als Auftakt der Deportation zuvor bekommen hatten; und über allem, ständiger Begleiter, die Furcht vor dem jederzeit möglichen Gewalttod.

Hier, in Bösdorf, so hatten wir gehofft, abseits, auf dem Lande, könnten wir den Wettlauf zwischen »Endlösung« und Endsieg der Anti-Hitler-Koalition des Zweiten Weltkrieges vielleicht gewinnen. War doch mit den Angriffen auf Hamburg ein ganz neues Zeitalter des Luftkrieges über Deutschland eingeleitet worden, die systematische Zerstörung der Städte, der nichts entgegengesetzt werden konnte. Schon während unseres Bösdorfer Aufenthaltes bewegten sich die Fronten von allen Seiten auf die Reichsgrenzen zu. Und die Geheime Staatspolizei schien uns aus den Augen verloren zu haben. Doch unsere Hoffnungen sollten trügen.

Rocco und ich gehen hinüber zur Kirche, deren Glocken läuten – ein Sechsundachtzigjähriger, so erfahren wir, ist gestern gestorben. Dieser Zufall öffnet uns die stets verschlossene Tür. Drinnen Atemnot, so intensiv steigen die früheren Bilder auf. Die alte Sitzordnung, die Kanzel, die Stiege hoch zur Orgelnische! Dort oben hatte unser Vater zur Freude der Gläubigen von Bösdorf sonntags für den Gottesdienst gespielt – das »Ave Maria« klingt mir noch in den Ohren, das »Largo« von Händel, Bachsche Fugen. Die Luft wurde der Orgel durch einen Blasebalg zugeführt, mittels eines Tretbalkens. Das schaufelförmige Holz, ich will meinen Augen nicht trauen, ist immer noch da. Als Bruder Rocco es damals bedienen sollte, stellte sich heraus, daß er dafür zu leicht war. Deshalb trat ich den Balken auf und ab, wie jetzt wieder, nach fast fünfzig Jahren. Doch ohne Wirkung – längst wird den Pfeifen die Luft elektrisch zugeblasen.

Das kirchliche Zwischenspiel hatte damals allerdings nicht lange gedauert:

»Als Alf und Roman Bertini ihren Fuß über die Schwelle setzen wollten, trat der Gemeindediener aus der Kirche hervor, einen schwarzen Rock über, in kurzen Stiefeln, und setzte ein Bein vor. ›Juden haben in einer christlichen Kirche nichts zu suchen‹, sagte er, die Arme nach beiden Seiten ausgebreitet, laut und langsam.«

Dieser Gemeindediener hieß Theodor W., und er wurde für uns zum bösen Geist von Bösdorf. Er hatte einen Sohn in meinem Alter, und dem war an der Ostfront ein Unterschenkel von einer Mine abgerissen worden. Wir jedoch, »das Judengesindel, das am nächsten Baum aufgehängt gehört«, wie er ausrief, wir hatten unsere Glieder noch. Notabene: Theodor W. war kein Mitglied der NSDAP. Andere, die es waren, behandelten uns gut.

Nach dem Kirchenverbot wußten wir, woran wir mit dem Mann waren. Würden wir trotzdem in Bösdorf bleiben können, das wir lieben gelernt hatten? Gerade unsere Mutter, die gefährdetste von uns, stieß bei Nachbarn und beim Einkaufen auf so manchen hilfsbereiten, stumm verständnisvollen Dorfbewohner. Was aber führte der Gemeindediener noch gegen uns im Schilde?

Wir machen uns auf zu dem Haus mitten im Ort, wo Theodor W. mit seiner Familie, Frau, zwei Töchter, gewohnt hatte – er ist schon lange tot, niemand von den Angehörigen noch im Dorf.

Auf dem Wege dahin begegnet uns der erste Mensch, den wir von damals kannten: Leni M. Sie sieht uns, erkennt uns, schlägt, die Augen verräterisch blank, die Hände über dem Kopf zusammen. In ihrem Haus, zu Lebzeiten der Mutter noch, haben unsere Großeltern, Selma und Rudolph Lehmkuhl, gewohnt, umsorgt und umhegt von der Güte und der Unerschrockenheit dieser Frau, damals ein junges Mädchen, heute – mit uns – 47 Jahre älter geworden. Wir werden hineingebeten, es wird aufgetischt (Bösdorfs herrliche Rot- und Leberwurst, von der wir so lange geträumt hatten!), es wird erzählt, es wird geschwiegen. Und dann werden wir in das einstige Zimmer geführt, wo die Großeltern lebten – die Betten, der Herd, der Blick aus dem Fenster in die weite Landschaft. Kann es wahr sein, daß wir hier sind? Doch es ist wahr wie gleich danach das Wiedersehen mit den Schwestern Rosi und Gerda, Teenager damals und dennoch sogleich wiedererkannt. Die eine, Rosi, ist Mutter großer Kinder, die längst aus dem Haus sind; die andere, ältere, Gerda, blieb kinderlos und ist, schon seit Anfang der 50er Jahre geschieden, allein geblieben. Beide haben ihr ganzes Dasein in Bösdorf zugebracht, wie angebunden, wie gefesselt. »Es war ja nicht wie bei euch«, sagt Gerda, »wir durften ja nicht.« Darauf gibt es nichts zu antworten.

Die vierte Person, die uns von damals kennt und die wir nun treffen, ist Christa, Tochter von Olga und Friedrich G., in die wir Brüder alle drei verliebt waren – »Fohlenbeinig, blondbezopft, ein Mädchen mit hübschem, spitzem Gesicht, Perlzähnen und Aprikosenhaut…« So in »Die Bertinis«. Jetzt ist sie eine gewichtige Sechzigerin, aber in ihren Bewegungen, ihrer Mimik und ihrer Fähigkeit, spontan aufzulachen, so unverwechselbar wie damals. Wir stehen voreinander und halten uns an den Händen. »Hier ist immer von euch gesprochen worden«, sagt Christa, »die Giordanos waren nie vergessen.« Erst beim Abschied erfahren wir, daß ihr und ihrem Mann drei von sechs Kindern weggestorben sind.

Ich setze meinen unterbrochenen Weg zum Hause von Theodor W. fort, stehe vor dem Klinkerbau, an dem sich nichts geändert hat, ausgenommen der Parabolspiegel fürs Fernsehen. Dann gehe ich die Straße hinunter, dahin, wo einst Bösdorfs Bäckerei war, und je näher ich komme, desto langsamer wird mein Schritt. Hier, an dieser Stelle, wollte Theodor W. im Oktober 1943 meinen Bruder Egon und mich mit einem Stein erschlagen… Mir ist, als sei es gestern gewesen, daß der Stein gegen unsere Köpfe geschmettert wurde, vor wenigen Stunden.

Wir hätten damals in Bösdorf bleiben können. Vater, Brüder und ich hatten Arbeit gefunden, mit ordnungsgemäßen Papieren – Rocco bei Bauern im Ort, der ältere Bruder und der Vater bei der Bahnmeisterei in Oebisfelde (das Obenwalde der »Bertinis«) und ich dort als Schreibkraft in einer Reparaturwerkstatt für Autos und Landmaschinen. Es war, als seien wir von der Geschichte vergessen worden. Wir lebten in der wahnwitzigen Hoffnung, »… daß das Unglaubliche geschähe und sie unversehrt blieben, bis der Lärm der letzten Schlacht zu hören wäre und die alliierten Panzer einschwenkten und ihre siegreiche Fahne hißten auf dem Dorfplatz

– dreitausend Kilometer kämpfend gekommen von Ost und West um der Bertinis willen!«

Doch im April 1944 denunzierte Theodor W. uns bei der Gestapo Gardelegen: Die Söhne betrieben in großem Umfang »Rassenschande«; der Vater führe staatsfeindliche Reden; die Mutter sei Jüdin – irgendeine andere Anklage gegen unsere Mutter als ihre bloße Existenz wurde von dem Gemeindediener in dem Schreiben nicht angeführt.

Am 4. Mai 1944 mußten wir auf Befehl der Geheimen Staatspolizei nach Hamburg zurück:

»Neun Monate nach ihrer Ankunft verließen die Bertinis am Morgen das Altenteil – über das holprige Pflaster, vorbei an der Pumpe, dem riesigen Mühlstein mit der gebrochenen Achse, dem Amboß und der ausgefransten Straßenwalze unter dem Dach zwischen Scheune und Ställen. Überall bewegten sich Gardinen, schwankten schmal aufgestoßene Türen – das ganze Dorf war auf den Beinen, war Zeuge dieses Aufbruchs, ohne daß ein Mensch zu sehen gewesen wäre. Das war der Auszug Alf Bertinis mit den Seinen aus Bodendorf über Obenwalde, ein Ort von nun wieder fünfhundertzweiundneunzig Seelen, ungefähr auf halber Strecke zwischen Braunschweig und Magdeburg, nur etwas nach Norden hoch.«

Ein Jahr später, auf den Tag am 4. Mai 1945, wurden wir in Hamburg befreit. Aber zwischen diesen beiden Daten lagen mit Zwangsarbeit, Deportationsdrohung, Gestapoverhören und Illegalität zwölf Monate, die schrecklicher waren als alles Schreckliche der vorangegangenen elf Jahre.

Ich gehe zurück auf den Dorfplatz, trete unter den großen Baum dort, erinnere mich an das, was der Mann von Leni M., Landwirt ohne Perspektive, berichtet hatte von den Schwierigkeiten, die von 40 Jahren real existierendem Sozialismus aufgetürmt worden sind, und denke: Das kann nicht mit hinein in deinen Bericht, dafür reicht der Platz nicht – und weiß doch, daß das Heute unlösbar verzahnt ist mit dem Gestern. So unlösbar, wie das Schicksal der Giordanos verknüpft ist mit Deutschland, durch all unsere Lebensphasen hindurch, verknüpft auch mit Bösdorf, das wir nie vergessen hatten und nie vergessen werden.

Mein Bruder Rocco tritt zu mir unter die Kastanie. Wir beide sind übriggeblieben von denen, die hier vom Sommer '43 bis zum Frühling '44 gewohnt haben. Gut, daß es leicht regnet, als wir abfahren – nur keine Sonne jetzt.

Dann auf der Landstraße nach Oebisfelde, die ich so oft in beiden Richtungen damals zu Fuß gegangen bin. Bald taucht der Kirchturm des Eisenbahnknotenpunktes auf, danach der massige Burgfried, hinter dem bis vor kurzem noch die deutsch-deutsche Grenze verlief – von der nichts mehr zu sehen ist, keine Spur.

Auch das unglaublich, so unglaublich wie für uns beide, daß wir gerade aus Bösdorf kommen, dem Bodendorf der »Bertinis«.

Kinderzeichnungen aus dem KZ Theresienstadt

Rede zur Ausstellung in Köln-Ehrenfeld am 1. September 1991

Kinder zeichneten und malten –
– sie zeichneten und malten: Blumen, Blätter, Sonnen, Herzen, Segelboote, blühende Wiesen, Bäume. Sie zeichneten Tiere, Vögel, Wolken, beschworene Sehnsüchte, Frieden, Ruhe, Glück. Aber neben diesen Paradiesen, neben Mädchen mit bunten Tüchern und Jungen mit aufsteigenden Drachen, finden sich düstere Eisenbahnzüge gestrichelt, Waggons, geschlossene und offene, in denen aufrecht Figuren stehen, gepfercht, die Arme seitlich ausgestreckt, wie in hilfloser Verzweiflung. Wälle malten die Kinder, Schanzen und Mauern und am Horizont der Blätter häufig eine bläuliche Silhouette – die Konturen der böhmischen Mittelgebirge. Denn diese Zeichnungen und kleinen Gemälde entstanden in einem Ghetto, in Theresienstadt – tschechisch: Terezin.
Das war ursprünglich eine Festung, die 1780 auf Befehl Josefs II. von italienischen Militäringenieuren erbaut worden war und die der Kaiser in Wien nach seiner Mutter »Maria Theresia« benannt hatte. Hunderteinundsechzig Jahre später wurde der Komplex auf Anordnung Reinhard Heydrichs, Chef des Reichssicherheitshauptamtes und Stellvertretender »Reichsprotektor« Böhmen und Mähren, in ein Aufnahmelager für Juden umgewandelt, am 19. Oktober 1941. Elf Tage vorher, am 8. Oktober, waren auf Befehl Heinrich Himmlers die Juden des sogenannten »Protektorats« in das Gebiet zwischen Bug und Weichsel geschickt worden, also an die Stätten ihrer beabsichtigten Vernichtung. Die großen Mordzentralen befanden sich noch auf dem Plan oder erst im Bau: Auschwitz-Birkenau, Sobibor, Belzec, Treblinka, Chelmno, Maidanek. Ihre Vorhöllen aber, die überfüllten Ghettos von Lodz und Warschau, existierten schon.

Bis zuletzt waren die Nazis bestrebt, Theresienstadt nach außen den Status eines »Ausnahmelagers« zu geben. Dazu trug das Erscheinen internationaler Kommissionen bei, vor deren Ankunft Häuserwände gestrichen, Blumenbeete gepflanzt, Kinderspielplätze errichtet und Waren in die Geschäfte gebracht wurden – Täuschungsmanöver, von denen sich höchstens die fremden Ankömmlinge bei ihren kurzen Besuchen, nicht aber die bis zu sechzigtausend eng gepferchten Insassen Theresienstadts täuschen ließen (die »Wohnfläche« pro Person betrug 1,6 Quadratmeter): An den Blumen durften sie nicht riechen und sie pflücken schon gar nicht, die Waren konnten nicht gekauft, und in den Kindergärten konnte nicht gespielt werden. Dennoch mögen viele von ihnen zunächst geglaubt haben, daß sie hier vor der Verschickung nach dem Osten bewahrt bleiben würden, zumal sich unter ihnen Juden mit international bekannten Namen und weitreichenden Beziehungen befanden. Und in der Tat – der etwa 60 Kilometer von Prag entfernte Ort hat nie Gaskammern gesehen, und zu keiner Zeit qualmten dort die Schlote von Krematorien. Und doch zerplatzten alle Illusionen spätestens am 9. Januar 1942, dem Tag, an dem der erste Transport nach Polen abging, etwa 1000 Personen – ein Bild, das dann auch für Theresienstadt typisch wurde. Wie alles und jedes hier stellte sich der Status eines »Ausnahmelagers« als furchtbare Täuschung heraus, darunter auch der wunderschöne Kinderpavillon, der noch gegen Ende des Krieges auf Befehl der SS entstand, über und über aus Glas, mit vollendeter Einrichtung, in der auch handgemalte Kinderstühlchen nicht vergessen waren – für die letzte internationale Kommission, die in Theresienstadt eintraf – am 23. Juni 1944.

Insgesamt sind dort von November 1941 bis Mai 1945 140000 Menschen interniert worden, von denen 88000 deportiert und nur 17000 befreit wurden. Unter ihnen nicht mehr als einige hundert Kinder – von 15000, die durch diesen Wartesaal für Auschwitz gegangen waren.

Bevor sie sterben mußten, haben sie gezeichnet und gemalt – angeleitet von wunderbaren, unvergeßlichen Erwachsenen, wie Friedl Dicker-Brandeis, eine Frau vom Format des großen Janusz Korczack. 4000 dieser Kinderzeichnungen sind gerettet worden, von

Willy Groag – in zwei Koffern, die der ehemalige Leiter der Jugend-abteilung in Theresienstadt dem Jüdischen Museum in Prag nach der Befreiung übergab. Ab heute können etliche von ihnen hier in Köln eingesehen werden, die Werke der kleinen Künstler, Mädchen und Jungen, meist zwischen elf und 13 Jahren – und ohne Aussicht, viel älter zu werden.

Was immer sie auch an früheren Erlebnissen gehabt haben mögen, in diesen Zeichnungen existiert nichts als – Theresienstadt! Denn was da einfließt an Eindrücken aus dem Leben davor – es hat stets die Funktion, sich abzuheben gegen die *jetzige* Welt. Und so malten sie – ständige Zeugen von Tod – Galgen und Stricke; hatten sie – Kinder! – sich gewöhnt an das Unausdenkliche, Unaussprechliche – und es reproduziert: die tagtäglichen Begräbnisse, von Vater, Mutter, Schwester, Bruder; die Prügelstrafe, die für die kleinste »Verfehlung« verhängt wurde; das Verbot für Juden, auf dem Bürgersteig zu gehen; die Ankunft der Neuen und die Abfahrt der Todgeweihten; den Anblick von Menschen, die in ihrem eigenen Kot starben oder von dem siegreichen Ungeziefer überwältigt wurden. Auch sich selbst haben sie gemalt, mit dem Stern, dem »Judenstern« auf der Brust, und dazu geschrieben: »Genau über dem Herzen mußte er sitzen.«

Ich habe einen Teil dieser Zeichnungen schon früher kennengelernt, auf einer Ausstellung in Hamburg, vor 30 Jahren, und habe damals schon staunend und aufgelöst vor ihnen gestanden, lächelnd und schluchzend, hellwach und wie betäubt. Denn ein Beben geht durch diese Blätter, schon die Titel sagen alles: »Stadt hinter Riegeln«, »Ghettonacht«, »Gestalten mit Judenstern«, »Schlagbaum in There-sienstadt«. Von der kindlichen Phantasie visionär übertragen, kommt in den Zeichnungen die zwar nicht voll begriffene, aber dennoch bedrohlich genug empfundene Wirklichkeit deutlich zum Ausdruck: in Gewittern und Blitzen, in großen, leeren bemalten Flächen. In erschütternder Ungelenkheit erscheint mehrfach ein Schöpflöffel, ein Gerät, das verbunden ist mit gutem Essen aus vollen Töpfen, Symbol behüteter Häuslichkeit von einst – und geboren aus dem nagenden, ewigen Hunger der Wirklichkeit. Kommentar auf einer dieser Zeichnungen: »Der Koch ist der schlimmste, er läßt uns so lange warten in der Schlange...«

Ein anderes Blatt war betitelt »Traum und Wirklichkeit«: rechts, mit der Jahreszahl »1943«, ein nackter Holztisch, darauf, ebenso nackt, ein Topf mit »Linsentrockensuppe« – links ein gedeckter, blumenverzierter Tisch, die glühend ersehnte, herrliche Zukunft, markiert mit der Jahreszahl »1946« – ein Datum, das die kleine Malerin, Lenka Lind, nicht mehr erlebt hat.

Die Kinder von Theresienstadt zeichneten und malten: Menschen in schreckenserstarrter Puppenhaftigkeit; Gelähmte, über deren Köpfe, vom Ostwind zerfetzt, die Dampfwolken einer gnadenlosen Todesmaschinerie wehen. Sie zeichneten ihre ärmlichen Pritschen, die Vielfalt ihrer Gefährten gleichen Alters, immer wieder auch Sargträger – und SS-Leute. Zu sehen sind ferner: eine Prinzessin, auf die sich ein Ungeheuer stürzt; die »Titanic«, die im Meer versinkt; vom Mond trostlos beschienene Landschaften; die Hölle, mit heißen Kesseln und schwarzen Teufeln. Und ein Kind hat – man mag ihrer unendlichen Verlorenheit wegen nicht hinsehen – eine Palme gezeichnet, inmitten von Unkraut, Öde, Verlassenheit.

Immer bleibt das Ghetto-Lager der Unter- und Hintergrund des kindlichen Seins und seiner Ausdruckswelt. So haben sie gezeichnet und gemalt, die Kinder von Theresienstadt – bevor sie sterben mußten. Etwas Unnennbares, Unfaßliches reckte sich vor ihnen auf, beschäftigte, verstörte sie. Ein allgemeiner, mal konkreter, mal anonymer Schrecken wird ihr Begleiter Tag und Nacht. Nur ganz wenige, selbst unter den Erwachsenen, wußten Bescheid über das, was ihnen drohte. Zwar war auf Postkarten, die von Auschwitz kamen, chiffriert das Wort *GAS* vorgekommen, ebenso an versteckten Stellen von Waggons, die von dort zurückgekehrt waren, seine furchtbare Bedeutung jedoch war nicht bekannt, soviel auch herumgerätselt wurde. Mußten die Häftlinge in Auschwitz etwa Giftgas produzieren?

Die Kinder von Theresienstadt haben auch geschrieben, und wie durch die Zeichnungen und Malereien geht auch durch ihre Prosa und ihre Verse ein Beben: »Allein möchte ich gehen, wo gute Menschen sind, wo nicht gemordet wird…«, schreibt ein Kind, dessen Name so unbekannt ist wie sein Geschlecht.

Dagegen steht ein Signum unter diesem Gedicht:

»Ich bin noch da, bin noch ein lebend Wesen,
indes die Freundin schon im Jenseits weilt.
Ich weiß nicht, ob's nicht besser wär' gewesen
hätt' mich mit ihr zugleich der Tod ereilt.

Nein, nein, mein Gott – wir woll'n doch leben
du darfst nicht lichten unsre Reih'n,
wir woll'n nach bessrem Morgen streben
dann wird ja soviel Arbeit sein.«

Eva Pickova aus Nymburk war 12 Jahre alt, als sie ihren Wunsch, zu leben, ihre Furcht vor der Zukunft, so hinausschrie. Ein unbekanntes Kind, das mehr wußte, oder genauer: ahnte, wie unerfüllbar dieser Wunsch war, schrieb:

»... dann
eine Woche nach dem Ende
wird ringsum nichts als Leere sein
nur eine weiße Taube wird
aus Hunger Krumen lesen
und schmutzig leer
steht mitten auf der Gasse dann
der Leichenwagen.«

Aber es sind auch Namen überliefert, Namen von Kindern, die sterben mußten: Susanne Winterova und Vladimir Flusser, Jana Hellerova und Peter Fischl, Frantisek Bass, Eva Steinova, Miroslav Kosek, Ruth Cech... Für niemanden von ihnen ist die Halluzination »1946« Wirklichkeit geworden, wie für fast fünfzehntausend andere Kinder auch nicht. Sie wären heute so um die 55 bis 60 alt wie viele von uns, wie unsere Schwester, wie unser Bruder, wie wir selber.

Wir gedenken ihrer nicht zufällig an dieser Stätte, dem Bunker der Ehrenfelder Körnerstraße, denn hier ist eine Synagoge erbaut worden, 1927, elf Jahre vor ihrer Zerstörung in der Nacht vom 9. auf den 10. November 1938. Dessen wird durch eine Tafel »gedacht«, dies jedoch in einer Form, die charakteristisch ist für die bundesdeutsche Verdrängergesellschaft – gerade, als habe die »Reichspogromnacht« in einem Vakuum stattgefunden, in einer

Art luftleerem Raum, enthistorisiert und entnazifiziert. Dabei geschah es im Herzen von Köln, von allen beobachtet und unter einem Himmel, dessen Brandrot die Szene hell beleuchtete. Spätestens von dieser Nacht an konnte in Deutschland, also auch in Köln, niemand mehr behaupten, er »habe von nichts gewußt«. Denn damals – und auch hier, auf dem Grund, auf dem wir stehen – hatte ja etwas bis dahin Beispielloses stattgefunden, etwas, das sich weder vor noch nach dem 9. November 1938 wieder in Deutschland *so* abgespielt hat. Während sonst die Gewalt des Staatsverbrechens hinter den Toren und Zäunen der Konzentrationslager und in den Schreckenskammern der Gestapo gewütet hatte, abgeschirmt von der Öffentlichkeit – während bis dahin so verfahren war, hatte in jener Nacht die Gewalt unter freiem Himmel getobt, war der interne Terror auf die offene Bühne Deutschlands getreten – unter Zeugenschaft einer ganzen Nation, der keine Ausrede mehr blieb. Zu laut hatten die zerschlagenen Scheiben geklirrt, zu heftig die Feuer gebrüllt, zu durchdringend hatten die Schreie von mißhandelten und sterbenden Juden und Jüdinnen in die Nachbarschaft gegellt. Tagelang noch standen die Rauchschwaden in der Luft, lagen die Scherben auf tausend Straßen, auch auf denen Kölns, mußten die Splitter von den Inhabern der zerstörten Geschäfte unter uniformierter Aufsicht beseitigt werden. Auch hier, in dieser Stadt, wurden jüdische Menschen durch die Straßen getrieben, ohne Ziel, einfach, um sie zu kommandieren, zu demütigen, ihnen noch mehr Todesangst einzujagen.

Von dem Tag an, da hier, auf diesem Areal, die Synagoge zerstört wurde, konnte die ganze Nation erkennen, wozu und wessen die Herrschaft fähig war, auf die sich inzwischen die Mehrheit der damaligen Deutschen so tief eingeschworen hatte. Die Nacht vom 9. auf den 10. November 1938 zwang alle Deutschen in die öffentliche Mitwisserschaft des Großverbrechens. Die Machthaber hatten die Schamschwelle der Nation geprüft, und das war ihnen wichtiger als die sichere Gewißheit, mit der Pogromnacht Hitlerdeutschland, endgültig und für jedermann auf der Welt sichtbar, außerhalb der gesitteten Menschheit gestellt zu haben.

Mag es unter den Deutschen von damals so manches glaubwürdige

Beispiel gegeben haben für Abscheu, Trauer, Wut und Empörung über die Verbrechen jener Stunden und Tage, denen auch die Synagoge hier in Köln-Ehrenfeld zum Opfer gefallen ist – es gibt keine Anhaltspunkte dafür, daß die Pogromnacht auch nur eine graduelle, geschweige denn eine prinzipielle Veränderung in der Popularität des Nationalsozialismus bewirkt hätte. Volkszorn als Urheber, als Auslöser jener Nacht, wie die Propaganda es darzustellen versuchte? Nein, das gewiß nicht. Doch auch keinerlei Folgen, daß es so nicht war. Wenn eingewendet wird, daß ein äußerer Bruch mit dem Regime unter den gegebenen Bedingungen nicht möglich gewesen wäre – die Geschichte hat gelehrt, daß auch der innere Bruch ausblieb. Nirgends wird, über die verborgene individuelle Empörung hinaus, eine politische und moralische Konsequenz kollektiven Ausmaßes sichtbar, nirgends erweisen sich die bereits eingegangenen Bindungen an die bestehenden Herrschaftsverhältnisse gelockerter. Die unglückselige Tradition der Deutschen, aus der Tiefe ihrer nationalstaatlichen Geschichte heraus Regierung und Obrigkeit mit dem »Vaterland« zu identifizieren, saß zu fest in Köpfen und Herzen.

Wir wissen inzwischen, was nach dem militärischen Untergang Hitlerdeutschlands auf dem Territorium der alten Bundesrepublik als ein irreparabler Prozeß geschah: dem größten geschichtsbekannten Verbrechen mit Millionen und aber Millionen Opfern, die hinter den Fronten wie Insekten umgebracht worden sind, folgte das größte Wiedereingliederungswerk für Täter, das es je gegeben hat.

Ich nenne das die »zweite deutsche Schuld«, die nach 1945, nämlich die Verdrängung und Verleugnung der ersten unter Hitler. *Sie* hat die politische Kultur der Bundesrepublik entscheidend mitgeprägt, sie hat ihren Januskopf geformt, ihr Doppelantlitz. Denn es ist wahr, und niemand kann es bestreiten, daß sie der freieste Staat in der Geschichte der Deutschen ist, mit kräftigen Demokratisierungsströmungen und heute ausgestattet mit einem Bevölkerungsteil, der nach meinen Kriterien eine Bundesgenossenschaft darstellt, die ich unter den Bedingungen der parlamentarischen Demokratie für unüberwindbar halte – und irgendeine Alternative zur Demokratie sehe ich auch im vereinten Deutschland für die überschaubare Zukunft nicht. Aber die – alte – Bundesrepublik war und ist auch so, wie ich sie hier geschildert habe. Wobei, um Mißverständnissen vorzubeugen, anzufügen wäre, daß das NS-Erbe von der ehemaligen DDR und ihrem »Verordneten Antifaschismus« ebenso wenig aufgearbeitet worden ist, die Bürger und Bürgerinnen dort also unter der Doppellast stehen, Deutsche zu sein, da sie neben der akuten stalinistischen nun auch noch mit der länger zurückliegenden nazistischen Vergangenheit fertig werden müssen.

Deren Ungeist spukt bekanntlich derzeit in *ganz* Deutschland weiter, so wie hier seit langem schon, bezeugt auch durch Parolen und Zeichen, die auf diesen im Zweiten Weltkrieg erbauten Bunker gepinselt worden sind: Hakenkreuze und Inschriften wie »Haut ihn weg, den Türkendreck!« und »Ja zu den Reps!«

Wie ich zudem der Schrift »Initiative Gestaltwechsel Bunker Körnerstraße Köln-Ehrenfeld« entnehme, wird das Gebäude immer noch für den »Katastrophenfall« zu Zivilschutzzwecken »vorrätig gehalten«, so in bestem Beamten- und Behördendeutsch. Da darf man doch, zusammen mit den Autoren der Schrift und in aller Unschuld, heute fragen: für welchen Katastrophenfall denn? Doch wohl kaum für jenen, den das Ende des Kalten Krieges auf den Kehrichthaufen der Geschichte befördert hat, nämlich abermals als »Schutzraum« im »Ernstfall« zu fungieren...

Also Schluß mit diesen bürokratischen Unsäglichkeiten – und her mit anderen Visionen und ihrer Verwirklichung bei der Umgestaltung des Bunkers! Dies gegen seine alt- und neonazistischen Beschmierer und deren Sympathisanten, denen eine wehrhafte Republik den Glauben zu nehmen hat, daß ihr Treiben risikolos sei. Es wird sich dann zeigen, was von Feiglingen übrigbleibt, die sich nur stark geben, wenn sie meinen, auf die Schwäche der Demokratie vertrauen zu können. Lassen Sie uns beweisen, daß *wir* in jedem Bezug stärker sind, ausdauernder und auch unerbittlicher für *unsere* Sache als die Hakenkreuzschmierer und ihre Hintermänner für die ihre. Und lassen Sie uns dabei die Kraft gegen solche Dunkelmänner und -mächte auch holen aus der Verpflichtung, die diese Zeichnungen ermordeter Kinder uns auferlegten.

Eines von ihnen war der kleine Pawel Friedmann, aus dem vielleicht ein großer Poet hätte werden können. Am 4. Juli 1942, fünfzig Tage, nachdem er in Theresienstadt eingetroffen war, dichtete er über seine Erinnerung an einen Schmetterling: »Der letzte war's, der allerletzte/ der satt und bitter blendend grelle// vielleicht wenn eine Sonnenträne irgendwo auf weißem Stein erklingt/ so war das Gelb und trug sich schwebend in die Höhe// er stieg, gewiß wollt' küssen er dort meine letzte Welt/ und sieben Wochen schon leb' ich gettoisiert/ hier fanden mich die Meinen// mich ruft der Löwenzahn/ und auch der weiße Zweig im Hof auf der Kastanie/ doch einen Schmetterling hab' ich hier nicht gesehn/ das war gewiß der allerletzte/ denn Schmetterlinge leben nicht im Getto.«

Versuchen wir, mit dieser Ausstellung fertig zu werden...

Aber du hast doch gar kein Abitur!

Rede zur Entgegennahme der Ehrendoktorwürde der Gesamthochschule Kassel am 13. Februar 1990

Da haben wir doch gemeinsam dem Schicksal ein Schnippchen geschlagen! Diese Stunde hier bei Ihnen als laudandus, die hätte sich der schulverwiesene Obersekundaner von 1940 denn doch nicht erträumen können, als er in jenem Frühling, nach Gestapo-Prozeß und schwerem Verhör im Jahr des Unheils 1939, die Gelehrtenschule des Johanneums zu Hamburg-Winterhude verlassen mußte.

Welch ungeheure Strecke zwischen damals und heute, welch gewandelte Situation – und doch, wie nahe noch in mir der erzwungene Exitus nach allem, was sich in den Jahren vor 1940 dort abgespielt hatte. So eindringlich abgespielt, daß ich noch Dekaden nach meiner Befreiung am 4. Mai 1945 in Hamburg am Johanneum nicht vorbeigehen konnte, ohne daß mein Herz zitterte. Doch davon später, wie auch von der glücklichen Wendung des Verhältnisses zwischen der alten Schule und mir in unserer Gegenwart – dies nicht zuletzt das Verdienst eines Mannes, den ich hier zu meiner Freude unter uns sehe... Dank, Harald Schütz, daß Du gekommen bist mit Frau Renate.

Zunächst einmal – da ist gleich eingangs ein Stichwort gefallen, das Stichwort Obersekundaner, und zwar im Zusammenhang mit der Beendigung meiner Schul-Ära. Ich wähle es nicht zufällig, sondern nach einer stutzig machenden Erfahrung, die ich gerade jüngst erleben mußte, nachdem, ich weiß nicht auf welche Weise, die heutige Ehrung noch vor ihrer offiziellen Verlautbarung in meiner näheren Umgebung ruchbar geworden war. Ein wirklich guter Freund, Kenner meiner Biographie, also das erklärte Gegenteil eines Übelwollenden, fragte mich, nach der ersten Reaktion des

Entzückens über die geplante Verleihung und, das sei hier doch vermerkt, in unverfälschtem Hamburgisch: »Dr. phil h.c.? Aber du hast doch gar kein Abitur!«

Liebes Auditorium, was sagt man zu einer so offenkundigen Wahrheit? Ich konnte dem guten Freund nur erwidern, daß ich dem Verleihungs-Gremium nichts unterschlagen hätte, daß es sich in meinen Werken kundig gemacht hätte und ihm dieses Defizit also durchaus bekannt sei, es an ihm aber dennoch keinen Anstoß genommen hätte. Das wiederum müsse ja wohl, so ich in meiner Verteidigungsposition, mit den Prinzipien der Prozedur vereinbar sein, denn ich glaubte nicht, daß mit mir eine Ausnahme gemacht worden sei. Damit gab er sich zufrieden.

Nun könnte es ja aber sein, daß das Argument der Abiturlosigkeit in die Hände von Übelwollenden geriete, zumal es mir an solchen wahrlich nicht mangelt.

Es gilt also, hier die einmalige Gelegenheit, meine akademische Honorigkeit zu beweisen, beim Schopfe zu packen, und das bedeutet, daß ich Ihnen ein furchterregendes Geständnis zu machen habe – wobei ja nichts schiefgehen kann, da Sie sitzen. Das Geständnis: auch fünfzig Jahre nach meinem endgültigen Schulabgang – in Zahlen 50 – beherrsche ich noch alle Konjugationen der Sprache Julius Cäsars, also die A-, E-, I- und die Konsonantische. Erwiesenermaßen übertreffe ich darin sogar Walter Jens, meinen ehemaligen Mitschüler auf dem Johanneum und Lebensfreund, was für den Eingeweihten natürlich Bände spricht. Ja, ich bewege mich noch absolut firm quer durch Aktiv und Passiv, Indikativ und Konjunktiv. Ich versichere ferner, und zwar so gut wie an Eides Statt, daß ich den Slalomlauf von der Rampe des Infinitivs über die abschüssigen Hänge des Konditionalis bis zur Zielpforte des Zweiten Futurs noch heute im Schlafe schaffe. Wobei ich gar nicht reden will von meiner verbliebenen Kenntnis des Unterschiedes zwischen Gerundium und Gerundivum…

Diese – zugegeben bestürzende – Kenntnis erklärt sich aus einer schmerzlichen Erfahrung, die ein verehrter Lehrer mit mir als Quintaner machen mußte. Es war um eine sogenannte Formenarbeit gegangen, also um Verben in allen tempora, und ich hatte sie schlecht geschrieben! Was eine solche Enttäuschung auf sein Gesicht malte, daß es mich bis ins Innerste traf. Er liebte mich, dieser Lehrer, wie ich ihn – und nun dies. Da setzte ich mich auf den Hosenboden und trieb es – im Jahre 1935! – mit den Konjugationen bis in die soeben demonstrierte Perfektion. Denn mal Hand aufs Herz, sollten unter Ihnen Lateiner sein: wer wüßte denn schon nach nur fünf Jahren, geschweige nach der zehnfachen Zeit, wohin amavissem gehört? Oder wie der entsprechende Konjunktiv Plusquamperfekt Passiv lautet? Ich höre, ich lausche – amatus essem! Bitte nicht zu verwechseln mit dem Indikativ amatus eram, dessen Aktiv-Entsprechung amaveram lautete – aber was erzähle ich Ihnen, das wissen Sie ja fast noch viel besser als ich, obwohl in der Sache selbst ein Irrtum ausgeschlossen ist.

Fortan glänzte ich bei Formenarbeiten. Zurückgeben konnte ich damit jedoch diesem Lehrer nicht, was er an mir getan hatte. Nämlich meinen Sinn für die humanitas zu wecken und den Nationalsozialismus so zu verabscheuen, wie er es verdient hatte. Er arbeitete daran drei Jahre lang, öffentlich vor der Klasse, von 1933 bis 36, bis er, von einem Teil seiner Schüler denunziert, verhaftet, verhört und verurteilt wurde. Sein Name: Studienrat Dr. Ernst Fritz – Ehre seinem Andenken.

Was nun etwaige Immer-noch-Zweifler an meiner humanistisch-akademischen Honorigkeit beträfe: Sie sind gewarnt. Man reize mich also nicht. Wenn man mich aber doch reizte, so wartete ich mit noch größerem Altsprachen-Kaliber auf und wäre durch nichts, aber auch durch gar nichts daran zu hindern, es abzuprotzen, etwa so: »Eim Odysseus…« Meine Damen und Herren, die sichtlichen Anzeichen des Erschreckens unter Ihnen kann ich dämpfen, indem ich hier den Argwohn aufhebe, ich vergliche mich mit Odysseus, dem listigen Sohn des Laertes und großen Seemann, der viel erduldete und dessen Ruhm bis zum Himmel drang – nein, ganz so weit ist es noch nicht. Was einzig ich mit diesem Zitat sagen will, ist: Auch nach fünfzig Jahren noch – in Ziffern 50 – zitiere ich Homer ganz ohne Souffleur. Das muß genügen!

Allerdings, eines möglichen Eindrucks möchte ich mich ganz ent-

schieden erwehren, nämlich als sei ich ein Musterschüler gewesen
– das nun denn doch nicht!

Es war vielmehr so: meine poetische Ader, mein musisches Poten-
tial, sie machten sich bereits sehr früh schulisch auf die miserabel-
ste Weise bemerkbar. Und zwar durch eine einseitige, unverhüllte,
oft auch lauthals geäußerte Feindschaft gegenüber allem, was mit
Ziffern zu tun hat. Also: Dezimalsystem, Algebra, Arithmetik, Logarithmen, Wurzelziehen und andere mathematische Wüsteneien –
sie waren (und sind mir noch) in der Seele zuwider.

Irgendeine – auch nur die kleinste – Hoffnung auf Besserung war
angesichts meiner selbstorganisierten Ignoranz nicht gegeben,
durfte jedoch nicht allzu sehr auffallen. Was also tat ich? Bevor ich
den Trick verrate, bitte ich etwaige noch praktizierende Schüler
unter uns, das Auditorium möglichst unauffällig zu verlassen, denn
natürlich will ich von dieser Stätte nicht scheiden als einer, der
dem Nachwuchs unsittliche Ratschläge gegeben hätte. Ich warte
also eine Weile und kehre mich dabei sogar ab...

Meine Damen, meine Herren: Ich schrieb ab! Und wie gut, daß
Walter Jens, der von der Sexta bis zur Obersekunda neben mir saß,
nicht nur ein Freund der Musen, sondern auch einer der Zahlen
war, gut in Algebra, Arithmetik, Logarithmen, Wurzelziehen und
all den anderen mathematischen Wüsteneien. Ja, ich schrieb ab!
Wenn Walter mal nicht da war, was sehr selten vorkam, mußte
mein Nachbar zur Linken und ebenfalls alter Lebensfreund ran,
Peter Tügel, den ich ausdrücklich erwähnt haben will. Leicht hatten sie's mit mir nicht, die beiden, aber meine Freunde, meine
unverbrüchlichen Freunde sind sie geblieben in jener Zeit tiefster
Freundschaftsgefährdung für den nichtarischen Paria, der es mehr
als einmal erleben mußte, daß Freundschaften von Kindheit auf
dann später dem Gift des Rassenhasses erlagen.

Allerdings: viel genützt hat das Abschreiben dann doch nicht – das
Vakuum in meinem Kopf war letztlich unverbergbar. Im großen
und ganzen blieb es in Mathematik bei der Note 6, im Falle guter
Laune des Lehrers bei einer 5.

Das hatte aber auch einen durchaus positiven Aspekt – durfte ich
doch in einem anderen, zweiten Fach nicht ebenfalls schlecht sein,

weil ich sonst sitzenbleiben würde. Und das, so fürchtete ich, würde ich besser überleben als mein Vater, Alfons Giordano. Denn es war es, der Ehemann einer Jüdin und erwerbslose Musiker, der seine Söhne unter den widrigen Umständen der damaligen Zeit dorthin schickte, wo er selber in seiner Jugend gern gewesen wäre, aber nie war – auf die höhere Schule, auf daß sie gebildeter würden als ihr Vater. Ehre seinem Andenken!

Doch als es dann soweit war, konnte auch er mir nicht helfen. Mit soweit meine ich 1938, ein Schicksalsjahr im Leben des laudandus, durch das, was die Zeitläufte seit 1933 bis dahin in Deutschland angerichtet hatten.

Der Antipode von Ernst Fritz auf dem Johanneum trug den Spitznamen die Speckrolle. Sie wurde mein Klassenlehrer in der Obersekunda. Sie hat mich nie geschlagen, sie hat nie »Saujude« zu mir gesagt. Sie hat sich bei Klassenarbeiten einfach neben mich gestellt, ganz nahe und in der großen Garderobe eines Höheren SA-Führers, daß ich nicht schreiben konnte, so zitterte mir die Hand. Der würde es schaffen, wußte ich, die zweite schlechte Note wird er dir geben, daß du ausgewiesen sein wirst als unbegabt und minderwertig und abgehen mußt von dieser Schule. Da wollte er sterben, der Obersekundaner, im November 1938, und warf sich im Hamburger Stadtpark in eine einsame Grube, um dort den Tod durch Hunger oder Kälte zu erleiden. Doch er starb nicht, sondern erfuhr in der vierten Nacht dort an sich selbst, was in den »Bertinis« so steht:

»Fast erfroren und verhungert, fünfzehnjährig, zart von Körperbau, doch widerstandsfähiger als zu vermuten, fühlte Roman, daß sich plötzlich die Schatten um ihn herum teilten, und er entdeckte, daß er gequält werde ohne Recht und ohne Grund. In diesem Graben, schlammbedeckt und nur noch von entfernter Ähnlichkeit mit einem Menschen, wurde er sich jäh bewußt, daß dies geschehe, weil er der Sohn einer jüdischen Mutter sei, und der Augenblick war so überwältigend, daß er ihn lähmte. In jener Novembernacht, hier auf der Reitbahn im Hamburger Stadtpark begann für Roman Bertini, der am 1. April 1933 kaum gewußt hatte, ob er sich den arischen oder den nichtarischen Schülern zuzuzählen hatte, ein neuer Lebenskalender. Und er sprang auf und staunte, daß er stehen konnte. Dann kletterte er aus dem Sprunggraben, torkelte durch den Sand der Reitbahn, die Platanenallee, die Hellbrookstraße und den Rübenkamp hinunter, fiel dabei immer wieder auf die Knie, lallte sich Mut zu, riß sich hoch und stürzte vor der Haustür in der Lindenallee nieder wie ein erschossenes Tier.

Lea Bertini, in den fünf Tagen zum Skelett abgemagert, aber noch hoffend, hatte den Fall gehört. Sie öffnete und sank über ihren Sohn und bedeckte ihn mit ihrem Leibe. Und ihr Schluchzen erfüllte das große Haus und war noch weit auf der Straße zu hören.«

Ich mußte die Schule dann verlassen, weil bei der Versetzung in die Unterprima zweimal neben der notorisch schlechtesten Note in Mathematik noch andere Sechsen auf dem Zeugnis standen – in jenen Fächern, die die Speckrolle lehrte.

Aber daß ich hier vor Ihnen stehe, ist das Ergebnis jener Novembernacht des Jahres 1938. Ihre Erkenntnis hat mir die Kraft zum Widerstand gegeben. Was ich hier vor Ihnen ausgebreitet habe, geschah nicht der Darstellung des eigenen Leids wegen – das darf einmal öffentlich genannt werden um seiner selbst willen, dann nur noch, wenn es exemplarisches Schicksal auch anderer war, also gleichzeitig die Artikulation ihres Leids.

Ich bin damit vielmehr an den Kern gelangt, um den alles kreist, jeder heute an dieser Stelle bisher von mir gesprochene Satz. Ich bin angelangt an dem biographischen Hinter- und Untergrund, dessen Kenntnis Ihnen einzig verständlich machen kann, was mir die Stunde hier bei Ihnen bedeuten muß. Der nucleus hat einen Namen, den ich nicht laut aussprechen kann – wie etwas, das einem lebenslang zugesetzt hat, keinen Diskant verträgt, sozusagen in Moll gehüllt zu sein hat, um das Dur zu ertragen: ich spreche von dem Problem meiner Zugehörigkeit.

Sie war mir ab 1933 versagt worden, also von meinem zehnten Lebensjahr an, einem außerordentlich eindrucksfähigen Alter. Versagt worden von solchen, denen ich nicht zugehörig sein wollte und die meine Feinde waren. Aber als sie nicht mehr da waren, als sie geschlagen worden waren, zu Wasser, zu Lande und in der Luft, durch den Krieg, den sie zur Eroberung der Welt vom Zaun gebrochen hatten, da war die Frage der Zugehörigkeit ganz neu gestellt, jedoch beladen mit der alten Erfahrung ihrer Verweigerung, die nicht nur eine Kluft zwischen mir und dem Nationalsozialismus geschaffen hatte, sondern zwischen mir und Deutschen überhaupt. Davon ausgenommen waren nur die, die ich als meine persönlichen Freunde, Helfer, Lebensretter kennengelernt hatte. Alle anderen, die unbekannten Millionen, sah ich als meine Feinde an.

Mit dieser Vergangenheit Zugehörigkeit zu gewinnen – ich frage mich, ob es im Leben eines Individuums Schwierigeres, Stacheligeres, Widerspenstigeres geben kann. Ich wiederhole, daß ich hier vor Ihnen ja nur ein Molekül dessen bloßzulegen vermag, was sich damals an Selbsterfahrungen politischer und rassischer Verfolgung zugetragen hat, einen winzigen Ausschnitt aus dem unerschöpflichen Universum des Bösen, das seinerzeit staatliche Macht in Händen hielt und das Unmögliche, das Unausdenkbare praktizierte.

Die Erinnerungen daran werden durch keine Zeit geheilt, im Gegenteil. Je weiter sich jene zwölf Jahre entfernen, desto greller werden die Bilder von damals, desto peinigender, momentaufnahmehafter die Gestochenheit der schrecklichen Geschehnisse und die Nächte immer alptraumhafter. Aber die Überlebenden – die sich immer wieder fragen, warum sie überlebt haben und so viele andere nicht, ohne sich darauf je eine Antwort geben zu können – sie tragen nicht nur diese eine Last, sie tragen auch noch eine zweite. Nämlich die historische Erfahrung, daß die Täter, von wenigen Ausnahmen abgesehen, letztlich nicht nur straffrei davongekommen sind, sondern ihre Karrieren auch unbeschadet fortsetzen konnten. Die überlebenden Verfolgten von einst stehen vor der unfaßbaren, aber leicht nachzuprüfenden Tatsache, daß dem größten geschichtsbekannten Verbrechen mit Millionen und aber Millionen Opfern, die hinter den Fronten wie Insekten umgebracht worden sind, auf dem Territorium der Bundesrepublik Deutschland das größte Wiedereingliederungswerk für Täter folgte, das es je gegeben hat. Daß die Fachleute des Wiederaufbaues vorher auch die Fachleute der Zerstörung gewesen waren und die großindustriellen, bürokratischen und militärischen Funktionseliten Hitlerdeutschlands bis in die siebziger Jahre hinein auch die tonangebende Klasse in der Bundesrepublik – die ewigen Gewinner. Wir stehen vor einem wahren Leichen-Himalaja, für den Täter angeblich nicht haftbar gemacht werden konnten. Weder die großen – noch die kleinen. Sie werden seit 30 Jahren vor bundesdeutsche Schwurgerichte zitiert, unterste Glieder in der Kette des industriellen Serien-, Massen- und Völkermords, die Tötungsarbeiter selbst, die kleinen Angestellten des Verwaltungsmassakers. Sie stehen völlig zu Recht vor Gericht (das sie übrigens meist glimpflich davonkommen läßt, da im Gegensatz zum öffentlichen Strafdruck gegenüber den RAF-Terroristen Nazitäter einen kollektiven Entstrafungsdruck genießen) – sie stehen völlig zu Recht vor den Schranken der – nie gereinigten – bundesdeutschen Justiz. Ihre Vorgesetzten aber, die Hochverantwortlichen der Nazihierarchie, die Haupt- und Schreibtischmörder des Reichssicherheitshauptamtes, die Richter, die Diplomaten, die Wehrwirtschaftsführer und die hohen Militärs, ohne die nichts gegangen wäre, sie sind, soweit überhaupt je angeklagt und verurteilt worden, seit Mitte der fünfziger Jahre wieder frei. Exkulpiert durch eine auseinandersetzungsunwillige Bevölkerungsmehrheit und deren willfährige Politiker, durch den Kalten Krieg und die neue deutsche Bündnisfähigkeit angesichts der globalen Rivalität der beiden Supermächte USA und UdSSR, deren Naht sich mitten durch unser Land zieht. Ich nenne das den Großen Frieden mit den Tätern, die zweite, die Schuld nach 1945 – nämlich die Verdrängung und Verleugnung der ersten unter Hitler.

Dies ist die doppelte Last der überlebenden Verfolgten – und wo Zugehörigkeit erstrebt wird, muß sie gegen beide Lasten – und trotz ihrer – entstehen und bewahrt werden. Ein leichtes Leben ist das nicht, eingestanden. Jeden Tag aufs neue und immer wieder, über Jahre und Jahrzehnte hin, Zeuge zu werden, welche Wurzeln der Ungeist geschlagen hat und welches Unkraut er so lange nach seinem staatlichen und militärischen Untergang noch treibt. Nein, ein leichtes Leben ist das nicht, zumal für den politischen Publizisten und Schriftsteller, der mit seinem Lebensthema in vielfältigem Widerspruch zu manch herrschenden Ideen bei der Aufarbeitung unserer Geschichte steht.

Auch ist wahrscheinlich die Fähigkeit des Menschen begrenzt, sich an Dauerbeschimpfungen, Gewalt- oder gar Morddrohungen zu gewöhnen, wie sie für mich fast zur Tagespost und zu den Tagestelefonaten gehören. Denn was auch blieb, ist der Haß der Täter und ihrer alten und nachgewachsenen Anhänger auf die Opfer und die Überlebenden, ein Haß, der völlig unverbraucht vor nichts zurückschreckt, auch nicht vor Rufmordversuchen größten Stils – und all das natürlich anonym.

Wo kann da Platz sein für Zugehörigkeit?

Es muß aber doch ein Gegengewicht zu dieser Doppellast geben – würde ich sonst vor Ihnen stehen, würde ich sonst geblieben sein, hätte ich sonst nicht längst meinem mir von den Nazis suggerierten Fluchtinstinkt nachgegeben und das getan, was vor der Befreiung so selbstverständlich war wie der Sonnenaufgang des nächsten Tages: nämlich Deutschland zu verlassen, für immer, seinen Staub von den Füßen zu schütteln und ihm ade zu sagen, auf Nimmerwiedersehen?

Ich will versuchen, darauf eine Antwort zu geben. Pauschal würde sie lauten: Ich bin geblieben, weil es sich erwiesen hat, daß die Bindungen an dieses Land stärker waren als die Schäden, die es in mir angerichtet hat, und es müssen starke Bindungen sein, denn die Schäden sind nachhaltig, ja unverwindbar. Näher heran, müßte ich sagen: Ich bin geblieben, weil die deutsche Sprache meine Muttersprache ist, das wunderbare, unvergleichbare Instrument des Schreibenden – diese deutsche Sprache, die auch in der Heimatlosigkeit der Nazizeit meine Heimat geblieben war, unanfechtbar, ein lebendes Wesen, von universaler Ausdrucksfähigkeit bis in die letzten Kapillaren der menschlichen Seele.

Ich bin geblieben, weil ich mich unlösbar verbunden fühle mit Hamburg, meiner Vaterstadt, trotz allem, was den Meinen und mir dort an Bösem widerfahren ist in jenem braunen Duodez; mit Hamburg, dem realen Gehäuse für das zentrale literarische Projekt meines Lebens, »Die Bertinis«, an dem ich vierzig Jahre gearbeitet habe – darum bin ich geblieben.

Ich bin geblieben, weil die Täter geblieben sind und weiter gewirkt haben, auch darum bin ich geblieben – ich wäre mir wie ein Deserteur vorgekommen, wenn ich gegangen wäre.

Vor allem aber bin ich geblieben, weil neben dem allmächtigen Anti der ersten Phase nach der Befreiung in mir – so langsam, wie sich zwei Eiszeiten ablösen – eine Erkenntnis wuchs, die ich als eine der kostbarsten meines Lebens empfinde: daß es Bundesgenossen gibt!

Sie sind der Humus für die Zugehörigkeit von Menschen meiner Biographie in diesem Deutschland der unvergeßlichen Urerlebnisse. Bundesgenossenschaft – auch sie ist eine tägliche Erfahrung – mit Gleichgesinnten, und daß es sie überall gibt. Gewiß nicht in der Mehrheit, wohl aber als eine Gegenkraft zu Gleichgültigkeit, organisierter Verdummung und bösartigem Beharrungsvermögen, eine Gegenkraft, die ich heute für einen unbesiegbaren Teil der deutschen Demokratie halte.

Bundesgenossenschaft – sie ist die Mutter meines Zugehörigkeitsgefühls. Selbstverständlich wird es nie werden wie bei anderen, die nicht ausgegrenzt waren, und bedroht wird es bleiben, dieses Gefühl, bedroht von Ängsten, deren Ursprünge weit zurückreichen, bis in jene frühen Jahre, von denen ich eingangs sprach – und nun wissen Sie, warum ich über sie sprach. Von allem Anfang an ging es in dieser Erwiderung vor Ihnen um meine Zugehörigkeit und ihre Schöpfer – die Bundesgenossen: hier, gestern, heute, morgen und – Deutsche!

»Denk' ich an Deutschland in der Nacht, so bin ich um den Schlaf gebracht...« Heinrich Heine 1844, als seine heißen Tränen flossen. Was hätte er zum 9. November 1989 gesagt, dem Stichtag des stalinistischen Untergangs auf deutschem Boden? Und warum sollte ich hier Ihnen gegenüber meine Tränen jenes Tages, jener Nacht vor dem Bildschirm verbergen, angesichts der Fassungslosigkeit in den Gesichtern vor dem Unerwarteten, der überwältigenden Überraschung, einer unglaublichen Wirklichkeit, die viele, nein alle, also auch ich, angesiedelt hatten irgendwann in der Historie des nächsten Jahrhunderts – die Mauer war gefallen!

Ja, jetzt beginnt die Kärrner-, die Schwerarbeit der Nation, mit ihren großen Möglichkeiten und – ihren großen Gefahren. Der Sog, die Dynamik nach einem einheitlichen Deutschland ist ganz offenbar unwiderstehlich. Aber ein Zufall ist es nicht, daß die blauäugigsten und lautesten Rufer nach ihm in der Bundesrepublik genau bei jenem Konservatismus zu orten sind, der den größten Widerwillen bei der Aufarbeitung des Nationalsozialismus und seiner Vorgeschichte demonstriert hat – bar jeder Sensibilität dafür, daß die Selbstbestimmung der Deutschen unweigerlich auf die ebenso unvergessenen wie mörderischen Erfahrungen stoßen muß, die Europa und die Welt mit dem einheitlichen deutschen Nationalstaat gemacht haben. Ich will das hier erwähnen, weil dies ganz sicher eine zentrale Problematik auch meiner Arbeit und meines mir verbleibenden Lebens sein wird.

Und dies ganz programmatisch dazu: Auch die DDR hat sich noch mit der nazistischen Vergangenheit auseinanderzusetzen, und nicht nur mit der stalinistischen. Denn der dort so lange von oben verordnete Antifaschismus hat jede wirkliche Massenauseinandersetzung mit Hitlerdeutschland verhindert. Die Glaubwürdigkeit der einen Aufarbeitung aber wird abhängig sein von der der anderen. Es wird also nicht weniger konfliktreich werden, Deutscher zu sein, wahrlich nicht, aber zum erstenmal in unserer Geschichte seit 1933 sieht es so aus, als würde auf dem uns verbliebenen Boden die Demokratie überall triumphieren. Und die Basis dafür ist die Perestroika, jene weltgeschichtliche Zäsur, die die Menschheit dem schwergefährdeten Michail Gorbatschow zu verdanken hat – möge sein Werk gelingen!

Bundesgenossen gibt es auch in der DDR, nicht nur, gewiß nicht, aber schon jetzt bin ich da überall auf sie gestoßen.

Schließlich – es gab Bundesgenossen auch dort, wo ich sie besonders ersehnt hatte nach den langen Berührungsängsten – auf dem Johanneum in Hamburg. Ich bin Einladungen gefolgt, und eine davon führte mich in die vollbesetzte Aula, wo ich aus meinem Buch »Die zweite Schuld oder Von der Last, Deutscher zu sein« las. Es war schwer für mich, daran zu glauben, daß jener Abend Wirklichkeit sei – aber er war es. Der Kreis hatte sich geschlossen, mit sehr ungleichem Anfang und Ende (wenn man bei Kreisen so sagen kann – vielleicht bestätigt sich jedoch in dieser Wendung nur abermals meine Unfähigkeit auch fürs Geometrische). Dennoch – ich denke, Sie wissen genau, was ich meine.

In Kassel bin ich heute nicht zum erstenmal.

Hier war ich schon am 14. Mai 1983, von Bundesgenossen gerufen: bei der Vorstellung des Buches »Schule im Dritten Reich – Erziehung zum Tod?«. Ein Lehrer hatte gefragt, hatte gebohrt, hatte gegen Widerstände nicht nachgegeben – und war fündig geworden unter seinen Schülern. Und nun fragten sie, bohrten sie, gaben sie nicht nach gegen Widerstand – und stellten an jenem Frühlingstag vor sieben Jahren ihr Buch vor. Es blieb dabei nicht. Das Begonnene wirkte weiter, in andere Länder hinein, bis nach Israel. Der Funke war also dagewesen – und angeblasen hatte ihn ein Lehrer der hiesigen Gerhart-Hauptmann-Realschule. Sein Name ist Geert Platner, und ich freue mich, daß er und einige seiner Schüler hier unter uns sind.

Und, natürlich – ganz besonders freue ich mich, hierher gerufen worden zu sein von Ihnen, der Universität der Gesamthochschule Kassel, Fachbereich 1, Erziehungs- und Humanwissenschaften, um den Dr. phil. honoris causa in Empfang zu nehmen. Denen, die meine Bücher gelesen haben, brauche ich nicht zu sagen, was diese Stunde mir bedeutet, aber vielleicht habe ich mich auch den anderen gegenüber verständlich gemacht. Die hohe Ehre, als die ich die Verleihung empfinde, bestätigt mir noch einmal, wie richtig es war, hier zu bleiben, in Deutschland. – Gleichzeitig bestätige ich Ihnen, daß Ihrer Bundesgenossenschaft die meine entspricht, jederzeit mobilisierbar, wann immer die Zeitläufte es herausfordern werden – ich bin sicher, mangeln wird es uns an solchen Herausforderungen auch künftig gewiß nicht.

Mein besonderer Dank gilt meinem laudator, Ulrich Klug, bei dem ich einmal alle wohlverdienten Titel und Verdienste weglasse, weil sie hier in dieser persönlichen Minute zwischen uns nichts verloren haben. Ich möchte etwas zurückgeben von dem, was mir Ulrich Klugs Bekanntschaft, ja ich darf, bei aller gebotenen hanseatischen Vorsicht, doch wohl auch Freundschaft sagen, gespendet hat: geistige Bereicherung, bei jedem Gespräch. Der Professor ist des Smalltalks unfähig, und ich habe das stets in diesen langen Jahren als ungeheuer wohltuend empfunden. Wann immer ich, und bis 1984 meine in jenem Jahr gestorbene geliebte Frau, Helga

Giordano, auf dem Wege zu den Klugs waren – so wußten wir: Wir würden etwas mitnehmen von dort, etwas, wovon wir vorher nichts gewußt hatten. Das meine ich mit Bereicherung, aus einem imponierenden Fundus der Intellektualität und des Gemüts. Ganz besonders angenehm ist mir der eingeborene Humor Ulrich Klugs, zumal er vieles von jener Abart zu begreifen vermag, für den der Giordanosche berüchtigt ist. Von ihm ist übrigens einmal gesagt worden: Er sei angesiedelt »irgendwo zwischen Weltrevolution und Thomas Mann«...

So stehe ich denn hier vor Ihnen allen bewegt und ganz unfähig, das zu verbergen. Seien Sie meiner bleibenden Bindung sicher. Sie geben mir das Gefühl, gebraucht zu werden, dazuzugehören. Dies wird eine unvergeßliche Erfahrung für mich bleiben.

Deshalb könnte alles, was ich gesagt habe, jedes Wort, in ein einziges gefaßt werden: Danke!

Der verordnete Antifaschismus

Ein Vortrag über das NS-Erbe und die ehemalige DDR, gehalten vor der ereinigung evangelischer und katholischer Buchhändler am 21. September 1991 in Bischofsheim

Dort, wo das Thema auf die Gegenwart in den neuen Bundesländern kommt, bin ich ein Fragender, ein Suchender, ein Zuhörender. Das Schlimmste, was mir passieren könnte, wäre, daß ich etwas zum besten gäbe, was mich in die Nähe jener »Wessis« brächte, die den »Ossis« gegenüber auftreten in der Kolonialmanier »Streng, aber gerecht«, »Was habt ihr bloß für Mist gemacht«, »Nun laßt euch doch mal sagen...«, »Also bei uns ist das so« – oder mit anderem unsäglichem Höherwertigkeitsgebaren, das einem nichts als die Röte der Scham und des Zornes ins Gesicht treiben kann. Die Situation zwischen Deutschen und Deutschen ist jedoch kompliziert genug, daß jedem aus den alten Bundesländern solche Patzer und Schlimmeres entfahren könnten. Und so bitte ich denn, sollte das mir passieren, wenigstens um die Absolution des Nichtbeabsichtigten.

Bei dem Thema *NS-Erbe und ehemalige DDR* fühle ich mich auf empirisch erfahrenem Boden, mit der Einschränkung, diese Erfahrungen als Bürger der alten Bundesrepublik gemacht zu haben, was nicht dasselbe ist, als wäre ich Bürger der DDR gewesen. Dennoch gibt es eine Phase in meinem Leben, die mich bei diesem Thema vor mir selbst als kompetent rechtfertigt, und zwar durch eine bestimmte Episode meiner politischen Biographie: die eigene organisatorische und ideologische Zugehörigkeit zur deutschen Variante des Stalinismus. Ich will das erklären:

Die Nazis hatten zwei Hauptfeinde – Juden und Kommunisten. Das eine war ich selber, das andere sollte ich werden: Im Glauben, die Feinde meiner Feinde müßten auch meine politischen Freunde, meine politische Heimat sein, trat ich 1946 ein in die Kommunistische Partei Deutschlands, Landesorganisation Hamburg. Elf Jahre später, 1957, verließ ich sie wieder, aus denselben Gründen, aus denen ich mich ihr angeschlossen hatte: um mein Molekül beizutragen, die Welt bewohnbarer zu machen. Es hatte 132 Monate gedauert, ehe ich die Lüge erkannt hatte und dem Fehlverhalten die Konsequenz folgen ließ. Eine Lebensstrecke, die ich später in meinem 1961 erschienenen und inzwischen mehrfach edierten Buch »Die Partei hat immer recht« analysiert habe: nicht als Biographie eines enttäuschten Kommunisten, sondern als Anatomie des Stalinismus auf deutschem Boden: wie es dieser Partei gelang, einen Menschen mit meiner *Vita* zu gewinnen, eine Zeitlang zu halten und wieder zu verlieren. Es war eine schonungslose Abrechnung, nicht zuletzt mit mir selbst und meinem Irrtum.

Die erhebliche Dauer vom Beitritt bis zur Abnabelung hing ganz entscheidend damit zusammen, daß ich charakteristischerweise zwei Begriffe miteinander identifiziert hatte: »Antifaschismus« und »Deutsche Demokratische Republik« – ein Staatstitel übrigens von doppelter Verlogenheit, denn weder war sie demokratisch noch republikanisch.

In den Kontext meines 1987 erschienenen Buches von der *zweiten Schuld* ist die damals ja noch real existierende DDR schon deshalb aufgenommen worden, um dem etwaigen Mißverständnis vorzubeugen, der Autor hielte die Hypothek des Nationalsozialismus dort für bewältigt oder gar gelöst, wie stets offiziell verlautete, ohne daß davon die Rede sein konnte – was zu begründen sein wird. Vorher aber noch einige Anmerkungen, die bestätigen, wie leicht es sich im allgemeinen die alte Bundesrepublik gemacht hatte mit einer Gegenargumentation, die zu drei Stereotypen geronnen war:

– »Die da drüben haben auch ehemalige Nazis in leitenden Stellungen.«

– »Die haben es mit ihren Nazis nicht besser gemacht als wir.«

– Und: »Die DDR ist mit dem Problem genauso wenig fertig geworden wie die Bundesrepublik.«

Ich habe mir über Jahrzehnte hin ein Vergnügen daraus gemacht, solche Leute mit der Feststellung zu verblüffen, ja zu schockieren:

»Aha – dann herrschen also in der Bundesrepublik auf *diesem* Gebiet Zustände wie in der DDR!« – eine Schlußfolgerung, die natürlich keinesfalls in der Absicht der Gleichmacher lag, obschon ihre eigene Logik eine andere nicht zuließ. Und so blieb denn der unfreiwillig einigende Vorwurf, mit der NS-Vergangenheit nicht fertig geworden zu sein, auch das einzige Terrain, wo im Staat der »freiheitlich-demokratischen Grundordnung« auf gesamtdeutsche Parallelität mit dem SED-Staat gepocht wurde.

Dagegen beharrte die DDR-Führung bekanntlich bei der Überwindung des NS-Erbes auf »Errungenschaften«, an denen es der Bundesrepublik nun in der Tat gebrach: Ulbricht und Honecker brauchten nur die Einzelposten der »zweiten Schuld«, die Folgen und Begleiterscheinungen der bundesdeutschen Restauration aufzuzählen, um triumphierend zu erklären: »Das gibt es bei uns nicht!« Und wirklich: weder gab es in der DDR ein 131er-Gesetz mit der pauschalen Übernahme fast des gesamten NS-Staats- und Beamtenapparats noch die Legalisierung alt- oder neonazistischer Parteien und SS-Nachfolgeorganisationen, ebensowenig wie jenes rechtsextremistische Zeitungs-, Zeitschriften- und Buchimperium, das seit über vierzig Jahren ungestraft und unbelästigt im Namen der demokratischen Pressefreiheit seinen Haß gegen Juden, Emigranten und Demokraten verspritzen darf, allen voran Gerhard Freys »Deutsche Nationalzeitung«. Tatsächlich auch waren doch gleich zu Anfang in der sowjetischen Besatzungszone *die* Kräfte, die Deutschland in den Abgrund von 1945 geführt hatten, entmachtet worden: die großindustriellen Eigentümer, die Neuordner des deutschen Sieges über die Welt, die mächtigen Finanziers der Aufrüstung und des Krieges, die großagrarischen und staatsbürokratischen Kräfte! Da war doch etwas dran, und das wurde nicht aufgehoben durch die periodisch bei uns wiederkehrenden Statistiken von belasteten Nazis, die es auch in der DDR zu höheren Rängen und Posten gebracht hatten. Ganz abgesehen davon, daß solcher Aufrechnungseifer meist von Leuten ausging, die sich den Teufel um die Renazifizierung, um den Großen Frieden mit den Tätern, um die zweite Schuld gekümmert hatten, sondern vielmehr deren Apologeten waren. Nein, diese Art von Restauration und nachträglichem Sieg der NS-Profiteure hatte es in der DDR so nicht gegeben.

Nur war und ist dies kein Grund für Freude und Genugtuung, sondern in seiner »Beweisführung« so verlogen, wie das gesamte SED-System es war. Denn selbst wenn es imstande und willens gewesen wäre, mit dem NS-Erbe gründlich fertig zu werden – was es weder war noch sein konnte, wie wir sehen werden –: es hätte nichts *daran* geändert, daß an die Stelle des Nationalsozialismus die deutsche Variante des Stalinismus getreten war, also eine Herrschaft, die mit der Hitlerschen die entsetzlichste in der Menschheitsgeschichte war, ein diktatorisches Regime, dessen Zentralismus keinen Platz für die klassischen bürgerlichen Freiheiten ließ, zudem ökonomisch auf die ineffiziente staatliche Plan- und Kommandowirtschaft festgelegt war und nach *dem* Gesetz, nach dem es angetreten war, in unserer Epoche nun endlich seinen verdienten Weltuntergang erfährt.

Dem ganzen Systemcharakter nach mußte die stalinistische Variante der NS-Verdrängung denn auch anders geartet sein als die der Bundesrepublik, und es entspricht der Perfidie des SED-Regimes, daß die Verdrängung im Mißbrauch gerade *des* Begriffes lag, der weltweit als Antipode des Hakenkreuzes gilt – des *Antifaschismus*.

Ich habe ihn den *verordneten Antifaschismus* genannt, weil er von oben dekretiert und der ganzen DDR-Gesellschaft summarisch übergestülpt worden war. Der annektierten Staatsideologie der herrschenden Partei lag die abenteuerliche Geschichtslüge zugrunde, die DDR sei so etwas wie ein posthumes Mitglied der Anti-Hitler-Koalition des Zweiten Weltkrieges und deshalb eine Art Mitsieger gewesen; danach hätten sich auch, ganz zufällig, sämtliche deutschen Nazigegner auf dem Territorium der späteren DDR befunden – irrwitzige Konstruktionen also, deren Zerfall über kurz oder lang vorprogrammiert war.

Und so hat denn auch das Dekret des *verordneten Antifaschismus* durch die SED-Politbüros über die ganze Geschichtsstrecke von 1949 bis 1989 hin jede tiefergehende Massenauseinandersetzung mit der Nazizeit verhindert, und zwar, wie ich überzeugt bin, willentlich und vorsätzlich. Der Stalinismus auf deutschem Boden hatte ja rasch erkannt, was sich an traditionellen Verhaltensweisen, Denknormen und Ängsten des deutschen Untertans für seine Zwecke nutzbar machen ließe. Die deutsche Obrigkeitshörigkeit kam ihm ja nicht ungelegen, und der mündige Bürger war schließlich das letzte, was erwünscht war.

Da hat sich an Anpassungsbereitschaft manches vor und nach 1945 nahezu nahtlos aneinandergefügt – Kontinuitäten, zu denen der *verordnete Antifaschismus* kräftig beigetragen hat. Unwillkommen war er ja keineswegs, gewährte seine Lüge »Von nun an sind alle DDR-Bürger Antifaschisten!« doch den belasteten Generationen sozusagen kollektive politische Absolution. Das bedeutete jedoch nicht, daß die Nazizeit in der veröffentlichten Meinung der DDR etwa keine Rolle gespielt hätte, ganz im Gegenteil, wie jeder weiß – sie wurde vielmehr ununterbrochen behandelt. Nur geschah das unter zwei bestimmten propagandistischen Vorzeichen: 1. einer ungeheuren Überhöhung des Widerstandes von links, besonders des kommunistischen, also sozusagen der Umkehrschluß der konservativen Überhöhung des deutschen Widerstandes von rechts in der damaligen Bundesrepublik, und es geschah, 2., unter der Dauerpropaganda gegen den ›Klassenfeind‹, die industrielle, finanzkapitalistische und monopolistische Großbourgeoisie, als deren Marionette Hitler bis zuletzt durch die offizielle DDR-Geschichtsschreibung gegen alle inzwischen gewonnenen historischen Kenntnisse und Erkenntnisse gehandelt worden ist.

Das riesige Feld zwischen diesen beiden Polen – zwischen Widerstand und Systemelite – blieb für die Nachgeborenen in einer Art mystischem Dunkel und ohne Nennung der individuellen und kollektiven Verantwortlichkeiten großer Bevölkerungsteile für das Naziregime, eingeschlossen die Arbeiterschaft. Gerade über *ihre* Beteiligung am NS-Staat hat es in der DDR niemals eine öffentliche Auseinandersetzung oder auch nur seriöse Forschungen gegeben. Man könnte sagen: Worüber im Westen der Mantel der demokratischen Nächstenliebe gebreitet wurde, da war es im Osten der des real existierenden Sozialismus. Dennoch war die Nazizeit in der DDR atmosphärisch viel verfemter als in der Bundesrepublik, wo

»Antifaschismus« immer ein gesellschaftsunfähiges Fremdwort, ja ein Schimpf geblieben ist. Auch wurden bekanntlich in der DDR NS-Täter, wenn ihnen der Prozeß gemacht wurde, viel härter bestraft als in der Bundesrepublik. Was natürlich zusammenhing mit den grauenhaften Erfahrungen, die die Sowjetunion während der deutschen Besetzung weiter Teile des Landes zwischen 1941 und 1944 gemacht hatte.

Ohne die Lernfähigkeit dort etwa grundsätzlich bestreiten zu wollen, setze ich jedoch illusionslos voraus, daß sich die Deutschen auf dem Territorium der DDR unter Verhältnissen, wie sie in der alten Bundesrepublik herrschten, nicht anders verhalten hätten, als deren Bürger es getan haben, nämlich mehrheitlich verdrängerisch und unter Vermeidung wirklicher Trauerarbeit. Viel anderes kam aber auch so zwischen Elbe und Oder nicht heraus – nur brauchten die Verdränger sich nicht selbst besonders anzustrengen, nahm ihnen das doch der SED-Staat ab, indem er eine »antifaschistische« Harmonie vortäuschte, die es in Wahrheit nie gab.

Auf deutschem Boden hat sich nur bestätigt, daß das repressive System des Stalinismus unfähig war, das Erbe des Nationalsozialismus politisch, geschichtlich und moralisch aufzuarbeiten. Abgesehen davon, daß er das nicht *gewollt* hat, der *Stasi-Staat*, hätte es auch gar nicht *können*, es fehlten ihm alle Voraussetzungen dazu. Sein großer Helfer aber, der *verordnete Antifaschismus*, war eine Totgeburt, und zwar von vornherein. Gebunden an die Staats- und Parteiräson, war er Teil jener Fraktion der *Internationale der Einäugigen*, die auf dem linken Auge blind ist – wie eine andere auf dem rechten. Angeblich Extremgegner, waren beide Brüder im Ungeist geteilter Humanitas: was in der jeweils anderen Hemisphäre der Welt bekämpft wurde, das wurde in der eigenen gerechtfertigt und blutig praktiziert. Diese *Internationale* ist übrigens die einzige, die bisher funktioniert hat.

An den Fäden der DDR-Staatsgewalt hängend, hat der *verordnete Antifaschismus* jede Menschenrechtsverletzung des stalinistischen und post-stalinistischen Systems entweder gerechtfertigt oder geleugnet. Deshalb trug er immer auch als »Antizionismus« getarnte antisemitische Züge. Ob es die Schauprozesse der frühen fünfziger

Jahre in den sog. Volksdemokratien waren, die in Prag, Sofia und Budapest vor den Gewehrmündungen der Exekutionskommandos endeten, oder der nur durch Stalins Tod am 5. März 1953 abgebrochene Prozeß gegen die jüdischen Ärzte in Moskau oder die zahlreichen DDR-eigenen Politverfahren, deren vorbereitete Schauprozeßkrönung ebenfalls nur durch eben jenen Märztag verhindert wurde (an jüdischen Todeskandidaten hätte in Ost-Berlin kein Mangel bestanden) – zu alldem hat der *verordnete Antifaschismus* beigetragen, all das hat er propagandistisch gefördert. Viele der angeblichen »zionistischen Verräter« aus den eigenen Reihen, der »gemeingefährlichen Klassenfeinde« mit dem Parteibuch in der Tasche, der »Handlanger des US-Imperialismus« bis in die SED-Hochhierarchie hinein – sie galten *vor* ihrer Verfemung als Denkmale des Antifaschismus. Ungeachtet des Holocaust und im Schlepptau der anti-israelischen Sowjetpolitik hatte der *verordnete Antifaschismus* den Antisemitismus fest integriert, und dies in Übereinstimmung mit dem stalinistischen Gesamtsystem, dessen getreues Spiegelbild er war. Hätte es von ihm *Philosemitismus* gefordert, er wäre auch diesem »Kurs« genauso gehorsam nachgekommen.

Niemand hat mit dem Begriff *Antifaschismus* soviel Schindluder getrieben wie *das* System, das ihn für sich annektiert hatte – das stalinistische, niemand hat ihn so diskriminiert und geschändet. Zu welch schamlosem Verbalakrobatismus seine Gebieter auf deutschem Boden fähig waren, erwies sich nur noch einmal, als sie die einzige Mauer, die jemals gebaut wurde, um die von drinnen nicht nach draußen gelangen zu lassen, in einen »antifaschistischen Schutzwall« umlogen.

In diesem Zusammenhang machte ich übrigens eine interessante Entdeckung, vor dreizehn Jahren, bei den Dreharbeiten für eine Fernsehsendung mit dem Titel »Grenze 78 – Ein deutsches Tagebuch«: Diese über 1300 Kilometer lange Mauer- und Zaunmonstrosität zwischen Ostsee und Erzgebirge konnte nur von *einer* Seite repariert und gewartet werden, nämlich der *westlichen*, also von dort, woher die »imperialistischen Aggressoren« kommen und dann durch jenes Bauwerk aufgehalten werden sollten – im Zeit-

alter der Interkontinentalraketen und der »Sternenkrieg«-Pläne...
Merkwürdig war auch, daß alle Sperrelemente *östlich* des Haupt-
zaunes lagen, insgesamt neunzehn an der Zahl auf der kurzen
Strecke bis zum sog. Schutzzaun. Nota bene: Mein in aller Welt
kampferprobtes Team hat damals an der innerdeutschen Grenze
von den ursprünglich vorgesehenen drei Wochen Dreharbeiten nur
dreizehn Tage durchgehalten – dann war unsere Strapazierfähig-
keit erschöpft. Wir mußten abbrechen.

Meine Ausführungen über den *verordneten Antifaschismus* sollen sub-
jektive Integrität von antifaschistischen Männern und Frauen, die
in seinem Einflußgebiet lebten, nicht antasten. Sie richten sich vielmehr gegen seine Schöpfer, Erfinder und Handlanger, die jenes Ulti-
matum aufstellten, das jeden Nazifeind und Hitlergegner unweigerlich in einen schweren Konflikt bringen mußte: nämlich sich dem
geforderten Denk- und Handlungsschema der *geteilten Humanitas*
anzupassen – oder mit ihm zu kollidieren. Spannungen, die aus dieser
unzumutbaren Alternative erwuchsen, haben zu vielen inneren Zer-
reißproben, persönlichen Tragödien und Selbstmorden geführt.

Juden mit DDR-Zugehörigkeit oder -Sympathien, gar als Mitglieder der Staatspartei, sind durch die Postulate des *verordneten Antifa-*
schismus besonderem Druck ausgesetzt gewesen, ja befanden sich in
einer schier unerträglichen Situation, vorausgesetzt, sie hatten ihre
Seele nicht vollständig der irrsinnigen These »Die Partei hat immer recht« ausgeliefert. Nicht nur die verordnete Blindheit auf
dem linken Auge mußte ihnen zu schaffen machen, sondern auch
die streng durchgehaltene Anti-Israel-Politik der DDR-Staatsfüh-
rung. Innerhalb dieser Sondersituation gab es für jüdische Publizisten noch einmal eine zusätzliche Zumutung: sie hatten sich in
ihrem Beruf öffentlich »anti-zionistisch« zu betätigen! Ich kenne
Juden, die das getan haben – und ich will nichts an ihrem Verhalten entschuldigen, aber es gibt wenige Zeitgenossen, deren Schicksal mich mehr mitgenommen hätte als das dieser jüdischen Ab-
schwörer, die vor der stalinistischen Inquisition kapituliert und
sich damit als moralische Wracks selbstzerstört wiederfanden. Wie
kommen sie heute zurecht, wenn sie überlebt haben?

Welche unerwarteten, unglaublichen Sprünge die Geschichte machen kann, ist mir noch einmal klargeworden, als ich bei der Arbeit für unsere Tagung auf eine Stelle meines vor vier Jahren erschienenen Buches »Die zweite Schuld oder Von der Last, Deutscher zu sein« stieß, die mir das in Zusammenhang mit dem Wirken Gorbatschows verdeutlichte. Da heißt es:

»Heute ist die Hoffnung nicht mehr ganz unbegründet, daß die Geschichte der Tscheka, der GPU, des NKWD und des MWD, diese ganze Chronik des Grauens der Geheim- und Polizeiapparate eines Tages in ihrem ehemaligen Wirkungsgebiet zwischen Brest-Litowsk und Wladiwostok geschrieben und gelesen werden kann. Die historische, politische und moralische Aufarbeitung des *Archipels Gulag* ist unvermeidlich, ebenso wie der Sog solcher Aufklärung auf die abhängigen Randstaaten der Sowjetunion, eingeschlossen die DDR und die *Geschichte ihres Staatssicherheitsdienstes...* Das System der DDR hat sich in den fast vierzig Jahren seit ihrer Gründung von seiner stalinistischen Grundstruktur nicht wirklich wegbewegt, ungeachtet unleugbarer peripherer und quantitativer Veränderungen seither. Der Umschlag in eine neue Qualität steht noch aus. Erst *er* würde den *verordneten Antifaschismus* aufheben.«

»Uff!« möchte man da ausrufen. Denn wie wir wissen, ist inzwischen ja das ganze System, dem er entsprungen ist, aufgehoben worden. Und damit sind wir bei der *Doppellast*, die den Deutschen der ehemaligen DDR von der Ungerechtigkeit der Geschichte aufgebürdet worden ist: neben der staatlich verhinderten Aufarbeitung der NS-Vergangenheit auch noch die stalinistische zu bewältigen.

Gemessen an meiner Bereitschaft, mit der ich der Spur der »zweiten Schuld« in der alten BRD gefolgt bin, spüre ich gegenüber der doppelten Aufarbeitungsthematik in der DDR eine deutliche Sperre in mir – aus vielen Gründen. Nicht nur, weil dabei die Dimension Auschwitz fehlt, Sperre auch nicht allein, weil diese Feststellung für die Opfer des Stalinismus natürlich keinerlei Bedeutung hat und es überhaupt mehr als problematisch ist, die beiden größten Gewalt- und Verbrechersysteme als Meßmodelle aneinanderzuhalten. Sondern Sperre, weil die Ausgangssituation von 1989 für die DDR eine ganz andere war und ist als die für die Bundesrepublik von 1949 und ihrer weiteren Entwicklung.

Hitlerdeutschland war, aus der eigenen Geschichte heraus, eine Mißschöpfung, hinter der die überwältigende Mehrheit der damaligen Deutschen stand. Die Staatsgründung der DDR war eine direkte Folge des deutschen Angriffskrieges auf die Sowjetunion, sie kam auf den Bajonetten der siegreichen Roten Armee und hatte niemals, zu keiner Zeit, auch nur die Andeutung einer Majorität hinter sich, auch nicht in den besten Tagen ihres kurzen Illusionsfrühlings. Bei der kritischen Beurteilung von Verhaltensweisen während der vierzig Jahre zwischen 1949 und dem Fall der Mauer kann auch nicht außer acht gelassen werden, daß niemand den 9. November 1989 vorausgesehen hat und voraussehen konnte, niemand – was für Opfer wie für Täter galt. Letztere fühlten sich ja durchaus sicher.

Wie unvorhersehbar der Untergang des Stalinismus auf deutschem Boden war, spüre ich an mir selbst, insofern sich mein Staunen darüber nicht legen will und das Wunder sich nicht verbraucht. Sich angesichts einer ungeheuren Übermacht ihren offensichtlich auf Dauer angelegten Herrschaftsverhältnissen anzupassen und sich in ihnen einzurichten, kann ich im historisch konkreten Fall der DDR noch nicht als unverständlich oder gar strafwürdig erkennen. Die kritische Ablehnung eines Verhaltens kann erst jenseits dieser Grenze beginnen und dort, wo dem Nächsten Schaden oder Schlimmeres zugefügt worden ist. Auch das aber lag nahezu unvermeidlich in dem schauerlichen Gefüge eines solchen Systems begründet, so daß aller Grund zur Behutsamkeit bei Beurteilungen gegeben wäre. Dabei gebietet es die Unverhältnismäßigkeit zwischen den jeweiligen Schicksalen der beiden verflossenen deutschen Teilstaaten klar zuungunsten der DDR-Bevölkerung, daß sich die alte Bundesrepublik jeglicher Richterpose zu enthalten hat. Und das nicht nur, weil sie selbst die Aufarbeitung der NS-Vergangenheit verfehlte, sondern auch weil ihre Bürger, bei gleicher Schuld und Verantwortung für die Nazizeit wie die Deutschen auf dem Territorium der DDR, durch besondere Machtkonstellationen zu den unverdientesten Privilegierten der zweiten Hälfte des 20. Jahrhunderts geworden sind.

Das kann für Bürger der alten Bundesrepublik nicht bedeuten, sich jeder Kritik an den Angelegenheiten der ehemaligen DDR zu enthalten – keineswegs. Aber allemal sollten sie sich bewußt sein, was sie selbst fehlten und wieviel besser die Zeit es mit ihnen, mit uns hier, gemeint hat. Die Grunderkenntnis kann doch nur sein, *gemeinsam* aufzuarbeiten – und dabei könnte die ehemalige DDR von der »zweiten Schuld« durchaus lernen. Denn schon kündigen sich bei der Aufarbeitung des Stasi-Staates in den neuen Bundesländern Erscheinungen an, die ob ihrer historischen Gleichheit aus der Frühgeschichte der alten Bundesrepublik jedem ihrer Kenner nichts als den Atem verschlagen können: es ist schon jetzt Täterverhalten zu registrieren, das für den Kundigen nur allzu ungute Parallelen zur Zeit nach 1945/49 enthält. Und das muß gesagt und ausgesprochen werden können!

Ich habe etwas gegen Leute, die sich selbst auf die Stirn schreiben »Ich wollte doch immer nur das Gute«, nachweisbar jedoch, und oft ein ganzes Leben lang, auf der Gegenseite gestanden haben – wozu auch der real existierende Sozialismus gehört hat. Ich habe etwas gegen Leute, die, kommt die Rede auf ihre stalinistische Vergangenheit, sich jede Analogie mit der nazistischen Aufarbeitung verbitten, sich jedoch durch ihre eigenen Verdrängungs- und Entlastungsartikulationen selbst erst in ebendiese Nähe bringen.

Ich habe etwas gegen Leute, deren Weltsicht unverändert blieb, während das System, dem sie entsprang, in den Orkus der Geschichte fährt – so wie ich auch etwas gegen Leute habe, die weiterhin tun, was sie unter stalinistischen Vorzeichen getan hatten, nämlich die Humanitas zu teilen, aber dennoch als Humanisten gelten wollen.

Ich habe, ferner, auch etwas gegen Leute, für die die Deutsche Bank ein angriffswürdigeres Objekt geblieben war und ist als das DDR-System unter Ulbricht und Honecker, als Stasi, Mauer, Bautzen oder Workuta – gegen solche Leute habe ich etwas. Wie auch gegen jene, die heute mit ihrer offen proklamierten Nibelungentreue zu ihrer verfehlten Entscheidung für den einst real existierenden Sozialismus in Wahrheit nichts anderes betreiben, als sich ihre eigene Lebenslüge zu erleichtern. Erst recht habe ich etwas gegen Leute, die einen KZ-Bonus gegen praktizierten Stalinismus in Aufrechnung bringen wollen. Ich behaupte vielmehr mit der vollen Legitimierung eines Überlebenden des Holocaust, daß es besonders verwerflich war, wenn ein ehemals *NS-Verfolgter* sich in einen *stalinistischen Verfolger* verwandelte, und zwar je verwerflicher, desto höher der Betreffende sich in der Systemhierarchie placiert fand – ein Punkt also, in dem niemand von Erich Honecker übertroffen werden könnte. Der aber hat bekanntlich in Moskau das endgültige Domizil für seine verdüsterte, jedoch straffreie Lebensnacht bezogen. Wer mag da applaudieren, wenn die kleineren Kader zur Verantwortung gezogen werden? Schon stehen wieder die untersten Glieder des Gewaltsystems vor Gericht, nicht ihre Befehlshaber, nicht ihre Vorgesetzten, die viel höher verantwortlichen Schreibtischtäter. Dazu kommt, daß die Tendenz, alle Schuld und Verantwortung auf den Stasikraken zu wälzen, die Verstrickungen außerhalb des Apparates verdunkelt und dem Bedürfnis nach kollektiver Absolution weit entgegenkommt.

Was wird geschehen? Werden die Täter auch diesmal wieder davonkommen? Wird auch die ehemalige DDR ein Glied in der fürchterlichsten Kette unseres Jahrhunderts werden: daß die Täter von gestern davonkommen, wenn ihre Gewaltherrschaft durch eine Demokratie abgelöst wird? Denn genau das geschah ja im Deutschland nach Hitler, im Italien nach Mussolini, im Spanien nach Franco, im Portugal nach Salazar, auch im Griechenland nach den Obristen, nicht zu vergessen das Argentinien nach der Militärherrschaft, obwohl die Verurteilung einiger hoher Foltermilitärs die verfehlte Hoffnung aufkeimen ließ, daß diesmal nicht straflos gemordet werden konnte – welch ein Irrtum! Und sogar in der Sowjetunion der *Perestroika* und des *Glasnost* – von allem ist dort die Rede, nichts ist tabuisiert, ausgenommen eines: die rechtliche Verfolgung der stalinistischen Verbrechen. Wird das Exemplum der DDR eine weitere Ermutigung für die Unterdrücker und Mörder von morgen sein – keine Sühne befürchten zu müssen, wenn sich nur der »Rechtsstaat« ihrer annehme?

Das Bild, das DDR-Täter und -Mittäter, Schuldige und Mitschuldige, Verantwortliche und Mitverantwortliche bisher geboten haben, ist so entmutigend, wie es nur sein könnte: Schweigen, Verdrängung, Verleugnung, die Rechtfertigungslitaneien des »guten Glaubens« und der bloßen »Pflichterfüllung«, dazu dicke Lügen – und kein Wort der Trauer, der Reue gegenüber den Opfern, der Entschuldigung. Zu registrieren ist, wie einst: Geständnisunfähigkeit.

Ich verrate hier ja kein Geheimnis, wenn ich sage, daß ich ein Verfechter der Singularität des Nationalsozialismus bin. Aber die Unschuldsengel der einstigen SED und »Blockflöten«, die da heute auf dem Bildschirm auftauchen – von Schalck-Golodkowski bis Hermann Kant –, sie bieten in Mimik, Gestik und ihren Verdrängungsartikulationen haargenau das gleiche Bild wie in meiner Erinnerung die reuelosen, jede persönliche Haftung bestreitenden und innerlich tief barbarisierten Nazitäter nach 1945. Hier werden ja nicht bösartig Parallelen hergestellt – es ist vielmehr die öffentliche Selbstentsorgung der gestrigen DDR-Größen in unserer Gegenwart, die sie zur karikaturesken Imitation und zeitgenössischen Entsprechung der Entnazifizierungskümmerlinge von damals verkommen läßt!

Dazu tritt eine andere, erschreckende Analogie, für die nun zwar das *ganze* Deutschland verantwortlich ist, die jedoch oppositionellen Bürgern und Bürgerinnen der ehemaligen DDR besonders zusetzen dürfte: so wie damals die Mächtigen der NS-Aufrüstungs-, Kriegs- und kontinentalen Ausbeutungswirtschaft lautlos in das bundesdeutsche Wirtschaftssystem übergingen, so wie damals jene, die vor 1945 »in« waren, auch danach ganz selbstverständlich »dazugehörten«, so gleiten heute ganze Seilschaften der einstigen Kommandoökonomie konfliktlos in die Gefilde der sozialen Marktwirtschaft über, scheinen Interpretation und Handhabung des »Rechtsstaates« wieder für die berufliche Unversehrtheit und die professionelle Ent-Strafung gerade der Hierarchen zu sorgen. Deutschland, deine Täter...

Wird sich die Gesellschaft der neuen Bundesländer diese Entwicklung gefallen lassen? Wird sie diesen Fall offenbar unbelehrbarer staatlicher Wiederholungstäterschaft hinnehmen oder ihrer ungeheuerlichen Zumutung in den Arm fallen?

Die Antwort wird abhängen von ihrem eigenen politischen Reifegrad. Dabei kann das Strafrecht allein das Problem nicht bewältigen, es ist kein Ersatz für die individuelle und kollektive Aufarbeitung des Stalinismus, für die Bereitschaft zur persönlichen Rechenschaft über die eigene Rolle innerhalb des stalinistischen Systems.

Ich prophezeie der Auseinandersetzung mit ihm in den neuen Bundesländern ein langes Leben, bis tief hinein ins nächste Jahrhundert, wenn auch ihre Bürger den Weg gehen werden, der die alte Bundesrepublik in die zweite Schuld geführt hat. Natürlich, die Aufarbeitung der Vergangenheit ist nur ein Teil im Leben eines Volkes, zumal wenn es sich mit so schwierigen Alltagsproblemen herumschlagen muß, wie die Bürgerinnen und Bürger der neuen Bundesländer es tun. Wenn wir Deutschen der alten Bundesrepublik uns daran beteiligen, und das sollten wir tun, dann mit großem Verständnis, hoher Sensibilität und geduldiger Bereitschaft. Aber auch mit der weiterzugebenden historischen Erfahrung, daß Verdrängung nichts bewirkt als das Gegenteil ihrer Absicht, gemäß der Dialektik der antiken Tragödie: nämlich ein Schicksal gerade durch jene Maßnahmen, mit denen es abgewendet werden soll, nur um so eher herbeizuführen.

Sich der Vergangenheit zu stellen, ist so fundamental und elementar wie Essen, Trinken und Atmen. Nichts jedoch scheint schwerer zu sein für den Menschen, als eigene Verstrickung, Schuld und Verantwortung zu bekennen. Obwohl es doch auch diesmal wieder für die meisten keine Frage von Gefängnis und Aburteilung nach Paragraphen sein wird, sondern eine der persönlichen, der politischen Hygiene, des Willens, mit sich selbst ins reine zu kommen, Bewußtheit zu schaffen und jenes große Humangut zu erwerben, ohne das es keine geborgene menschliche Existenz geben kann: die Fähigkeit zu trauern.

Erlösung läßt sich nur durch Wahrhaftigkeit herstellen. Je schmerzhafter diese ist, desto befreiender wird jene sein.

Ihr Feind heißt – Israel

Gedanken zur Nahost-Pathologie der Felicia Langer

Aus der Zeitschrift »Tribüne«, September 1991

In letzter Zeit macht eine Frau viel von sich reden, die im vorigen
Jahr nach Deutschland, Tübingen, übergesiedelt ist, weil sie es,
den eigenen Worten nach, in Israel nicht mehr aushielt – Felicia
Langer. Ihren biographischen Daten ist zu entnehmen, daß sie
1930 in Polen geboren wurde, beim Einmarsch der Deutschen in
den sowjetisch besetzten Teil floh, später in die Sowjetunion, dort
ihren Vater verlor, selbst unter großen Schwierigkeiten überlebte
und 1950 mit ihrem Mann, Moshe Langer, nach Israel ging. Als
Anwältin, mit Büro erst in Tel Aviv, dann in Jerusalem, half sie
stets den Schwächsten der Gesellschaft, worunter sie zunächst die
israelischen »underdogs« verstand, nach dem Sechs-Tage-Krieg
von 1967 jedoch die Palästinenser. Dabei stand sie immer an der
Seite von Menschen, die durch israelische Militär- oder Zivil-
behörden verfolgt wurden; von Müttern und Vätern, deren Söhne
und Töchter verwundet oder getötet worden waren; von Mitglie-
dern illegaler Organisationen, Demonstranten und Gewerkschafts-
führern. Die Folgen für die ständig gegen den Strom der offiziellen
Politik ankämpfende »Menschenrechtsanwältin«, wie sie von bestimmten Kreisen genannt wurde, waren finanzieller Dauerfrust,
gesellschaftliche Ächtung und oft auch direkte Bedrohung. Das
ging 23 Jahre so, bis Felicia Langer, ohne Hoffnung, »daß in Israel
Gerechtigkeit werde«, 1990 aufgab.
Aber auch nach ihrem unfreiwilligen Exil tritt sie in Deutschland
und anderen Ländern Europas schlaflos ein für die Palästinenser:
»Fast jeden Tag gebe ich ein Interview, fürs Fernsehen, fürs Radio,
für Zeitungen – die Menschen lernen mich und meine Überzeugungen kennen, und ich will die Publizität nutzen, um internatio-

nalen Druck zu organisieren. Die Tötungen, Folterungen und Verletzungen von Menschen müssen aufhören.«

Imponierende Bekundungen, ein Lebenslauf, der gefeit zu sein scheint gegen Kritik: Felicia Langer, die Jüdin, die das Gute verkörpert und unerbittlich das Böse befehdet – dem sie übrigens einen Namen gegeben hat: »Stiefmutter Israel«!

Das war dann auch genau der Tenor, mit dem Felicia Langer im Januar 1991 auf jener Bonner Großveranstaltung der deutschen Friedensbewegung auftrat, deren Transparente und Losungen den Namen Saddam Hussein so gut wie vollständig aussparten – mir klingt ihr Diskant übers Mikrofon noch im Ohr:

»Leid ist Leid, Blut ist Blut, und beide sind universal.«

Also: Unteilbarkeit der Humanitas, Unteilbarkeit der Menschenrechte!

Wie steht es damit bei Felicia Langer – hinter ihrer Rhetorik?

Lassen wir sie selbst sprechen, an Hand von fünf charakteristischen Beispielen:

1. »Ich habe mich politisch bewußt für Deutschland entschieden. Es ist eine Herausforderung für mich, weil ich verstanden habe, wie brutal und raffiniert Israel die Schuld der Deutschen ausnutzt. Wenn jemand in Deutschland seinen Mund aufmacht, nennt man ihn gleich einen Antisemiten und sagt: Wie kann man als Deutscher es wagen, uns zu kritisieren, mit der Last solcher Vergangenheit auf den Schultern? Die israelische Regierung mißbraucht das Blut unserer Mütter und Väter.«

2. »Die PLO hat 1988 einen ungeheuer großen Schritt nach vorn gemacht – sie hat das Existenzrecht Israels anerkannt. Die Karten waren auf dem Tisch, aber die israelischen Politiker taten alles, um eine Lösung zu verzögern.«

3. »Wenn wir Saddam Hussein verurteilen, und das tue ich, wie können wir dann die israelische Besatzung rechtfertigen?«

4. »Israel hat Saddam Hussein den Palästina-Trumpf in die Hand gespielt. Shamir hat alles getan, damit der Krieg ausbricht.«

5. »Israel braucht keinen deutschen Scheck, sondern internationalen Druck, damit es seine Hartnäckigkeit aufgibt.«

Wir sehen, Stoff genug für die zentrale Frage: Welche Art von Kritikerin Israels tritt hier auf?

Ich will darauf meine Antwort geben, Stück für Stück.

– Die These Felicia Langers von der »Ausbeutung der deutschen Schuldgefühle durch Israel« kenne ich in nahezu identischer Diktion aus der Ecke des deutschen Rechtsextremismus seit Anfang der 50er Jahre, ohne daß sie bis heute einer Ermüdung unterlegen wäre.

– Die These, die PLO habe das Existenzrecht Israels anerkannt, machte Felicia Langer einen Monat bevor die Palästinenser auf den Dächern tanzten, als die Scud-Raketen auf Tel Aviv fielen und PLO-Führer Jassir Arafat auf dem Bildschirm Saddam Hussein umarmte, lange und von peinlicher Innigkeit – die Szene ist gerade im Deutschen Fernsehen wiederholt worden.

– Der dritten These ist zu entnehmen, daß nach Auffassung der Interviewten Israels Regierung von den gleichen Motivationen angetrieben wird wie der Autokrat zwischen Euphrat und Tigris. Der schlug bekanntlich erst das eigene Volk in die Fesseln eines der totalitärsten Überwachungsapparate unserer Zeit, überfiel 1980 dann, mit dem Ergebnis von einer Million Toten, den Iran, um zunächst diesen Gegner, danach die einheimischen Kurden mit Gas zu überziehen, ehe seine Republikanischen Garden in Kuweit einfielen – Etappe für welches nächste Aggressions- und Expansionsziel?

Halten wir fest: Felicia Langers Meßmodell für Israel ist also der Irak des Saddam Hussein.

– Ihre vierte These vollendet dann, nach gegenteiligem Lippenbekenntnis in der dritten, ganz folgerichtig die Exkulpierung des irakischen Völkermörders, notorischen Weltbelügners, Atombombenbastlers, Superkanonentestlers und Öko-Großterroristen mit der Delegierung der eigentlichen Verantwortung für den Golfkrieg an Israel: »Shamir hat alles getan, damit der Krieg ausbricht.«

– Die letzte und fünfte These schließlich ruft Israels reichere Freunde sowie anti-israelisch beherrschte Weltgremien auf, den Judenstaat finanziell doch zu strangulieren, wenn er sich Außenmächten nicht im gewünschten Sinne fügen sollte.

Was geschieht hier? Hier werden nicht nur Ansichten geäußert, es wird vielmehr das Programm einer ganz bestimmten Weltsicht bloßgelegt, deren Ortung uns der Antwort auf die Frage, um welche Art Kritikerin es sich handelt, schon ein wenig näher gebracht hat.

Zuvor sei noch vermerkt, daß Felicia Langers Vokabular auffällig stoßatmig und drastisch ist, daß sich eine Bereitschaft zu verbaler Überspannung zeigt, die sich durch sprungbereite Aufgebrachtheit bei dem Wagnis einer widerstreitenden Meinung bestätigt, zum Beispiel in Talk-Shows. All das vertieft den Eindruck, daß es sich bei Felicia Langer, die immer wieder von »meiner Aufgabe« spricht und völlig von ihrer »Mission« beherrscht zu werden scheint, um eine ständig unter innerer Hochspannung stehende Persönlichkeit handelt. Kein Wunder also, daß ihr Sätze entfahren wie dieser: »Ich habe das Näherkommen der Intifada in den Augen der Kinder gesehen« – was jeden Kommentar in die Flucht schlägt...

Als Wendepunkt ihres Lebens zitiert sie immer wieder den Sechs-Tage-Krieg vom Juni 1967, das Ereignis also, durch das Israel Besatzungsmacht wurde.

Damit sind wir beim ›nervus rerum‹.

Jeder, dem dieses Land etwas bedeutet, muß unweigerlich in einen Konflikt geraten: dem zwischen seiner Zugehörigkeit, seiner Liebe zu Israel – und der Unteilbarkeit der Menschenrechte. Mein Ende August erschienenes Buch »ISRAEL, UM HIMMELS WILLEN, ISRAEL« widerspiegelt diese Spannung unverhüllt und ohne jedes Tabu. Ich empöre mich darin vehement gegen Menschenrechtsverletzungen und jegliche Art von israelischen Übergriffen und unzulässigen Gewaltanwendungen, mit unmißverständlichen und schmerzenden Beispielen von der »anderen Seite«. In meinem Buch finden sie sich laut und heiß wieder, die Klagen, die Trauer und die Tränen von palästinensischen Müttern, Vätern und Geschwistern, deren Töchter, Söhne, Brüder, Schwestern während der Intifada verwundet, gefangengenommen oder getötet worden waren. Das ganze graue Elend der Flüchtlingsdauerlager ist auf diesen Seiten eingefangen, von Jabalja im Gazastreifen bis Kalazoon auf der Westbank. Tief unter die Oberflächenhaut des Konfliktes bin ich gedrungen, was nur möglich war durch einen Palästinenser, dem meine Freundschaft soviel bedeutet wie die seine mir.

In jenen Monaten des Überdrucks und der Komprimierung so vieler Konfliktelemente im Kopfe des Autors bei der Vorarbeit für das Buch habe ich oft gedacht: wahrlich, Israel, man ist nicht ungestraft Besatzungsmacht! – was schlägt da alles auf dich selbst zurück!

Und dennoch komme ich zu völlig anderen Schlüssen und Positionen als Felicia Langer.

Niemals, selbst in den Gaza-Lagern nicht, dem untersten Kreis palästinensischer Lebenshöllen, bin ich auch nur versucht gewesen, Israel die Alleinverantwortung für Besetzung und Fortdauer der Besetzung aufzubürden, oder für die daraus entstehende Gewalt, für ihre Toten und Verwundeten, für die Menschenrechtsverletzungen und andere Rechtsbrüche im Klima einer Auseinandersetzung um Sein oder Nichtsein – niemals! Und zwar ohne daß ich dabei die Unteilbarkeit der Humanitas aus dem Auge verloren hätte – sie bleibt mein Kompaß. Der aber weist nicht in die Richtung der Felicia Langer.

Es sind zwei Defizite, die beim Studium der Langerschen Argumentationskette auffallen – und den Anfangsverdacht einer ganz bestimmten ideologischen Lenkung schüren. Erstens: nirgends wird der militärische und historische Kontext der Besetzung hinterfragt, nirgends danach geforscht, warum Israel Besatzungsmacht geworden und geblieben ist. Folgte man Felicia Langers Schule, so findet die palästinensisch-israelische Auseinandersetzung im luftleeren Raum statt, in einer Art regionalen Vakuums. Also tauchen auch, zweitens, nirgends Israels eigentliche Feinde auf – weder in Gestalt der arabischen Nationalstaaten, seiner Nachbarn in der Region, noch der islamischen Mächte darüber hinaus. Nirgends stoßen wir bei der Menschenrechtsfanatikerin Felicia Langer auf eine Auseinandersetzung mit den unsäglichen Herrschaftsstrukturen dieser Staaten, nirgends auf eine politische Charakterisierung der militärpotenten Gegner Israels im Kontext des Nahostkonfliktes! Beide Defizite springen einen förmlich an – und vertiefen den Argwohn ideologischer Befangenheit.

Ihr ganz entsprechend, wird die Palästinenserfrage, wird der Zusammenprall zwischen Armee und Intifada in den besetzten Gebieten zum Mittelpunkt des Nahostkonfliktes erklärt. Das aber heißt: eine Wirkung der großen Auseinandersetzung in dessen Ursache umzufälschen, eine Folge in das Hauptproblem. Was dieses Hauptproblem seit 1948 war, weiter ist und wahrscheinlich noch lange bleiben wird, das mußte sich die Israelin Felicia Langer von einer Deutschen sagen lassen – von Rita Süssmuth. Es war die Präsidentin des 11. und 12. Deutschen Bundestages, die im Sommer 1990 während eines Jerusalem-Besuches den Kern, den »Nucleus«, des Nahostproblems in die Nußschale dieser klassischen Definition brachte:

»Es wird kein Frieden sein in der Region, bis Israels Nachbarn aufhören, es zu bedrohen.«

Ja!

Nach Felicia Langer sind die »Gebiete« offenbar besetzt, weil es einer israelischen Mehrheit Spaß macht (oder weil die Moralistin sie für so »schlecht« hält), über rund zwei Millionen Menschen regieren zu wollen, die ganz offensichtlich nicht israelisch regiert werden möchten. Indes die einzig plausible historische Erklärung dafür, bestärkt durch den Golfkrieg, doch nur sein kann, daß sich diese Mehrheit ohne die Besetzung noch bedrohter fühlte als mit ihr. Und das natürlich nicht durch die Palästinenser, sondern durch die arabischen Militärmächte!

Wann aber hätte, in einem Kampf auf Leben und Tod, der Charakter der Gegner die eigene Position nicht ganz selbstverständlich entscheidend mitbestimmt? Also sei doch gefragt: Was sind das eigentlich für Regierungs-, was für Herrschaftsformen innerhalb der arabischen Anti-Israel-Allianz? Die Antwort: ausgenommen vielleicht den – wenngleich äußerst instabil modifizierten – Fall Ägyptens, handelt es sich sämtlich um demokratiefremde, gegenaufklärerische, sozial frustrierte, volksfeindliche Despotien und Tyranneien, fossile Monarchien und Scheichtümer eingeschlossen;

um Gesellschaften ohne jede Beziehung zu den Menschenrechten, dem Wert des Individuums, zumal der Frauen, und zusätzlich entstellt von den arabischen Erzübeln der Korruption, der Streitwut und des Schlendrians. Jeder dieser Staaten hat die größten Schwierigkeiten mit dem Anschluß an die Moderne, und das keineswegs nur auf Grund einer ungerechten Weltwirtschaftsordnung, sondern durch Verhaltensweisen und Traditionen (nicht zuletzt religiöse), die sich jeder Entwicklung hemmend in den Weg stellen. Es zählt aber zu den schlechten Angewohnheiten dieser in sich tief friedlosen Gewaltregime, die soziale und politische Dauermisere nicht aus der Natur der einheimischen Machtstrukturen und ihrem totalen Mangel an demokratischer Kontrolle zu erklären, sondern die Ursachen der Massenplagen und -übel stets in fremde Verantwortung zu delegieren – an Europa, an »die Weißen«, an die USA, an den »großen Satan« und natürlich an Israel, Verursacher und Symbol »aller arabischen Probleme« (Saddam Hussein).

Nicht zu vergessen: keines dieser Regime ist je an der Errichtung eines Palästinenserstaates wirklich interessiert gewesen! Für keine arabische Regierung haben die Palästinenser je einen anderen Wert gehabt als den einer Manövriermasse eigensüchtiger Potentatenziele. Der Versuch Saddams, seine Aggression im Golfkrieg mit der Palästinenserfrage zu verknüpfen, hat seinen Lügenkatalog nur um eine Variante bereichert – ungeachtet der Langerschen Zustimmung zu ihr. Als wenn die Anti-Israel-Politik der arabischen Staaten, nach geschichtsbekanntem Muster, je eine andere Funktion gehabt hätte, als durch außenpolitischen Aktionismus von jenen innenpolitischen Problemen abzulenken, deren Lösung nichts als den baldigen Sturz der bestehenden Herrschaft zur Folge haben würde! Man stelle sich dieses Syrien, diesen Irak, man stelle sich Jordanien, Saudi-Arabien, Algerien, Marokko einmal vor ohne ihre einzige Klammer – den Todfeind Israel! Sofort würden die gequälten, unterjochten, ausgebeuteten und in Unbildung gehaltenen Völker den Blick freikriegen auf ihre wahren Feinde, zu deren Besiegung sie nicht nach Jerusalem und Tel Aviv zu marschieren, sondern die Machtzitadellen in den eigenen Hauptstädten zu erobern hätten!

Es war Felicia Langer, die gesagt hat: »Das israelische Volk hat das Recht, wenigstens einmal in seiner Geschichte in gesicherten Grenzen zu leben« – wohl wahr! Nur hätte sie im gleichen Atemzug hinzufügen müssen, daß Israel jenes Recht genau von den arabischen Nationalstaaten versagt wird, die Felicia Langer als Hauptproblem des Nahost-Konfliktes so ausgiebig zu vergessen beliebt.

Wo sind denn die Analysen der »Menschenrechtsanwältin« über die Grausamkeit, mit der dort gegen jede tatsächliche oder vermeintliche Opposition vorgegangen wird? Wo ihr Aufschrei etwa gegen den syrischen Präsidenten Assad, der in zwei Nächten Zigtausende ›Muslimbrüder‹ in Hama umbringen ließ, weil er sie der Subversion verdächtigte? Ich habe gesucht und gesucht in den Aufsätzen und Reden der »Blut-ist-Blut-und-Leid-ist-Leid-Universalistin« Felicia Langer, doch ich habe nichts gefunden über das Universum arabischer Regimeverbrechen am eigenen Volk und anderen Arabern. Und so gewinnt das Weltbild dieser Frau langsam Konturen.

Welche?

Die Lektüre des Buches »Zeit der Steine«, anderer Schriften Felicia Langers sowie auch nahezu alle ihre mündlichen Äußerungen offenbaren eine Pauschalisierungsfreudigkeit und Differenzierungsunfähigkeit, die sich sammeln in der ungetarnten, kritiklosen, ja bis an Blindheit grenzenden Einseitigkeit des »Hie die ›bösen Israelis‹ – da die ›guten Palästinenser‹.« Selten ist mir typischer und unverhüllter begegnet, was ich die »Pathologie der Umarmung« nenne – ein Phänomen, das nicht neu, sondern vielfach zu beobachten ist. Es taucht überall da auf, wo sich ein »Mentor« (oder eine »Mentorin«) im Stile eines Beschützers einer benachteiligten, unterprivilegierten oder verfolgten »Gruppe« annimmt und deren Angehörige zu »Schützlingen« erklärt – »bessere Menschen«, die »immer recht« haben und die zu kritisieren zum Sakrileg erklärt wird. Die Folge ist stets die gleiche: Jeder Eigenverantwortung für ihr Schicksal entkleidet, wird die »Gruppe« von ihren »Beschützern« zu bloßen Objekten deklassiert. Denn das Wesen der »Pathologie der Umarmung« besteht darin, daß sie sich hermetisch abkapselt gegenüber der Frage, welche Problematik die »Schützlinge« ihrerseits im Rahmen des Gesamtgeschehens darstellen, zum Beispiel ob sie ebenfalls Bedroher sein können – wie es Palästinenser, vor allem in Form der PLO, ja unzweifelhaft sind. Das meiste, was die »Umarmten« tun, Verbrechen eingeschlossen, wird aus der Not ihrer Situation heraus erklärt, oft im Sinne von Rechtfertigung, lieber aber noch wird es verschwiegen. Felicia Langer betont zwar, daß sie nie jemanden verteidigt habe, der vorsätzlich Zivilisten getötet hätte. Dennoch wird sie die deutsche Öffentlichkeit auch niemals informieren über die alle Vorstellungen übertreffende Grausamkeit, mit der Hunderte palästinensischer »Kollaborateure« durch andere Palästinenser – nein, nicht getötet, sondern regelrecht abgeschlachtet worden sind. Die Einzelheiten, die ich während meines Aufenthaltes über diese Morde dokumentarisch erfahren habe, konnte ich weder den Lesern meines Buches »Israel, um Himmels willen, Israel« zumuten, noch kann ich sie denen der »Tribüne« unterbreiten.

Zusammengefaßt: das Weltbild der Felicia Langer ist die Empörung einer Israelin ohne adäquate Empörung gegen Israels arabische Lebensbedroher. Es wird nicht das geringste Anzeichen von der »Unteilbarkeit der Humanitas« sichtbar.

Ein Zufall ist das nicht.

Wer den Langerschen Artikulationen folgt, hat es nicht schwer, auf die Spur einer spezifischen »Linken« zu stoßen – und ihrer Synonyme: die verteufeln Israel, die einzige Demokratie der Region, als »imperialistisch«, während sie die arabischen Staaten, wie vage auch immer, mit dem Odium des »Fortschritts« versehen. Es ist das individuelle Spiegelbild einer Schematisierung, wie sie charakteristisch war für die sowjetische Nahost- und Israelpolitik der Stalin-Breschnew-Ära, die dann erst von Michail Gorbatschow, wenngleich zaghaft, geändert wurde. Eine Überraschung war es deshalb auch nicht, als eine journalistische Kollegin mir aus eigener Erfahrung berichtete, daß Felicia Langer allergisch bis hysterisch reagiert, wenn ihr ganz bestimmte Fragen gestellt werden: z. B. die nach ihrer jahrzehntelangen Zugehörigkeit zur Kommunistischen Partei Israels. Die Reaktion der Betroffenen ist nicht ganz unverständlich, kann solche Mitgliedschaft doch schließlich nichts anderes bedeuten, als daß die »universale Menschenrechtsanwältin« der Ideologie des verbrecherischen Stalinismus angehangen hat, einem System, das nun selbst bei allerbestem Willen nicht als Vorkämpfer für die Unteilbarkeit der Humanitas gelten kann. Derselben Quelle nach erklärt Felicia Langer ihre ausdauernde politische und organisatorische Zugehörigkeit zur linken Fraktion der »Internationale der Einäugigen« (die andere ist auf dem rechten Auge blind) damit, daß sie von den Verbrechen des Stalinismus »nichts gewußt«, daß sie »geglaubt« habe – ich traute meinen Augen und Ohren nicht! Entspricht das doch, wie ich seit 45 Jahren registriere, haargenau den Formulierungen, die das nationale Kollektiv der Hitleranhänger nach 1945 im Zuge der »zweiten Schuld« fand, also der Verdrängung und Verleugnung ihrer ersten Schuld unter Hitler zum Zwecke der Selbstexkulpierung. Keine Mißverständnisse – natürlich kann, bis zu einer gewissen Grenze, ein Recht auf politischen Irrtum anerkannt werden. Die Wiedergewinnung der humanen Orientierung ist aber nur über den völligen inneren und äußeren Bruch mit jeder Ideologie der geteilten Humanitas zu erreichen, ein Prozeß schmerzhafter Selbstanalyse, die den persönlichen Irrtum schonungslos einzugestehen hat und deren Ziel nur sein kann, auf *beiden* Augen sehend zu werden. Dieser Standort einer ungeteilten Humanitas fällt niemandem in den Schoß, er kann – ich weiß, wovon ich rede – nur erkämpft und erlitten werden.

Derlei Anzeichen sehe ich in der öffentlichen Arbeit der Felicia Langer nicht, es fehlt jede glaubwürdige Distanzierung, jedes Geständnis. Weder ist ihren zitierten Verdrängungsargumenten noch ihrer Praxis zu entnehmen, daß der Paukenschlag der Weltgeschichte, der furios-katastrophale Untergang des realexistierenden Sozialismus, eine Änderung der Weltsicht Felicia Langers bewirkt hätte. Nach wie vor bleibt sie eingeschworen auf die einseitige Anklage im Fahrwasser einer überholten Nahostpolitik – »Hie die ›bösen Israelis‹ – da die ›guten Palästinenser‹« – und demonstriert damit ihr ungebrochenes Verhältnis zur geteilten Humanitas.

Doch wehe dem oder der, die solche Gedanken und Zweifel an der ethischen Integrität der Interviewten äußern oder sie gar noch zu Papier bringen wollten! In dem konkreten Fall, auf den sich hier bezogen wird, hat der Einspruch Felicia Langers bei der Redaktion den Abdruck eines Artikels verhindert, der das politisch geschönte Bild der Interviewten hätte korrigieren können. Tatsächlich heraus kam dann auch, ganz wie erwünscht, ein Jubel-Porträt, das hier vor mir liegt. Auszug: »Sie ist Jüdin und kämpft für die Rechte der Palästinenser. Heute lebt sie in Deutschland und kritisiert auch nach dem Ausbruch des Golfkrieges die sture israelische Politik. Dafür wird sie beschimpft und bedroht...«

Ach ja...

Das stalinistisch-realsozialistische Grundelement dieser politischen Vita gehört also nicht zu den biographischen Offenbarungen, die Felicia Langer sonst so reichlich vor ihrem Publikum ausbreitet. Vielmehr soll es wohl ihrer deutschen und europäischen Klientel auch weiterhin verborgen bleiben.

Dennoch hält Felicia Langer, für mich die schiere Publikumstäuschung, an der Attitüde der »humanen Universalität« fest. So erklärte sie in einem Interview vom Februar 1991, während der heißesten Phase des Golfkrieges: »Mit meinen Gedanken bin ich in Tel Aviv, ich fürchte für meine Freunde, für meine Bekannten. Aber ich denke auch an die Kinder von Bagdad und Basra. Und an die Palästinenser auf der Westbank, die kein Alarmsystem und keine Gasmasken haben.«

Das läßt mich völlig unüberzeugt. Furcht »für meine Freunde, für meine Bekannten« – unbestritten! Aber auch für die anderen, die Millionen Israelis, die es wagen, in ihrem Überlebenskampf anderer Meinung zu sein als Felicia Langer? Was mich bei der eher unfreiwilligen, weil provozierten Prüfung dieses Lebens am meisten entsetzt, ist die greifbare innere Beziehungslosigkeit der Felicia Langer zur Welt der jüdischen Opfer in der blutigen nahöstlichen Auseinandersetzung zwischen Israelis und Arabern! Die »Pathologie der Umarmung« hat hier ganze Arbeit geleistet.

Diese Beobachtung habe ich während meiner häufigen Aufenthalte in Israel auch bei anderen Frauen und Männern gemacht, die solcher Pathologie anhingen. Es war gespenstisch: immer wieder wiesen sie mich darauf hin, es sei typisch für die »semifaschistische israelische Rechte«, daß ihre Anhänger niemals auf den Gedanken kommen würden, palästinensische Opfer israelischer Gewalt aufzusuchen – stimmt, davon konnte ich mich überzeugen. Aber sie selber, vice versa, bei jüdischen Opfern? Nichts, und das eingestandenermaßen! Ist denn wenigstens Felicia Langer jemals auf solchen Gedanken gekommen, etwa jene israelische Mutter zu besuchen, deren Sohn von arabischen Mitfahrern in die Wüste entführt und dort drei Tage langsam zu Tode gequält worden ist? Oder Lea Wardi zu treffen, deren Mann, nach vierzig Jahren glücklichster Ehe, auf der Jerusalemer Jaffa Road von einem Araber ermordet wurde, der vor Gericht dann bedauerte, nicht »noch mehr Juden« umgebracht zu haben? Oder jene ältere Israelin, die bei einem Bus-Überfall acht Zentimeter ihres linken Beins verloren hat? Wohl kaum!

Allerdings könnte ich mir gut vorstellen, was Felicia Langer widerfahren würde, wenn sie dort auftauchte und ihre Einstellung zum besten gäbe.

Die selbsternannte »Patriotin« hat ihren Feind längst ausgemacht und sich, offenbar unlösbar, an ihm festgebissen – Israel! Ausgenommen davon sind nur ihre Sympathisanten, »sehr wenige«, nach eigenem Bekenntnis. Felicia Langer – die Gerechte in der Masse ihrer irrenden Landsleute...

Von allen Unerträglichkeiten dieser Biographie ist die Selbstgerechtigkeit die unerträglichste.

Deutschland 1991 – das ist die hohe Zeit der Felicia Langer, der dankbarste Grund und Boden, den eine wie sie hätte finden können. »Fast jeden Tag gebe ich ein Interview, fürs Fernsehen, fürs Radio, für Zeitungen. Die Menschen lernen mich und meine Überzeugungen kennen, und ich will die Publizität nutzen...«

Nutzen wofür? Daß sie einen Nahostkonflikt »kennenlernen«, eingedickt in eine linke Sicht, die nichtsdestotrotz korrespondiert mit der entgegengesetzten Seite des bundesdeutschen Politspektrums, jenen unverbesserlichen Rechten, die nun im Brustton der Überzeugung – »gerechtfertigt durch eine Israelin«, wie mir einer von ihnen jüngst sagte – zum hunderttausendsten Male in den kennzeichnenden Triumph ausbrechen: »Na also! Die Israelis verfahren mit den Palästinensern nicht anders wie die Nazis mit den Juden – sie machen es auch nicht besser als *wir*...«

Felicia Langer, die Israel der »Ausbeutung des deutschen Schuldgefühls« anklagt, hat ihrerseits eine alternative Methode gefunden, von diesem Schuldgefühl zu profitieren: nämlich jenen Deutschen weit entgegenzukommen, die sich durch Aufrechnung vom eigenen Schulddruck entlasten möchten und die, weit darüber hinaus, den Israelis schon immer die Leviten lesen wollten, wie das Palästinenserproblem zu lösen sei. Daß es da Lobpreisungen von dieser Seite hagelt, leuchtet ein.

Aber auch das Europa einer windigen Israel-Politik hat sich nicht lumpen lassen, so mit der Verleihung des Stockholmer »Right Livelihood Award«, auch »alternativer Nobelpreis« genannt, vergeben »für praktikable, wiederholbare Lösungen zu den drängenden Problemen unserer Zeit« (gerade diesmal eine Fehlentscheidung und -begründung, wie man sie sich krasser nicht vorstellen kann: die »Pathologie der Umarmung« kann ein schwer lösbares Problem nur noch schwerer machen). Aber auch der »Bruno-Kreisky-Stiftung« war Felicia Langer einen Preis wert – für »Verdienste um die Menschenrechte«. Sie erhielt ihn übrigens am Tage nach jener Nacht, in der die ersten Scud-Raketen auf Tel Aviv fielen. Wir sehen: der Zufall der Daten vermag immer noch mühelos, jegliche Perversion menschlicher Phantasie zu überbieten...

Dieser »Menschenrechtsanwältin« setze ich *mein* Credo entgegen – das eines deutschen Juden, Wahl-Israelis und Paten einer zehnjährigen Palästinenserin aus Bet Sahour, Westbank. Nach meinen eigenen Erfahrungen als rassisch Verfolgter habe ich seit meiner Befreiung am 4. Mai 1945 wenig anderes versucht, als für Schwache, für Minderheiten, für Unterdrückte zu kämpfen, und habe dafür über Jahrzehnte als Publizist und Fernsehmann die ganze Welt bereist. Nähe und Zugehörigkeit zu den Unterprivilegierten sind die Essenz meines Lebens, und die Palästinenser sind darin ganz selbstverständlich eingeschlossen. Da könnte also manches parallel, analog zu Felicia Langer gelaufen sein, die ähnliche biographische Daten und Kriterien geltend macht. In Wirklichkeit jedoch kann ich nichts dergleichen entdecken. Und was die Trennung so elementar, so grundsätzlich und so qualitativ macht, ist *mein* Verhältnis zu Israel.

O ja – Schluß mit den Menschenrechtsverletzungen durch Israelis! Ich bin ihnen nicht nur selbst, sondern auch in den Akten der israelischen Hilfsorganisation »Hotline«, in Gesprächen mit »Os ve Shalom« und den »Women in black« bis zur Atemnot begegnet. Schluß mit Mißhandlungen und Demütigungen von Gefangenen durch Uniformierte! – mein palästinensischer Freund zählte 1988 dazu. Schluß auch mit einer Siedlungspolitik, die nichts als ein schweres Hemmnis auf dem Wege zu einer Friedenslösung sein kann! Unvermeidlich – Gespräche mit Palästinensern, auch mit der PLO, so schwer es angesichts ihrer Terrorchronik fallen mag! Abbruch vor allem einer israelischen Regierungspolitik, die perspektivlos den Status quo endgeschichtlich zementieren will – ein aussichtsloses Unterfangen.

Aber – all das nicht im Zeichen der »Pathologie der Umarmung«, sondern unter der klaren Maxime: »Es wird keinen Frieden geben in der Region, bis Israels Nachbarn aufhören, es zu bedrohen!« Solange der Zustand andauert, wird es keine Lösung des Palästinenserproblems geben. Und weg mit der historischen Lüge, daß diese Bedrohung ein Kind des Sechs-Tage-Krieges von 1967 sei – sie besteht vielmehr schon seit der Gründung des Judenstaates 19 Jahre davor. Außer Ägypten, und auch das nur inoffiziell, ist bisher kein arabischer Staat von der Vernichtungs-Charta der Kairoer Konferenz von 1949 abgerückt.

Es war der ehrwürdige, fast hundertjährige Dramatiker Max Zweig, der im vorigen Jahr, bei unserer Begegnung in seiner Jerusalemer Wohnung, das Damoklesschwert über Israels physischer Existenz so beschrieb: »Die arabischen Staaten mit ihren ungeheuren Ländermassen könnten auch zehn oder zwanzig Kriege verlieren, ohne daß ihr Bestand gefährdet wäre. Hingegen würde der erste verlorene Krieg das Ende der Existenz Israels und die Ausrottung der Israelis bringen.«

Das ist die furchtbare Wahrheit über die Gegner Israels. Doch Felicia Langer tut nach wie vor so, als sei der Judenstaat der allein- oder hauptverantwortliche Blockierer eines nahöstlichen Friedensprozesses.

Aber die Intifada – und was dabei geschieht! Ja – was?

Ich sage aus der empirischen Nähe des Erlebten: Die israelische Armee hätte den Aufstand der »Kinder der Steine« in vierundzwanzig Stunden nach seinem Ausbruch beenden können, überall, wo er aufgeflammt wäre. Sie hätte dabei nur zu verfahren brauchen, wie jede arabische Armee in jedem arabischen Land mit einer jüdischen Intifada verfahren wäre – nämlich sie am gleichen Tag noch in ihrem eigenen Blute ersticken zu lassen.

Israel aber kann das nicht. Und darin bricht sich der fundamentale Unterschied zwischen ihm und seinen Feinden.

Man male sich das umgekehrt aus: Israel vierundzwanzig Jahre von Arabern beherrscht, wie die Westbank, wie Gaza, der Golan, Ost-Jerusalem von Juden – man male sich das aus.

Nie habe ich aus dem Munde Felicia Langers oder aus ihrer Feder auch nur *ein* Wort vernommen über die eigentliche Tragödie, die sich da im Vorderen Orient zuträgt: nämlich daß Juden, deren Vorfahren über Jahrtausende hin Selbstbestimmung und Heimat versagt blieben, nun ihrerseits in Notwehr einem andern Volk, Palästinensern, Selbstbestimmung und Heimat versagen. Und das wird andauern, bis Israel Gewißheit hat, daß solche Gewährung nicht auch den Anfang vom Ende seiner staatlichen Existenz bedeuten könnte, nachdem die uralte, inbrünstige Hoffnung »Nächstes Jahr in Jerusalem!« endlich 1948 verwirklicht worden ist.

Mit diesem hochgefährdeten Land fühle ich mich unlösbar verbunden, und darüber habe ich ein Buch geschrieben, dessen Inhalt in vielem der langjährigen Regierungspolitik und -praxis, den Shamir- und den Likud-Positionen diametral entgegengesetzt ist. Ich behaupte, es ist ein Buch, dessen Kritik manchem über die Schmerzgrenze hinaus gehen wird. Niemand aber, niemand wird auch nur aus einer einzigen Zeile, einem einzigen Wort etwas anderes herauslesen können, als daß die Kritik des Autors an Israel eingehüllt ist in seine Liebe zu ihm! Wie denn auch könnte der Konflikt zwischen dieser Liebe und der Unteilbarkeit der Menschenrechte in *einer* Brust anders ausgetragen werden als unter dem Vorzeichen, daß Israel der einzige Staat im Vorderen Orient ist, dessen unmittelbare Existenz lebensbedroht wird? Meine innere Beziehung zu Israel ist durch die Maßnahmen abwählbarer Regierungen nicht anzutasten. Das könnte nur durch eine Forderung und ihre Durchsetzung geschehen, nämlich daß ich meine Kritik an bestimmten Zuständen unterdrücken, daß ich sie verbergen, sie geheimhalten müßte, daß ich meinen Widerspruch, meinen Widerstand nicht austragen könnte. Erst das könnte diese Liebe zerstören. Im Gegensatz dazu, was jedem oppositionellen Araber in jedem arabischen Land widerfahren würde, erkenne ich solche Gefahr in Israel nicht. Ihre etwaige Beschwörung liefe auf nichts anderes hinaus als auf unzulässige Dramatisierung zur Erhöhung der eigenen Person.

Und so sehe ich denn als den wahren Wendepunkt in Felicia Langers Leben nicht den kurzen Krieg von 1967 und dessen lange Folgen an. Die wirkliche Zäsur, der echte Bruch ist ihr später Eskapismus, die Flucht der 60jährigen aus Israel im Zeichen des Martyriums, die »Emigration« nach Deutschland. Es ist der innere und äußere Wechsel aus der Praxis eines zwar ideologisch verbohrten, aber dennoch achtenswerten Kampfes, an Ort und Stelle, in seine bloße Propagierung, fern des Geschehens. Solange sie dort war, konnten auch Gegner, ungeachtet der Langerschen Einseitigkeit, ihrer Arbeit Respekt entgegenbringen – ging es ihr doch, unleugbar, um »die Sache«. Als propalästinensisch/arabische Anti-Israel-Fanfare in Deutschland und Europa aber wird Felicia Langer, das wage ich zu prophezeien, rasch zur bloßen Selbstpropagandistin verkommen. Wie lange kann solche Schwarz-Weiß-Pose durchgehalten werden? Wie rasch verbraucht sie sich? Wann, welchen Tages werden die Leute sagen, vor dem Bildschirm, am Radio oder bei der Zeitungslektüre: »Masche!«? Das weiß heute noch niemand. Sicher ist nur: ehe diese Reaktion nicht eingetreten ist, gibt es unter den Himmeln unserer Breiten niemanden, der durch notorische Täuschung des Publikums über Totalität und Kausalität des Nahostkonfliktes, durch ideologisch bedingte Einseitigkeit und durch Teilung der Humanitas dem öffentlichen Bild Israels größeren Schaden zufügen wird als Felicia Langer.

Postskriptum

Zu meinem nicht geringen Leidwesen mußte ich erfahren, daß Felicia Langer, auf einer großen Veranstaltung in Köln, den Inhalt eines »Spiegel«-Vorabdrucks aus meinem Buch »Israel, um Himmels willen, Israel« zum Anlaß eines Lobspruches auf mich mißverstanden hat. Dazu vermerke ich am Schluß dieses Artikels: Daß einem politischen Publizisten die falschen Leute auf die Schulter klopfen, ist ebenso unvermeidlich wie gewohnt. Die unfreiwillige Bundesgenossenschaft der Felicia Langer jedoch möchte ich mir ausdrücklich und öffentlich verbeten haben.

Menetekel Saddam Hussein

Aus »Liebesgrüße aus Bagdad«, Berlin 1991

Ich kann die Szene, obwohl nur einen Lidschlag lang auf dem Bildschirm, nicht vergessen: Nachtalarm in Tel Aviv, ein Ehepaar, dem Alter nach Überlebende des Holocaust, angstverzerrte Gesichter und – *Gasmasken* in der Hand. Das konnte doch nicht wahr sein! In diesem Moment überfiel mich, zum erstenmal wieder seit der Befreiung im Mai 1945, eine Sehnsucht, wie sie damals von der fürchterlichen Realität der Nazizeit gezeugt worden war – nämlich aus einem Traum zu erwachen, weil das, was da geschah, nicht Wirklichkeit sein durfte. Nun ist es zurückgekehrt, dieses Verlangen, und nistet sich in mir immer unerträglicher ein beim Anblick jüdischer Kinder mit Gasmasken, die wissen, daß sie im Falle eines chemischen Angriffs nicht den Keller, sondern möglichst hohe Stockwerke aufsuchen müssen... Welche Lehre! Die Leichenhaufen in den Gaskammern zeigten immer Pyramidenform, denn nach oben kam das Gas zuletzt, dort konnten die Todgeweihten für wenige Sekunden weiteratmen...

Es war George Bush, der Präsident der Vereinigten Staaten von Amerika, der das Stichwort geliefert hat: vor Gericht mit Saddam Hussein! Aber die Forderung muß erweitert werden, da der irakische Diktator und Kriegsverbrecher nichts ohne seine sowjetischen und westlichen Waffen- und Technologie-Zulieferer gewesen wäre. Deshalb: für die multinationalen Exporteure des Todes, diese Verursacher neuer jüdischer Angst, durch Gas getötet zu werden – ein neues Nürnberg, ein zweites internationales Tribunal!

Vor die Schranken eines solchen Gerichtshofes, der aus den Fehlern des ersten lernen könnte, müßten also nicht nur, aber auch keineswegs zuletzt, *Deutsche* treten. Ihr Sündenregister ist lang. Die *Scud* kommt aus der Sowjetunion, hätte aber Israel unversehrt gelassen, wenn ihre Reichweite nicht durch deutsche Firmen auf 650 km (»El Hussein«) und sogar auf 900 km (»El Abbas«) vergrößert worden wäre. Die Bundesregierung wußte spätestens seit Mitte 1989, daß deutsche Raketentechnologie in den Irak exportiert wurde, wie einem vertraulichen Bericht vom August 1990 zu entnehmen ist, den das NDR-Fernsehmagazin *Panorama* jüngst enthüllte: »Bei den Firmen handelte es sich um mittelständische deutsche Unternehmen wie Havert Handelsgesellschaft, Imbarco, Müller, Greser u. a.« Obwohl die Codeziffern für die Raketenmodernisierung der Projekte 1/4/4 und 1/7/2/8 dem Bundesamt für Wirtschaft in Eschborn bekannt waren, stellte es weiterhin Unbedenklichkeitsbescheinigungen aus. Die Bundesregierung förderte auch die Scud-»Verbesserung« mit Hermes-Bürgschaften, z. B. 1 542 500 Mark *Fabrikationsrisiko* für 35 High-Low-Pressure-Units vom 14. 12. 1989, wie einer Hausbesprechung im Auswärtigen Amt vom Januar 1990 über Fragen des Rüstungsexports zu entnehmen ist (ein eher kleiner Fisch, da ganz andere Summen im Spiel sind). Über die Beteiligung von MBB am Raketentestprogramm *Saad* 16 heißt es in einem Bericht des Bundeswirtschaftsministeriums trocken: »Das Bundesamt für Wirtschaft hat die Ausfuhrgenehmigung erteilt, weil man damals von einem Forschungsprojekt der Universität Mossul ausging« – als wenn solcher Export in den Herrschaftsbereich eines erklärten Friedensfreundes erfolgt sei!

Eine US-Liste, die weltweit über 218 Rüstungslieferanten an den Irak aufzählt, wird angeführt von 87 deutschen Firmen, die technische Geräte und Teile lieferten – für Nachtflugelektronik, Funkgeräte, Flugabwehr, Schützenpanzer, Atomprojekte, für die Superkanone »Big Gun« und – für Giftgas. Die irakische Giftgasproduktion ist zu 90 Prozent das Werk deutscher Chemiker, Ingenieure und Geschäftsleute. Sogar Bonn mußte einräumen, daß neben anderen Nationen auch Deutsche maßgeblich »rüstungsrelevante Technologien« für die irakische Giftgasfabrikation geliefert haben.

Bei diesem Sonderexport des Todes kam es übrigens zu einer makabren deutsch-deutschen Arbeitsteilung. Militärs der DDR haben auf dem Übungsgelände Storkow bei Berlin zehn Jahre lang, von 1976 bis 1986, Abgesandten Husseins den Umgang mit chemischen Massenvernichtungsmitteln beigebracht und sie den Giftgaskrieg unter Gefechtsbedingungen gelehrt – gegen den erklärten Erzfeind Israel. Ob er als Deutscher nicht wisse, wie Juden am besten mit Gas umgebracht werden könnten? – so unverblümt war nach eigener Aussage der in den Irak entsandte Abrüstungsexperte (!) der DDR, Karl-Heinz Loos, schon 1972 gefragt worden (zunächst wurden bekanntlich Iraner und Kurden das Opfer). Chemische Kampfstoffe an den Irak hat die DDR nicht geliefert – die wurden von der Bundesrepublik dorthin exportiert. Mit anderen Worten: das tödliche Know-how kam aus dem Osten, das tödliche Material aus dem Westen – auch eine deutsch-deutsche Zusammenarbeit.

Derzeit laufen Verfahren gegen Mitglieder der Firmen Karl Kolb, Pilot Plant, der Hamburger W.E.T. und manche andere, angeklagt, am Aufbau der irakischen Giftgasfabrik Samarra beteiligt gewesen zu sein. Sollten Juden wieder durch Gas sterben, so sind in erster Linie Deutsche dafür verantwortlich (wie schon heute für den Tod von Isralis durch konventionelle Raketen).

Für diese deutschen Kriegsverbrecher, samt ihren französischen, britischen, sowjetischen, amerikanischen, schweizerischen und Komplizen anderer Nationalitäten – ein neues Nürnberg, ein zweites internationales Tribunal!

Und glauben wir ihren verlogenen Ausreden nicht, z. B. der vom *dual use*, also der Beteuerung, die Lieferungen hätten sowohl zivil als auch militärisch genutzt werden können. Die deutsche Allianz zwischen den Exporteuren des Todes und den staatlichen Genehmigern lautete augenzwinkernd: exportiert werden darf alles, was eine zivile Nutzung nicht ausschließt – auch wenn der Empfänger das irakische Kriegsministerium war. Die Philosophie, die hinter dem *dual use* steckt, hat laut *Bild* der Geschäftsführer einer Chemiefabrik (die für 60000 Mark Giftpilzbakterien in den Irak geliefert hat) so entblößt: »Wenn sich einer ein Fahrrad kauft, daran eine Bombe befestigt und sie dann zündet – dafür kann der Fahrradhändler nicht verantwortlich gemacht werden.«

Just dieser Zynismus hat es möglich gemacht: der Tod ist – wieder! – ein Meister aus Deutschland.

Und deshalb halte ich sie nicht mehr aus, all diese neuen Verdränger, Heuchler und Biedermänner, denen das schlechte Gewissen physiognomisch eingraviert ist, wenn sie wie gehabt beteuern, »von nichts gewußt« zu haben oder »alles gar nicht so schlimm« zu finden: die professionellen Wiederkäuer blütenreiner Unschuld, von der Strabag bis zu Thyssen; die glattzüngigen Abwiegler der Industrieverbände, wie der BDI-Vorsitzende Heinz Weiß; den schlimmen Erich Riedl von der CDU/CSU-Bundestagsfraktion, der die Frechheit hatte, die hieb- und stichfeste Kritik Norbert Gansels an der deutschen Technologie- und Rüstungs-Mafia in einen »Angriff auf das deutsche Volk« umzulügen; die staatlichen Verharmloser, wie Lutz-Georg Stavenhagen, der schon vor dem Frühstück bildschirmgerecht die schaurige deutsche Mittäterschaft routiniert herunterspielte; oder Edzard Reuter, noch der Einsichtigste unter den Uneinsichtigen, der, selbst im Glashaus sitzend, den Regierungskumpanen von gestern um die Ohren schlug, daß es »nirgends soviel Heuchelei und Lüge« gibt wie gerade bei den bürokratischen und politischen Genehmigern der Exporteure des Todes in Wirtschaftsämtern und Ministerien.

Welche Mentalität demaskiert sich hier! Es war der Arbeitgeberpräsident Klaus Murmann, der »die Anschuldigungen« gegen die Industrie wegen des Exports von Rüstungsgütern als »Gefahr für die konjunkturelle Entwicklung« bezeichnete – nicht etwa als Gefahr für Israel, für die Nahost-Region und für Saddam Husseins eigenes Volk, sondern für den eigenen Umsatz. Und schließlich Helmut Kohl selbst, der Dreisteste der Dreisten. Unvergessen seine Schwindelei am Abend des 2. Dezember 1990 nach der gesamtdeutschen Bundestagswahl vor laufender Kamera und Millionen Zuschauern: »Da brauchen Sie gar nicht Ihr Gesicht zu verziehen – *Waffen* haben wir nie in den Irak geliefert.« Stimmt, Herr Bundeskanzler, in der Tat, keine einzige komplette Maschinenpistole, keinen roll- und schußbereiten Panzer, keine einzige Giftgasgranate oder -bombe,

nur die Technologie und die Materialien, um all das zusammenzu-
basteln – welche Wahrheit also! Aber ungeachtet der überwältigenden Beweise seiner Schwindelei – der Mann regiert uns weiter.

Seit Jahren weiß die Kohl-Regierung durch den amerikanischen
Bundesgenossen von den illegalen Geschäften deutscher Firmen
mit Giftgas, Biokampfstoffen und Raketenforschung – und hat sie
nicht gestoppt. Von dieser Vorgeschichte mag bekanntlich auch
der neugebackene Wirtschaftsminister nichts wissen, Jürgen Möllemann, der keine Kritik an der Kontrollpraxis seiner Vorgänger
aufkommen lassen will, von »einigen schwarzen Schafen« spricht
und so tut, als träten die Exporteure des Todes erst jetzt auf. Wie
sagte Norbert Gansel noch? – Möllemann sei als »Araber-Lobby-
ist« stets für Waffenexporte in den Nahen Osten eingetreten. Und
der spielt nun den Aufpasser!

Es war immer schon schwer gewesen, deutsche Politiker und Un-
ternehmer über »sensitive Exporte und ihr Vorfeld« bramarbasie-
ren zu hören, auch früher bereits, aber heute kann ich diese Roß-
täuscher auf dem Bildschirm nicht mehr ertragen – ich schalte ab.

Und dann erst die Direkttäter, wenn sie in flagranti ertappt wurden – Gespenstergeschichten unserer Zeit! Da waren zwei mutige
Fernsehjournalisten ein Jahr lang der Bremer Speditionsfirma *Cifco*
auf den Fersen gewesen, die als Tochter des berüchtigten chilenischen Konzernherrn und Pinochet-Freunds Carlos Cardoen ein
Universum an Rüstungsgütern, darunter Zünder für Giftgasbom-
ben, in den Irak verschiffte, ganz »legal« über die Hansestadt an
der Weser und ihre Blindekuh spielenden Zollbehörden. Die beiden waren den geschickten Spurenverwischern in Chile, Südafrika
und Deutschland auf den Fersen und entdeckten dabei schließlich,
daß im Bremer Handelsregister ein wichtiges Dokument, eine Vollmacht, fehlte. Sie bekamen das Papier dann aber doch in die
Hände, wenngleich nicht aus Bremen, sondern aus Chile. Es er-
mächtigte den hiesigen Vertreter von Cardoen, den Bremer
Rechtsanwalt Dr. jur. Rudolf Monnerjahn, in der Bundesrepublik
»alle unsere Angelegenheiten zu besorgen«. Mit dieser Vollmacht
stellten die beiden Fernsehkollegen den Juristen und Landespoliti-

ker im Haus der Bremer Bürgerschaft vor laufender Kamera. Ich schwöre: noch niemals habe ich auf dem Bildschirm einen Menschen gesehen, dessen Gesichtszüge so entgleisten wie die dieses Rechtsanwalts – ertappt, gestellt! Bravo, Wilfried Huismann und Rainer Kahrs, Lob, Preis und Auszeichnung für Euren Film »Tödliche Fracht Bremen–Bagdad«, den besten über die Exporteure des Todes, den ich bisher gesehen habe – und der natürlich zu später Stunde und nur regional ausgestrahlt wurde. Wann also, meine Herren Intendanten und Direktoren von der ARD, wann kommt diese hochaktuelle Dokumentation aus ihrem Nachtasyl der 3. Programme ins Erste, und zwar zur besten Sendezeit?

Ein Wort noch zu den Demonstrationen der deutschen Friedensbewegung, die soviel Staub aufgewirbelt haben.
Zunächst bestätigen sie, wie tief geächtet der Krieg im Deutschland von heute, wie ausgeprägt die Abscheu vor ihm ist – wer wollte das, nach Wilhelm II. und Hitler, nicht begrüßen? Was aber die konkrete historische Situation betrifft, den Krieg am Golf, stimmten Friedensbewegung und Majorität über diesen Kern nicht überein. Gut drei Viertel der Deutschen stand und steht bekanntlich hinter der alliierten Koalition gegen Saddam Hussein, die Friedensbewegung jedoch ausdrücklich nicht. Das braucht noch nicht zu bedeuten, daß die Minderheit im Unrecht ist, war es doch die Mehrheit in unserer Geschichte nur allzuoft. Es kommt also auf die Argumente an, auf den Tenor, auf die Motive, auf die Weltsicht – und da traute ich meinen Augen nicht.
Ich suchte nämlich nach einem bestimmten Namen, fand ihn aber nicht, oder doch höchst selten und sozusagen eher versteckt – nämlich den von Saddam Hussein. Dafür aber fand ich auf den Transparenten und in den Parolen George Bush als den eigentlich Angeklagten, Präsident der Hauptmacht der Alliierten am Golf, die im Einverständnis mit dem UNO-Sicherheitsrat dessen Forderung an den irakischen Diktator militärisch Nachdruck verleihen sollen, das überfallene Kuwait zu räumen ...
Da kann im nachhinein nun erklärt werden, was da will: diese Stoßrichtung war der Tenor, aufs exakteste, und die widerwillige

Korrektur im nachhinein bot daraufhin eher das Bild eines Katzenjammer-Bekenntnisses, dem man ruhig mißtrauen darf. Die Demonstrationen im Stadium ihrer unreflektierten Ehrlichkeit waren beherrscht von Antiamerikanismus und von der Entsolidarisierung mit Israel! Aber wen wundert das? Keine westliche Friedensbewegung hat sich so einseitig mit den Palästinensern identifiziert wie die deutsche, in keiner ist der Haß gegen Israel so durchgeschlagen wie in dieser. Die Verlagerung der Verantwortung von den Schultern Saddam Husseins auf die jener Macht, die den Aggressor als einzige wirklich stoppen kann, die USA, war auf Transparenten und in Parolen der Friedensbewegung eindeutig und unverhohlen. Es war der einseitigste »Pazifismus«, der mir je begegnet ist, und das Medium unseres Zeitalters, das Fernsehen, hat es unwiderlegbar dokumentiert.

Auch die Argumente, die ich seither aus dieser Ecke gehört habe, bestätigen meinen Eindruck nur. Kann man sich ein demagogischeres Gerede vorstellen, als das vom *gerechten* oder *ungerechten* Krieg? – doch nur, um dann zu dem vorgefaßten Urteil zu kommen: *jeder* Krieg sei ungerecht. Ach ja? Auch der gegen Hitler? Einen Scheißdreck, ob er *gerecht* war oder *ungerecht* – *notwendig* war er, bis zur Erstürmung des Reichstagsgebäudes in Berlin, von wo das Ungeheuer seinen Ausgang genommen hatte. »Nie wieder Krieg« – »Frieden um jeden Preis«? Die Sicht des Pazifismus von heute, übertragen auf die dreißiger und vierziger Jahre, kann ja wohl nichts anderes bedeuten, als daß die Juden im damaligen Machtbereich Hitlerdeutschlands ihrem erklärten Schicksal überlassen worden wären, was schließlich auch das Ende meiner Familie bedeutet hätte. Für die Gegenwart aber heißt die Logik des Pazifismus – Saddams ABC-Waffen-Potential unversehrt zu lassen und diesem Erzverbrecher weitere Atempausen zu gönnen.

Dazu gehört natürlich auch die Forderung nach einem erweiterten Embargo – wie lange wär's denn über den 17. Januar 1991 hinaus gefällig gewesen? Genügen die bisherigen Erfahrungen mit Iraks Alleinherrscher nicht? Daß er den totalitärsten Multi-Geheimapparat unserer Epoche aufgebaut hat und mit ihm sein eigenes Volk grausam unterdrückt? Daß er die viertgrößte Armee der Welt mit ungeheuren Waffenarsenalen schuf – zu welchem Zwecke? Daß er als Angreifer für die rund eine Million Gefallener des Krieges gegen den Iran verantwortlich ist – und für die iranischen (und die kurdischen) Gastoten noch einmal extra? Daß er Kuwait überfiel und danach eine Karenzzeit von fünf Monaten ungenutzt verstreichen ließ? Und daß er es ernst meinte, als er schwadronierte: »Ich kann zwei, drei Millionen tote Iraker hinnehmen...« – Na klar, wie denn auch nicht, wenn man selbst im atomsicheren und von Deutschen mitverantworteten Befehlsbunker neunzig Meter unter der Erde hockt. Genügt all das nicht? Wer oder was wäre das nächste Opfer geworden? Wieso diese Blindheit gegenüber dem typischen *Aktionismus* von totalitären Systemen, die ohne ihren immanenten Tatzwang implodieren, weil sie ihrem Wesen nach ständig angreifen *müssen*?

Was mich entsetzt und gleichzeitig erschüttert, ist die »Hilflosigkeit der Gutmeinenden« gegenüber der Unerweichbarkeit des Aggressors. Die Wahrheit ist, daß sie keine Anwort auf ihn haben, nichts, was seine Gefährlichkeit außer Kraft setzen könnte. Saddam hat das gespürt – und ihnen applaudiert. Ich glaube nicht, daß der neudeutsche Pazifismus sich das zu Herzen genommen hat.

Ich weiß nicht mehr, wie oft ich mich gegen eine amerikanische Außenpolitik empört habe, die sich mit allen rechten Diktaturen rund um den Erdball liiert hat, von Tschiang Kai-schek über Batista bis Papa Doc – *ein Gesicht* der Weltmacht USA, aber nicht das einzige. Wo wären wir denn wohl geblieben im Nachkriegs-Europa und -Deutschland, wenn es keine Gegenmacht zur stalinistischen und post-stalinistischen Sowjetunion gegeben hätte? Eine Frage, die sich auch nach dem Zusammenbruch des Gulag-Systems eine bestimmte linke Weltsicht nie gestellt hat (natürlich identifiziere ich *die* Friedensbewegung nicht mit ihr, stelle aber fest, daß beträchtliche Teile alles tun, um mit unverdrossenem Antiamerikanismus in ihre Nähe zu rücken).

Auf daß also hier, um mit Wolf Biermanns klassischer Philippika in der *Zeit* zu sprechen, »keine Mißverständnisse aufkommen«: Ich bin *für* diesen Krieg der alliierten Koalition gegen Saddam Hussein! Auch ist es nicht das erstemal in meinem Leben, daß ich in einer kriegerischen Auseinandersetzung eindeutig Partei ergreife: im Zweiten Weltkrieg stand ich nicht nur auf seiten der Anti-Hitler-Koalition, sondern fühlte mich als ein Teil von ihr. Es waren dann auch meine Erfahrungen mit Nazideutschland, die mich davor bewahrten, Pazifist zu werden in einer Welt, deren Aggressoren mit Hitlers Selbstentleibung nicht ausgestorben sind. Ich sage heute: Gut, daß es die Vereinigten Staaten von Amerika gibt, die einzige Macht, die, wenn es hart auf hart käme, Israel vor einem zweiten Holocaust retten könnte – denn auf das windige Europa wäre dabei kein Verlaß.

Angesichts öffentlicher Bekenntnisse dieser Art haben es verschiedene Friedensfreunde (die ich inzwischen gern mit dem Ausdruck »Friedensbesitzer« belege) für richtig befunden, mir die Toten und Verstümmelten des alliierten Luftkriegs im Irak vorzuhalten. Mir, dem zwischen 1940 und 1945 die Bomben des alliierten Luftkriegs nur so um die Ohren gerauscht sind und dessen Familie dabei alles Hab und Gut verloren hat – ohne daß mir auch nur ein einziges Mal der Gedanke gekommen wäre, daß dies ein »ungerechter Krieg« sei. Sie blieben meine Verbündeten da oben, in ihren »fliegenden Festungen«, auch dann, wenn ich es lieber gesehen hätte, sie würden ihre gesamte Bombenlast auf das Eisenbahnsystem, über Krupp, Thyssen und IG-Farben-Fabriken abgeladen haben, statt, in Verkennung der unerschöpflichen Leidensbereitschaft der damaligen Deutschen im Dienste Hitlers, die deutschen Städte auszulöschen.

Bis zur Errichtung der Zweiten Front im Juni 1944 war der Feind für England und die USA nur aus der Luft zu bekämpfen. Das hat 600 000 tote Deutsche gekostet – für die Hitler und seine Anhänger genauso primärverantwortlich waren wie für jeden anderen Zivil- und Militärtoten auch! Wem zuliebe hätten die Westalliierten denn auf diesem Luftkrieg verzichten, wessen Krieg hätten sie führen sollen – den ihren oder den Hitlers?

Der war der Aggressor, wie heute Saddam Hussein, und ohne den sinnlosen Vergleichen zwischen ihnen auf den Leim zu kriechen –

beide gehörten samt ihren Regimen vernichtet. Deshalb ist es auch nicht damit getan, Saddam aus Kuwait zu vertreiben – dieser Krieg muß enden mit der völligen Beseitigung des Saddamschen Regimes und seines Waffen- und Vernichtungspotentials in der Region. Eine Nachkriegsordnung im Nahen Osten? Selbstverständlich, und das Palästinenserproblem gehört, als eines von vielen Punkten, auf deren Tagesordnung – aber ohne Saddam!

Eine Friedensbewegung aber, deren Parolen Saddams Überleben einkalkulieren und die damit abermals Israels Existenz aufs Spiel setzt, ist die meine nicht. Ich weiß sehr wohl, daß so nicht alle denken, die sich ihr angeschlossen und mit demonstriert haben – aber deutlicher bekunden als bisher sollten sie es schon.

Was die anderen Friedensbewegten betrifft, so sind wir – um wiederum mit Wolf Biermann zu sprechen – geschiedene Leute.

Summa summarum: der Täter heißt Saddam Hussein! Aber ohne die sowjetischen und westlichen Technologie-Gangster, ohne diese Waffenhändler- und Rüstungs-Mafia wäre der Iraker ein lokaler Despot geblieben, der wohl Unheil genug hätte anrichten, sich aber nicht zu jener Weltbedrohung auswachsen können, die er heute darstellt.

Vergeben wir also auch den Mittätern nicht, denn sie wußten, was sie taten, eine gewissenlose Sippschaft aus vielen Ländern, die um ihres Profites willen zu jedem Verbrechen fähig ist, sowohl gegen das eigene Volk wie gegen jedes andere. Ihr müssen wir das schmutzige Handwerk legen, ihr dürfen besonders wir politischen Publizisten und Schriftsteller nicht mehr von der Seite weichen, wollen wir nicht noch einmal an den Rand des Abgrunds getrieben werden. Denn könnte ein zweiter Hussein nicht tatsächlich, jenseits chemischer und biologischer Waffen, über die Atombombe verfügen? Ihre Lieferanten, so wissen wir heute, waren ja schon bei diesem Saddam zur Stelle – bastelte er doch bereits seit den siebziger Jahren an ihr herum. Und ich erinnere mich noch sehr genau an den internationalen Aufschrei, als die israelische Luftwaffe ihm dieses »Spielzeug« zertrümmerte...

Was die Gegenwart betrifft – sollten auch Deutsche im Golfkrieg fallen, so werden sie fallen durch Waffen, die in ihrer Heimat hergestellt wurden, so wie schon Amerikaner getötet wurden durch Waffen »Made in USA«.

Der eindeutige Verlierer des von ihm angezettelten Krieges muß und wird der irakische Diktator sein. Aber die internationale Völkergemeinschaft und ihre militärische Koalition dürfen diesmal nicht vergessen, wer den »Dieb von Bagdad« zu einem der gefährlichsten Monster für die Menschheit nach dem Ende des Zweiten Weltkriegs gemacht hat.

Die Kriterien des Kriegsverbrechens sind erfüllt. Deshalb für alle industriellen, technologischen, bürokratischen und politischen Hauptverantwortlichen einer Tragödie, die unsere Welt bis in ihre Grundfesten erschüttert – ein neues Nürnberg, ein zweites internationales Tribunal!

Das Menetekel heißt – Saddam Hussein.

Der verschenkte Triumph

Aus der »Allgemeinen Jüdischen Wochenzeitung« vom 18. April 1991

Soll das nun das Endergebnis des Golfkrieges, der militärischen Anstrengung der internationalen Gemeinschaft und ihrer multinationalen Streitkräfte sein, der furchtbaren Opfer des kuwaitischen, mehr aber noch des irakischen Volkes, und der Ängste, der Zerstörung und der Toten Israels: Ein Saddam Hussein, der weiter morden, weiter unterdrücken darf und der heute vorerst nur national, morgen aber bereits regional und übermorgen vielleicht schon wieder international gefährlich werden könnte?

Darf das der Lauf der Geschichte werden? Kann eine Welt so töricht sein, auf der einen Seite die Lösung des Nahost-Konfliktes zu fordern, auf der anderen aber zuzusehen, wie sich die geschlagenen »Republikanischen Garden« nun für ihre Niederlage gegen die Golfkoalition an den endlosen Zügen hungernder, frierender und aus der Luft beschossener Kurden rächen? Waren die Aufstände im Süden und Norden des Iraks nicht das unmittelbare Ergebnis des militärischen Sieges der Alliierten gewesen, ja, hat die Führung ihrer Hauptmacht, der USA, nicht noch am 15. Februar 1991, neun Tage vor Beginn der Bodenoffensive zum Sturz des Kriegsverbrechers und beispiellosen Öko-Terroristen Saddam Hussein förmlich aufgerufen? Ist der Angriff von außen nicht die eigentliche Zündung gewesen für die innere Attacke auf die Herrschaft des Diktators? Und hatten die Amerikaner nach dem Waffenstillstand mit dem Abschluß von zwei irakischen Militärmaschinen Saddam nicht unmißverständlich zeigen wollen, daß seine geschlagene Armee weiter unter alliiertem Beschuß bliebe, wenn sie gegen den inneren Aufstand vorginge? Warum ist es dabei nicht geblieben? Warum konnten dann doch Angriffe gegen die Kurden geflogen werden?

O ja, wir haben sie alle registriert, die Erklärungen des UNO-Sicherheitsrates und der am Golfkrieg beteiligten europäischen und amerikanischen Anti-Saddam-Mächte. Und jetzt glauben sie mit karitativer Kosmetik darüber hinwegtäuschen zu können, wie schmählich sie die von ihnen ins überlegene Feuer der Feinde geschickten aufständischen Schiiten und Kurden im Stich gelassen haben.

Sie griffen nicht ein, wird verkündet:
– weil sie Iraks arabische Nachbarn, ja die ganze arabische Welt gegen sich hätten, wenn sie täten, was sie gleich hätten tun sollen – nämlich den Marsch auf Bagdad anzutreten und das Baath-Regime auch politisch zu stürzen;
– weil Amerika nicht »Weltpolizist« geschimpft werden will;
– weil kein zweites »Versailles« entstehen soll;
– weil ein Auseinanderbrechen, eine »Libanisierung« des Irak in einen schiitischen Süden, ein sunnitisches Zentrum und einen kurdischen Norden vermieden werden soll;
– weil im Hintergrund der Iran als Golf-Vormacht droht und die Möglichkeit einer schiitischen Theokratie auch im Irak mehr zu fürchten sei als Saddams Herrschaft;
– und weil im Falle einer Einmischung in den irakischen Bürgerkrieg die Wiederbelebung des in den USA offiziell gerade für tot erklärten Vietnam-Syndroms drohe.

Kein einziges dieser Argumente ist so stichhaltig, daß damit die Erhaltung von Saddams Armee, der »Republikanischen Garden«, des Geheimapparates und des Baath-Regimes gerechtfertigt werden könnte. Kein einziges davon so überzeugend, daß mit ihm die Mittäterschaft der UNO und seiner Hauptmächte an der kurdischen Tragödie entschuldigt werden könnte.

Es genügt nicht, wenn der Sicherheitsrat der Weltorganisation auf der Zerstörung der chemischen und biologischen Waffen des Irak besteht, auf der Vernichtung aller ballistischen Raketen, Forschungsanlagen und Entwicklungseinrichtungen für Massenvernichtungsmittel unter internationaler Aufsicht – solange Saddam Hussein weiter an der Spitze des Irak steht.

Quo vadis, UNO?

Mit den Begründungen für das alliierte »Gewehr bei Fuß« angesichts des Völkermords an den Kurden geht die gesamte moralische Motivierung des Golfkrieges flöten, scheinen nachträglich jene Stimmen bestätigt zu werden, die immer schon behaupteten, es sei nur um Öl gegangen, für das kein Blut fließen dürfe. Trotzdem: Sie haben auch im nachhinein nicht recht, die Befürworter des »Frieden-um-jeden-Preis«. Es ging keinesfalls nur um Öl, sondern darum, den gefährlichsten Aggressor und Öko-Terroristen unserer Epoche zu stoppen und Kuwait zu befreien. Nichts daran ist verkehrt, die Glaubwürdigkeit der historischen Aufgabe unbestreitbar.

Die Mächte aber, die sie durchführten, bringen sich nachträglich selbst in ein zwiespältiges Licht, wenn sie Formalia vorschieben, jedoch Interessen meinen, denen ein ganzes Volk geopfert zu werden droht. Und Formalia sind es, wenn jetzt von Saddams Kriegsgegnern behauptet wird, sie würden sich in die inneren Angelegenheiten des Irak einmischen, sobald sie die Vertreibung und Ermordung der Kurden durch militärische Intervention verhindern würden. Wie denn das? Diese Tragödie ist doch ausgelöst worden durch den Krieg, eine unbestreitbare Kontinuität. Und für seine Folgeerscheinungen sind infolgedessen auch jene verantwortlich, die dem Aggressor innenpolitischen Spielraum dazu ließen.

Das ändert nichts an der Primärverantwortung Saddam Husseins auch für seine jüngsten Verbrechen, sondern erhöht nur noch einmal die Forderung nach einem internationalen Tribunal oder »zweiten Nürnberg«, für ihn und seine westlichen sowie sowjetischen Helfershelfer in Gestalt der Rüstungs- und Waffenhändler-Mafia samt deren staatlichen Genehmigungskomplizen.

Aber die Brüchigkeit der Argumentation des Westens für seine Irak-Politik im Prisma der Weltorganisation nach dem alliierten Teilsieg bleibt dennoch bestehen.

Es sei nur um die Befreiung Kuwaits gegangen, darüber hinaus hätte die Golf-Koalition kein Mandat gehabt, so heißt es. In der Tat. Nur kann man sich im Falle des Saddamschen Irak etwas Heuchlerischeres vorstellen als diesen Vorwand für die »Nichteinmischungsklausel«? Man übertrage das einmal auf die Anti-Hitler-

Koalition des Zweiten Weltkrieges. Nach dieser Logik hätte die Sowjetarmee Schukows, hätten die Truppen Eisenhowers und Feldmarschall Montgomerys wohl am Rhein und an der deutschen Ostgrenze stehenbleiben sollen. Hätte das NS-System also die Juden in seinem verbliebenen Machtbereich weiter ausrotten dürfen? Hätte man Hitler, Himmler, Kaltenbrunner zur eigenen Machtsicherung weiter schalten und walten lassen sollen, weil alles andere »Einmischung« in die inneren Angelegenheiten gewesen wäre?

Natürlich betreibe ich hier keine Relativierung des Nationalsozialismus oder beteilige mich etwa an den sinnlosen Vergleichen zwischen Hitler und Saddam. Es gilt vielmehr, die Parallelität zweier historischer Situationen zu empfinden, bei der die Sieger einmal so, ein anderes Mal aber gegenteilig entschieden haben. Die militärische und politische Ausschaltung der Aggressoren wäre in beiden Fällen zwingend gewesen. Die Gründe, die Saddam in des Wortes buchstäblicher und übertragener Bedeutung am Leben ließen, haben keine moralische Überzeugungskraft – sie manifestieren Interessen, denen der irakische Zweig eines Volkes geopfert wird, das das Pech hat, über ein Territorium von fünf Staaten verteilt zu sein. Quo vadis, UNO?

Die Kurden sind derzeit das bedrohteste Volk, jedoch nicht das einzige, für das der nur halbe Sieg der multinationalen Streitkräfte verhängnisvoll und unakzeptabel ist. Der verschenkte Triumph ist in hohem Maße auch für Israel problematisch.

Es gehörte nie viel Phantasie dazu, sich vorzustellen, was Israel im Falle einer arabischen Besetzung widerfahren würde, egal, durch welchen Nachbarn sie erfolgt wäre. Aber nach den Bildern über die Verbrechen der irakischen Soldateska in Kuwait kann es für niemanden noch irgendeinen Zweifel geben, daß eine arabische Okkupation Israels einen neuen Völkermord an den Juden bedeuten müßte. Der Charakter des Nahost-Konfliktes ist dadurch gekennzeichnet, daß die Araber viele Niederlagen erlitten haben, aber immer noch da sind, während ein einziger arabischer Sieg die Existenz Israels auslöschen würde.

Derzeit steht das nicht zu befürchten, aber brauen sich im Schoße dieses Konfliktes nicht neue dunkle Wolken zusammen? Was hat es mit Friedensdiplomatie zu tun, wenn wieder große westliche Waffenlieferungen an arabische Staaten erfolgen, diesmal quasi als Belohnung für erwiesene Bundesgenossenschaft im Golfkrieg? Erfolgt hier nicht der rüstungstechnische Ausgleich dafür, daß eine hauptsächlich mit ihrer Innenpolitik beschäftigte, zerfallende Sowjetunion als Waffenlieferant ihrer bisherigen arabischen Klientel ausfällt? Was werden die belieferten arabischen Staaten, heute Bundesgenossen des Westens, morgen tun?

Läßt einem die Nahost-Politik der großen Mächte nach dem äußeren Scheitern der irakischen Aggression überhaupt die Hoffnung, daß Politiker bereit und fähig seien, selbst aus den mörderischen Erfahrungen auch nur die geringsten Lehren zu ziehen? Können die Verächter der Menschenrechte nicht abermals, durch ein neues Beispiel ermutigt, darauf bauen, daß es immer Interessen geben wird, die ihnen selbst nach erfolgloser Aggression das Überleben garantieren werden? Und verlängert Saddam Husseins Unversehrtheit nicht die fürchterlichste Liste unseres Jahrhunderts: nämlich daß die Täter auch diesmal wieder straflos morden konnten auch diesmal wieder davonkommen? Und ihre Opfer damit ein zweites Mal gemordet werden?

Soll die Ermutigung künftiger Aggressoren immer so weitergehen? Sollen auch künftig wahre Leichengebirge angehäuft werden können, bei gleichzeitiger Gewißheit für die Mörder, dafür nie zur Verantwortung gezogen zu werden?

Auf diese Fragen hat die Weltorganisation im Falle des Irak eine entmutigende Antwort gegeben. Quo vadis, UNO?

Von der doppelten Last, deutscher Jude zu sein

Rede anläßlich der Verleihung des Preises der Heinz-Galinski-Stiftung am 25. Februar 1990

Wer nur ein wenig von meiner Biographie kennt, der wird ahnen oder wissen, was die Stunde hier bei Ihnen, in diesem Haus und aus diesem Anlaß, für mich bedeutet.

Ich hoffe, ich komme bei Ihnen nicht in den Verdacht der Unbescheidenheit, wenn ich vermerke, daß dieser nicht der erste Preis ist, den ich für meine politische Arbeit entgegennehme. Aber ich empfange ihn mit ganz unvergleichlichen Gefühlen. Denn es ist ein *jüdischer* Preis, und er ist es für mich mit allem, was dahintersteht in unserem Jahrhundert und in Deutschland.

Von der doppelten Last, deutscher Jude zu sein – so lautet der Titel meiner Dankesrede. Was heißt das, was ist mit der *zweifachen* Bürde gemeint?

Die *erste Last*, das sind die unverblichenen Erinnerungen an damals – wie das noch Unausdenkbare sich zunächst anschlich (für meine Familie, schon im April 1933, ein *Besuch* der Geheimen Staatspolizei, um 5 Uhr früh, aber noch folgenlos); wie die Entrechtung dann fortschritt und fortschritt, die Garotte, das Würgeisen der Rassengesetzgebung, sich immer enger zog, die Luft zum Atmen immer dünner wurde.

Aber nicht Gesetze und Befehle schlugen die ersten Wunden – unvernarbt übrigens bis heute, also bis in die Mitte meines siebten Lebensjehnts –, die ersten Wunden hatten private Verletzer geschlagen, waren persönliche Versehrungen schon des Kindes: durch den Verlust von Freundschaft, von Liebe und Achtung – *durch Gleichaltrige*, durch Spielgefährten, durch bis dahin vertraute, geliebte Gesichter. Sie schlugen die ersten Wunden der *ersten Last*.

In meiner autobiographischen Hamburger Familien- und Verfolgten-Saga *Die Bertinis* gibt es eine Szene aus dem Jahre 1936, während der Olympiade zu Berlin. Die Jungenschar, zu der auch Roman Bertini zählte, eifert den internationalen Sportlern enthusiastisch nach, ergeht sich in allerlei leichtathletischen Wettkämpfen, in Weit-, in Hoch-, ja sogar Stabhochsprung und in den Laufdisziplinen längerer und kürzerer Distanz, immer rundherum um die *Sandkiste*. Es sind Zehn- bis Dreizehnjährige, die sich da tummeln, eine Gemeinschaft, die sich von Kindesbeinen an kennt. Im Buch heißt es, wörtlich:

»Und dann geschah es, zwischen zwei Wettkämpfen, in einer verschwitzten, atemlosen Pause – Heinzelmann Scholz schlug den Zeigefinger seiner rechten Hand gegen Romans Nase und schrie: ›Judennees, Judennees!‹

Und als die atemlose Stille blieb, als alles Leben, alle Bewegung ringsum zu erstarren schien, als die Schar in hilflosem Grinsen verharrte, statt den Schmäher zu packen und im Sande zu ersticken, da schrie Roman Bertini furchtbar auf, war mit einem Satz hoch und lief wie gepeitscht davon. Er lief die Lindenallee hinunter, hin zu Lea, seiner Mutter, und wimmerte und wimmerte erbärmlich in ihrem Schoße.«

Von diesem Erlebnis gibt es keine Erholung, von dieser Wunde, in der Kindheit zugefügt, keine Schmerzfreiheit, und sollte mein Leben noch so ausdauernd währen.

Der Katalog der Wunden und der Versehrungen – ich spreche jetzt von der biographischen Wirklichkeit, dem Rohstoff für das Buch – ist lang geworden von jener Sommerstunde des Jahres 1936 bis zum 4. Mai 1945, dem Tag der Befreiung. An ihm kroch meine Familie im nördlichen Hamburg aus kellerdunkler Illegalität in den hellen Frühling, blind fast durch die lange Finsternis in dem kalten, nassen Verlies, und die Augen geschlossen, weil die ungewohnten Sonnenstrahlen wie mit Messern auf sie einstachen. Nur noch von entfernter Ähnlichkeit mit menschlichen Wesen, begriffen wir nicht, daß es vorbei sein sollte: vorbei die Angst vor dem jederzeit möglichen Gewalttod; vorbei die Furcht, ob man Vater, Mutter, Geschwister wiedersehen würde, wann immer man sie verließ – so wie sie nicht wußten, ob dieses das letzte Beieinander wäre. Dazwischen tausend Bilder alltäglicher Fürchterlichkeiten, zu gravierend, zu tief wurzelnd, zu unvergeßlich, um gnädig der Erinnerungslosigkeit anheimzufallen.

Nein, die *erste Last*, die *Last der Erinnerungen*, wird durch keine Zeit geheilt. Die vergangenen 45 Jahre seit dem Ende der Angst lassen keinen Zweifel – was in ihnen nicht verwunden wurde, das wird auch für den Rest des Lebens bleiben. Noch schwerer wird es werden, denn das Unvergeßliche setzt seine Jahresringe an. Was man nicht gleich wissen konnte, was einem erst im Laufe der Zeit dämmerte und mit Schrecken bewußt wurde, ist, daß die Bilder von einst immer plastischer, die Träume immer alptraumhafter, die gespeicherten Erinnerungen immer gestochener vor das innere Auge treten würden. Die Verfolgten, die überlebt haben – und nicht aufhören können, sich zu fragen, warum gerade *sie* davongekommen sind –, sie entdecken in wachsendem Maße an sich selbst die Problematik der eigenen Verschonung, so zufällig sie auch gewesen sein mochte: die Gaskammern, die Gaswagen, in denen die anderen ermordet wurden, rücken immer näher; die Exekutionsgräben, von den *Einsatzgruppen* randvoll mit Leichen gefüllt, so weit die Fronten reichten, drängen sich immer plastischer vor das innere Auge. Je größer unsere Kenntnis wird von der Bürokratie des Verwaltungsmassakers, vom industriell betriebenen Massen-, Serien- und Völkermord, desto fotografischer entstehen vor uns die Etappen, in denen er an den Opfern vollzogen wurde. Die Energien, die aufgewendet werden müssen, um von solcher Last nicht erdrückt zu werden, sie werden immer angestrengter. Was wird in fünf, was in zehn Jahren sein?

Sie spüren, meine Damen und Herren, daß ich schon lange nicht mehr allein von uns, von meiner Familie und mir, spreche, sondern von Symptomen, die charakteristisch sind für die Entkommenen des Holocaust. Denn vom eigenen Leid kann nur gesprochen werden, um seine Beispielhaftigkeit zu beschwören.

Soweit über die *erste Last*.

Die zweite Last ist die *nach 1945*, nach der Befreiung. Ihre Gründe liegen heute, fast 50 Jahre später, wie ein riesiges, in allen Einzelheiten erkennbares Fresko vor uns.

Ich spreche in diesem Zusammenhang zunächst von der Bundesrepublik Deutschland.

Ja, sie *ist* der freieste Staat in der bisherigen Geschichte der Deutschen, wer könnte, wer wollte das bestreiten, zumal solche, die die Vergleichsmöglichkeiten höchst unterschiedlicher Epochen deutscher Nationalgeschichte haben? Aber diese Republik hat nicht nur *ein* Gesicht – sie hat vielmehr einen *Januskopf*, ein *Doppelantlitz*, und eines davon macht die *zweite Last* aus, deutscher Jude – Jude in Deutschland – zu sein. Diese Last trägt die Überschrift: *Es konnte straflos gemordet werden!*

Ich belege das.

Über dreißig Jahre ist es jetzt her, daß der Zentralrat der Juden in Deutschland mich zum Beobachter der gerade anlaufenden NS-Prozesse vor bundesdeutschen Schwurgerichten gemacht hatte, im Oktober 1958.

Die Ära hatte damals, 13 Jahre nach dem Untergang des Dritten Reiches, begonnen mit dem Ulmer Prozeß gegen das *Einsatzkommando Tilsit*: zehn Angeklagte, denen vorgeworfen worden war, kurz nach dem deutschen Überfall auf die Sowjetunion vom 22. Juni 1941 in einem 25 Kilometer breiten Streifen des deutsch-litauischen Grenzgebietes alles jüdische Leben ausgelöscht zu haben.

Mit dem Ulmer Verfahren holte die – von Nazirichtern nie gereinigte – bundesdeutsche Justiz zu einer gigantischen Kraftanstrengung aus, die erst in unseren Tagen ausläuft. Ich habe vielen dieser Prozesse für den *Zentralrat* beigewohnt, auch als Berichterstatter der »Allgemeinen Jüdischen Wochenzeitung« und als Fernsehmann. Sehr bald schon fragte ich mich: *Wer wird hier eigentlich angeklagt, wem überhaupt noch der Prozeß gemacht?* Die Antwort war binnen kurzem klar, und an ihrer Wahrheit hat sich bis heute nichts geändert: Vor den Schranken der bundesdeutschen NS-Prozesse standen und stehen die untersten Glieder in der Kette des industriell betriebenen Serien-, Massen- und Völkermords, die *kleinen Angestellten* des Staatsverbrechens, die niedrigsten Chargen des Verwaltungsmassakers, die *Tötungsarbeiter* selbst. Es war und ist die Gruppe derer, die nicht mehr sagen können, sie hätten von nichts gewußt – denn sie haben mit eigenen Händen, mit ihren Nagelstiefeln, ihren Knüppeln, ihren Schußwaffen gemordet. Sie standen und stehen völlig zu Recht vor Gericht, diese *Kleinen* (und kommen im allgemeinen außerordentlich glimpflich davon – es fehlt völlig jener öffentliche Strafdruck, der charakteristisch ist für die Prozesse gegen Terroristen). Aber da sie die Hauptmasse der Angeklagten über die Jahrzehnte hin bildeten, stellte sich immer dringlicher die Frage: Wo sind ihre Vorgesetzten, die *Großen*, die Planer, die Schreibtischtäter, die ihnen das *Menschenmehl* für ihre Todesmühlen zugeliefert hatten? Wo sind die Köpfe der *Mordzentrale Reichssicherheitshauptamt*, die doch nicht alle Selbstmord begangen hatten wie ihr Chef Heinrich Himmler? Wo die *Wehrwirtschaftsführer*, die bürokratischen Väter der *Neuordnung der Sieger*, die industriellen Architekten der *Arierherrschaft über die Erde, die militärischen Bauherren des Großgermanischen Weltreiches mit dem Hakenkreuz über dem Globus?*

Wir kennen die Antwort: Von wenigen Ausnahmen abgesehen, sind sie letztlich nicht nur straffrei davongekommen, sondern sie konnten ihre Karrieren auch unbeschadet fortsetzen. Wir stehen vor einem unübersehbar getürmten Totengebirge, einem wahren Leichen-Himalaja, für den jedoch Täter angeblich nicht haftbar gemacht werden konnten. Hier in Berlin, nur ein Beispiel von Hunderten und aber Hunderten, Otto Bovensiepen, Chef der größten, der Gestapoleitstelle der Reichshauptstadt, verantwortlich unter anderem für die Deportation von 35 000 Juden. Oder Werner Best, Organisator der *Einsatzgruppen* in Polen und Heydrichs Stellvertreter, des 8000fachen Mordes angeklagt. Oder Bruno Streckenbach, Organisator der *Einsatzgruppen* in der Sowjetunion, durch die präzisen *Ereignismeldungen* seiner Todeskommandos an das Reichssicherheitshauptamt nachweisbar verantwortlich für den Tod von 1½ Millionen Menschen: Bovensiepen und Best erkrankten rechtzeitig und wurden für verhandlungsunfähig erklärt, Streckenbach starb 1977 in Hamburg, unbestraft und gesellschaftlich hochgeachtet...

Wie soll man mit dieser Last fertig werden?

Wie damit fertig werden, daß die *Fachleute der Zerstörung* vor 1945 dann auch zu *Fachleuten des Wiederaufbaus* werden konnten? Daß die industrielle, diplomatische und militärische *Elite* der Bundesrepublik Deutschland personell bis in die siebziger Jahre hinein identisch war mit der vor 1945? Wie damit fertig werden, daß es über

30 000 politische Todesurteile durch die NS-Justiz gab, jedoch kein einziger Mörder in der Richterrobe von der bundesdeutschen Justiz rechtskräftig verurteilt worden ist, ja viele von ihnen bis in hohe und höchste Ränge avancieren konnten? Wie damit fertig werden – zumal mein Auszug aus diesem gesellschaftlich organisierten und mit hohem nationalem Konsensus versehenen Entstrafungskatalog so unvollständig ist, wie es sich nur denken läßt. Wie damit fertig werden, daß diese Ansammlung von Ungeheuerlichkeiten sich symbolisch-repräsentativ personifizierte in Dr. *Hans Globke*, Kommentator der Nürnberger Rassengesetze von 1935, nach 1945 aber Schöpfer des Bundeskanzleramtes und dessen Personalchef, graue Eminenz der bundesdeutschen Frühepoche und Denkmal der unverwüstlichen Dienstbereitschaft deutschen Beamtentums unter wechselnden Staats- und Gesellschaftsformen, sei es eine Diktatur, sei es eine Demokratie.

Wie damit fertig werden, daß also nicht nur straflos massengemordet werden konnte, sondern die direkten und die indirekten, die strafrechtlichen und die moralischen Täter auch noch belohnt wurden?

Wie damit fertig werden, daß die *Entnazifizierung* zur Rehabilitierung der NS-Massenbasis, also zur *Renazifizierung* wurde; daß fast der gesamte NS-Verwaltungsapparat durch das *131er*-Gesetz in den bundesdeutschen Staatsdienst übernommen wurde; daß nahezu die gesamte Funktionselite des Dritten Reiches seit Mitte der fünfziger Jahre wieder in gleichwertigen oder höheren Stellungen war als während der Nazizeit? Gewiß, der Zerfall der Anti-Hitler-Koalition des Zweiten Weltkrieges, die Rivalität der beiden Supermächte USA und UdSSR, deren Schnittpunkt mitten durch Deutschland und Berlin ging – sie haben ihren Part dazu beigetragen –, der *Kalte Krieg, das ist der Anteil der Alliierten* an der allgemeinen Entstrafung. Deutscherseits dürfte das aber kaum als entlastend ins Feld geführt werden, da die Exkulpierung haargenau den Wünschen, den Gesinnungen und der Haltung der damaligen Mehrheit entsprochen hat.

Die ersten zwanzig Jahre der zweiten deutschen Demokratie wirken wie der einvernehmliche Korrumpierungsversuch der konservativen Herrschaft an ein mehrheitlich auseinandersetzungsunwilliges Wahlvolk, wie eine konspirative Offerte, eine Art Stillhalteangebot, das lautete: für die große ideelle und materielle Ent-Schuldung, für die kollektive Beschäftigungskontinuität selbst schwerstbelasteter Berufsgruppen, für großzügige Sozialregelungen auf dem während der NS-Zeit erreichten Standard, für all das – *demokratische Wohlverhalten.*

Diese Offerte ist damals von der bundesdeutschen Gesellschaft akzeptiert worden. Ich nenne das den *Großen Frieden mit den Tätern,* Kern der *zweiten,* der *Schuld* nach 1945, nämlich der Verdrängung und Verleugnung der *ersten* unter Hitler. Sie hat sich tief in den Gesellschaftskörper der Bundesrepublik eingefressen und bestimmt ihre politische Kultur immer noch wesentlich mit. Die *zweite Schuld* ist eines der historischen Fundamente, auf denen die Bundesrepublik steht, und das wird in keinem Geschichtsbuch für Schüler und Studenten erwähnt, ja existiert darin überhaupt nicht.

Von der doppelten Last, deutscher Jude – Jude in Deutschland – zu sein.

In *Deutschland* – allerdings! Denn keineswegs ist die DDR mit dem NS-Erbe fertig geworden – nicht, daß hier solches Mißverständnis entstünde: der dort so lange von Staats wegen *verordnete* Antifaschismus hat jede echte Massenauseinandersetzung mit der Nazizeit von vornherein verbaut! Die alte SED-Führung hatte sich zum Mitsieger des Zweiten Weltkrieges erklärt und so getan, als hätten sich alle deutschen Antifaschisten auf ihrem Herrschaftsgebiet eingefunden – lauter abenteuerliche Lügen, die nur verschleiern sollten, daß die stalinistische DDR sich per Dekret der Hakenkreuz-Bürde verweigert hatte. Und so gehört es denn auch ganz folgerichtig zu den unglaublichen Veränderungen, die sich dort seit dem Oktober/November 1989 vollziehen, daß das längst fällige Bekenntnis zur Verantwortung gegenüber dem NS-Erbe nunmehr abgegeben worden ist. Müßig zu erwähnen, daß ein Gewaltsystem wie das stalinistische weder die Fähigkeit noch den Willen hatte, die Nazivergangenheit aufzuarbeiten – der mündige Bürger war das letzte, was es sich wünschte. Vielmehr hat die SED-Herrschaft eine bemerkenswerte Begabung demonstriert, die Negativtraditionen der deutschen Geschichte auf atemberaubende Weise zu konservieren und für sich nutzbar zu machen, darunter nicht zuletzt die Gehorsamsunkultur. Die DDR hat also nicht nur ihre stalinistische, sie hat auch noch die nazistische Vergangenheit aufzuarbeiten, und die Glaubwürdigkeit der einen Aufarbeitung wird abhängig von der Glaubwürdigkeit der anderen. Die Bundesrepublik sollte sich allerdings ihrer eigenen Defizite wegen zurückhalten, hier den Mahner oder gar den Richter zu spielen.

Die Misere ist also *gesamtdeutsch*, und die *zweite, die doppelte Last*, deutscher Jude zu sein, wird auch von ihr mitbestimmt.

Wieso aber und trotz allem, was bis zu dieser Stelle gefallen ist, bin ich dennoch geblieben, hier, in Deutschland? Und das auch entgegen dem wie selbstverständlichen Entschluß *vor* der Befreiung: sollte sie eintreten, wirst du dieses Land verlassen, wirst seinen blutigen Staub von deinen Füßen schütteln, um es nie, niemals wiederzusehen!

Und doch, wie Sie bemerken, bin ich geblieben, gegen alle eigene Voraussicht, gegen meinen Fluchtinstinkt, ja gegen meinen ursprünglichen Willen. Wie erklärt sich das, welches *Gegengewicht* zu der *doppelten Last* hat sich da eingestellt? Ich will versuchen, darauf eine Antwort zu geben, weil ihre Ingredienzien die Voraussetzung sind für den heutigen Tag, für diese Stunde und ihren Sinn und für mein weiteres Leben.

Ich bin geblieben, weil die Bindungen an Deutschland schließlich doch stärker waren als die Schäden, die in mir angerichtet worden sind. Und es müssen starke Bindungen sein, denn die Schäden sind unverwindbar.

Ich bin geblieben, weil die Täter sich sehr bald schon nach der ersten Schrecksekunde und dem Irrtum des Vergeltungsschocks zu Wort gemeldet und weitergewirkt haben, mit all den bereits zitierten Ergebnissen und Folgen. Nach dieser Erkenntnis wäre ich mir wie ein Deserteur vorgekommen, wenn ich Deutschland verlassen hätte. Die Kunde davon wäre mir ja überall nachgekommen, und das hätte ich in der Ferne nicht ausgehalten. Auch darum bin ich geblieben.

Ich bin geblieben, weil ich mich unlösbar verbunden fühlte mit

Hamburg, meiner Vaterstadt, samt der ganzen Dialektik von Entsetzen und Glück, wie ich sie in meinem Roman *Die Bertinis* geschildert habe: ein unentwirrbares Knäuel von geliebter Heimat und Ort des Schreckens, von nie wieder erlebter Geborgenheit, bei gleichzeitiger Geworfenheit in ein Dasein von eisiger Grausamkeit.

Ich bin geblieben eines großen Wunders wegen – des Wunders, daß die *deutsche Sprache* immer meine Heimat war, immer, auch in jenen zwölf Jahren der Entrechtung und Bedrohung, und weiter mein ganzes bisheriges Leben hindurch, meine *Muttersprache*, mit der es niemals Dissonanzen gab, zu keiner Sekunde. Die deutsche Sprache – das ist das wunderbare, unvergleichliche Instrument für mich als Schriftsteller. Sie hat mich fest an dieses Land gebunden, auch ihretwegen bin ich geblieben.

Und ich bin geblieben, weil eine bestimmte, entscheidende, ja lebenswichtige Erkenntnis nach langer Vorherrschaft des *reinen Anti* dann doch in mir wuchs und wuchs: die Erkenntnis, daß es Bundesgenossen gibt, hier in Deutschland – Menschen, zu denen ich gehöre, Menschen, die zu mir gehören. Sie sind das *andere* Gesicht des bundesdeutschen *Januskopfes*, die lichte Seite seines Doppelantlitzes. Sie hat mich, ich habe sie angenommen. Ihretwegen bin ich geblieben.

Die erlebte Bundesgenossenschaft, sie ist der Humus, aus dem in diesem Deutschland der unvergeßlichen Urerlebnisse dann doch noch etwas sproß, ohne das niemand leben kann: *Zugehörigkeit!* Nein, nicht *Zugehörigkeit* zu allen, vielleicht noch nicht einmal zur derzeitigen Mehrheit, aber doch zu jenem Teil der Nation, der für mich die *Gegenkraft* ist zu inhumaner Gleichgültigkeit, organisierter Verdummung, bewußter Verdrängung und bösartigem Beharrungsvermögen – sie, diese *Gegenkraft*, halte ich heute für unüberwindbar im Gefüge der deutschen Demokratie.

Bundesgenossenschaft – sie ist die Wurzel meiner Zugehörigkeit zu diesem Land, nach so langer und – wie es schien – vergeblicher Suche nach ihr. Zugehörigkeit – sie ist des Rätsels Lösung dafür, daß ich geblieben bin.

Ich tauche hier also nicht auf als jüdischer Racheengel oder als verlängerter Arm des strafenden Jehova, sondern als ein Betroffener, der sich 56 seiner 66 Lebensjahre herumgeschlagen und herumgeplagt hat mit der *Doppellast, Deutscher zu sein – deutscher Jude oder jüdischer Deutscher –*, und der sie nicht abwerfen kann und auch nicht abwerfen will – versöhnungsbereit gegenüber jedem, der sich wirklich müht, auch gegenüber jedem ehemaligen Nazi, der das tut, jedoch absolut unversöhnlich gegenüber jeder Art von Unbelehrbarkeit und Unbetroffenheit.

Selbstverständlich werden wird meine Zugehörigkeit nie, wie bei jenen, bei denen sie zu keiner Zeit angezweifelt wurde. Nein, sie wird sich weiter bedroht fühlen von Ängsten, deren Ursprünge weit zurückreichen, bis in jene frühen Jahre, von denen ich eingangs sprach. Und doch wird es nicht mehr möglich sein, den Status quo ante, den Zustand davor, wiederherzustellen.

Es waren übrigens Bilder aus einer bestimmten Stadt, die mir noch einmal, drastisch und überzeugend bis ins Herz hinein, klargemacht haben, wie unlösbar meine Verstrickung mit Deutschland ist. Diese Stadt heißt – Berlin, und die Bilder kamen aus ihr.

Ich schäme mich hier des Eingeständnisses meiner innersten Bewegung nicht an jenem 9. November 1989, als die *Mauer* fiel und ich auf dem Bildschirm in die Gesichter der Menschen blickte, die das Unglaubliche nicht glauben wollten, das Unfaßbare nicht fassen konnten. Ich schäme mich meiner Tränen und meiner entgleisten Gesichtszüge nicht, als ich die Tränen und die entgleisten Mienen derer erblickte, die an jenem Tag von Osten her durch Löcher der *Mauer* fielen, stolperten, wankten – wie geblendet, wie in Trance vor dem Unerwarteten, vor der Überwältigung durch eine Wirklichkeit, die viele, nein alle, also auch ich, irgendwann weit im nächsten Jahrhundert vermutet hatten: *Die Mauer ist gefallen...*

Ja, welche Bilder! – eine unwiderstehliche Revolution, die erste siegreiche auf deutschem Boden, und nicht nur das, sondern eine von großer Reife und Würde, und auch das nicht nur, sondern eine waffen- und gewaltlose Revolution dazu – ein historisches Lehrbeispiel von atemberaubender Eindrücklichkeit. Natürlich, ohne Gorbatschow und seine *Perestroika* wäre das Ende des Stalinismus auch zwischen Elbe und Oder nicht möglich gewesen. Aber die große Leistung so vieler DDR-Bürger und ihr Mut, sie werden dadurch nicht verringert. Ich bin sicher, daß die Geschichte ihnen ein hohes Prädikat zuerkennen wird.

Die Kärrner-, die Schwerarbeit der Nation beginnt erst jetzt, mit ihren großen Möglichkeiten und ihren großen Gefahren. Wohl wahr, niemand, kein Bundesbürger jedenfalls, hat das Recht, den Deutschen der DDR nach vierzigjährigem Lebensdiebstahl Geduld zu predigen – niemand. Der Sog, die Dynamik deutscher Vereinheitlichung ist unwiderstehlich, und wer sich gegen sie kehrte, der handelte gegen die Geschichte. Nur entdecke ich, daß die eifrigsten bundesdeutschen Rufer nach schneller staatlicher Einheit gerade jene konservativen Kreise sind, die seit eh und je die deutlichsten Hemmungen bei der Aufarbeitung der nationalen Geschichte und ihrer Katastrophen bewiesen haben. *Heute* zeigen sie die geringste Sensibilität dafür, daß die Selbstbestimmung der Deutschen unweigerlich begleitet wird von den mörderischen Erfahrungen, die Europa und die Welt mit der Epoche des einheitlichen deutschen Nationalstaates von 1871 bis 1945 gemacht haben! Daß das gegenwärtige ein *anderes* Deutschland ist als das alte, vergangene, wer will das bestreiten? Aber wer will auch bestreiten, daß die Wandlung unter den veränderten Bedingungen ein Wechsel auf die Zukunft ist, auf den sich die einst so schwer betroffenen Völker nicht so ohne weiteres einlassen werden?

Als einer, der in Deutschland bleiben, also auch seine Lebensarbeit hier fortsetzen wird, warne ich: wer die bestehenden Grenzen in Europa in Frage stellt, was genauer heißt: die polnische Westgrenze – und damit natürlich auch die polnische Ostgrenze! –, der legt sich wieder mit der ganzen Welt an. Wenn die unbelehrbar Gestrigen, die ewigen Unruhstifter, die unverbesserlichen Irredentisten mit ihren Forderungen nach solcher Revision bis zur staatlichen Vereinheitlichung der Deutschen nicht verstummt sein werden, verstummt durch das Machtwort einer realistisch urteilenden deutschen Nation, dann könnte dieses Land abermals zum Störenfried des europäischen und des internationalen Friedens werden. Nein, nicht wieder mit Knobelbechern auf fremder Erde wie einst, *die* Zeiten sind ein für allemal vorbei. Aber mit nachbarlichen

Beunruhigungen und deren Folgen, die auch diesmal nur mit vollster Wucht auf Deutschland selbst zurückschlagen würden.

Lassen Sie uns also alles tun, um denen in den erneut erhobenen Arm zu fallen, deren abermalige Selbsternennung zu den einzigen und größten Patrioten nichts anderes bewirken würde, als dem angeblich so geliebten Vaterland zum drittenmal die nationale Katastrophe zu bescheren.

Zum Abschluß noch ein ganz persönliches Wort.

Verehrter, lieber Heinz Galinski – lang, lang ist's her, daß ich Ihnen zuerst begegnet bin... Der heute 66jährige muß dabei die Erinnerung des kaum 25jährigen bemühen. Ich muß einen Ort beschwören, der inzwischen zu einem internationalen Synonym für Hitlerdeutschland geworden ist – *Bergen Belsen*. Dort habe ich Sie, im Juli 1947, zum erstenmal gesehen.

Nach der Befreiung durch die 8. Armee des britischen Feldmarschalls Montgomery und seine *desert rats*, war das ehemalige KZ zum Durchgangslager, zur Transitstation überlebender Juden auf dem Wege vor allem nach Palästina geworden. Ich erinnere mich noch genau des *Rundhauses* im Zentrum dort wie auch der ungeheuren Erwartung der vielen auf die Heimkehr nach *Erez Israel* – gegen heftigen britischen Widerstand. Ich erinnere mich an Personen, deren Namen dann später nationalen und internationalen Klang bekommen sollten. Ich erinnere mich an den unerschrockenen *Kommandanten Jossel Rosensaft*, wie er, zur Verblüffung der Tausende von Versammelten, einen unnahbaren britischen Brigadier in der Sekunde vor dem drohenden Eingreifen seiner Truppe einfach unterhakte, mit ihm ein wenig abseits ging – und damit die gefährliche Situation entschärfte. Ich denke an Frau Dr. Hadassa Bimko; an den Lübecker Norbert Wollheim, dessen Familie im Gas von Auschwitz geblieben war. Ich denke an Dr. H. G. van Dam, den ersten Generalsekretär des Zentralrates der Juden in Deutschland, den großen Juristen und glänzenden Publizisten, bei all seiner Widerborstigkeit und Kantigkeit mir väterlich zugetan; wie auch ein anderer, schwieriger, charismatischer Mann aus diesen früheren Tagen: Karl Marx aus Düsseldorf, Saarländer von Geburt, so etwas wie der Inbegriff eines *deutschen Juden* und für mich von eminenter biographischer Bedeutung. Damals, 1947, bei meiner ersten Ankunft in Belsen, war er schon der Gründer und Herausgeber des »Jüdischen Gemeindeblattes«, aus dem dann bald eine Art jüdisches Zentralorgan in Deutschland, die »Allgemeine Jüdische Wochenzeitung« werden sollte. Mit wechselnden Schicksalen, und nicht ohne manche inneren und äußeren Schwierigkeiten, erscheint sie bis zum heutigen Tag.

Und natürlich denke ich auch dabei an Sie, lieber Heinz Galinski, der Sie heute in ununterbrochener Publizistik als der dienstälteste Mitarbeiter dieses Periodikums gelten können – wie mit Ihnen der unentwegte, bewunderungswürdige E. G. Löwenthal und, darf ich sagen, auch ich. Über vierzig Jahre sind's nun her seit jenen Belsener Tagen, und mancher ist inzwischen gestorben, darunter auch Karl Marx und Henrik van Dam.

In den Äonen seit dem Untergang Hitlerdeutschlands hat sich immer wieder Ihre Stimme, Heinz Galinski, Ihre Feder gemeldet als die eines unermüdlichen Mahners, als eines Organs des öffentlichen Gewissens, Trauerarbeit zu leisten und nicht zu vergessen, was nicht vergessen werden darf. In diesen Jahrzehnten sind Sie oft genug, ohne zu taktieren, ganz unkonform und gegen mächtige Ströme von Zeitgesinnungen, nicht matt geworden, Erinnerung einzufordern, Auseinandersetzung zu verlangen und gegen alt- und neonazistische Schandtaten zu protestieren. Auch aufzurufen gegen Ämter und Personen, die einer anklagescheuen Gesellschaft opportunistisch zuarbeiten wollten. Obschon es ihre angestammte Aufgabe gewesen wäre, die Belange der überlebenden Verfolgten zu fördern. Man wird wissen oder doch ahnen, wovon ich spreche. Wenn einmal untersucht wird, wie leicht es die Täter amtlich hatten, in die Gesellschaft eingegliedert zu werden, soweit sie überhaupt je ausgegliedert waren, wie schwer aber vor Behörden ihre davongekommenen Opfer, dann wird Ihr Name genannt werden müssen als eines Anwalts der Geschädigten, der Mürben und durch Leid kraftlos gewordenen Juden. Viel von Ihrer Arbeit wirkte und wirkt im verborgenen, und dort soll es auch bewahrt werden. Unerwähnt bleiben soll es jedoch nicht.

Beneidet habe ich Sie, den ersten jüdischen Amtsträger der größten Jüdischen Gemeinde Deutschlands über so viele Dezennien, nicht, wohl aber bewundert. Ein leichtes Leben ist es ja immer noch nicht, Jude zu sein in Deutschland und nicht doch einmal überwältigt zu werden von oft genug schier unerträglichen Zumutungen, besonders für die Publizisten unter uns. Zu ihrer *doppelten Last* zählen ja, fast als Alltäglichkeiten, briefliche und telefonische Beschimpfungen, Beleidigungen, Todesdrohungen; zählen organisierte Rufmordversuche mit scheinbar internen Kenntnissen an Medien und Privatpersonen; zählt dieser völlig unverbrauchte, sich aus sich selbst regenerierende Haß auf der anderen Seite, mit seiner unerschöpflichen Phantasie, die Verhaßten damit immer wieder aufs neue zu überfallen. Dies meist anonym, wenngleich, seit einiger Zeit, mit bezeichnenderweise ansteigender Tendenz zum offenen Absenderbekenntnis – man wähnt sich risikolos...

In solchen Phasen der unvermeidlichen Irritationen waren Sie, Heinz Galinski, Ihre Stimme, Ihre Ausdauer, Ihre Unbeirrbarkeit, für mich eine wichtige Stütze, ein sicherer Kompaß, eine notwendige Ermutigung.

Und so nehme ich denn diesen Preis, der Ihren Namen trägt, mit allen Gefühlen der Solidarität und der Herausforderung für die Fortsetzung meiner Lebensarbeit an – im Bewußtsein, daß mir eine große Ehre widerfährt, für die ich jedem danke, dessen Stimme sie mir zukommen ließ.

Ich gebe zu, daß ich für das Zeichen empfänglich bin – um sie auch weiterhin zu tragen wie bisher, die *doppelte Last, deutscher Jude zu sein*.

Wider die »Ewigen Versailler«

Zur langen Tradition deutscher Unruhestifter

Aus der »Allgemeinen Jüdische Wochenzeitung« vom 7. Juni 1990

Seit der öffentlichen Diskussion um die polnische Westgrenze erscheinen in den Leserbriefspalten bedeutender bundesdeutscher Zeitungen Stimmen, die jeder Beachtung wert sind. Sie erklären: es bahne sich ein *neues Diktat*, ein *neues Unrecht* gegenüber Deutschland an, das nichts Gutes bringen könne, eine *abermalige* Zeitbombe für die politische Zukunft.

Was meinen diese Stimmen?

Wählen wir zwei von ihnen aus, beide in der FAZ abgedruckt. Eingehend auf die Diskussion über die Oder-Neiße-Linie als endgültige Grenze zwischen Polen und Deutschland, schreibt der Verfasser: er sehe, daß sich »ein neues und größeres Versailles« anbahne. Der Unterschied zwischen damals und heute bestünde jedoch darin, daß sich 1919 alle deutschen Parteien, von links bis rechts, gegen die Gebietsabtretungen ausgesprochen hätten, während heute starke politische Kräfte in Deutschland die Abtretungen bejahten, weil sie das dem Frieden zuliebe für dienlich hielten – »was erst noch bewiesen werden müßte«. Das Verfahren von heute aber gleiche dem von gestern genau: »Damals – entweder ihr unterschreibt und verzichtet, oder wir marschieren ein, und ihr hungert. Und heute – entweder ihr verzichtet, oder es gibt keine Einheit.« Dann zum Schluß: »Radikale werden sich des Themas deutsch-polnische Grenze annehmen und dafür sorgen, daß es von unerfreulicher Dauer sein wird.«

Soweit der wesentliche Inhalt des ersten Leserbriefes unter dem Titel »Auf dem Wege zu einem neuen Versailles«.

Der zweite trägt die Überschrift »Polen und das ›Restrisiko‹«. Er ist kürzer, hat aber den gleichen Tenor: »Eine langfristige Garantie, daß sich nicht zu irgendeinem Zeitpunkt deutsche Begehrlich-keiten auf irgendwelche Gebiete richten, die im polnischen Staats-verband liegen«, könne glaubwürdig nicht erteilt werden. Auch Erklärungen und Verträge könnten daran wenig ändern. »Ein ›Restrisiko‹ für Polen kann also nicht ausgeräumt werden.«

Beiden Verfassern ist gemeinsam, daß Deutschland als *Opfer* der Geschichte erscheint, ohne *Täteranteil*; daß mit keinem Wort auf die *Vorgeschichte* der Gebietsabtretungen eingegangen wird, daß also weder der Wilhelminische Annexionismus und Imperialismus noch das Dritte Reich, der 1. September 1939, der jüdische Holo-caust, die Einsatzgruppen noch die Hitlerschen Pläne zur Erobe-rung der Welt auch nur mit einem Buchstaben erwähnt werden. Und beiden Autoren ist, schließlich, gemeinsam, daß sie so tun, als distanzierten sie sich von den von ihnen beschworenen »Radika-len«, indes sie gleichzeitig deren Thesen vertreten.

In beiden Fällen beginnt die Argumentation wie im luftleeren Raum, nämlich *nach* 1918 und *nach* 1945. Die Methode, Deutsch-land als passiv leidendes Objekt darzustellen, und die herrschende Geschichtsinterpretation sind vollständig verinnerlicht. Hinter ihr steht eine Gesinnung, die wir kontinuierlich seit 1918 verfolgen können und deren kein anderes Volk außer dem deutschen bisher fähig ist: nämlich die Verantwortung für die eigene, die nationale Geschichte, und darin insonderheit deren Katastrophen, in die Verantwortung fremder Mächte und ihrer Regierungen zu delegie-ren. Diese Haltung drückt der erste der beiden Autoren mit dem klassischen Hinweis deutscher Ent-Schuldung aus: »Es gibt nicht wenige ausländische Persönlichkeiten, die das ganze Elend der eu-ropäischen Entwicklung nach dem Ersten Weltkrieg der Behand-lung der Deutschen durch den Versailler Vertrag zuschreiben.«

Ich nenne diese Leute deshalb »die ewigen Versailler«, halte sie für den Fall, daß sie auf die Politik des künftigen einheitlichen deut-schen Nationalstaats Einfluß nehmen sollten, für eine bedeutende Gefahr, und lenke deshalb die Aufmerksamkeit der Öffentlichkeit auf jene spezifische Gattung deutscher Unruhestifter hin, die nach meiner festen Überzeugung wie keine andere dem staatlich institu-tionalisierten Nationalsozialismus zum Erfolg verholfen hat.

Nach meinen Lebenserfahrungen nach der Befreiung ist die typische Antwort auf die Frage, wer verantwortlich gewesen sei für den Triumph Adolf Hitlers: Versailles und die Auswirkungen der Weltwirtschaftskrise Ende der zwanziger bis hinein in die dreißiger Jahre. In beiden Fällen wird die deutsche Verantwortung für den 30. Januar 1933 und seine Folgen in die Verantwortung fremder Mächte delegiert, da bekanntlich die große Arbeitslosigkeit jener Ära ausgelöst wurde durch den Schwarzen Freitag an der Wallstreet von 1929 und Versailles ohnehin ein Akt der Siegermächte des Ersten Weltkrieges war.

An dieser Verantwortungsabstinenz für die eigene Geschichte hat sich zwischen 1918 und 1990 in nur allzu vielen deutschen Köpfen wenig geändert. Ihr Charakteristikum besteht darin, daß der Nationalsozialismus, seine Chancen und sein Sieg erklärt werden mit Daten und Ereignissen, die nahe an 1933 liegen, also quasi als Betriebsunfall der deutschen Geschichte. Tatsächlich jedoch ist der Hinweis auf Versailles und die Weltwirtschaftskrise als Hitlers Haupthelfer Teil jener Vernebelungsthesen, mit denen die tiefen Wurzeln für den Erfolg des Hakenkreuzes im Erdreich des einheitlichen deutschen Nationalstaates verdeckt werden sollen.

Äußerlich beginnt es mit der Unfähigkeit der damaligen Deutschen, oder doch ihrer Mehrheit, die militärische Niederlage Deutschlands von 1918 einzugestehen und zu akzeptieren. Statt dessen triumphierten die Losungen von der »Dolchstoßlegende«, die Heimat sei der Front in den Rücken gefallen, und von den »Novemberverbrechern«.

Diese Unfähigkeit zog eine zweite nach sich, nämlich den eigenen, den deutschen Anteil an der Katastrophe des Ersten Weltkrieges zu erkennen.

Dies war der historische Hinter- und Untergrund, vor und auf dem sich »Versailles« abspielte.

Hier ein paar Gedächtnisstützen, zumal für den jüngeren Leser, über den Vertrag selbst.

Er war das Ergebnis einer Erfahrung, die einen Weltschock ausgelöst hatte – nämlich mit welcher Ausdauer, Wildheit und Leidensfähigkeit die Deutschen versucht hatten, die Weltkräfteverhältnisse von vor 1914 mit Waffengewalt zu ihren Gunsten zu verändern. Natürlich waren die Alliierten, die Entente-Mächte, auch informiert über die »Siegpläne« des kaiserlichen Deutschland, auf die die deutschen Streiter wider Versailles weder nach 1918 noch heute im Jahre 1990 je zu sprechen kamen und kommen: sie stellen alles in den Schatten, was jemals nach 1918 und nach 1945 in Paragraphen von den Siegermächten gefaßt worden ist. Ich weiß, wovon ich spreche, ich habe diese Pläne studiert.

Der Grundgedanke von Versailles war, Deutschland als Großmacht auszuschalten und unter dauernde Kontrolle zu stellen, um eine Wiederholung des gigantischen Kraftaktes von 1914 bis 1918 zu verhindern. Die Furcht davor war tief und weltweit. Sie formte sich in Hunderte von Paragraphen, die Demontagen vorsahen, Reparationszahlungen, territoriale Abtretungen, den Totalverlust der Kolonien und ein stehendes Heer von nur 100000 Mann, die Reichswehr. Der Überblick über die Geschichte unseres Jahrhunderts erlaubt die Feststellung, daß viele Bestimmungen des Versailler Vertrages berechtigt und begreiflich waren, aufrichtig motiviert und die angemessene Antwort auf den ersten deutschen Versuch zur Welthegemonie.
Gleichzeitig aber ergibt das Studium, daß sich diese Auffassungen selbstdegradieren durch andere, in Paragraphen gefaßte, denen die deutliche Absicht anzumerken ist, daß nun auch die wirtschaftlichen Früchte des hart errungenen Sieges eingeheimst werden sollten und man sich einen gewichtigen Konkurrenten vom Halse schaffen wollte. Zwar war die ökonomische Ausschaltung Deutschlands keineswegs der einzige Sinn des am 28. Juni 1919 signierten Vertrages, aber dennoch, wegen offenbarer Konkurrenzmotive, stellt er seinen Vätern nicht gerade ein Zeugnis weitsichtiger politischer Vernunft aus. Bei seiner Einhaltung wären die letzten Reparationszahlungen an die ehemaligen Feindmächte in den achtziger Jahren, also unserer Epoche, zu begleichen gewesen...
Das Deutschland von damals jedoch wäre auch ohne Versailles kaum ein anderes gewesen!
Nach kurzer Turbulenz revolutionärer Aufwallungen waren die Machtverhältnisse in der ersten deutschen, der Weimarer Republik

geklärt: der Kaiser ging, aber die Generäle blieben. Jedoch keineswegs nur sie: mit ihnen blieben die alte Staatsbürokratie; eine bis in die Gene reaktionäre Justiz; eine vornehmlich auf Linkshatz gedrillte Polizei; der Ungeist der »Freikorps«, auch nach ihrer Auflösung, und es blieben ein erschreckend offener Antisemitismus ebenso wie ein hemmungslos zur Schau getragener Militarismus. Das tief demokratiefeindliche Presseimperium des Print-Zaren Hugenberg tat das seine zur Diskreditierung der Demokratie, indessen die großen industriellen Eigentümer und Hochfinanziers sich ohnehin nie mit ihr befreunden konnten.

All das zusammen wäre um keinen Deut anders oder besser gewesen ohne Versailles, dazu waren die alten »Ordnungskräfte« viel zu stark. Auch ohne Versailles wäre die militärische Niederlage Deutschlands im Ersten Weltkrieg von der Mehrheit nicht anerkannt worden, auch ohne die törichten und niederträchtigen Bestimmungen dieses Vertrages wären deutscher Nationalismus und Nationalsozialismus nicht gesitteter ausgefallen, als sie tatsächlich waren. Die Verachtung liberaler Traditionen und humaner Haltungen war allgemein, und es waren gerade diese Mehrheitsverhältnisse, die jenes andere Deutschland um so strahlender erscheinen lassen, das von jenem Ungeist frei blieb – das gab es auch. Es gab den Glanz unermüdlicher Kritik gegen das Verhängnis, für die der Name Carl von Ossietzky steht, und man täte der ersten Republik einen Tort an, wenn man die Klarsicht einer wagemutigen und bedrohten Minderheit unterschlüge. Die Mehrheit folgte ihr nicht, die Kontinuitäten aus der Tiefe der deutschen Reichsgeschichte waren stärker – wenn sie bis ins Jahr 1990 reichten, kann man sich vorstellen, wie mächtig sie im ersten Drittel unseres Jahrhunderts waren. Die deutsche Wirklichkeitsentfremdung ist gerade aus der Nachschau bestürzend, der Gegensatz zur übrigen Welt schon vor 1933 offensichtlich, eine Situation, die immer reifer wurde für den »Führer«, in dem der deutsche Kleinbürger, der wildgewordene Spießer seinen Mann gefunden hatte.

Wenn Versailles Hitler gefördert hat, so muß doch vor allem gesagt werden, daß es ihn nicht verhindert hat! Dieses »Siegerdiktat« war unfähig, seine eigene Aufhebung durch die Besiegten zu vermeiden. Die Geschichte des Versailler Vertrages ist vor allem die Geschichte seiner Revision, seiner Abschwächung, seiner Umgehung und schließlich seines Sturzes – bis Mitte der zwanziger Jahre war er nur noch ein Schatten seiner selbst. Der Versailler Vertrag, das »Schanddiktat«, hatte eben nicht die ihm angedichtete Härte, nicht die bösartige Ausdauer, nicht die zerstörerische Energie, die die deutschen Kriegzielpläne zweifellos nach einem Sieg gehabt hätten.

Das Deutschland der Zwischenkrieg-Ära, nahezu ungebrochen aus dem Kaiserreich hervorgegangen, hätte immer auf der Lauer gelegen, die Voraussetzungen für einen neuen Sprung zur Groß- und Weltmacht zu schaffen. Niemand hat das so deutlich gesagt wie Joachim von Stülpnagel, ironischerweise Leiter der Abrüstungsabteilung im Reichswehrministerium: es sei klar, »daß es sich für Deutschland in den nächsten Stadien seiner politischen Entwicklung nur um die Wiedergewinnung seiner europäischen Stellung handeln könne, und viel später erst um das Wiedererkämpfen seiner Weltstellung.«

Das war am 26. März 1926 gesagt worden, im trauten Kreis. In diesen Sätzen liegt die politische Dynamik des damaligen Deutschland. Versailles hat sie keineswegs gezeugt, und es hat Deutschland keineswegs bloß gedemütigt. Es hat dieses Land vielmehr für eine gewisse Dauer vor sich selbst bewahrt und die Feinde der Republik domestiziert. Wäre er das gewesen, dieser Vertrag, als was die ewigen deutschen Unruhestifter ihn denunzierten, so hätten sie nie obsiegt. Ich wiederhole meine Überzeugung, daß Hitlers Anlauf auf die Weltherrschaft auch ohne diesen Vertrag unternommen worden wäre – nur früher.

Zum Abschluß aber wollen wir uns einmal auf das Szenario der beiden zitierten Leserbriefe einlassen – angefangen mit der These vom ›Restrisiko‹ für Polen durch Kräfte, »die notfalls auch entgegen dem dann geltenden Völkerrecht nicht auf Gebiete jenseits von Oder und Neiße verzichten wollen…«.

Wo lebt eigentlich jemand, der das schreibt? Denn gesetzt den Fall, es käme soweit, wie hier angedroht wird, so gäbe es nur *einen*, der – nein, kein ›Restrisiko‹, sondern ein ausgewachsenes, ganzes und ausschließliches *Risiko* zu tragen hätte – nämlich *Deutschland*!

Überlegen sich solche Leute denn nicht, daß eine Revision der polnischen *West*grenze auch die Revision der polnischen *Ost*grenze bedeuten müßte? Daß sie sich also keineswegs nur mit Polen, sondern auch mit der Sowjetunion anlegen würden?

Aber weiter – lassen wir uns ein mit der These des ersten Leserbriefes, daß sich Radikale des Themas der deutsch-polnischen Grenze annehmen werden, »und dafür sorgen, daß es von unerfreulicher Dauer sein wird...«. Ja, was dann?

Dann stünde dieses Deutschland wieder einmal gegen die ganze Welt – das wäre die schlichte Definition einer globalen Wahrheit. Man darf sich aber ruhig auf Europa beschränken. Wie etwa würde der große westliche Kontinentalnachbar, wie würde Frankreich auf das Szenario reagieren, das beide Briefschreiber da als futuristisches Menetekel an die Wand werfen? Es würde, heimlich oder offen, aufatmen, mit seiner Force de frappe die nukleare Überlegenheit zu haben, würde auf sie pochen – aber nun nicht mit Blick auf die Sowjetunion, sondern auf ein Deutschland, das keine Ruhe geben will.

Schauerbilder? Hirngespinste? Doch nur, wenn die Antwort auf die Frage: Welchen Anhang werden die »ewigen Versailler« künftig in einem einheitlichen Deutschland haben? – klar zu ihren Ungunsten ausfiele! Doch nur, wenn es sich erwiese, daß die Deutschen von heute und morgen so lernfähig sind und sein werden, daß sie die geläufigen Fehlinterpretationen der eigenen Geschichte korrigieren, tief und gründlich, und aufhören, die Verantwortung für ihre Katastrophen fremden Mächten aufzulasten – wie es zur Methode und Systematik der »ewigen Versailler« gehört.

Dies wird von den Deutschen gefordert werden und noch mehr. Unweigerlich wird der Energieklotz in der Mitte Europas die Gleichgewichte verschieben, auch wenn er in »Europa« eingebunden ist. Er tut das sozusagen »objektiv«, aus dem Gesetz seiner Schwerkraft heraus. Er wird sich deshalb darauf einstellen müssen, seine Interessen und Kräfte nicht voll auszuspielen oder gar durchsetzen zu wollen, wo sie mit denen der Nachbarn kollidieren. Das einheitliche Deutschland von morgen muß wissen, daß es aus der tödlichen Gefahr, die der deutsche Nationalstaat zweimal für Europa und die Welt bedeutet hat, politische, wirtschaftliche und militärische Rücksichten zu nehmen haben wird, die sehr wohl an den vitalen Kern der Nation reichen könnten. Eine Politik, die versuchen würde, deutsche Macht jedweder Art ohne Rücksicht auf Nord, Süd, Ost und West durchzupauken, würde schon auf dem Wege dorthin scheitern, und zwar unter großen Verheerungen für Deutschland selbst. Eine andere Alternative ließe die Weltgeschichte nicht mehr zu.

Die polnische Westgrenze ist unantastbar, und es gibt niemanden außer den »ewigen Versaillern« deutscher Nationalität, der sie revidiert haben möchte, auf dem ganzen Erdball nicht. Ihre Vorgeschichte aber bleibt als historische Größe konstant im Bewußtsein der Menschheit – der Versuch Hitlerdeutschlands, im Rahmen der Welteroberung nicht nur die Juden, sondern auch die Slawen auszurotten. Die »ewigen Versailler« tun, was sie immer getan haben: der eigenen Nation Schaden zuzufügen. Das Schicksal der Deutschen in *einem* Staat wird davon abhängen, wie groß oder wie klein *der* Teil der Nation ist, der einem neuen Scherbenhaufen zustrebt.

Und Auschwitz, Herr Bundeskanzler –
Auschwitz?

Offener Brief an Helmut Kohl, »Berliner Zeitung«, 11. Januar 1992

Sehr geehrter Herr Bundeskanzler!
Darf ich Sie, falls nötig, darauf aufmerksam machen, daß die Gedenkstätte Auschwitz verfällt? Daß aus Geldmangel, dort, wo zwischen März 1942 und November 1944 Millionen Juden und Hunderttausende Sinti und Roma aus dem ganzen deutsch besetzten Europa systematisch umgebracht worden sind, die Reste der größten Schädelstätte in der Menschheitsgeschichte vom Unkraut überwältigt zu werden drohen? Die letzte erhaltene Gaskammer (30 m lang, 7 m breit, 2 ½ m hoch, Tötungskapazität seinerzeit bis zu 3000 Menschen innerhalb von 10 Minuten) versinkt langsam im Morast des Untergrunds, ebenso die Häftlingsbaracken, deren umgestürzte Schornsteine bereits die ohnehin mürben Fundamente zertrümmert haben. Die Dächer sind abgedeckt, die Scheiben zersprungen, die Fensterrahmen verrottet, die Pfähle um das Lager verrostet. Wenn nicht rasche Hilfe kommt, wird das Haargebirge in Block 4 und die aus ihnen gefertigten Stoffballen (in denen noch die Spuren des Todesgases Zyklon B nachweisbar sind) unwiederherstellbar verschimmeln, wie die Koffer, die Schuhe und Prothesen, die den Todgeweihten abgenommen worden waren. Das heißt, ohne nachdrücklichen Eingriff wird die Gedenkstätte Auschwitz insgesamt ebenso verschwinden wie schon der Steg über den See, in den die Asche der Ermordeten aus dem Krematorium 4 mittels Loren gekippt wurde.
Über die Problematik seit langem informiert, entnehme ich die akute Zustandsschilderung dem alarmierenden Bericht von Monika Held im Magazin der »Süddeutschen Zeitung«, ein publizistischer Aufschrei: »Wenn die Schornsteine in Birkenau umfallen,

dann wird die Landschaft aufhören, stumm zu erzählen von den Menschen in Auschwitz.«

Was geht hier vor, Herr Bundeskanzler? Sollen denn wirklich jene Unverbesserlichen triumphieren, die schon immer »Schluß machen« wollten, womit sie in Wahrheit nie angefangen haben?

Zwar steht dieses grauenhafteste aller Museen auf polnischem Boden, aber das Original war von Deutschen errichtet worden. Wäre deshalb nicht die Bundesrepublik, schon vor ihrer neuen, größeren Einheit immer wieder offiziell als Rechtsnachfolger des Dritten Reiches proklamiert, der eigentlich verantwortliche Konservator der Gedenkstätte? Auschwitz ist die fürchterlichste Schöpfung unserer Geschichte, errichtet im Kontext eines Systems, dessen Verbrechertum sich mit Hilfe seiner Armeen weit über die deutschen Grenzen hinauskatapultiert hatte. Hier hilft keine Enthistorisierung und Entnazifizierung der Hitlerwehrmacht, dies war ihre historische Rolle – der Vormarsch bis Stalingrad *und* Auschwitz sind die Kehrseiten ein und derselben Hakenkreuzmedaille. Natürlich, die Schuld *der* Generationen, die aus näherer oder weiterer Distanz, objektiv oder subjektiv, an Auschwitz und allem, was es symbolisiert und materialisiert, mitgewirkt haben, kann nicht auf die Söhne und Töchter, die Enkel und die Enkelinnen von heute übertragen werden (das nenne ich »die Gnade der späten Geburt«). Aber aus der Verantwortung entlassen ist niemand, kein Deutscher und keine Deutsche von heute und morgen.

Polen ist, wie jeder weiß, ein armes Land. Dennoch hat es Milliarden Zloty in die Gedenkstätte Auschwitz investiert, 1991 fast 1½ Millionen Mark – was doch nur zwei Drittel dessen war, was unbedingt benötigt wurde, um den Verfall aufzuhalten. Immerhin wird aber die finanzielle Größenordnung erkennbar – sie hält sich in durchaus mäßigem Rahmen.

Kurz vor der späten Entscheidung dieses Briefes an Sie, Herr Bundeskanzler, stieß ich zufällig noch einmal auf den Bericht des Bundesrechnungshofes vom Vorjahr. Diesen »Bemerkungen 91« entnehme ich, ausschnitthaft, Beispiele von bestürzender Verschwendung. Hier 2 Millionen Mark für eine Brückenreparatur ohne Vorprüfung, ehe erkannt wurde, daß neu gebaut werden mußte; da sinnlos in einen Bundeswehrflughafen bei München investierte 15 Millionen Mark; ferner vermeidbare Verluste von 160 Millionen durch Fehlplanungen, an anderer Stelle gar von 200 Millionen – genug, um in die äußerste Vergleichsbeklemmung zu geraten! Und zwar schon, bevor der Chronist an staatliche Subventionen denkt, die ungeachtet von Abbauversprechen mühelos zweistellige Milliardenziffern erreichen.

Und Auschwitz, Herr Bundeskanzler – Auschwitz?

Stimmt die Mitteilung des polnischen Ministeriums für Kultur und Kunst, daß der deutsche Staat sich noch nie an Geldspenden für die Gedenkstätte Auschwitz beteiligte? Haben Sie während Ihres Besuches von 1989 aber nicht selbst in das schwarze Gedenkbuch von Auschwitz geschrieben: »DIE MAHNUNG DIESES ORTES DARF NICHT VERGESSEN WERDEN.«? Und gehört Deutschland nicht der »Internationalen Konvention zum Schutze des Kultur- und Naturerbes« an, unter deren Obhut 322 Objekte stehen, von denen die Nummer 80 Auschwitz ist?

Dort sah sich die deutsche Journalistin Monika Held angesichts des bedrohlichen Verfalls zu der Beschwörung veranlaßt: Wer über dieses Millionengrab Gras wachsen ließe, der beraube nicht nur die Toten ihrer Geschichte, sondern »beleidigt auch die Lebenden«.

Ja, Herr Bundeskanzler, auch die Lebenden, womit hier in erster Linie die *Überlebenden* des Holocaust gemeint sind, zu denen auch ich zähle (dies die Legitimation meines Briefes an Sie). Deshalb ein Wort zu ihrer Befindlichkeit, in die ich mich einbeziehe.

Wie manch andere Deutsche jüdischer Abstammung bin ich, trotz allem Schrecklichen in jenen zwölf Jahren, nach meiner Befreiung am 4. Mai 1945 hiergeblieben in diesem Land, ihm in kritischer Auseinandersetzung verbunden, und das ohne jede Aussicht auf Änderung. Wo immer ich auch hingegangen wäre auf der Welt, Deutschland wäre mir überall nachgekommen, angenagelt an mir wie ich an ihm. Wie Sie sehen, ist es ein Heinesches Verhältnis, also dem, was gemeinhin unter »Patriotismus« verstanden wird, sehr fern – und gerade deshalb unlösbar dauerhaft. Aber vergessen, Herr Bundeskanzler, vergessen ist gar nichts!

Wie zuvor schon die alte Bundesrepublik, so soll nun auch dieses größere, vereinte Deutschland von 1992 wissen, daß in ihm, immer noch und wohl bis übers Jahrhundertende hinaus, Opfer leben; Menschen, denen beim unfreiwilligen Einatmen der Auspuffschwaden im Stau des motorisierten Wohlstandsblechs unweigerlich, und oft genug gegen ihren Willen, Gedanken an die Gaskammern von Auschwitz, an die Gaswagen von Chelmno kommen. Dieses Deutschland soll wissen, daß in ihm immer noch Menschen leben, die beim Anblick jeder Wunde, jedes Tropfens Blut, an Babi Jar denken, an Sobibor, an Lidice, an Oradour-sur-Glane. Menschen leben, die zusammenzucken, wenn sie das ebenso begrifflos wie inflationär benutzte Wort »Einsatz« vernehmen, nachdem es doch die mobilen Mordkommandos der »Einsatzgruppen« gegeben hat – sie benutzen auch diese Vokabel der »Sprache des Dritten Reiches«, des Unmenschen, nie mehr, es sei denn, bei einer notwendigen Vorführung wie dieser.

Versöhnung? O ja, mit jedem Täter, der wirklich in sich gegangen ist, auch mit jedem ehemaligen Nazi, auf den das zutrifft! Aber vergessen, Herr Bundeskanzler, vergessen ist nichts, weil das Erlebte es nicht zuläßt.

Die schleichende Entrechtung der jüdischen Bürger und Bürgerinnen gleich nach 1933; die Garotte, das Würgeisen der sogenannten Nürnberger Gesetze zum »Schutze des deutschen Blutes und der deutschen Ehre«; der Boykott jüdischer Geschäfte schon am 1. April 1933; die Flut der Verbote und Gebote für Juden (insgesamt an die 1000 Bestimmungen!); das Trauma der »Arisierungen«; die Reichspogromnacht; der »gelbe Stern«; die willkürlichen Verhaftungen, die Gestapoverhöre, der ständig lauernde Gewalttod, aus keinem andern Grund als dem der biologischen Existenz. Und das alles auf eines zusteuernd – die Deportation. In meiner Vaterstadt Hamburg begann sie am 25. Oktober 1941. Welch hilflose Begleitung jeder Versuch einer Rekonstruktion, aber dennoch... Überall in Deutschland dasselbe Grauen – die Selbstmorde vor dem Abtransport; der Weg zu den Sammelorten, der Zug unter Dampf, die Fahrt nach Osten, immer weiter nach Osten. Schon hier beginnt die Phantasie zu versagen, schon hier ging die

Entkleidung alles Menschlichen und seiner Würde vor sich, war die Gegenwelt, die irdische Hölle leibhaftig. In diesen vollgestopften, zugepferchten Güterwagen und Viehwaggons, oft ohne Nahrung, ohne Wasser, erfolgte der Abschied, endgültig und doch wohl uneingestanden bei der unsterblichen Fähigkeit des Menschen, je inbrünstiger zu hoffen, je hoffnungsloser die Situation ist. Als der Zug schließlich hält, für die, die noch leben, Licht durch die aufgerissenen Türen: Gebrüll, Peitschengeknall, Kommandos – auf deutsch. Wo ist man? Eine Rampe, ein Daumen: rechts, links, links, rechts. Dann die Trennung der Familien, von Mann und Frau, von Mutter und Kindern...

Diese und ähnliche Bilder, Herr Bundeskanzler, verlassen einen nie, denn die Erwartung, daß die Zeit irgend etwas heilen würde, hat sich längst als Irrtum entpuppt. Im Gegenteil, je größer der Abstand zwischen dem einst Erlebten und der Gegenwart wird, desto näher rückt der Schrecken von damals, desto furchtbarer werden die Alpträume, schrumpfen die Abstände zwischen ihnen immer enger zusammen. Gerade diese Träume, denen man wehrlos ausgeliefert ist, sind es, die manchen Überlebenden des Holocaust vor dem Alter grausen lassen. Dennoch ist all dies nur *eine* Bürde, an der die Überlebenden des Holocaust zu tragen haben. Es gibt noch eine *zweite*.

Ist doch dem größten geschichtsbekannten Verbrechen, das wohlbemerkt hinter den deutschen Fronten Millionen und aber Millionen Menschen umbrachte wie Insekten, das größte Wiedereingliederungswerk für Täter gefolgt, das es je gegeben hat. Von wenigen Ausnahmen abgesehen, kamen sie nicht nur straffrei davon, sondern sie konnten ihre Karrieren auch unbeschadet fortsetzen. Die »Fachleute« der Zerstörung wurden ganz selbstverständlich zu »Fachleuten« des Wiederaufbaues, und die bundesdeutsche Funktionselite aus Wirtschaft, Staatsbürokratie und Militär war personell bis hinein in die 70er Jahre nahezu identisch mit der vor 1945. Ich habe das »die zweite Schuld« genannt, nämlich die Verdrängung und Verleugnung der ersten unter Hitler, den »Großen Frieden mit den Tätern« – dies gemünzt auf die alte Bundesrepublik (mit dem notwendigen Kommentar, daß der »verordnete Antifaschismus« der ehemaligen DDR mit der ganzen Verlogenheit des real existierenden Sozialismus das NS-Erbe ebenso wenig aufgearbeitet hat).

So steht es also um die Befindlichkeit der Überlebenden des Holocaust. Sollte die Gedenkstätte weiter dem Verfall preisgegeben bleiben, so würde das den Überlebenden eine dritte Bürde hinzufügen.

Zusammengefaßt: Die Erhaltung des »Museums Auschwitz« darf nicht von privater oder religiöser Zuwendung abhängig sein, von gutmeinenden Organisationen, von den Schwankungen heutiger Trauer und morgiger Gleichgültigkeit – Deutschland, Herr Bundeskanzler, ist in der Pflicht!

Zum Schluß noch einmal aus den »Bemerkungen 91« des Bundesrechnungshofs. Darin wurde festgestellt, daß der halbierte Mehrwertsteuersatz von 7 Prozent (»zur Verbilligung von Gütern des notwendigen Bedarfs und kulturellen Leistungen«) in vielen Fällen »offensichtlich schwer jugendgefährdeten Schriften rassistischen, gewaltverherrlichenden und pornographischen Inhalts« zugute gekommen sei. Die Verbreiter solcher Schriften hätten dadurch jährlich, so der Bundesrechnungshof, im Umfang von 6 Millionen Mark profitiert.

Das, Herr Bundeskanzler, wäre genau die Summe, die jene dringend notwendige Klimaanlage kosten würde, mit deren Hilfe die vierzig Zentner grau gewordenes Häftlingshaar in Auschwitz davor bewahrt würden, unwiderruflich zu verfilzen.

Mit dem Ausdruck vorzüglicher Hochachtung
Ralph Giordano

Wir kommen zurück, ohne Gewehr – Wir kommen mit Dollar und Mark

Wie deutsche Revanchisten sich die »Wiedereroberung« der Ostgebiete vorstellen

Aus der »Berliner Zeitung« vom 2. Mai 1992

»Wenn man die Polen kaputtkriegen will, dann muß man sie allein regieren lassen« – »Ich bin ein Herrenmensch, die Polen brauchen einen richtigen Chef – Kapo!« – »Der Russe muß zurück, und der Pole nimmt sich sein Land, die Grenzen so wie 1939« – »Warum sollen wir das nicht wiederkriegen? Die Polen verlottern doch alles« – »Wir kaufen alles zurück, Parzelle um Parzelle!«

Das sind nicht etwa die Verbalgespinste eines wild gewordenen Kabarettisten, der die Herren Czaja und Hupka samt Anhang auf seine übertreibende Spottfeder spießen will. Es sind, und das höchst unvollständig, Ausschnitte von zeitgenössischen Bekenntnissen, die sich jüngst über den Bildschirm ergossen, natürlich schön versteckt im Regionalprogramm zu später Stunde, so daß durchaus Verbreitungsbedarf besteht. »NOCH IST POLEN NICHT VERLOREN« lautet mit gezielter Ironie der Titel der Sendung, denn der ungeheuerliche, verdienstvollerweise völlig kommentarlos gebrachte Inhalt münzt den patriotischen Sinn jener Zeile aus der polnischen Nationalhymne um in ein Polen, das für Deutschland »noch nicht verloren« sei...

Ein Bravo deshalb Harriet Eder und Michael Marton für ihre sich selbst erzählende und ebendeshalb gnadenlose Attacke wider die ewigen Brandstifter!

»Als ich das sah, war ich scharf wie *Eichmann*!« Der das sagt, weist über einen Landstrich hin, auf dem sein Haus steht – polnische Erde. Aber nicht für den neuen deutschen Besitzer. Der »Herrenmensch«, der den Polen als »richtigen Chef« einen »Kapo« verpassen will: »Denen hier müssen Sie mal klarmachen, wer der Boß ist.

Grenzen ziehen, Gesetze erlassen, wie jeder Eroberer das macht, richtig schwarzrotgoldene Grenzmarkierungen, Steine und so: ›Sie verlassen Polen‹ – zack, zack! Keine Diskussion, ich will das so haben!«

Wenn die Diktion den Mann nicht verriete, sein Äußeres täte es: klassisch das, was die Franzosen einen *boche* nennen, unverwechselbar stiernackig. Kein Hitlerjugend-Jahrgang übrigens, ein viel späterer, der sich dennoch mit Eichmann identifizieren kann...

Weitere Bekenntnisse, nach dem Geständnis seiner Kreditunwürdigkeit in Berlin: »In Deutschland würde ich mir keinen Quadratmeter leisten können, hier hat mich das keine 10000 Mark gekostet. Ich habe insgesamt 7 ha gekauft. Die sind hier ja wirtschaftlich total am Boden. Man kann sich hier viel mehr erlauben als in Deutschland. Ich krieg das, ich krieg das alles!«

Man will seinen Ohren nicht trauen – ein Spuk? Keineswegs! Denn nun folgt dies: »Wir kommen zurück, ohne Gewehr, wir kommen mit Dollar und Mark, wir kommen mit Geld, wir kaufen alles auf! Wir bringen die Polen *in die EG* und holen uns unser Eigentum so zurück, ohne daß wir jemanden umbringen müssen. Du kaufst dein Gebiet billiger als zwei Kalaschnikows. Ist das nicht viel schöner? Zapzerapp!«

Originalton, heute. Eine Einzelstimme?

»Warum sollen wir das nicht wiederkriegen? Die Polen verlottern das doch alles« – »Sag ich ja, die Grenzen wieder zurückverlegen, das wäre die einzige Möglichkeit. Der drüben seßhaft war, der will auch wieder zurück« – »Sie müssen die Heimat wiedererobern« – »Der Russe muß zurück, und der Pole nimmt sich sein Land, dann wäre alles wieder in Ordnung, in den Grenzen von 1939.«

Stimmen ehemaliger Schlesier bei einem Treffen in Brandenburg, Frauenstimmen, im selben Film. Aus den ehemaligen BdM-Mädchen sind inzwischen Großmütter geworden, wohlonduliert und – lebende Beweise dafür, daß über vierzig Jahre Demokratie an Deutschen abgeträufelt sein können wie Wasser an einer Regenhaut. Unverhüllt entsprechen Geschichtssicht und Wertvorstellungen von 1992 denen von 1942. Und hier äußern sich nicht etwa ausgesuchte Leute, keine Irredenta-Funktionäre, sondern Durchschnitt – sicher nicht *der* Vertriebenen, wohl aber eines offensichtlich beunruhigend großen Teils von ihnen.

Einer läßt die Katze aus dem Sack, ein rüstiger Pensionär, den eigenen Angaben nach (die Aufzählung lohnt sich): Bundessprecher der Landsmannschaft Berlin-Mark Brandenburg, Vorsitzender der Stiftung Brandenburg, Präsident der internationalen Assoziation deutschsprachiger Medien und – 30 Jahre lang Chef des deutschen Programms der »Deutschen Welle«. Der deckt den Hintergrund auf, die Langzeitstrategie: »Es wird in Züllichau und Schwiebus wieder Deutsche geben, die dort Geschäfte haben oder die dort wirtschaftlich arbeiten. Irgendwann wird es so viele geben, daß sie eine kleine deutsche Schule aufmachen werden und ähnliches. Und da werden die Polen sich dran gewöhnen müssen, wenn sie den *Weg nach Europa* gehen wollen.« Aha – da ist es wieder!

Von einem Empfang im ehemaligen Königsberg/Neumark weiß der Mann zu berichten, daß der Bürgermeister ihm »etwas sehr Hübsches« gesagt habe, nämlich daß er sich hier »wie zu Hause fühlen« solle. Nun triumphierend: »Das war natürlich 'ne dolle Brücke. Ich bin aufgestanden und hab' gesagt: ›Herr Bürgermeister‹, wir *sind* hier zu Hause!'«

Im Klartext: Was Hitler militärisch nicht gelungen ist, das soll nun mit der Übermacht der D-Mark viel dauerhafter und erfolgversprechender hergestellt werden: eine »kalte Germanisierung«, ohne Waffengewalt und unter schamloser Ausnutzung der Schwäche in den ehemals realsozialistischen Ländern; die Restaurierung des ehemals deutschen Ostens durch die Revision der Ergebnisse des Zweiten Weltkrieges mittels der überlegenen deutschen Produktionskraft und ihrer Finanzströme. So sieht das Gesicht des Revanchismus heute aus.

Seine Hauptziele sind das ehemalige Schlesien, das ehemalige Ostpreußen (erste Etappe der russische Teil) und das ehemalige Sudetenland.

Dieser Ungeist richtet sich aber keineswegs nur gegen Polen und seine Grenzen, er richtet sich ebenso gegen die ČSFR und ihr

Territorium. Hatte er bereits den Abschluß des deutsch-polnischen Staatsvertrages hinausgezögert, so später dann auch den des deutsch-tschechoslowakischen. Dies in Wahlverwandschaft mit einer bis ins Kabinett reichenden Fraktion des deutschen Konservatismus, deren parteipolitische Speerspitze die bayerische Staats- und CSU-Führung ist, Schirmherr der Sudetendeutschen Landsmannschaft und deren »Böhmen-bleibt-unser«-Illusion. Womit wir beim Kern des deutschen Revanchismus angelangt sind, dem obersten Kreis der Berufsvertriebenen.

Ihre Argumente zur Ablehnung des deutsch-tschechoslowakischen Staatsvertrags »für gute Nachbarschaft und freundschaftliche Zusammenarbeit« lassen keinen Platz mehr für Zweifel. Mit ihrer Forderung nach Teilanerkennung des Münchener Erpressungsabkommens von 1938, das zur Annektion des Sudetenlandes führte, stellt sich die Führungsriege der Berufsvertriebenen und ihrer staatlichen Komplizen noch 1992 hinter die territoriale Eroberungspolitik Hitlers: es sei »rechtswirksam zustande gekommen und effektiv durchgeführt worden«. Jetzt wissen wir's.

Indessen sind Strohmänner eifrig dabei, sich in der Tschechoslowakei einzukaufen. Dasselbe im ehemaligen Schlesien, in das Millionengelder an die deutschstämmige Minderheit geleitet werden. Sowohl in Polen als auch in der ČSFR ist darüber Unruhe ausgebrochen, ist die Unsicherheit vor einer schleichenden »DM-Okkupation« weit verbreitet, obschon vieles der Öffentlichkeit entzogen bleibt und unter der Hand geschieht.

Revanchisten am Werk – 1992!

Hinter dieser zeitgenössischen Vitalität steckt ein altes Dokument. Es trägt das Geburtsdatum des 5. Januar 1950 und ist die betrügerischste Schrift, die je das Licht der Nachkriegszeit erblickt hat: die CHARTA DER DEUTSCHEN HEIMATVERTRIEBENEN!

Artikel 1: »Wir Heimatvertriebenen verzichten auf Rache und Vergeltung ...«

Schon dieser Anfang entblößt den grundsätzlichen Ungeist der gesamten »Charta« als ein Dokument absoluter deutscher Unbußfertigkeit: Der »Verzicht« rückt die Opfer Hitlerdeutschlands in die

Position von Schuldnern, die Täternation aber großmütig in die eines verzeihenden Gläubigers. Es ist die Umkehrung der wahren Verhältnisse.

Hält man dieses hochgelobte, aber wahrscheinlich weitgehend ungelesene Zeugnis allseits gepriesener »politischer Vernunft« und »moralischer Größe« einmal unter die Lupe, so entpuppt es sich rasch als ein geradezu klassisches Beispiel deutscher Verdrängung und historischer Unterschlagungen. Abgefaßt im Jahre 1950, also noch sehr nahe an den rauchenden Millionengräbern des jüdischen Holocaust, seinen stationären Vernichtungszentren und den Hinrichtungsgruben der mobilen Mordkommandos; nahe auch an dem Massaker von Hunderttausenden Sinti und Roma – in der »Charta der deutschen Heimatvertriebenen« findet sich dennoch kein einziges Wort über Auschwitz und alles, was dieser Name symbolisiert und materialisiert! Keine noch so kleinste Spur, die zu den größten Menschenschlachtstätten der Geschichte führen könnte, zu dem Elektrodraht, den Gaskammern und den Gaswagen von Treblinka, Sobibor, Belzec, Chelmno! Völlig unerwähnt der organisierte Hungertod von Millionen sowjetischen Kriegsgefangenen und Zivilisten; unterschlagen die Verbrechen der »Eindeutschung« bis zum Bug und die Vertreibung von Millionen Slawen in erzwungene Völkerwanderungen unter den unsäglichsten Bedingungen. Nichts, keine Silbe auch über den frenetischen Jubel der Sudetendeutschen beim Einmarsch der Hitlerwehrmacht; über die kriminelle Vorarbeit des Konrad Henlein; über das ausgemordete Lidice und über Theresienstadt, die Durchgangsstation für Auschwitz. Aber wenigstens doch die Erwähnung von Reinhard Heydrich, dem »Reichsprotektor Böhmen und Mähren« und Leiter der »Wannseekonferenz«? Ebenfalls Fehlanzeige! Entlarvenderweise steht in dieser angeblichen »Menschenrechts-Charta« auch kein Wort über die *ersten* vertriebenen Deutschen, die fälschlicherweise »Emigranten« genannten Juden und nichtjüdischen Nazigegner ab Januar 1933. Und natürlich kein Jota über den verbrecherischen deutschen Angriffskrieg gegen Polen, gegen Europa, gegen die Welt, gegen die Menschheit. Alles, alles »vergessen«, bis auf eines: daß das Land da im Osten einmal deutsch war.

Ja, die notorischen »Schlußstrich«-Strategen sortieren genau, was vergessen werden soll und was nicht. Sie, die Großtöner des »Es-muß-doch-endlich-mal-vergessen-werden«, gerade sie erweisen sich als die hartnäckigsten Erinnerer, sobald es um ihre revisionistisch-revanchistischen Bemühungen geht, mit denen Deutschland den Zweiten Weltkrieg nun doch noch gewinnen soll. Wie hatte Richard von Weizsäcker gleich gesagt, in seiner großen Rede vom 8. Mai 1985? »Die Ursachen der Vertreibung liegen nicht im Ende des Krieges, sondern in seinem Beginn.«

Aber Herr Bundespräsident, wie kann man nur...

»Wir Heimatvertriebenen verzichten auf Rache und Vergeltung...«

Wirklich? Was ist das für ein »Gewaltverzicht«, der sich blind und ahnungslos gibt gegenüber den Schlagetots, deren Untaten zur Vertreibung der Deutschen geführt haben? Welche Antwort haben denn die Väter der »Charta« und ihre heutigen Enkel, wenn angesichts ihrer revisionistischen Forderung nach Rückgabe von Boden die überfallenen Völker fragen: »Könnt ihr uns unsere Kriegstoten, unsere Ermordeten zurückgeben?« Sind Menschen etwa weniger wert als Land?

Möge sich Europa, möge sich Deutschland, mögen wir uns nicht täuschen lassen! Langfristig und unter vorsätzlichem Mißbrauch des europäischen Einigungsgedankens wird ein Attentat auf den Frieden des polnischen und des tschechischen Volkes geplant, und damit auch auf den unseren. Revanchisten ante portas! – hier bekennerisch, dort auf den leisen Sohlen politischer und ökonomischer Konspiration, aber so oder so mit großen Summen ausgestattet. Denn nun hoffen sie wieder – durch den unverhofften Lauf der Weltgeschichte, besonders den im Osten. »Wir verzichten auf Rache und Vergeltung« – ach ja? Vom »Furor teutonicus« dieser Herren werden wir noch viel zu hören bekommen. Behalten wir sie deshalb fest im Auge, diese unverbesserlich-unbelehrbare Rechte, samt ihren Czajas und Hupkas – sie sind immer noch gefährlich genug. Zwar, am Verlauf der deutsch-polnischen und der deutsch-tschechoslowakischen Grenze werden sie nichts ändern können. Aber Vorsicht vor einer Politikerkaste wie dieser, die hinter dem Schild des »Verzichts auf Rache und Vergeltung« ihren Revanchismus so dauerhaft versteckt und – so jung gehalten hat!

Peinlicherweise jedoch öffnet sich dann und wann das Visier: »Wir kommen zurück, ohne Gewehr – wir kommen mit Mark und Dollar zurück!«

Also, Freunde! Nicht die anderen, nicht die Polen, nicht die Tschechen – wir, wir sind aufgerufen, ihnen die revanchistische Suppe zu versalzen:

Wider die ewigen deutschen Brandstifter!

Mit Ausländern leben – aber wie?

Rede am 9. April 1992 im Thalia Theater, Hamburg

Deutschland – so kann man ja nun wieder sagen – ist ein mächtiger Schreck in die Glieder gefahren. Sein Name: Ausländerfeindlichkeit! Eine Gewalt also, die bereits etliche Tote und viele Verwundete forderte, die andauert und sowohl diesseits als auch jenseits unserer Grenzen alte Ängste heraufbeschworen hat. Und das natürlich noch verstärkt nach dem Blitz und Donner der Wahlen vom letzten Sonntag mit dem triumphalen Einzug der Rechtsextremisten in die Landtage von Baden-Württemberg und Schleswig-Holstein.

Der Titel meines Vortrags: »MIT AUSLÄNDERN LEBEN – ABER WIE?«

Ich möchte das Thema unter folgenden Aspekten behandeln:

1. die Gründe der interkontinentalen Wanderungsbewegungen, von denen wir erreicht werden

2. die Probleme, die der Massenexodus von Millionen aus ihrer Heimat hin zu bestimmten Regionen des Planeten dabei schafft, und

3. wie mit den Konsequenzen des großen Flüchtlings- und Asylproblems umgegangen wird bzw. umgegangen werden sollte.

Obwohl unsere deutsche Gesellschaft davon keineswegs allein berührt wird, steht sie doch im Mittelpunkt der Ausführungen, also wir selbst.

An den Anfang auch der Standort des Chronisten:

– Es gibt keine Rechtfertigung für pauschalen Ausländerhaß; die Frage von Sympathie oder Antipathie entscheidet sich zwischen Individuen

– Gewalt gegen Menschen, es sei denn in Notwehr, ist ein Strafdelikt, spezifische Gewalt gegen Ausländer ist Rassismus

- Desgleichen die Ablehnung anonymer Massen ihrer originalen Zugehörigkeit und ihrer Hautfarbe wegen. Weiter:
- Bei dem Verhältnis Einheimische–Fremde handelt es sich nicht um ein Mono-Problem, sondern um ein duales – also um etwas mit *zwei* Beteiligten, etwas, das sich simplifizierenden Deutungen entzieht, weil damit schwer Lösbares nur noch schwerer lösbar werden würde. Es geht um Fremde *und* Einheimische und keineswegs nur allein um Ausländer und die Vertretung ihrer Standpunkte und ihrer Interessen. Konflikte liegen also in der Natur der Sache, und ihre Berechtigung muß als soziale und politische Wirklichkeit anerkannt werden, ohne von vornherein mit einseitigen oder gegenseitigen Schuldzuweisungen zu operieren. Erwarten Sie bitte keine konventionelle Abhandlung oder ein Ausländerschmusepaket. Das Problem hat einen Januskopf, ein Doppelantlitz, und ich weigere mich, dem Rassismus des Ausländerhasses das umgekehrte Vorzeichen der Inländerverteufelung entgegenzusetzen.

Das als Standort des Autors vorangeschickt.

Ich beabsichtige, etwa eine Stunde zu sprechen. Aber fürchten Sie nichts, Sie werden sich nicht langweilen. Ich hoffe vielmehr auf Widerspruch und Widerstand, da ich es allmählich satt habe, immer nur mit Gleichgesinnten zu korrespondieren. Das bedeutet jedoch keine Öffnung für Standpunkte, die meinen Lebenskriterien unvereinbar gegenüberstehen, wohl aber ein offenes Ohr für Wege, die den meinen nicht entsprechen, jedoch das gleiche Ziel haben: nämlich diese Welt bewohnbarer zu machen, als sie ist.

Zunächst zu den Gründen jener weltweit externen Wanderungsbewegung, die die Voraussetzung ist für die interne Ausländerproblematik bei uns.

An sich werden wir zu Zeitzeugen von etwas historisch höchst Banalem, von Völkerwanderungen – denn die hat es die ganze Menschheitsgeschichte hindurch gegeben. Nur vollziehen sie sich diesmal doch unter anderen als den bisherigen Vorzeichen, nämlich einer interkontinentalen, ja globalen Dimension, mit der wir direkt in Berührung kommen: es sind Millionen, die da aufbrechen.

Was aber treibt so große Menschenströme von der Heimat hinweg über Steppen, Wüsten und Meere in fremde Länder, in Ungewißheit, voraussehbares Heimweh, in Trennung von Angehörigen, Familie, Geburtsort? Ich bin dieser Frage als Fernsehmann fast fünfzehn Jahre lang in vielen Ländern Asiens, Afrikas und Lateinamerikas nachgegangen und mit ihrer Antwort so eng zusammengeraten, daß sich alle Beschönigungen, Vertröstungen, Tabus von selbst verbieten.

Die Wanderungs- und Flüchtlingswellen unserer Tage haben drei Hauptgründe: Not, Gewalt und Hoffnungslosigkeit. Letztere auch darüber, den tödlichen Kreis der Verzahnung aller drei Vertreibungselemente nicht durch eigene Kraft durchbrechen zu können. So entstehen Fluchtbedürfnisse von kollektivem Ausmaß auf der Suche nach einem neuen, menschenwürdigen Leben – anderswo!

Diese Vision hat sich auf *ein* Areal konzentriert – auf das der Hochindustrien entlang der nördlichen Halbkugel unseres Erdballs! Das bedeutet vor allem auf *Europa*, in ihm aber wiederum, favorisiert, auf den wirtschaftlich stärksten Staat, die Gralsburg diffuser Sehnsüchte und Endstation wahrer Myriaden von Menschen – die Bundesrepublik Deutschland! Lange Zeit wälzte sich der Hauptstrom von der südlichen Halbkugel her, doch scheint seine Mehrheit schon heute, und erst recht morgen, abgelöst zu werden von Massen aus dem Osten und Südosten Europas. Albaner in Brindisi! – wer, meine Damen und Herren, könnte diese Bilder je vergessen? Besonders eines: ein von Erschöpfung vor die Füße eines schlagstockbewaffneten italienischen Polizisten hingestreckter Flüchtling, nur mit einer Hose bekleidet und den Kopf in Hoffnungslosigkeit gegen die Erde gesenkt...

Das Erbe des untergegangenen Stalinismus als alles verschlingende Apokalypse »ante portas« – vor der eigenen Haustür. Wer wagte heute noch, das als bloße Drohung ohne historische Vollzugskraft hinzustellen?

Dabei unmißverständlich und zweifelsfrei: das Gros der Wanderbewegung, ja ihre überwältigende Mehrheit, sie kommen nicht als politisch Verfolgte, sondern als Armuts- oder Elendsflüchtlinge! Das sind häßliche Wörter, aber jede andere Bezeichnung, die der Realität gerecht werden wollte, wäre es auch.

Daß Menschen aus aller Welt ihr Ziel, die vermeintliche »Insel der Seligen«, so schnell erreichen, daß das so leicht geht, hängt nicht nur zusammen mit der Nutzung des modernen Luftverkehrs, durch den jeder Punkt der Erde in 24 Stunden erreicht werden kann. Es sind auch gesetzliche Bestimmungen von hoher Ethik, in unserem Grundgesetz verankerte Asyl- und Menschenrechtserklärungen, wie sie die Verfassungen anderer Länder gar nicht kennen. Natürlich stecken dahinter Erfahrungen und Lehren aus der Nazizeit, da die ersten vertriebenen Deutschen, die fälschlicherweise »Emigranten« genannten Zwangsflüchtlinge, an so manche verschlossene Auslandstür gepocht hatten. Auch deshalb der Artikel 16 des Grundgesetzes, der besagt, daß die damalige Bundesrepublik, heute das ganze Deutschland, jedem politisch verfolgten Ausländer Asyl zu gewähren hat. Die Väter und Mütter des Grundgesetzes (es gab deren vier!) haben jedenfalls weder die Dimensionen noch die Folgen voraussehen können, mit denen das Verfassungsrecht des Artikels 16 auf politisches Asyl das Deutschland der ausgehenden 80er und der 90er Jahre konfrontiert. Doch wer sich an der Grenze auf den Artikel beruft, der muß auch eingelassen werden.

Nun kommen die Zuwanderer aber nicht etwa in ausländerloses Gebiet, sondern in ein Land, wo es bereits Millionen Menschen aus anderen Staaten gibt. Deren Substanz und erste Generation waren vor mehr als dreißig Jahren von der arbeitskräfteschluckenden Wirtschaft der alten Bundesrepublik geradezu herbeigefleht worden, Stützpfeiler des Hochhauses »Wirtschaftswunder«, das ohne die Ausländer nie so rasch hätte hochgezogen werden können. Der Boom dauerte etwa zehn Jahre, dann, in der ersten Hälfte der 70er, gab es als Folge einer gewissen Sättigung des Arbeitsmarktes die ersten Restriktionen durch das Gastland. Ich war damals, 1973, gerade unterwegs in Südosteuropa, für einen Film mit dem Titel »Die zweite Völkerwanderung« über ebendieses Thema in den Herkunfts- und Aufnahmeländern, und erinnere mich genau der konsternierten Reaktionen auf den Paukenschlag aus Bonn. Damals begann die »Ära der Schwierigkeiten«, politisch, sozial, finanziell. Damals kursierte das bittere Wort: »Man wollte Arbeitskräfte, aber es kamen – Menschen.«

Ihre Problematik dauert nicht nur bis heute an, sondern hat sich noch verlängert und übertragen auf die Nachgeborenen der einst so dringlich herbeigewünschten Ausländer, also auf deren Kinder und Kindeskinder. Die eigentlich schon keine Ausländer mehr sind, jedenfalls nicht im Sinne kultureller und nationaler Identität der Eltern und Großeltern – viele aus der zweiten und dritten Generation haben deren Heimat nie gesehen. Den Jungen und Jüngeren fehlen also nicht nur die starken Bindungen der Älteren – sie haben hierzulande auch noch keine eigene Identität gewinnen können. Dieser Zustand zwischen dem Baum des Ursprungs und der Borke der Verpflanzung produziert inzwischen innerhalb von Familien und Sippen Tragödien, deren erster Akt von dem dringlichen Initialbedarf des industriellen Gastlandes geschrieben worden ist. Sowenig, wie die alte Bundesrepublik ihren Wohlstand ohne Ausländer hätte schaffen können, so wenig wäre das Niveau ohne sie zu halten. Weshalb denn auch die Konsequenz der These »Ausländer raus!« wenn nicht den Zusammenbruch der deutschen Wirtschaft, so doch wohl ihren schweren Kollaps bedeuten würde. Obschon diese Prognose statistisch leicht nachweisbar ist, zweifeln viele Deutsche sie dennoch an, da sie sich mit ihren Vorurteilen gegenüber Ausländern offenbar nicht in Übereinstimmung bringen läßt. Was beweist, daß ökonomische Notwendigkeiten noch lange nicht zu politischer und zwischenmenschlicher Harmonie führen müssen.

Auf diese Konflikthypothek der ersten Welle von Ausländern mit der deutschen Umgebung stößt nun jene zweite von Fremden, die aus den besagten Gründen zu einer politischen und sozialen Realität unserer Gesellschaft geworden ist. Daß die Problematik der Neuankömmlinge dadurch nicht gerade erleichtert wird, läßt sich denken und bedarf keiner großen Phantasie.

Wie nun das Problem angehen, dem Asylversprechen gerecht zu werden, also auf seinem Tenor, der politischen Verfolgung, zu beharren, ohne Körper und Seele von Menschen zu versehren, die eindeutig nicht unter Artikel 16 fallen, aber den begreiflichen Wunsch nach einem besseren Leben für sich und ihre Kinder hegen? Und die, noch einmal, die Masse der Ankömmlinge bilden.

Wie darangehen, das Problem der *großen Zahl* human zu lösen, ohne unerfüllbare Erwartungen zu verlängern? Denn auch die deutschen Möglichkeiten sind *endlich*, und jeder, der diese Endlichkeit aus seinem Blickfeld entläßt, würde das Mögliche unmöglich machen. Selbstverständlich gibt es eine Grenze der »sozialen Verträglichkeit«, hinter der jede Form von realistischer Lösbarkeit zusammenbräche, und zwar für Einheimische *und* Zuwanderer. Einer der essentiellen Streitpunkte unserer Gegenwart besteht ja in eben den gegenteiligen Auffassungen, ob diese Grenze bereits erreicht ist oder nicht. Ich verspüre dabei in mir eine deutliche Hemmung, klüger sein zu wollen als die Kommunalpolitiker, die den Zustrom aufzufangen haben und seit längerem »Alarm!« rufen, und zwar in letzter Zeit auch immer mehr Sozialdemokraten.

Woran keinerlei Zweifel herrschen kann: das Reservoir für weitere Massenzuwanderungen ist unerschöpflich, da hinter ihnen eine schreckliche Wirklichkeit steht – die Uferlosigkeit der Weltarmut.

Es wird bei uns nicht nur sehr schwer sein, unter den vielen Zuwanderern die tatsächlichen politischen Asylanten herauszufinden; es wird auch schwerfallen, die Trennlinie zwischen realistisch notwendigen Maßnahmen und Fremdenfeindlichkeit immer säuberlich auszumachen. Das kommt, weil nichts, aber auch gar nichts von *der* Aufgabe, die da unumkehrbar vor uns steht, leicht zu handhaben sein wird. Denn was ist schon »richtig«, was »falsch«?

Für ein »Aufnahmeland« wie das unsere könnte die Situation kaum vertrackter und widersprüchlicher sein, als sie ist. Die Menschen, die da zu uns kommen in der Hoffnung, eine bessere Bleibe zu finden, rechnen ja nicht nur mit Liberalität und Verständnis – sie rechnen ebenso mit den *Mitteln*, die wir haben, mit unserem Wohlstand. Der aber basiert bekanntlich auf einer Weltwirtschaftsordnung, die immer noch die Reichen reicher und die Armen ärmer macht – von der also gerade wir Deutschen zuoberst profitieren. Andererseits jedoch, man möchte beinahe sagen: perverserweise, sind diese Mittel die Voraussetzung dafür, daß wir derzeit überhaupt helfen können.

Eine weitere große Vertracktheit besteht darin, daß die Hochindustrien zwar das Idol, sozusagen die »Endstation Sehnsucht« für Millionen von Armen sind, daß das strategische Ziel aber nicht sein kann, die Menschheit auf das Niveau unserer doch nur allzu problematischen Lebensweise zu hieven! Man stelle sich vor, es gäbe überall auf der Welt, in all ihren Zivilisationen, eine Motorisierungsdichte wie bei uns! Allein sie schon bedeutete nicht nur die alsbaldige Erschöpfung aller Ressourcen, sondern auch das Ende der elementaren ökologischen Bedingungen, von denen das Leben auf dem organischen Schorf unseres Planeten überhaupt abhängig ist. Diese Erkenntnis dürfte definitiv sein. Sie erhellt, daß die Hochindustrien, die reichen Gesellschaften unserer Epoche, sich in einem historischen Ausnahmezustand befinden, der keine Dauer haben kann. Deshalb heißt das Überlebensmotto für die zeitlich Bevorzugten der Weltgeschichte, also insonderheit für uns: »Teilen – oder mit untergehen.«

Das Ziel aller Anstrengungen kann also nicht der – vorübergehende – Standard jener angeblichen »Insel der Seligen« sein, auf der wir und einige wenige andere Völker sich – noch – befinden. Das Ziel kann nur die Bewahrung der autochthonen, der eigenen Kulturen der Völker überall auf der Welt im Kampf gegen Not, Gewalt und Hoffnungslosigkeit sein, mit *unserem* Zutun zu *ihren* Möglichkeiten.

Das entbindet uns nicht von der Pflicht tätiger Mithilfe, die die bereits eingetretene Situation verlangt, also Aufwendungen und eine klare Politik nicht nur für die Minderheit echter Asylanten, sondern auch für jene, die kamen, um ihrem Elend zu entkommen. Aber diese Hilfe gehört unter das Dach einer globalen Priorität, die nicht verschoben werden darf. Und die heißt: die Massennot Asiens, Afrikas und Lateinamerikas, die Probleme der Weltarmut, können nicht auf dem Boden der europäischen Hochindustrien gelöst werden! Deren Hauptanstrengung muß Hilfe zur Selbsthilfe an Ort und Stelle sein, in der Heimat der Armen und Bedrohten, nicht die Ermutigung zur Flucht in solche Zonen, wohin sie die Hoffnung auf ein besseres Leben treibt, so begreifbar das auch sein mag. Sind es doch naturgemäß die Agilsten, Aktivsten, die sich da aufmachen. Niemand könnte und dürfte einer solchen biologischen Ausblutung und sozialen Entwurzelung das Wort reden!

Deshalb lautet die historische Aufgabe: Es müssen in gemeinsamer Anstrengung die Ursachen der großen Wanderungsbewegungen, der riesigen kontinentalen und interkontinentalen Flüchtlingsströme beseitigt werden. Was bedeutet: der Zwang der Geschichte wird der *Ersten Welt* das Ende ihres privilegierten Status quo bringen, und das ist gerecht, weil es eine ungerechte Weltwirtschaftsordnung aufhebt – nicht heute, nicht morgen, aber unabweislich. Und vor sich gehen wird es unter jenen konvulsivischen Zuckungen, denen Individuen und Menschenkollektive immer unterliegen, wenn sie von dem, was sie haben, abgeben sollen. Alle mitmenschlichen Religionen haben an dieser zähen Eigenschaft des Menschen nichts ändern können. Nun aber wird es, zur Vermeidung des eigenen Untergangs, gefordert. Das gebieterische Muß für die Reichen, bisherige Haltungen, ja Grundelemente der menschlichen Natur um der Selbsterhaltung willen zu überwinden oder sie doch erheblich einzuschränken, wird für die unverhältnismäßig begünstigte Minderheit der Erdbevölkerung zum zentralen Prozeß des 21. Jahrhunderts werden. Seine vorausgeworfenen Schatten aber bestimmen bereits unser Leben im ausgehenden zwanzigsten.

»Mit Ausländern leben« – das ist bei uns in Deutschland keine Frage der *Wahl* mehr oder einer Alternative, wir haben weder die eine noch die andere. Die Frage lautet vielmehr: »Mit Ausländern leben – aber wie?«
Innerhalb der Problematik sehe ich zwei große Gefahren.
Die *erste* ist eine offenbar weitverbreitete Feindlichkeit gegenüber Ausländern, eine unreflektierte, emotionale Xenophobie, von allgemeinen Ämtern über spezielle Ausländerbehörden bis hin zum offenen Rassismus, seinem sozialen Ambiente und seinem Kern, den Tätern der rechten Gewaltszene.
Trotz allen unleugbaren Wandlungen der deutschen Gesellschaft seit 1945 lassen die bestürzende Kontinuität und Aktualität rassistischer Denkweisen deren tiefe Wurzeln im Erdreich unserer Nationalgeschichte erkennen. Das wiederum läßt den Schluß zu, daß uns diese Pest der Dummheit, der Brutalität und des aggressiven

Höherwertigkeitsgebarens – übrigens gerade bei Menschen mit ausgeprägten Minderwertigkeitskomplexen – noch lange erhalten bleiben wird. Darin ist auch immer Antisemitismus einbegriffen. Wie weit das zurückreicht, zeigt sich an folgendem Ausspruch: »Mit Trichinen und Bazillen wird nicht verhandelt. Trichinen und Bazillen werden auch nicht erzogen. Sie werden so rasch und so gründlich wie möglich vernichtet.«

Das, meine Damen und Herren, war auf Juden gemünzt, und der das gesagt hat, hieß nicht Adolf Hitler, Heinrich Himmler oder Reinhard Heydrich, sondern Paul de Lagarde, ein deutscher Mann vor 100 Jahren und Theoretiker des damals neu aufgekommenen, doktrinären, ideologisch-rassistischen Antisemitismus. Der hielt sich keine religiöse Maske mehr vor wie der klerikale Antijudaismus des vorangegangenen Jahrtausends, sondern erklärte die Juden einfach zum bösen Prinzip der Weltgeschichte – wir wissen, mit welchen Folgen. Daß es ihretwegen in Deutschland heute so gut wie keine Juden mehr gibt – denn was sind 30 000 Juden unter 75 Millionen? –, daß dieses Land also tatsächlich so gut wie »judenfrei« ist, ficht die Antisemiten der Gegenwart kaum an. Ihr Stoß beschränkt sich jedoch keineswegs auf Juden, wie die Geschichte bewiesen hat, sondern richtet sich gegen jeden, der nicht so ist wie sie. Antisemitismus und Ausländerhaß korrespondieren miteinander, wie der Inhalt kommunizierender Röhren. Sie halten ein breites Spektrum von Feindbildern parat, deren Rangordnung jederzeit auswechselbar ist. Derzeit ganz oben: »die« Ausländer.

Soweit zur *ersten* Gefahr.

Die *zweite* ist das, was ich die »Pathologie der Umarmung« nenne, also Xenophilie statt Xenophobie.

Ich möchte die »Umarmer« zwar nicht in *einem* Atemzug mit den Rassisten nennen, aber in der Problemverstrickung aller Beteiligten üben sie meinen Erfahrungen nach einen überaus negativen Einfluß auf Lösungs- und Verbesserungsmöglichkeiten aus. Und das bei erklärt »guter Absicht« – denn davon sind sie unbestritten beseelt.

Nur tun sie so, als sei der Konflikt ein einseitiger und kein dualer. Daß nicht nur Einheimische für Ausländer, sondern auch Ausländer für Einheimische problematisch werden können – der Gedanke ist den »Umarmern« offenbar nie gekommen. Der Effekt ist immer der gleiche: jede Beklemmung gegenüber massenhafter Anwesenheit von Fremden wird als Feindseligkeit denunziert, jede Sorge, Angst und Abwehrreaktion als rassistisch kriminalisiert, und die Zuwanderer werden undifferenziert und pauschal zu »Schützlingen« erklärt – eben »umarmt«.

Das kann für ein gutes Herz zeugen, taugt aber mit seiner Leugnung der Dualität, der Doppelproblematik nichts, weil es sich der Erkenntnis verschließt, daß es der Anstrengung *beider* Seiten bedarf, um ein humaneres Verhältnis zwischen einheimischer Mehrheit und fremden Minderheiten herzustellen, als es de facto besteht.

Hinter der »Pathologie der Umarmung« steckt, meist wohl unbewußt, eine Art Entmündigungsdenken, ein Phänomen, das nicht neu ist, sondern schon vielfach zu beobachten war. Es taucht überall da auf, wo sich ein »Mentor« im Stile des Protektors Benachteiligter, Unterprivilegierter, Verfolgter annimmt. Zu Protegés erklärt, haben *sie* immer recht, grundsätzlich und aus der Not ihrer Situation heraus, weshalb denn auch Kritik an ihnen als reines Sakrileg empfunden wird.

Die Unverschämtheit dieses in Wahrheit höchst hierarchischen Protektionismus wird, meinen langjährigen Beobachtungen nach, von den »Umarmern« überhaupt nicht wahrgenommen, so wenig wie die Tatsache, daß die »Schützlinge« jeder Eigenverantwortung für ihr Schicksal entkleidet und damit zu bloßen Objekten der eigenen Protektionswut deklassiert werden.

Das pathologische Wesen der »Umarmung« besteht darin, daß sie sich hermetisch abkapselt gegenüber der Frage, welche Problematik die »Schützlinge« ihrerseits für »die anderen« im Rahmen des dualistischen Gesamtgeschehens bedeuten könnten. Das mündet dann ganz von selbst in das Stereotyp von den »guten Ausländern« und den »bösen Deutschen«. Nach meiner Problempraxis empfinde ich die »Umarmer« und ihre Weltsicht als ausgesprochen hinderlich, zu Erleichterungen oder gar Lösungen beizutragen.

»Mit Ausländern leben – aber wie?«

Kurt Tucholsky hat einmal geschrieben: »Das schlimmste von allem ist die ›gute Absicht – schlecht ausgeführt‹...« – Ach ja! Was sagen Sie zu Aufklebern wie »Wir mögen Negerküsse!«? Da kann ich nur sagen: Ich auch, leider, seit meiner Kindheit schon, aber der Gedanke, die Vorliebe in solchem Zusammenhang zu zitieren, ist mir nie gekommen.

Oder wie steht es um die Publizierung der Behauptung: »Jesus war auch Asylant.«? Obwohl es doch kein Geheimnis ist, daß der überwiegende Teil der Zuwanderer einer anderen als der christlichen Religion anhängt, besonders zahlreich bekanntlich der islamischen.

Und was ist mit dem liebreizenden Porträt jenes dunkelhäutigen Mädchens, unter dessen Gesichtchen steht: »Wer hilft mit, Zeinab anzuzünden?« Kann einen bei dieser Lektüre nicht der Verdacht anwehen, das verbale Gesetz sei an die ausländerfeindliche Gegenseite übergegangen?

Letzten Dezember konnte man in Bremen ebenholzschwarze Gesichter unter weißen Wattebärten entdecken, Westafrikaner aus Ghana und von der Elfenbeinküste. In purpurroten Mänteln leuchtend getrimmt auf deutschen Weihnachtsmann, verteilten sie tonnenweise Schokolade an weißhäutige Kinder...

Meine Damen und Herren, keine Mißverständnisse: es soll hier gar nichts lächerlich gemacht, wohl aber gefragt werden, ob denn solche in des Wortes buchstäblicher und übertragener Bedeutung Versüßlichung dem Thema eigentlich gemäß ist? – ohne die »gute Absicht« dahinter zu leugnen. Die trifft gewiß auch zu auf jene Schauspieler- und Rock-Prominenz, deren TV-bekannte Konterfeis von den Litfaßsäulen herab sprechblasenhaft verkündeten, daß sie »auch Ausländer« seien. Hand aufs Herz: wen überzeugt das?

In das gleiche »Gute Absicht«-Genre passen Aufforderungen wie: »Kaufen Sie Obst beim Türken!«, oder: »Setzen Sie sich in der U-Bahn das nächstemal neben einen Afrikaner.«. Aber wie das, wenn man nie mit der U-Bahn fährt? – was ja wohl auf Millionen der deutschen Auto-Nation zutreffen dürfte.

Zu alldem die linksalternative *taz* bissig: »Ganz Deutschland sitzt auf dem Sofa und streichelt seinen Bimbo.« Diese und ähnliche Kampagnen seien, so das Blatt mit gewohnter Kodderschnauze weiter, »von kaum zu überbietender Dämlichkeit«. Es fallen Worte wie »multikultureller Propagandarummel« und »Mogelpackung«. Der »Fremdenfurcht« werde nichts als »Ausländersentimentalität« entgegengesetzt.

Ein unüberbietbar verkünstelnder Gipfel aber wird erreicht, wenn sich die Schickeria des Themas bemächtigt. So entnehme ich dem »Spiegel« das Beispiel des ursprünglich Hamburgischen Parfümschöpfers Wolfgang Joop – der ist nämlich, eigenem Bekunden nach, von der hiesigen Ausländerfeindlichkeit bereits vertrieben worden. Vor dem publicityträchtigen Exodus hatte Joop aber noch öffentlich seine Solidarität mit den – ich zitiere – »bunten Schwestern und Brüdern« bekundet, nebst seiner Abneigung gegen die – ich zitiere wiederum – »lauwarme deutsche Mono-Kultur-Suppe«. – »In Deutschland«, so weiter, sei »kein Platz für Menschen mit Stil und Intelligenz«.

Weshalb Wolfgang Joop denn auch nach Übersee entwich, wo er in einem Penthouse hoch über den Dächern von Manhattan das karge Leben eines Emigranten führen soll. Das jedoch in der verkündeten Überzeugung: »Hier weiß ich wenigstens, daß ich nicht im Vierten Reich wohne.«

Noch grausiger als die bloße Umkehrung der Vorzeichen ist die Verwandlung des »Ausländerhasses« in »Inländerfeindlichkeit«. Statt des »häßlichen Fremden« erscheint nun auf Werbepostern der »häßliche Deutsche«: beleibt, nicht mehr jung, in den deprimierenden Textilien des Durchschnittstouristen. Auf einem Kamel reitend, offensichtlich also im Morgenland, schallt ihm dort, wiederum sprechblasenhaft, der Ruf entgegen: »Ausländer raus!« – Auf der gleichen Ebene Parolen wie: »Alle sind Ausländer – oder fahren Sie nie in Urlaub?« – Madonna mia! Als ob die Antriebe, Ursachen und Folgen der Massenzuwanderung in die Hochindustrien sich decken mit den Motiven des Wohlstandstourismus! Ein Höhepunkt diskriminierender Umkehrung: 18 Deutsche, deren jeder ein Brett vor dem Kopf hat, neben appetitlich Beturbanten, die vergeblich die Hand der Freundschaft ausgestreckt halten. Also hie »gemeine Teutonen« – da »edle Fremde«.

Aber die Ablösung dumpfer Ausländerfeindschaft durch plumpen Inländerabscheu geht noch einen Schritt weiter, in Form einer Linken, die sich bei uns als Extremgegner der gewalttätigen Rechten aufführt, mit ihren Artikulationen jedoch nichts bestätigt als die mörderische Verwandtschaft beider: die Umkehrung der Vorzeichen wird zur »Weltanschauung«.

So beschwor, zum Beispiel, die hiesige Linksaußen-Postille »konkret« auf ihrer Titelseite, in ungesagter Anspielung auf die antisemitische Propagandaformel vom »Ewigen Juden«, den »ewigen Deutschen«: für die Redaktion nach wie vor »ein gemütlicher Mörder«.

Meine Damen und Herren, ich glaube, ich komme bei niemandem, der auch nur ein bißchen von meiner publizistischen Lebensarbeit kennt, in den Verdacht, mit Deutschland und seiner Geschichte glimpflich umzugehen, aber solche Formen des Antigermanismus sind mir besonders widerwärtig. Das mault dann auch aus einer ganz bestimmten Ecke hervor, tief zerfallen mit der historischen Wirklichkeit und ihrem nationalen Lauf, so in Anspielung auf die Vereinigung etwa geronnen zu Slogans wie: »Wenigstens *ein* Deutschland weniger«. Oder, in der Kürze liegt die Würze: »Deutschland, halt's Maul!«

Im Klartext heißt das: das Ausländerproblem wird offen mißbraucht als *Medium*, die Fahne der eigenen anachronistischen Weltsicht ebenso verdrossen wie unbelehrbar vor sich herflattern zu lassen.

Hinter dieser Mentalität wird ein ganz bestimmtes, unverhüllt anarchisches Prinzip sichtbar, nämlich »das Mögliche unmöglich zu machen«, eine Art »Unregierbarkeit« des Ausländerproblems herzustellen, und zwar durch maßlose Forderungen, und dies infamerweise unter Anrufung der Humanitas und ihrer deklarierten Rechte.

Beispiele: Da wird ein Ausländeranteil von 20 bis 30 Prozent in Deutschland gefordert, um – Zitat – »den nur schwer zügelbaren deutschen Mob davon abzuhalten, auf eine kleine Minderheit einzuprügeln«. Eine andere Stimme, die von Jutta Ditfurth, fordert: »Offene Grenzen für *alle* Flüchtlinge!« Und der Satireschrift »Titanic« waren diese Sentenzen zu entnehmen: »Jeder Pole, Russe, Jude, Franzose, Schwarzafrikaner usw. hat genau soviel Recht, auf deutschem Boden zu leben, wie irgendein Deutscher, wenn nicht sogar mehr!« Die Begründung: »der deutschen Vergangenheit wegen«.

Meine Damen und Herren, hier melde ich mich als Betroffener, bei diesem Mißbrauch, bei dieser Politik, den Holocaust erpresserisch zu instrumentalisieren, hört wirklich jede Tolerierung auf.

Mit der vollen Legitimation eines Überlebenden der Shoah, erkläre ich die abwegige Argumentation und ihre falsche Logik zu einer ganz besonderen Niedertracht. Darin völlig eins mit meiner in der Schweiz lebenden jüdischen Schriftstellerkollegin Salcia Landsmann, die sich vehement dagegen aussprach, daß – Zitat – »die Deutschen von heute die Verbrechen der Nazizeit in einem kollektiven Reueschub durch den ungebremsten Zuzug aus der ganzen Welt abzubüßen hätten«.

Aber mit besagter Niedertracht ist keineswegs auch schon die Spitze einer verlogenen »Solidarität mit Ausländern« erreicht. Das eskaliert vielmehr, steigt noch höher, auf eine Stufe, auf der der angebliche Kampf gegen gewalttätigen Ausländerhaß nur als Vorwand dient, um den eigenen Gewaltphantasien unverblümt freien Lauf zu lassen.

So hieß es etwa in der bereits zitierten Zeitschrift »Titanic«: Ausländerfeinde gehörten – Zitat – »deportiert, an den dunkelsten, kältesten und elendsten Ort, der sich in diesem Universum finden läßt. Dort dürfen sie dann in der Scheiße, die sie im Kopfe haben, ersaufen«. Gleich anschließend wird dafür plädiert, einem auf »Mord und Totschlag sinnenden Nazi selbst das Lebenslicht auszublasen« oder »Hoyerswerda mit Brandsätzen und Stahlkugeln so zu attackieren, daß die Einheimischen fliehen müßten wie vorher die Ausländer«.

Die Wunschvorstellungen dieses vorgegebenen Vorkämpfertums für eine bewohnbarere Welt ist einem Cartoon zu entnehmen, in dem ein sog. Antifa-Kämpfer einem Neonazi den Grußarm abtrennt – mit einer Kettensäge. Daneben der technische Hinweis: »Schnittgeschwindigkeit 9 Nazis pro Sekunde.« Meine Damen, meine Herren: hier ist höchste Gefahr im Verzuge! Die Gefahr, daß eine der schwierigsten Herausforderungen unserer Epoche lediglich die Munition zu liefern hat für Gesinnungen, denen nichts ferner liegt, als zur Frage »Mit Ausländern leben – aber wie?« auch nur ein Gran Antwort beizutragen.

Vielmehr bestätigt sich, wie nahe sich die angeblichen Extremgegner von rechts und links in ihrer gemeinsamen Skrupellosigkeit tatsächlich sind und wie sehr sich dabei der eine auf die Existenz des andern beruft.

In diesem Teufelskreis sind weder Linderungen noch Lösungen eingeschlossen.

Die Bühne, auf der sich das Drama der ausländerfeindlichen Gewalt abspielt, liegt meist verdunkelt da – buchstäblich gemeint und übertragen.

Anschläge auf Wohn- und Asylantenheime, die bekanntlich bereits etliche Tote und viele Verwundete gefordert haben, werden überwiegend nachts verübt, eine Szene finsterer Seelen, die ihre Absichten technisch vorbereiten, die Örtlichkeiten planen und dann Brandsätze und Explosivkörper schleudern – Mord sowie körperliche Versehrungen aller Art beabsichtigt. Es soll ihnen nicht vergeben werden, denn sie wissen, was sie tun!

Entlarvender noch als das nächtliche Treiben von ausländerfeindlichen Skins, Alt- und Neonazis aber ist das am hellichten Tag, da, wo sie unter offenem Himmel auftreten und Menschen bedrohen, angreifen, zusammenschlagen. Entlarvender für wen? Für die gesamtgesellschaftlich beschämende Situation, daß die Gewalttäter nach all ihren Erfahrungen glauben dürfen, auch tagsüber so gut wie risikolos agieren zu können! Täter wohlbemerkt, die sich stets gegen Schwächere kehren und nachgewiesenermaßen sofort zurückzucken, wenn ihnen energischer Widerstand entgegengesetzt wird.

Der »Mut« der Schlagetots erklärt sich aus der bestürzenden Tatsache, daß Passanten oder Nachbarn dem attackierten Opfer selten oder gar nicht beispringen, um es zu verteidigen! Der Mechanismus dieser objektiven Täterbegünstigung liegt nun aber nicht darin, daß der einzelne Bürger dem Opfer subjektiv nicht helfen *will*, das möchten viele durchaus. Was sie davon abhält, ist die Furcht, im Falle persönlichen Eingreifens selbst zum Zweitopfer zu werden. Dahinter jedoch steckt die eigentliche Schande der Szene: nämlich daß der Hilfsbereite sich der Solidarität der anderen in einer solchen Situation nicht gewiß sein kann!

Diese Schilderung übersieht keineswegs *die* Bevölkerungsgruppe, die sich in Konsensus mit den Ausländerfeinden aus dem Fenster lehnt und den Gewalttätern noch applaudiert. Aber die meisten Tagerfahrungen mit Aggressionen von Ausländerfeinden gegen bereits blutig geschlagene Opfer lassen keinen Zweifel daran, daß die fehlende Gewißheit einer sicheren Solidarisierung der anderen mit dem Hilfswilligen dessen Hauptmotiv für die eigene Hilfsversagung ist.

Zweierlei ist im Spiele: Gewaltpraxis *und* mangelnde Zivilcourage; Täter, die von Hoyerswerda bis Hünxe, *und* die Gesellschaft, aus der sie stammen, die sie hervorgebracht hat und die ihr Treiben zuläßt, in Ost und West des nunmehr vereinten Deutschland.

Die demokratische Republik hat bisher die Fremden, deren Hoffnung sie ist, nicht vor ihren gewalttätigen Feinden zu schützen vermocht. Richtig, die staatlichen Ordnungskräfte können nicht überall sein, und jene, die anonym aus dem Dunkel schießen, nutzen den natürlichen Vorteil der Heimtücke. Aber es fällt doch auf, daß häufig gerade dann nicht genügend Polizeikräfte da sein sollen, wenn es um den Schutz von Ausländern geht.

Gleichzeitig aber ist doch in unverblichener Erinnerung, mit welcher Kompanie-, ja Regimenterstärke Uniformierte angerückt sind gegen die Demonstranten der Frankfurter Startbahn West und Wackersdorf, gegen die Sitzstreikenden von Mutlangen und – man höre und staune! – gegen den antifaschistischen Protestmarsch von Hoyerswerda, der den Schändern des Ortsnamens die Leviten lesen wollte. Da war die Polizei plötzlich präsent, mit Schlagstöcken und unwiderlegbar, weil auf dem Bildschirm festgebannt.

Die Gründe dafür? Offenbar hat die *zweite* deutsche Demokratie auf bestimmten Sektoren zu wenig aus den Fehlern der *ersten* von Weimar gelernt. Wenn die Bundesrepublik nur einen Bruchteil ihrer notorischen Militanz gegen links auch gegen die politische Rechte kehren würde, so sähe heute, wie gestern, manches in Deutschland anders aus!

Es war und ist die Unwucht im Grundverhalten dieses Staates zugunsten der Rechten, die ihre Gewalttäter glauben macht, sie seien gesellschaftsfähig. Zufällig kommt ihr Selbstbewußtsein jedenfalls nicht.

Ebenso wenig ist es natürlich Zufall, daß sich völlig geschichtsunkundige Jugendliche auf eine bestimmte Katastrophenphase der deutschen Geschichte kaprizieren, sich mit deren Emblemen verunzieren und ihre Gesten und Parolen nachäffen, obwohl sie in Wahrheit von dieser Epoche, der Nazizeit, nicht das geringste wissen.

Sie hätten schon große Schwierigkeiten, außer Hitlers Geburtstag auch nur *ein* Datum der NSDAP-Historie zu nennen, geschweige denn irgend etwas über Verlauf, Aufbau, Erfolg und Untergang des Dritten Reiches.

Hier wirkt ein Virus aus der Tiefe der Reichs- und Nachkriegsgeschichte. Ich habe das, was die alte Bundesrepublik betrifft: die *zweite* Schuld genannt, die nach 1945, nämlich die Verdrängung und Verleugnung der ersten unter Hitler. Sie hat die politische Nachkriegskultur bei uns wesentlich mitgeprägt und wirft ihre langen Schatten bis in unsere Gegenwart.

Heute wissen wir es endgültig: die Deutschen der alten Bundesrepublik, sie sind die eigentlichen Sieger unseres Jahrhunderts, die Privilegierten der Weltgeschichte, und sind es bis heute geblieben. Das politische Fundament des Bonner Staates aber, sein Stigma, war die Absolution für die NS-Täter, war der nahezu nationale Konsens, daß millionenhafter Massenmord ungeahndet zu bleiben habe. Die Gegengabe der Tätergesellschaft: demokratisches Wohlverhalten… Und so sah der Doppelkopf dieses Teilstaates dann auch aus: auf der einen Seite unbestritten der freieste Staat in der Geschichte der Deutschen, auf der anderen gezeichnet vom »Großen Frieden« mit den Nazitätern!

Was immer sich inzwischen unleugbar an kraftvollen demokratischen Prozessen und an mancher Aufklärungsarbeit getan hat, wie immer auch der natürliche biologische Abgang der Tätergenerationen die Atmosphäre entstickter machte – ein so elementarer Vorgang wie die zweite Schuld bleibt über den Köpfen der Gesellschaft hängen – was Eltern und Großeltern verdrängt haben, das haben sie den schuldlos beladenen Söhnen und Töchtern, den Enkeln und Enkelinnen zugeschoben. Allen voran deren weiße Flecken der Unkenntnis über Hitlerdeutschland, aus Verweigerung der Kronzeugenschaft ihrer Altvorderen.

Dieses politische Sittenbild der alten Bundesrepublik soll nun aber nicht etwa heißen, daß die ehemalige DDR die NS-Vergangenheit besser aufgearbeitet habe – im Gegenteil! Dort war es der »verordnete Antifaschismus«, der von vornherein und willentlich jede tiefere Auseinandersetzung mit der Nazizeit verhindert hat. Bekanntlich hatte die SED-Führung sich und die DDR der Einfachheit halber zum Mitsieger des Zweiten Weltkrieges, zu einem Teil der Anti-Hitler-Koalition erklärt und der in ihrer Gewalt befindlichen Bevölkerung den Ritterschlag eines Nazigegnertums ab ovo erteilt, also von Geburt an – abenteuerliche Lügen mit nur allzu kurzen Beinen. Denn weder wollte diese ebenso miese wie bösartige Diktatur die NS-Vergangenheit aufarbeiten, noch konnte sie es. Dazu kamen ihr viel zu viele Negativtraditionen aus der Geschichte des deutschen Ober- und Untertans viel zu sehr entgegen, als daß sie jemals auch nur einen Anlauf zu deren Abschaffung versucht hätte. Der mündige Bürger, die mündige Bürgerin, sie waren schließlich das letzte, was der Stasi-Überwachungsstaat fördern wollte.

Und so ist dann auch in der DDR jede wirkliche Massenauseinandersetzung mit dem Nazismus unterblieben; wurde zwischen Elbe und Oder unter den Mantel des real existierenden Sozialismus gekehrt, was zwischen Elbe und Rhein unter den der demokratischen Nächstenliebe geschoben worden ist; haben die Deutschen in der ehemaligen DDR nicht nur die stalinistische, sondern auch noch die nazistische Vergangenheit aufzuarbeiten. Fast zu viel, um atmen, um am Leben der Geschichte bleiben zu können. Von ihrer vollen Ungerechtigkeit getroffen, sind *sie* die eigentlichen Verlierer unseres Jahrhunderts. Als eine von zahlreichen Hypotheken der SED-Praxis und ihrer Lügen hat sich aufgebaut, wofür Hoyerswerda zum Synonym geworden ist.

Aber es beschränkt sich keineswegs allein auf die jungen Bundesländer.

Endlich ein Wort zur Soziologie der gewalttätigen Ausländerfeindlichkeit: Wo findet sie statt? Durch wen? Was treibt dazu? Und wie groß etwa ist die Zahl ihrer Akteure?

Ich gestehe meine Hemmungen, bei einem so widerwärtigen Tätertypus nach dessen sozialen Wurzeln zu graben, also Erklärungen zu liefern, die selbstverständlich nicht in Entschuldigungen ausarten sollen. Aber natürlich ist die richtige Diagnose eines Übels die Voraussetzung für seine Therapie. Was in bestimmten Kreisen eben deshalb unbeliebt ist, weil durch solche Untersuchungen gleichzeitig auch das Unsoziale der *ganzen* Gesellschaft aufgedeckt wird – eine Entblößung, die ihre Stützen und Profiteure nicht so gern haben.

Die Wissenschaft, dies vorausgeschickt, hat gute, ernsthafte Arbeit geleistet. Von ihr kann nur jeder, der sich dahinein vertieft hat, beeindruckt sein. Wenngleich ihm sofort unweigerlich der Gedanke kommen muß, daß die Erkenntnisse über Herkunft und Ursachen der ausländerfeindlichen Gewalt in diametralem Gegensatz zu den Erfolgen bei ihrer Beseitigung stehen.

Angenehm ist es nicht gerade, sich damit zu beschäftigen, aber notwendig für jeden, der es nicht bei unverbindlichen Appellen belassen will.

Das von so berühmten Namen wie Max Horkheimer, Herbert Marcuse und Theodor Adorno dekorierte Frankfurter Institut für Sozialforschung etwa kam kürzlich in einem Memorandum zu dem Schluß, daß offene Gewaltbereitschaft gegen Fremde nur bei einer kleinen Minderheit rechtsextremer Jugendlicher aus dem Unterschichtsmilieu der deutschen Gesellschaft zu finden sei (ein Tatbestand übrigens, der auch auf Nachbarländer mit Ausländerproblemen zutrifft).

Die Frankfurter Einschätzung wird bestätigt durch den Bremer Sozialpsychologen Gerhard Vinnai, der in diesem Milieu über Geschlechterverhältnisse und diesbezügliche Triebmotive gearbeitet hat. Danach befinden sich militante Ausländerfeinde vorwiegend unter männlichen Jugendlichen, die als Pubertierende besondere Schwierigkeiten mit dem andern Geschlecht haben und zur Überbetonung einer fragwürdigen Männlichkeit tendieren. Untersuchungen über ›autoritätsgebundene Charaktere‹, die zum Totalitären neigten, zeigten eine unterschwellig angstbesetzte Frauenfeindlichkeit. Gerade das, was diese deutschen Jugendlichen in sich selbst aus der Not der Umstände heraus als ›feminin‹ zu unterdrücken versuchen, das gewahrten sie, so Gerhard Vinnai, in den abgelehnten Fremden: Gefühlsbetontheit, Mangel an Selbstdisziplin oder eine verführerische Sinnlichkeit. Wohlverstanden: das alles sind Eigenschaften, für die der eigene seelische Haushalt durchaus anfällig ist, die jedoch in der konkreten sozialen Kampfsituation des Individuums als »Schwäche« ausgelegt, und eben deshalb von ihm nicht akzeptiert wird.

Die jungen Unterschichtsdeutschen, aus denen sich die Mehrheit der gewalttätigen Ausländerfeinde rekrutiert, leben in Stadtrevieren, wo die Sexualökonomie schwer gestört ist: Beim Werben um gleichaltrige deutsche Mädchen sehen sie sich oft einer Überzahl von Fremden gegenüber, deren »gut behütete Schwestern nicht einmal ins Schwimmbad, geschweige denn in die Disco dürften« – so der Bremer Sozialpsychologe Gerhard Vinnai. Ohne Beruf, ohne Schulabschluß und ohne Fremdsprachenkenntnisse leben diese deutschen Jugendlichen in jenen tristen Hochhaus- und Sanierungsgegenden, die auch die allerhöchsten Ausländeranteile zu verzeichnen haben. Dort konkurrieren die häufig völlig zerrütteten Familien entstammenden Sprößlinge elementar mit den Sippen der Zugezogenen um Billigwohnungen und Billigarbeitsplätze!

Hier nun verzerrt sich das *duale* Gesicht des Problems durch eine gnadenlose Wirklichkeit vollends zur Grimasse eines zwangsgemeinsamen, beiderseits nicht gewünschten Unterprivilegiertenlebens. In ihm wird das Deutschsein als der einzig verbliebene gesellschaftliche Vorsprung vor Türken und anderen Fremden

empfunden – so wie die »armen Weißen« der amerikanischen Süd-
staaten sich nur durch ihre Hautfarbe abgegrenzt und erhöht fühlen gegenüber den auf der gleichen Sozialstufe befindlichen
Schwarzen… Das ist das Holz, aus dem die allerunerbittlichsten
Gruppengegnerschaften geschnitzt werden, Entsolidarisierungen,
die auf der untersten Stufe der Gesellschaft stattfinden.

Dort wird deutscherseits die Hauptlast der Massen-Immigration
getragen – in diesen auf andere als die offiziell proklamierte Art
tatsächlich ›multikulturellen‹ Großstadtbezirken, wo deutsche
Kinder in vielen Hauptschulklassen inzwischen die Minderheit bilden – und wo wohl 90 Prozent oder mehr der hier Anwesenden
noch nie gewesen sind.

Keine Mißverständnisse: das alles kann weder Rechtfertigung
noch Entschuldigung sein für Gewalttaten und Verbrechen, die aus
dieser Ecke der deutschen Gegenwartssoziologie heraus an Ausländern verübt werden. Aber wer sich gegen die Aufdeckung sozialer
Zusammenhänge wehrt, der will etwas verbergen.

Es ist klar, meine Damen und Herren: jede Anti-Pogrom-Kam-
pagne, jede aufklärerische Arbeit zur Reduzierung der Spannungen zwischen Einheimischen und Fremden, sie müßten gerichtet
sein an die Adresse dieser besonders gefährdeten *und* gefährlichen
Minderheit junger »Prolos«, wie sie sich selber nennen. Aber gerade sie, die sich oft rechtsradikaler Symbole nur ihres Provoka-
tionswertes bedienen, werden von all den oben zitierten Anstrengungen nicht erreicht.

Wenn es denn wahr ist, daß wir in einer Zweidrittelgesellschaft
leben (was meint: zweien von dreien geht es gut, einem Dritten
aber schlecht – bei 75 Millionen kein geringer Prozentsatz), dann
lebt jener »Prolokern« auf dem gesamtdeutschen Bodensatz! Dort
siedeln die Vergessenen unserer Gesellschaft, die von keiner Sozial-
arbeit mehr erreicht werden, die »out« sind, oder »megaout«, wie
sie selber konstatieren, ohne Lobby, nirgendwo interessensvertre-
ten, Gestalten, die nicht einmal mehr in der Fernsehserie »Linden-
straße« vorkommen, wie eine von ihnen, laut *taz*, dem Straßen-
sozialarbeiter Ernie Hellmann in der Hamburger Plattenbau-Sied-
lung Großlohe ins Gesicht schrie.

Das gleiche ostwärts: »Kein Politiker interessiert sich für unsere Probleme«, so rechte Halbwüchsige bei einem Gesprächsabend im sächsischen Zittau, »aber wenn es knallt, wie in Hoyerswerda, dann kommen sie.« Wer? Die Presse, das Fernsehen, die Medien – dahin ist in Deutschland die gesamtgesellschaftliche Aufmerksamkeit für die Hefe der Ausländerfeindlichkeit verkommen. Bildmaterial über den Status quo zuhauf, aber wenig praktische Therapie.

Und so kommen die Berliner Autoren des erschreckenden Buches »Krieg in den Städten«, Klaus Farin und Eberhard Seiden-Pielen, zu dem Schluß: Wenn den von der übrigen Gesellschaft abgeschriebenen deutschen Jugendlichen stets das Bild des »guten Ausländers« vorgehalten wird, der von »bösen Deutschen« diskriminiert werde, dann seien viele von solchem »positivem Rassismus« überfordert. Und weiter die gleichen über das Zwiegesicht des Problems: Politiker und Pädagogen forderten einseitig Verständnis für die kulturellen Eigenarten ihrer türkischen Nachbarn, ohne dieselben Forderungen auch an die andere Adresse zu richten. Und weiter: In Hamburg gäbe es keinen einzigen Sozialarbeiter mehr, der mit »Glatzen« arbeite, auch keine Jugendhäuser, keine nichtkommerziellen Treffpunkte, keine Deeskalationsversuche. Ich hoffe, meine Damen und Herren, es kommt nach meiner Rede jemand zu mir und sagt: In *dem* Punkt haben die beiden Berliner nicht recht…!

Wieviel recht oder unrecht hat jener 16jährige Hamburger Hauptschüler, der in einem Viertel mit hohem Ausländeranteil wohnt und auf den Slogan »Alle Menschen sind Ausländer« trocken kontert: »Genau darum will ich doch *einen* Platz auf der Welt haben, wo ich als Deutscher kein Ausländer bin.«

Jede andere als philanthropisch-oberflächliche Betrachtung des Problems kommt zwangsläufig auf seine *Dualität* – gegen die Verkürzungen der »Umarmer« und die Leugnung jeglicher Problematik der zu ihren »Schützlingen« erklärten Fremden für andere. Ich gestehe mein bleibendes Entsetzen über die Stellung der Frau in der islamischen Gesellschaft, in Kenntnis mannigfacher Tragödien durch den Versuch, diesen Anachronismus bei uns, also in einem ganz anderen Kulturkreis, auf die Töchter der zweiten und dritten

Generation zu übertragen – während Männer machen können, was sie wollen, weil die Repressionen dieser jahrtausendalten Verhaltenscodices bezeichnenderweise nur für Frauen bestimmt sind.

Der Gütersloher Sozialpsychiater Klaus Dörner widersetzt sich der »moralischen Empörung«, die in den Massenmedien jeglicher Beklemmung vor der Massenzuwanderung entgegengesetzt wird. »Richtiger wäre es«, so schreibt Dörner, »man würde konstatieren, daß es völlig normal ist, wenn man etwas Fremdem gegenüber Angst hat. Nur wer sich in seiner – begreifbaren – Ängstlichkeit akzeptiert sieht, kann in produktive Dialoge einbezogen werden.« Und der Hamburger Psychologieprofessor Reinhard Tausch: Es sei natürlich, daß die Aufnahme Hunderttausender von Einwanderern zu Streßreaktionen gerade bei denen führe, die »in der Nähe von Immigrantenzusammenballungen leben und selber keine angemessene Wohnung haben«. Seine Warnung: »Diese Reaktion ›Ausländerhaß‹ zu nennen, heißt, die Realität nicht wahrzunehmen.«

Das sollte wohl bedacht sein.

Wie auch die Tatsache, daß eine nunmehr zehn Jahre währende unverantwortliche Regierungs- und Kabinettspolitik gerade jenen Bereich vernachlässigt hat, der das am wenigsten vertragen kann: der Wohnungssektor! Hier hat die »soziale Marktwirtschaft« einen Rückanfall von Manchester-Kapitalismus eingebracht, der alarmierend ist: es fehlen Millionen Wohnstätten in Stadt und Land – eine Not, die für die einkunftsschwachen Schichten zum Himmel schreit. Es hieße, am Menschen vorbeizuzielen, unter den Bedingungen eines kollektiven Elementarmangels den Rückzug Einheimischer vor Zugewanderten zu erwarten. Und natürlich – die ungeheure Anspannung, die die Vereinigung mit sich bringt, mit Milliardenfinanzströmen von West nach Ost, sie tut das ihre, der monetären Seite des Ausländerproblems größere Aufmerksamkeit zu schenken, als es vielleicht sonst der Fall gewesen wäre.

Nützen tut indessen alles nichts – sie *muß* beantwortet werden, die riesige Balkenüberschrift über unseren Köpfen, das Menetekel an der Wand unserer gesamtdeutschen Gegenwart: »Mit Ausländern leben – aber wie?«

Schon heute bieten Unterkünfte und Sammellager Bilder, die nur in der äußersten Phantasie vorstellbar sind. Wer das nicht gesehen hat, sucht vergeblich, sich davon einen realistischen Einblick zu verschaffen. Und wer auch nur 24 Stunden mit jenen Sinti und Roma verbrachte, die unter der Kniebrücke Düsseldorfs in winddurchlässigen Provisorien monatelang gegen ihre Ausweisung in das bürgerkriegsgeschüttelte ehemalige Jugoslawien aushielten, der weiß, wessen eine Gesellschaft wie die unsere an Gnadenlosigkeit fähig ist.

Damit komme ich, wenn auch höchst ungern, auf die Politiker zu sprechen. Mein Widerwille drängt dabei auf Kürze. Bestürzend, was da hochkocht zu Zeiten von Wahlkämpfen, wie dann den Stammtischlern aufs Maul geschaut wird, für mich ein Grund, bei Wahlen nie in Bayern zu sein, obschon diese Abstinenz nach dem letzten Sonntag auch auf andere Bundesländer übertragen werden könnte. Bestürzend auch, wieviel im Parteienstreit unerledigt blieb, 250000 unbearbeitete Asylantenanträge auf Halde, weil der Bund sich unfähig zeigt, zusätzlich 1000 Personen einzustellen; jahrelange Prozeßfristen; man beachte ferner die Feigheit, mit der es vermieden wird, Deutschland zu einem Einwanderungsland zu erklären, mit festgelegten Zuwanderungsquoten, in die dann selbstverständlich auch Nichtasylanten einbegriffen würden – läßt doch die Demographie keinen Zweifel, daß ohne die Zufuhr von außen die Überalterung der Deutschen in nicht allzu weiter Ferne zu einem Zusammenbruch unseres Sozialgefüges führen müßte. In höchstem Maße fragwürdig auch die Bevorzugung deutschstämmiger Aussiedler aus dem Osten. Laut »Spiegel« haben sie 1991 den größeren Anteil an der Gesamtzuwanderung gestellt, nämlich rund 225000 gegenüber etwa 180000 Asylbewerbern aus Europa, Asien und Afrika.

Und nun noch ein Wort zu den Landtagswahlen vom letzten Sonntag in Baden-Württemberg und Schleswig-Holstein... zum großen Katzenjammer der großen Parteien, die sich als »Verlierer« bekennen, indes der wirkliche Verlierer doch die Demokratie ist. Es heißt, die Katapultierung des organisierten Rechtsextremismus in beide Landtage sei aus Protest erfolgt – hauptsächlich der Zuwandererprobleme wegen. Ich denke, auch anderes mag hineingespielt haben – die katastrophale Wohnungsnot, die hohen Mieten, die steigenden Preise, die Wasser- und Luftverschmutzung, die Gefahren der Atomenergie und manches andere noch. Aber was soll das denn heißen – der Triumph der Schönhubers und Freys sei das Ergebnis einer Protestwahl? Wer versucht denn da, die eigene Verantwortung wegzudelegieren? Nichts, keine Erklärung, keine Unzufriedenheit, keine Ängste können Deutsche von heute entlasten oder rechtfertigen, die dem Rechtsextremismus ihre Wählerstimme gegeben haben. Was immer sie subjektiv dazu motivierte, objektiv haben sie mit ihrem Kreuz bei Reps und DVU votiert für die professionellen Verdränger der NS-Vergangenheit, für offene Bekenner zum Nationalsozialismus, für die Leugnung seiner Großverbrechen! Sie haben ihre Stimme gegeben den Lügnern von der »Auschwitz-Lüge«, dem unverhüllten Antisemitismus, einem schamlosen Revanchismus mit Forderungen nach Grenzkorrekturen gegenüber Polen und der ČSFR sowie dem Anschluß Österreichs an Deutschland. Und nun können diese Wähler tausendmal sagen: »Das war nicht unsere Absicht, das wollten wir damit nicht ausdrücken!« – nach allen historischen Erfahrungen sollte deutschen Ignoranten von ihrem »Das haben wir nicht gewollt« nichts mehr abgenommen werden. Sie haben sich selbst, den anderen Deutschen und Deutschland unermeßlichen innen- und außenpolitischen Schaden zugefügt.

Das eigentlich Unheimliche an dem widerwärtigen Wahlresultat vom 5. April 1992 aber ist noch etwas anderes. Nämlich daß nach allen Exempeln, die diese Rechte in unserem Jahrhundert mit einem Meer von Blut und Tränen statuiert hat, immer noch Zeitgenossen Lösungen erhoffen von einer politischen Spezies, die in ihrer historischen Herrschaftsperiode nichts als millionenfachen Tod, staatlichen Bankrott und unübersehbare Trümmergebirge nachweisen kann.

Wer seine Stimme den Rechtsextremisten gegeben hat, ist dafür verantwortlich – so wie sie *sind*, und nicht von ihren Wählern *gedacht* werden, nämlich als Medium der Unzufriedenheit mit den anderen Parteien. Sehr bald, meine Damen und Herren, wird diesen Wählern, und uns, gezeigt werden, daß es nicht dasselbe ist, ob

Le Pen in Frankreich an der parlamentarischen 10 bis 12 Prozent-Linie herumturnt oder ob die Herren Schönhuber, Frey und Konsorten in Deutschland seine Nachturner sind. Sollten sich ihre Erfolge fortsetzen, so wird sich rasch bestätigen, daß das Erinnerungsvermögen der Welt, besonders aber das des ehemals deutsch besetzten Europa, unter einem ganz dünnen Firn liegt. Das alles jedoch kann nicht von einem anderen Verantwortlichen und seinem Anhang ablenken. Tat sich denn hier in Nord und Süd etwa nur Regionales? Da hat doch weit Größerräumiges miteinander korrespondiert! Was hat »dieser unser« Kanzler denn beigetragen zu dem Ungeist, der nun zu vier Jahren Landtag für die extremistische Rechte geronnen ist? Welches Beispiel hat er denn selbst gegeben, damals, mit Reagan händchenhaltend über den SS-Gräbern von Bitburg? Und was war denn erst jüngst mit dem demonstrativ warmen Empfang des aus gutem Wehrmachtsgrund international geächteten österreichischen Präsidenten Kurt Waldheim? – samt einem scharfen Kanzler-Parforceritt gegen jüdische Stimmen, die um Aufklärung ersuchten? Was denn mit jenem Berliner Unprojekt eines »Deutschen Historischen Museums«, hinter dessen tausendjährigem Glanz- und Gloriabogen von Karl bis Helmut dem Großen die NS-Periode zu einem Duodezunfall der Geschichte verkümmern würde? Und was überhaupt mit dem Wort von der »Gnade der späten Geburt«, das die ganze innere Beziehungslosigkeit dieses Mannes und seines Anhangs zur Welt der Naziopfer unfreiwillig enttarnte? Was, schließlich, ist denn mit den permanenten Konzessionen an die unbelehrbaren Berufsvertriebenen, denen das Hinauszögern der Verträge mit Polen und der ČSFR zu verdanken war – und was mit der bleibenden Unruhe, die die weiteren Forderungen der Ewiggestrigen unter Polen und Tschechen jenseits der deutschen Grenzen schaffen?

All das zeigt doch, daß der »Patriotismus« dieses Kanzlers und seines Anhangs so weit nicht entfernt sein kann von den Gesinnungen, Positionen und Geschichtsinterpretationen der Herren Schönhuber und Frey. Ohne Helmut Kohl selbst etwa des Rechtsextremismus verdächtigen zu wollen – hier tut sich das alte Elend der Nationalkonservativen auf: sie kommen nicht klar mit einer Vergangenheit, an der ihre Richtung nur allzu emsig mitgestrickt hatte. Lassen Sie uns nicht darauf vertrauen, daß die Geister von denen, die sie gerufen haben, dann auch gebannt werden könnten, sondern nehmen wir das in unsere eigenen Hände.

Und so denn, zum Schluß und wieder ganz auf unser Thema fixiert, die Frage: wie steht es denn eigentlich mit uns selbst? Was können *wir* tun? Wie Sie sehen, habe ich es lange hinausgeschoben, aber nun nähere ich mich dem schwierigsten, also dem sogenannten *konstruktiven* Teil meines Vortrages »Mit Ausländern leben – aber wie?«. Obwohl mir seit der Schulzeit konzediert wird, mein Intelligenzquotient sei überdurchschnittlich, muß ich hier doch zugeben, daß er sich bei diesem Problem nur wenig über Ratlosigkeit und Nachdenklichkeit anderer erhebt.

»Wo bleibt das Positive?« hat der unvergeßliche Erich Kästner angesichts der dräuenden Übermacht des Negativen gefragt... Und in der Tat – da kann man nur zurückfragen: »Ja, wo bleibt es?«

Hat das Destruktive es nicht offensichtlich viel leichter, da es sich sozusagen nach dem Gesetz der Schwerkraft vollzieht, sich also nur fallen zu lassen braucht. Das Konstruktive aber muß *gegen* die natürliche Schwerkraft wirken, weil es aufwärts, nach oben, zum Lichte hin drängt. Die Bibel hat den Schwachpunkt bekanntlich auf ihre Weise artikuliert: »Der Geist ist willig, doch das Fleisch ist schwach.« Was Brecht verweltlicht hat mit seinem klassischen: »... doch die Verhältnisse, die sind nicht so.« »Mit Ausländern leben – aber wie?« Bei dem Versuch einer Antwort habe ich das Bedürfnis, weniger auf meinen Kopf, als vielmehr auf mein Herz oder, noch tiefer, auf meinen Bauch zu hören.

Es sollte jeder bei sich selbst damit beginnen, wie er oder sie umgeht mit den »anderen«, den »Fremden«, die oft unterschieden sind in Aussehen, Mimik, Gestik, Sprache. Und schwindeln wir uns nicht in die eigene Tasche, daß das mit links zu schaffen wäre – denn dazu gehören nicht selten auch Überwindungen. Wie erfolgreich wir dabei sind, hängt ganz und gar von der inneren Aufrichtigkeit und Entschlossenheit ab, mit denen wir die Aufgabe angehen wollen. Nach wie vor steckt ja in jedem und jeder viel von jenem Urwesen, das alle wegbiß und -schlug, die nicht zur eigenen Horde zählten. Und *dieser* Typus des Homo sapiens war charakteristisch für die übergroße Strecke der Menschheitsgeschichte, Jahrhunderttausende hindurch, über deren Ende, also unserer Gegenwart, nur ein dünner Zivilisations- und Kulturhauch liegt. Lassen wir uns durch unsere Krawatte nicht täuschen! Senken wir angesichts des Wunsches, mit Fremden zu leben, mit Ausländern (die sie bis in die zweite Generation hinein ja bleiben), senken wir die kritische Sonde tief in uns selbst. Beobachten wir uns mißtrauisch, ob wir innerlich Zuflüsterungen zugänglich sind, gegen die wir uns nach außen kehren; ob in uns Gedanken leben, die wir zwar verabscheuen, die uns aber dennoch nicht unvertraut sind. Und stellen wir uns unserer guten Vorsätze wegen nicht über andere, da wir doch immer wieder erfahren, wie sehr wir mit uns selbst zu kämpfen haben, um den besseren, den menschlicheren Teil in uns zu mobilisieren. Wenn wir uns bei diesen überaus unangenehmen, aber notwendigen Auseinandersetzungen mit dem eigenen Ich ertappen, dann wären wir auf einem guten Wege – dem einzigen, der dauerhaft humane Beziehungen zwischen Menschen verspricht: nämlich einander von Gleich zu Gleich gegenüberzutreten.

Dazu müssen aber auch die »anderen«, die »Fremden« bereit sein, ohne daß wir auch nur für eine Sekunde vergäßen, daß sie sich in der schwächeren, schwierigeren Position befinden als wir. Das ist so und wird wohl noch lange so bleiben, doch deshalb bitte nicht glauben, die Fremden seien auch schon die »besseren Menschen«, nur weil sie die schwächeren sind oder verfolgt wurden. Ich kann davon ja ein garstig Lied singen, da ich oft genug nach meiner Befreiung am 4. Mai 1945 hier in Hamburg am eigenen Leibe zu spüren bekam, daß ein ehemals Verfolgter gefälligst auch ein »besserer Mensch« zu sein habe. Das hat seinen Haken. Denn sollten sich dergestalt Erhöhte den überfordernden Ansprüchen nicht gewachsen zeigen und auf ganz normale Größe schrumpfen, so kann die ursprüngliche Bewertung nur allzu rasch in ihr Gegenteil umschlagen. Ich habe durch diese Automatik die Wandlung manches Philosemiten in einen Antisemiten erleben dürfen! Aber das ist allemal nur die natürliche Dialektik der falschen Erwartung. Also hüten wir uns vor ihr!

Statt dessen sollten wir tun, wovon behauptet wird, es gehöre heute schon wieder Mut dazu – traurig genug, daß es wahr ist: Wir sollten überall da, wo sich die Stimmen von Ausländerfeindlichkeit, die Kakophonie von Fremdenhaß und Rassismus mißtönend erheben, offensiven Widerspruch einlegen und erklärten Widerstand leisten. Wir sollten mit demokratischer Macht die Politiker zwingen, etwas zu tun, und auch gegen Gewalttäter aller Couleur mit jener Härte vorzugehen, die angesichts unserer Geschichte angesagt ist; eine Härte, die brachiale Ausländerfeinde vor Risiken stellt, denen sich die Instabilität ihrer Ideologien erfahrungsgemäß nicht gewachsen zeigt. Noch einmal: die potentiellen Totschläger werden meist nur dann keck, wenn sie glauben, gefahrlos agieren zu können – ansonsten kneifen sie lieber den Schwanz ein.

»Mit Ausländern leben – aber wie?« Laßt uns doch einfach ihre individuelle Nähe suchen, laßt uns auf die »Fremden« zugehen, uns mit ihnen und ihren Familien verbinden und ihnen Ängste nehmen. Wie soll denn jemand sein wahres Gesicht zeigen, wenn es von Furcht und Abwehr geformt wird? Unter den Vorzeichen unserer Zeit ergeht wieder einmal die Aufforderung, das »andere Deutschland« vorzuweisen, das es doch auch gibt – also den Ausländern, den Fremden, den Minderheiten bei uns zu bestätigen, daß nicht mehr der alte *boche* regiert, der unsensible Schrat aus Hinterwalden, die soziale Arroganz und der intellektuelle Hochmut, sondern daß es Warmherzigkeit gibt, tätige Hilfsbereitschaft, die Fähigkeit zuzuhören; die Freude an der fremden Kultur, an dem frischen Temperament der »anderen«, Neugierde auf ihre Melodien, ihre Sitten, ihre Gebräuche.

Seien wir darauf aus, Spannungen zwischen Einheimischen und Zugewanderten zu mindern, uns mit ihnen auszutauschen, ihre Chancengleichheit zu fordern und zu fördern, und – seien wir bereit, zu teilen. Was nicht heißt, die Hälfte von Lohn, Gehalt oder Vermögen wegzugeben, sondern der Weltwirtschaft einen neuen Verteilungsapparat zu verpassen.

Die große Völkerwanderung, die da in einer mobilen Welt eingesetzt hat, muß doch unweigerlich auch Anreicherung, Bereicherung für alle bedeuten. Dies jedoch in der Tat nur dann, wenn es gelingt, die heutigen Fluchtantriebe der Not, der Gewalt und der Hoffnungslosigkeit durch eine Anstrengung internationaler Solidarität umzukehren in die Freiwilligkeit des heimatlichen Ortswechsels und der begrüßten Ankunft in einem andern Land, der Aufnahme in einem andern Volk.

Versuchen wir schon heute, dahin aufzubrechen, mit dem Molekül, das jeder und jede von uns dazu beitragen kann, stets eingedenk der ungeheuren Schwierigkeiten und Widerstände, die diese Absicht flankieren werden und in die wir selbst vielleicht nur allzu häufig verwoben sind. Wird da doch gebieterisch das Schwierigste verlangt, was sich denken läßt: daß Menschen miteinander auskommen sollen. Wenn das schon schwer genug ist innerhalb *einer* Nation, wie dann erst unter Beteiligung so vieler? Wahrlich, meine Damen und Herren, es gibt leichtere Aufgaben als diese. Aber auch um unserer selbst willen – nichts bewahrt uns vor ihrer Bewältigung!

Wider Deutschlands trauerunfähige Linke!

Ein Essay, der im »Spiegel« vom 16. März 1992 leicht gekürzt veröffentlicht wurde

Wer nach dem 8. Mai 1945 genau hingehört hat, der konnte es deutlich vernehmen: nachdem ihr Anschlag auf Europa und die Welt gerade mit 50 Millionen Toten gescheitert war, wollten die Deutschen nur eines: *geliebt* werden! Die Kehrseite dieses realitätsfernen Seelenzustandes fast der ganzen Nation haben Alexander und Margarete Mitscherlich treffsicher in die Nußschale einer ebenso wissenschaftlichen wie allgemein verständlichen Definition gefaßt: die *Unfähigkeit zu trauern.* So tief wie sie hat niemand hineingelotet in das Elend der deutschen Durchschnittsseele nach der physischen Strapazierung durch Wilhelminismus, Chauvinismus, Imperialismus, Revanchismus und Nazismus. Niemand hat überzeugender als die Mitscherlichs Einblick gegeben in das Psychodrama jener beispiellosen Enthumanisierung, die sich während der Reichsgeschichte von 1871 bis 1945 vollzogen hatte – und niemand die Verdrängung danach gründlicher seziert. Ihre politischen Konsequenzen haben sich inzwischen längst als irreparabel erwiesen.

In der (alten) Bundesrepublik folgte dem größten geschichtsbekannten Verbrechen mit Millionen und aber Millionen Opfern, die wohlbemerkt *hinter* den Fronten umgebracht worden sind wie Insekten, das größte Wiedereingliederungswerk für Täter, das es je gegeben hat. Von wenigen Ausnahmen abgesehen, sind sie letztlich nicht nur straffrei davongekommen, sondern konnten ihre Karrieren auch unbeschadet fortsetzen. Je höher sich die Kenntnis des Leichenhimalajas türmte, desto schwieriger wurde es angeblich, dafür Täter haftbar zu machen. Ich habe das die »zweite Schuld« genannt, nämlich die Verdrängung und Verleugnung der ersten unter Hitler nach 1945. Der Untergang des Stalinismus hat es dabei nicht bewenden lassen. Nach der *rechten* steht uns nun auch noch eine *linke* Unfähigkeit zu trauern ins gesamtdeutsche Haus.

Also noch eins drauf, auf diesen ohnehin geschichtsverfinsterten Teil Deutschlands, mit seiner zerrütteten Wirtschaft, der ruinierten Ökologie und den verwüsteten Seelen seiner Bewohner? Gemach – die Attacke soll die Richtigen treffen.

Denn hier wird nicht die Rede sein von denen, die über ihren verfehlten Hoffnungen, der Handhabung ihrer gestrigen Verantwortung, ihren zerschlagenen Träumen brüten; die sich verzweifelte Fragen stellen, viel zu unbeantwortet vor sich selbst, um sie an andere zu richten, die damit ebenso wenig fertig geworden sind. Es geht nicht um Leute, die einen Doppelkampf ausfechten, damit sie nicht zermahlen werden zwischen der Scylla ihres Politirrtums und der Charybdis hochfahrender »Wessie«-Übermacht. Wie ich sie erlebe, sind es Menschen bar jeder schauspielerischen Fähigkeit und deshalb glaubhaft und nackt bis auf die Haut bei ihrer bohrenden Selbsterforschung bis hinein in den Schmerz der Betäubung. Von ihnen wird nicht die Rede sein.

Gemeint ist vielmehr *die* Linke, die in der Unfähigkeit zu trauern verharrt, um ihre Lebenslüge zu schützen; die unsterbliche Kaste ewig oben schwimmender Fettaugen, die gestrengen Vorgesetzten von gestern, die zur Verblüffung ihrer einstigen Untergebenen auch heute wieder *leiten* und mit dem gewohnten Machtduktus lautlos aus den dürren Gefilden der staatlichen Kommandowirtschaft in die profitablen Gefilde sozialer Marktwirtschaft hinübergeglitten sind.

Gemeint sind die Opportunisten mit dem siebten Sinn, die ihre halben Geständnisse und ganzen Rückzieher exkulpistisch vermarkten und dabei zynische Gelassenheit demonstrieren, voll der inzwischen erworbenen Routine, Bloßstellungen wegen gestriger Schurkereien abwinkend wegzustecken. Weshalb also sollte Hermann Kant trauern?

Deutschland – deine Täter!

Aber die trauerunfähige Linke beschränkt sich keineswegs nur auf das Territorium der ehemaligen DDR. Fest integriert in sie sind natürlich auch die »fellow travellers« auf dem Gebiete der alten Bundesrepublik, die unermüdlichen »Friedenskämpfer« (in allerdings nur *einer* Himmelsrichtung), mancher von ihnen inzwischen sichtlich gealtert, aber immer noch mit eingefleischt kritischer Front allein gegen Westen, nach Osten also mit dem Rücken, wo bekanntlich keine Augen sitzen. Man verwechsele mir jedoch diesen Teil der trauerunfähigen Linken Deutschlands nicht etwa mit Lenins »nützlichen Idioten«, deren Naivität sich immerhin auf politische Unzurechnungsfähigkeit berufen konnte! Hier geht es vielmehr um beinharte Profis, die exakt wußten, was sie taten, darunter handverlesene Schriftsteller, die als Atheisten gelten, nun jedoch Tag und Nacht himmelwärts flehen: »Lieber Gott, laß meine Stasiakte unentdeckt!« Seltsamerweise haben sie sich immer davor gehütet, daß ihr Flirt von westlichen Balkons aus in eine handfeste Ehe mit den Apparatschiks im Herrschaftsgebiet des real existierenden Sozialismus selbst umschlug, Troubadoure des Stalinismus – aber ohne eigene Haftung. Ihre Logenplätze zwischen Hamburg und München wähnten sie weit genug entfernt von den östlichen Abgründen, um reinen Gewissens zu verleugnen, was sie darin nicht sehen wollten. Gegen diese Linke habe ich was!

Nicht weniger gegen jene Genossinnen und Genossen, die jüngst noch die privilegierte Unterdrückerseite repräsentierten, also mithalfen, Millionen von Menschen das Leben zu stehlen, sich heute aber zu Anwälten, zu Beschützern der durch die Zeitläufte schwer hergenommenen ehemaligen DDR-Bevölkerung aufwerfen. Gegen diese Leute, die ständig ausposaunen, das Heute in den jungen Bundesländern sei viel inhumaner als seinerzeit Mauer, Mauertote, Überwachungsstaat, kollektiver Freiheitsentzug und Zwangsadoptionen – auch gegen diese Linken habe ich was. Sie tun das eigentlich Widerwärtigste, was heutzutage überhaupt getan werden kann: sie versuchen, mit der Erblast des von ihnen seinerzeit mitgetragenen real existierenden Sozialismus diesen nostalgisch zu verklären und zu rechtfertigen.

Von Herzen habe ich auch etwas gegen Linke, in deren schlußgeschichtliche Utopie sich immer eine fiktive Demokratie installiert

sah, indes sie die real existierende auf deutschem Boden zu ihrem klassengegnerischen Hauptfeind erklärt hatten. Nicht zum Aushalten ebenfalls die Stimmen aus der gleichen Wagenburg, die den soeben verblichenen Sozialismus in einen »guten« und einen »schlechten« aufteilen wollen, sozusagen in einen der Kinderkrippen und einen anderen des Politbüros. Ohne simplifizierende Systemvergleiche anstellen zu wollen (ich komme noch darauf): solche Aufspaltung erinnert dann doch allzu sehr an Hitlers Autobahnen und »Kraft durch Freude«-Schiffe. Das Charakteristikum des »Realsoz« war die Berliner Normannenstraße, die Staatssicherheitshöhle des Minotaurus Erich Mielke – *sie* war der Prägestempel des SED-Staates! Ebenso unaufrichtig ist eine intellektuelle Linke, deren heftig demonstrierte Nibelungentreue zu den *Idealen* der Partei keinen anderen Sinn hat, als sich die eigene Lebenslüge zu erleichtern, und die sich nicht scheut, ihre nazigegnerische Vergangenheit zu beschwören, wenn ihr stalinistisches Mittätertum vorgehalten wird. Dabei sollen individuelle Tragödien gar nicht geleugnet werden, besonders, was die jüdische Enklave der trauerunfähigen Linken betrifft, der *Zugehörigkeit* mehr bedeuten mochte als anderen. Ich denke dabei allerdings weniger an Stephan Hermlin, als an den berührenderen, wenngleich genauso trostlosen Fall jenes heute 84jährigen Uraltgenossen mit 65jähriger KPD- und SED-Mitgliedschaft, der mir jüngst in Berlin gegenüber saß.
Trostlos, weil das Fazit des betagten NS-Widerständlers, Spanienkämpfers, Auschwitzhäftlings und – privilegierten Funktionärs die Tragik eines *Täters* ist, der selbst einmal *Opfer* war. Bei aller subjektiven Differenzierung, dies bleibt die dramatische Wahrheit für *alle*: Ein verfolgter Nazigegner, der sich in einen stalinistischen Verfolger verwandelte, der handelte besonders verwerflich! Aber die Sowjetunion sei doch das entscheidende Bollwerk gegen Hitlerdeutschland gewesen, der Hauptnagel zum Sarg seiner Wehrmacht? Sehr wahr. Und deshalb Ehre, Ruhm und Dank der Roten Armee des Zweiten Weltkrieges, die die größten Opfer bringen mußte! Obwohl am 4. Mai 1945 in Hamburg von Feldmarschall Montgomerys britischer 8., den »Desert rats«, aus der Hölle der Illegalität geholt, habe ich mich bei dem Wettlauf zwischen »End-

lösung« und Endsieg der Alliierten doch stets von der Sowjetarmee befreit gefühlt. Aber für immer die Augen schließen vor der Tatsache, daß aus den Befreiern Unterdrücker geworden waren? Das ist der Stoff, aus dem die bitteren Lebenslügen so vieler alter Genossen und Genossinnen gehäkelt sind.

Der trauerunfähigen Linken, die jüdische Enklave eingeschlossen, schonungslos ins Stammbuch: der staatlicherseits »verordnete Antifaschismus«, der jede wirkliche Aufarbeitung des NS-Erbes in der DDR verhindert hat, war so einäugig wie das ganze System, das er repräsentierte. Schändlicherweise hat er sich dafür hergegeben, die Schreie aus dem Archipel GULAG mit den Schreien aus Auschwitz übertönen zu wollen. Mit der Legitimation eines Überlebenden des Holocaust fordere ich deshalb: kein KZ-, kein NS-Verfolgtenbonus als Aufrechnungspotential gegen stalinistischen Aktivismus!

Auf den Tisch auch mit der Wahrheit über *die* Linken, die unentwegt die Deutsche Bank, niemals aber Bautzen und Workuta, samt allem, was diese Schreckensnamen symbolisieren und materialisieren, zum Objekt ihrer politischen und publizistischen Empörung erklärt haben. Dies ist denn auch das Stigma der stalinistischen Linken von einst und ihres trauerunfähigen Wurmfortsatzes von heute, ihr *Brandmal*: die absolute, die totale, die lichtdichte Ent-Solidarisierung mit den Leichengebirgen des Planeten GULAG! Ich spreche von genau *den* Linken, die sich gegen jede tatsächliche oder vermeintliche Verfolgung und Unterdrückung in der westlichen Hemisphäre richteten, und sei die Gruppe der Betroffenen noch so klein, die aber in all den Jahrzehnten nie auch nur eine Silbe über das Totenuniversum des Stalinismus verloren haben. Dafür verbrüderten sie sich bekanntlich mit jedem Potentaten, Despoten und Tyrannen in Asien, Afrika und Lateinamerika, der sich das Etikett »Sozialist« oder »Kommunist« um den blutigen Hals gehängt hatte. Gegen diese Verfechter einer *geteilten Humanitas*, die in einem Teil der Welt bekämpften, was sie im andern rechtfertigten oder verschwiegen, und sich auf dem linken Auge so blind stellten wie ihr Pendant auf dem rechten – gegen diese »Internationale der Einäugigen« habe ich was (es ist übrigens die einzige, die je funktionierte). Dieselben Leute, die sich jede Parallelisierung ihrer heutigen Aufarbeitungsabwehr mit der von Hitleranhängern nach 1945 energisch verbitten, bringen sich durch ihr eigenes Verhalten in die Nähe der Entnazifizierungskümmerlinge von einst. Beide halten absichtsvoll Stalinismus und Nazismus als Meßmodelle aneinander, um zu dem jeweiligen Schluß zu gelangen, der eine sei »schlimmer« als der andere. Auf solchen Tiefpunkt, auf diesen Hund greulicher Analogien ist die trauerunfähige Linke inzwischen gekommen. Es gibt keinen Grund, sie für weniger erbärmlich zu halten als die Abwiegler, Beschöniger und Verdränger auf der Rechten.

Nein und abermals nein zu dieser entseelten Totenarithmetik, zu jeder kompensatorischen Gegenüberstellung von Opfern des braunen und des roten Gewalt- und Mordsystems! Sie bestätigen nichts als die totale innere Beziehungslosigkeit zum Inferno des ehemaligen stalinistischen Repressions-Orbits, also auch zu seiner einstigen deutschen Variante zwischen Elbe und Oder.

Und da ist er auch schon, der Aufschrei: »Aber es hat doch auf dem Boden der ehemaligen DDR keinen industriellen Serien-, Massen- und Völkermord gegeben, weder in Form der ›Einsatzgruppen‹ genannten mobilen SS-Todesschwadronen noch der stationären Tötungsfabriken! Auch hing die Staatsführung der kleinen DDR nicht größenwahnsinnigen Welteroberungsplänen à la Hitler nach – stimmt das etwa nicht?« Es stimmt. Aber in den dadurch unsäglicherweise ausgelösten Erleichterungsseufzer der trauerunfähigen Linken darf doch wohl hineingefragt werden: *Wird denn ein so scheußliches System wie das des real existierenden Sozialismus etwa weniger scheußlich dadurch, daß es ein noch scheußlicheres gab?* Ja, Auschwitz war das größte Menschenschlachthaus der Geschichte, ich bin ein Anhänger der historischen Singularität des staatlich institutionalisierten Nationalsozialismus. Aber wie verkommen muß man sein, diese Einzigartigkeit anzuführen, um dahinter die Monstrosität von Workuta zu verstecken? Wer eine Rangordnung von Opfern »erster und zweiter Klasse« einführen will, der will das gleiche auch für Täter.

Als wenn *ein* Leichenberg dadurch aufgehoben wird, daß es noch andere gibt! Hier stinken, verdammt noch mal, *zwei* universale Scheußlichkeiten zum Himmel, und das ist die einzige Logik, die unser Jahrhundert und alle folgenden aus der Existenz von Nazismus und Stalinismus ziehen können!

Max Frisch soll einmal gesagt haben: »Sozialismus – das ist die menschenunmögliche Möglichkeit.« Die bisherige Geschichte hat ihm recht gegeben. Daß die Utopie dennoch weiterlebt, daß über sie nachgedacht, über sie gestritten wird, war vorauszusehen und ist natürlich.

Für die trauerunfähige Linke aber hat die Diskussion über einen künftigen »Sozialismus mit menschlichem Antlitz« noch eine spezifische Funktion, in die sie deshalb auch einen erheblichen Teil ihrer Verdrängungsenergien investiert – um abzulenken von ihrer gestrigen Verantwortung für den tatsächlichen, den Sozialismus mit der unmenschlichen Fratze. Wobei unermüdlich und fein säuberlich historische Wirklichkeit und Fiktion voneinander getrennt werden... Man muß sich einmal plastisch vor Augen halten, was hier geschieht. Da sind sieben Jahrzehnte verfehlter Träume, falscher Hoffnungen und enttarnter Halluzinationen vergangen; sieben Dezennien Großverbrechen, die interkontinental eine ungeheure materielle und ideelle Trümmerlandschaft hinterlassen haben; ist die Zeitspanne von drei Generationen zurückgelegt, an deren Ende sich herausgestellt hat, daß der Begriff »Sozialismus« für eine humanere Gestaltung der menschlichen Gemeinschaft nicht taugt, sondern sich als eine ebenso mörderische wie nutzlose Katastrophe, als ein Verbrechen gegen die Menschlichkeit und gegen die Menschheit entpuppt hat. Doch unbeeindruckt davon, faselt ausgerechnet die trauerunfähige Linke, ein gottverdammtes Gaukelspiel, von »Erneuerung«, statt angesichts der von ihr mitverursachten erdrückenden Erblast des real existierenden Sozialismus an dessen Aufarbeitung mitzuwirken! Die Inbrunst, die hier abermals im Spiele ist und die lichtesten Modelle einer Synthese von Sozialismus *und* Demokratie, Menschenrechten, Pluralismus, wirtschaftlicher Effizienz entwirft, kurz, den *wahren* Sozialismus – sie erinnert mich an die leidvolle Erfahrung Henryk Broders auf dem

Stuhl eines deutschen Zahnarztes. Der ließ seinen sprechunfähigen Patienten zunächst wissen, daß das, »was die Nazis mit den Juden gemacht haben«, natürlich ganz und gar verkehrt gewesen sei, um dann vor ihm unter dem Geheul der Bohrmaschine schier endlos über seinen, den *richtigen* Nationalsozialismus gegen Hitlers falschen zu dozieren.

Zeit endlich, meine biographische Legitimation für diesen Kahlschlag wider die trauerunfähige Linke Deutschlands vorzuweisen: den stalinistischen Täter Giordano, das Mitglied der KPD, Landesorganisation Hamburg, von 1946 bis 1957. Die Erklärung für den Beitritt: »Die Feinde (Kommunisten) meiner Feinde (Nazis) müssen meine Freunde sein!« Mit denen wollte ich die Welt bewohnbarer machen. Eine Rechtfertigung kann die Blauäugigkeit des damals 22jährigen dennoch nicht sein, um so weniger, als er selbst gerade zwölf Jahre Verfolgung hinter sich hatte. Es gibt keine Absolution für die innere Abstinenz, die Blindheit und die Taubheit gegenüber *den* Stimmen, die die Schrecken des Stalinismus in alle Welt hinausgellten, für den »guten Glauben«, die Eröffnungen als kranke Phantasien des »Klassenfeindes« abzutun. Obwohl schon so lange her, schaudert's mich immer noch bei der Erinnerung daran, was es persönlich hieß, Stalinist gewesen zu sein: ein Dauerzustand innerer Verkrampfung, die Brüskierung des eigenen Intellekts, die Blockierung jedes Zukunftsdenkens, die Einengung aller kreativen Fähigkeiten und die immer vervollkommnetere Gewandtheit, den für die eigene Überzeugung bedrohlichen Wahrheiten auszuweichen. Die Loslösung geschieht zunächst unsichtbar, mit der Langsamkeit, mit der sich zwei Eiszeiten ablösen, wird dann aber rascher und rascher, bis sich die Erkenntnis von der grandiosen Lüge nach dem Gesetz der Fallgeschwindigkeit vollzieht. Schließlich der Befreiungsschlag!
Aber ausgestanden war es damit nicht, besonders wegen zwei erdrückender Parallelen zwischen meinen einstigen Verfolgern und mir. Die erste – jene typische Gläubigkeit an einen *Übervater*, der bei denen ›Hitler‹, bei mir aber ›Stalin‹ hieß, Politgott eines später dann als blödsinnig, lächerlich und höchst mörderisch begriffenen

›Personenkults‹. Die zweite Parallele – der Verlust der humanen Orientierung, die bei äußerster Scharfsichtigkeit von politischen Verbrechen im »Westen« jene im eigenen »Lager« leugnete. Also: Teilung der Humanitas auch in mir – unentschuldbar.

Die Losung für den Täter nach Erkenntnis der Tat ist grausam. Sie lautet: verteidige dich nicht – gestehe! Alles andere bedeutet: du bleibst verkrüppelt, ja krepierst. Der Preis, die Versehrung ohne Selbstzerstörung zu heilen, ist hoch, und du zahlst ihn lange noch. Denn die Rehumanisierung nach der stalinistischen Entmenschlichung ist nicht umsonst, ist nicht billig zu haben, sie ist ein qualvoller Prozeß, der einen zeichnet. Der Lohn – je heftiger der Schmerz, desto tiefer die Erlösung. Schließlich die überwältigende Erfahrung: Unverzeihlicher, als einen politischen Irrtum zu begehen, ist es, keine Konsequenzen aus ihm zu ziehen.

Hatte nicht für jede Generation von Kommunisten die Stunde der Wahrheit aufs neue geschlagen? Bei den Moskauer Prozessen 1936; am 17. Juni 1953; bei der Niederschlagung des Aufstands in Ungarn 1957 oder dem Einmarsch der Staaten des Warschauer Paktes in die ČSSR 1968? Fest steht, daß es über die Dauer des real existierenden Sozialismus immer schwieriger wurde, sich taub und blind zu stellen; immer unglaubwürdiger, nicht wissen zu wollen, was gewußt werden konnte; immer unverständlicher, sich den grundlegenden Irrtum nicht einzugestehen.

Und wo steht Deutschlands trauerunfähige Linke 1992? Auch weiterhin in zäh behaupteter Koexistenz mit der Lüge.

Denn noch ist sie ziemlich lebendig, eingenistet in mancherlei Organisationen, publizistischen und schriftstellerischen Verbänden, nicht zuletzt im P.E.N., Ost und West, auch in Akademien, Parteien, Privatzirkeln.

Da Trauerunfähigkeit ein eigener, vereinheitlichender Standort ist, gleich, wo sie geortet wird, gibt es Überlegungen, ob diese Linke in Anführungsstriche zu setzen sei, ob nicht Fragezeichen angebracht wären – sehr nachdenkenswert.

Aber ungeachtet ihrer begriffsdiskriminierenden Existenz will ich tun, was ich mein ganzes politisches Leben lang getan habe, erst recht nach dem Bruch mit der Partei: ich will mich auch künftig einen *Linken* nennen – jedoch keinen ›heimatlosen‹. Entdecke ich mich doch inmitten jener streitbaren Phalanx, in der ich auch Günter Kunert sehe und Wolf Biermann, Jürgen Fuchs, Freia Klier, Hans-Joachim Schädlich, Erich Loest, Helga Schubert, Chaim Noll – um nur einige der Namen zu nennen, denen ich mich zugehörig fühle (und von denen etliche, wie tröstlich, einst ebenfalls im Irrtum des Stalinismus verfangen waren).

Das ist meine, Deutschlands *trauerfähige* Linke!

Postskriptum: Über seine gesamte Herrschaftsperiode war der Stalinismus von einer Parallelperversität begleitet – dem doktrinären, professionellen, nichthuman und nichtdemokratisch motivierten Antikommunismus. Ihre Existenzen bedingten einander. Und so sind sie denn auch ganz folgerichtig dabei, miteinander unterzugehen.

Nur Deutschlands trauerunfähige Linke droht, beide Fossilien noch um etliches zu überdauern.

Von der Kraft des Wortes

Offener Brief an Salman Rushdie,
abgedruckt in der »taz« vom 7. Februar 1992

Verehrter, lieber Salman Rushdie,
»Was dahinter liegt? Die Hölle!«
So warnte mich die rein »arische« Deutsche, die meine Familie angesichts der drohenden Deportation der jüdischen Mutter bei sich versteckte, wohl wissend, daß die Entdeckung durch die Gestapo nicht nur unseren, sondern auch ihren Tod zur Folge haben würde. Sie tat es dennoch.

Die »Hölle« – das war ein lichtloses Verlies hinter einem schmalen Durchgang, Appendix der ehemaligen Waschküche eines phosphorverglühten Hauses inmitten einer Ruinenlandschaft im Norden des zu drei Vierteln bombenzerstörten Hamburg. Die »Hölle«, das war ein Kellerloch unter Wasser, kalt, mit triefenden Wänden und in unmittelbarer Nachbarschaft von Ratten, die sich im Laufe der Zeit sichtlich an uns gewöhnten, wir uns aber nicht an sie und ihre immer kühneren Versuche, uns bei wachsender Schwäche anzunagen. Die »Hölle«, das war monatelange Todesangst, Tag und Nacht, Finsternis, Frost, Hunger und absolutes Schweigen der Versteckten. Denn rings um die ausgebaute Waschküche unserer tapferen Wirtin hatten sich Nachbarn in die erhaltenen Souterrains der Trümmerlandschaft eingewühlt – und die durften nichts von uns wissen... Als wir fünf – Vater, Mutter, drei Söhne – schließlich aus dem Inferno hervorkrochen, am 4. Mai 1945, frühmorgens, hatten wir zwar kaum noch Ähnlichkeit mit Menschen – aber wir waren befreit.

Was ich mit dieser Erinnerung sagen will, ist erstens: daß ich zu ermessen vermag, was es heißt, sich um Leben oder Tod verstecken zu müssen. Und zweitens: daß ich mir den Unterschied vorstellen kann zwischen einer Situation, die, wie damals bei uns, Hoffnung auf ein erreichbares Ende des Schreckens zuließ, und einer anderen, die auf ein »Lebenslang« hinauszulaufen droht – wie bei Ihnen. Ich will mich aber nicht abfinden mit einem gnädigeren Schicksalsausgang, als er Ihnen, Salman Rushdie, von Ihren Häschern zugedacht ist. Ich will einen »4. Mai« auch für Sie, und zwar so rasch es geht.

Alles, was von uns, was von außen getan werden kann, muß zielen auf die Aufhebung jenes angeblich schlußgeschichtlich-endgültigen Urteils, das islamische Fundamentalisten unter iranischer Anführung über Sie gesprochen haben wollen. Für alle Helfer, Menschen wo auch immer auf dem Globus, an vorderster Stelle aber für uns Schriftsteller, muß die oberste Devise lauten: sich nicht einschüchtern zu lassen! Wer maßt sich da die Herrschaft über Leben und Tod an? Und wer wird der nächste Betroffene sein? Die Lawine religiös etikettierter Gegenaufklärung, die der Ayatollah Khomeini losgetreten hat, kann heute oder morgen jeden lebendig begraben, der es wagt, öffentlich gegen den Ungeist der alleinseligmachenden Intoleranz zu verstoßen. Unsere Freiheit, zu leben, zu denken, zu sagen und zu schreiben, was und wie wir es wollen – diese kostbarste aller Errungenschaften soll abhängig werden von Wohlverhalten gegenüber den Souffleuren des islamischen Fundamentalismus? Der hat sich längst von einem Weltärgernis zu einer Weltbedrohung ausgewachsen, und ihr muß nun, endlich, Paroli geboten werden! Natürlich ist das auch eine Forderung an die Politiker, den Primat der Menschenrechte herzustellen und den der Ökonomie zu brechen. Aufgerufen zu Ihrer Ermordung, Salman Rushdie, haben ja Repräsentanten von Regierungen, zu denen die Demokratien dieser Welt, darunter auch die deutsche, beste Verbindungen pflegen, Waffengeschäfte in Milliardenhöhe eingeschlossen.

Genügen denn den Präsidenten, Kanzlern und Ministerpräsidenten der mächtigsten Staaten unseres Erdballs nicht die Ermordung des japanischen und Verletzung des italienischen Übersetzers Ihres Buches? Nicht die Tötung des türkischen Schriftstellers Turan Dursun, niedergestreckt durch sieben Pistolenkugeln? Und hat Radio Teheran dieses feige Attentat im September 1990 nicht gefeiert wie eine Siegesmeldung? »In seinen Schriften beging Turan Dursun Verrat an der heiligen islamischen Religion und schmähte den Propheten Mohammed.« Was stimmt daran? Nichts! Unser türkischer Kollege, Publizist, Mufti und Kenner des Korans, war ein aufgeklärter Moslem und – ein Kritiker der fundamentalistischen Orthodoxie. Deshalb mußte er sterben.

»Wann«, frage ich meine, die Regierung Deutschlands, frage ich sein derzeitiges Kabinett, »wann werden Sie aktiv werden in der ›Sache Salman Rushdie‹?« Ja, wann wird ausgeschert aus dem Staatskollektiv notorischer Passivisten, die prompt ihre Aktionsfähigkeit verlieren, sobald es um Moral geht? Die Riege der Politiker darf in der ›Sache Salman Rushdie‹ nicht aus den Augen verloren werden. Aber werden vor allem wir Schriftsteller auch selber in ihr mobil, leisten wir währenden Widerstand gegen den fundamentalistischen Anschlag, und widersprechen wir jenen Kleingeistern, nicht zuletzt aus der schreibenden Zunft, denen nichts einfällt als das sattsam bekannte »Man kann ja doch nichts dagegen machen…«

Wir können – *mit der Kraft des Wortes!*

Dazu abschließend ein kurzer historischer Exkurs.

Am 13. Oktober 1761 erhängte sich Marc Antoine Calas, Sohn des Tuchhändlers Jean Calas, auf dem Dachboden des elterlichen Hauses in Toulouse. An dem Selbstmord des 28jährigen konnte es keinen Zweifel geben, auch wenn der untröstlichen Familie das Motiv ein Rätsel blieb. 1761 war das 18. Regierungsjahr Seiner Allerkatholischsten Majestät, Ludwigs XIV., die Calas aber waren Hugenotten, also Anhänger des französischen Protestantismus. Der war zwar geschwächt, aber fast ein Jahrhundert nach der Bartholomäusnacht von 1572 immer noch eine wirtschaftlich und politisch mächtige Kraft, die von der absolutistischen Monarchie gefürchtet war. Und so wurde Jean Calas denn angeschuldigt, den eigenen Sohn getötet zu haben, um dessen beabsichtigten Übertritt zum Katholizismus zu verhindern. Wir kennen die Protokolle der hochnotpeinlichen Verhöre. Sie beweisen, daß Jean Calas unerschütterlich auf seiner Unschuld bestand. Dennoch lautete der Spruch: »Schuldig!« Bevor die Richter von Toulouse den Delinquenten dem Scheiterhaufen überantworteten, gaben sie ihn für die »gewöhnliche« und die »außerordentliche Folter« frei – die römische Kirche will das Geständnis des Ketzers. Sie bekommt es nicht.

Die Hinrichtung erfolgt am 9. März 1762 und entblößt den grausamen Charakter einer klerusabhängigen Gerichtsbarkeit: Nackt über ein Rad gebunden, mit dem Kopf nach unten, werden Jean Calas mit einer schweren Eisenstange Arme und Beine gebrochen, jedes einzelne Glied an zwei Stellen, mit kalkulierten Intervallen zur Verlängerung der Qualen. Dazwischen hält der Priester dem Verstümmelten das Kruzifix zum Kuß entgegen, aber der wendet den Kopf ab. Dann, endlich, gibt der Henker ihm den Todesstoß, das heißt, er zerschmettert ihm die Brust mit dem dicken Ende der Eisenstange. So starb Jean Calas – es dauerte zwei Stunden.

Aber zu Ende war die Geschichte damit nicht.

Voltaire, das »Gewissen seines Zeitalters«, erfährt von dem Justizmord erst nach der Hinrichtung. Er prüft lange, ehe er am 13. Februar 1763 schreibt: »Ich wage es, der Unschuld des Calas so sicher zu sein wie meiner eigenen Existenz!« Dann mobilisiert der große Aufklärer den ganzen Einfluß seines Namens in Europa und erlahmt darin über zwei Jahre keinen einzigen Tag. Den Ausschlag gibt sein 1764 erscheinender »Traktat über die Toleranz«, eine umfassende Geschichte der Folgen von Unduldsamkeit, verfaßt in der klaren Prosa eines klaren Humanismus. Sie führt zur Wiederaufnahme des Verfahrens, das am 9. März 1765 ein neues Urteil über Jean Calas fällt: »Unschuldig!«

Das Unglaubliche, Unerwartete, die Revision – sie konnte Jean Calas nicht wieder zum Leben erwecken. Aber die Macht, die Selbstgerechtigkeit, die Lüge, diesmal waren sie auf der Strecke geblieben – durch die *Kraft des Wortes*! Victor Hugo am 30. Mai 1878, zum 100. Todestag Voltaires, vor dessen Sarkophag im Pariser Pantheon: »Du plädiertest *gegen* die Tyrannen und die Ungeheuer und *für* die Sache des Menschengeschlechts, und du gewannst sie. Großer Mann, sei auf immer gesegnet!«

Sie, Salman Rushdie, sollen als Lebender triumphieren, und die *Kraft des Wortes* soll ihren Beitrag dazu leisten. Die modernen Kommunikationstechnik hat uns Schriftstellern und Journalisten dazu Mittel in die Hand gegeben wie nie zuvor.

Denn das Menetekel, das an der Wand des ausgehenden Jahrhunderts gegen seine Tyrannen, Despoten, Diktatoren, Folterer und »Wahrheitsbesitzer« geschrieben steht; der Todfeind, an den sich die politischen, ideologischen und religiösen Gewalttäter nie gewöhnen werden, heißt: Öffentlichkeit! Nutzen wir sie – ein Schwur!

In diesem Sinne Ihnen, Salman Rushdie, Ehre, Gruß und Solidarität!

Unverbrüchlich, Ihr
Ralph Giordano

Zu keinem Zeitpunkt diese Republik geschont

Aus der »Allgemeinen Jüdischen Wochenzeitung« vom 20. Dezember 1990

Am 19. Dezember erhielt der Publizist Ralph Giordano das Bundesverdienst-kreuz erster Klasse. In der Begründung des Bundespräsidenten, übermittelt durch den nordrhein-westfälischen Kultusminister bei einem Festakt in Düsseldorf, heißt es dazu:

»Herr Giordano hat sich als Autor, Historiker und Dokumentarist in besonderer Weise um die Aufarbeitung der deutschen Vergangenheit verdient gemacht und dabei einen wichtigen Beitrag zur Entwicklung der politischen Kultur in der Bundesrepublik Deutschland geleistet.

Als Verfolgter des Nazi-Regimes, der zu den Opfern der Kriegs- und Gewaltherrschaft gehörte, engagiert sich Herr Giordano mit großer Leidenschaft gegen Elend und Hunger, Vertreibung und Folter sowie gegen jegliche Art von Fanatismus. Neben zahlreichen politischen und historischen Fernseh-Dokumentationen, in denen sich Herr Giordano mit der nationalsozialistischen Herrschaft in Deutschland auseinandersetzt, dokumentieren vor allem seine Buchwerke ›Die Bertinis‹, ›Die zweite Schuld‹ sowie seine jüngste Veröffentlichung ›Wenn Hitler den Krieg gewonnen hätte‹ seine von großer Verantwortung geprägte Aufklärungsarbeit.

Weitere Verdienste erlangte Herr Giordano durch seinen Einsatz für die Errichtung eines Dokumentationszentrums zur NS-Zeit in Köln sowie als stellvertretender Vorsitzender des Fördervereins dieser Einrichtung.«

Doch so glatt sich die Ehrung für den Ausgezeichneten liest: Für Giordano war es keineswegs selbstverständlich, sich den hohen Verdienstorden der Bundesrepublik Deutschland umhängen zu lassen. Für die ALLGEMEINE begründete er »Freude und Bestürzung«, die er damit verbindet:

Am 19. 12. 1990 ist mir auf Beschluß des Bundespräsidenten Richard von Weizsäcker das Bundesverdienstkreuz 1. Klasse verliehen worden. Die Nachricht davon hatte ich einige Wochen zuvor, erst mündlich, dann schriftlich, vom Kultusministerium Nordrhein-Westfalen übermittelt bekommen. Meine Reaktion darauf war Überraschung, Freude – und auch Bestürzung. Bestürzung, weil ich selbstverständlich als politischer Publizist mitbekommen habe, wer alles im Laufe der Zeit das Verdienstkreuz erhalten hat – nämlich Leute, die ich nicht mit der Feuerzange anfassen würde, dies vor allem gemünzt auf die ersten Legislaturperioden der bundesdeutschen Geschichte. Auch mißfielen mir einige der Präsidenten, in deren Namen das Bundesverdienstkreuz verliehen wurde. Von daher gab es also Vorbehalte. Heute habe ich die Ehrung dennoch angenommen, mit Freuden – und das aus zwei Gründen.

Der erste Grund: Die Frage, ob ich mich um die Bundesrepublik Deutschland verdient gemacht habe, beantwortete ich mir selbst mit einem klaren Ja! Ich habe ihr seit über vierzig Jahren öffentlich ihre Sünden um die Ohren geschlagen, ich habe sie zu keinem Zeitpunkt ihrer Geschichte geschont, ich habe sie die Republik der *zweiten Schuld* genannt, nämlich der Verdrängung und Verleugnung der *ersten*, der unter Hitler, nach 1945. Gleichzeitig habe ich, der ich biographisch die historischen Vergleichsmöglichkeiten hatte, die Bundesrepublik Deutschland gepriesen, wann und wo immer es ihr zukam. Und ich habe es ohne Rest und Vorbehalt getan.

Der zweite Grund: daß die Ehrung aus der Hand eines Mannes kommt, von dem ich am 8. November 1990 in der Frankfurter Paulskirche, während meiner Gedenkrede zum 9. November 1938, sagte: »... Richard von Weizäcker, dieser deutsche Präsident, der in meinem jüdischen Herzen wohnt.« Dem habe ich nichts hinzuzufügen.

Warum ich nicht glauben kann –
und trotzdem hoffe...

Rede in der Lübecker St.-Petri-Kirche, August 1988

Meine Damen, meine Herren, ich trete hier mit sehr zwiespältigen Empfindungen vor Sie hin. Nicht, weil es das erste – und wahrscheinlich auch schon das letzte – Mal sein wird, daß ich an solchem Orte spreche, oder weil ich etwa nicht vertreten könnte, worüber ich sprechen will. Ich erscheine vielmehr mit zwiespältigen Gefühlen vor Ihnen, weil ich mich seit der Aufforderung, hierher zu kommen, immer wieder gefragt habe: Was kann ein *glaubensloser Humanist* – denn als den bezeichne ich mich – einer doch wohl vorwiegend *gläubigen* Gemeinde eigentlich sagen, wenn er nicht atheistisch missionieren will? Das aber will ich ganz gewiß nicht, ebensowenig, wie ich religiöse Gefühle verletzen möchte, und zwar ganz entschieden nicht, was ebenfalls schon hier vorn in aller Verbindlichkeit erklärt sein soll. Vielleicht jedoch wird es dennoch geschehen, ohne daß es meine Absicht ist, einfach dadurch, daß ich meine Überzeugungen ehrlich darlege. Dieser Möglichkeit wegen also – Beklemmung. Muß ich hinzufügen, daß ich die Definition *glaubensloser Humanist* nicht über die vom *gläubigen Humanisten* erheben oder etwa *seine* Existenz bezweifeln will?

Zur gleichen Zeit erhebt sich für mich die Frage: Wer schützt eigentlich die Glaubenslosen vor den Gläubigen? Ja, taucht das Problem *solcher* Rücksichtnahme in unserer Gesellschaft überhaupt je auf? Ich erinnere mich nicht, und schon wird das Ungleichgewicht der zwei Standorte sichtbar – auch in einer verweltlichten Gesellschaft wie der unseren, in der die Macht der Kirche weitgehend Geschichte ist. *Zu glauben* ist das selbstverständliche, eingeborene, immer noch, auch ohne Kirchgang, und *nicht zu glauben* eine Außenseiter-Position. Ich bin mir ihrer bewußt, zumal sie bei mir weitergeht als bei vielen, die auf den *Glauben* schimpfen, hakt man man nach, aber *die Kirche* meinen. Ich meine die Kirche *und* die Lehre.

Meinen guten Willen bekundet und vorausgesetzt, werde ich Sie an diesem Sonntagabend in St. Petri zu Lübeck dennoch nicht schonen. Mein kritischer Humanismus will nicht haltmachen vor der *Religion, jeder* Religion, nicht nur der christlichen. Üblich ist solche Ausweitung von Humanismus-Kriterien nicht, da sich Religionen selbst allgemein als Inbegriff der *Menschensorge* interpretieren, und eben daraus ihr Selbstverständnis beziehen, wie die Anhänger das ihre.

Karl Marx hat Religion »das verkehrte Weltbewußtsein« genannt, und von Sigmund Freud wurde sie als »Menschheitsneurose« bezeichnet. Ich schließe mich ihnen an. Obwohl fast fünfzig Jahre her, erinnere ich mich in der Chronik meiner Loslösung von der Religion noch genau an die erschütternde Stunde, in der mir der Gedanke kam: sämtliche Gebete und Anrufe, vom Totemfetischismus an bis hin zu den Monotheismen und bis zu dieser Stunde jetzt; all die religiöse Inbrunst der Jahrtausende oder gar der Jahrhunderttausende oder noch weiter zurück – gerichtet an das Nichts, an eine Leeradresse des Universums. Dies ist die Logik dessen, der Gott für einen geistesgeschichtlichen Irrtum der Menschheit hält.

Die mir hier gegebene Zeit reicht nicht, um die Überwindung der Religion in ihren organischen Etappen darzulegen. Ich füge deshalb an dieser Stelle das Resultat, das Destillat meiner Auseinandersetzung mit ihr in die Nußschale des Satzes: Nicht Gott schuf den Menschen, sondern der Mensch schuf Gott nach *seinem* Ebenbild – eine *Projektion des Menschen*, entstanden aus seiner *Bedürftigkeit nach Gott*, welche unerschöpflichen Ausdrucksformen der Glaube seit seinem dunklen Ursprung auch immer gesucht und gefunden hat. Gott lebt ausschließlich in der subjektiven Vorstellungswelt und der Phantasie des Menschen und hat als etwas objektiv davon Unabhängiges nie existiert. Was aber hinter der Projektion steht, also die *Bedürftigkeit* des Menschen nach Gott – sie gibt es, seit der Mensch in seiner Entwicklung aus dem Tierreich das entsprechende Stadium der geistigen Entwicklung und Reflexionsfähigkeit erreicht hatte. Dieses dünnhäutige, seelisch und körperlich so verletzbare und auf dem organischen Schorf unseres Planeten in Jahrmilliarden der Evolution herangewachsene Geschöpf *Mensch* brauchte eine außerirdische Anrufungsquelle – eine übergroße Macht, an die er sich wenden kann, in seiner Not und in seiner Freude, in Gefahr und in Sieg, in Demut und im Triumph. So hat dieses durch die eigene Gattung, aber auch durch viele stärkere Gewalten fortwährend bedrohte Wesen immer wieder nach Mächtigeren als es selbst geschrien, gefleht, gebetet – erst zu *Göttern*, dann zu *dem*, dem *einen*, dem *einzigen* Gott.

Soweit wir die Geschichte der Menschheit zurückverfolgen können, gibt es dafür Bekundungen. Vor allem in seiner Angst hat der Mensch nach Gott gerufen, und wird er immer rufen, auf daß ihm geholfen werde. In Todesnot gar ist er seiner besonders bedürftig. Aber muß es Gott deshalb auch geben, außerhalb der menschlichen Vorstellungswelt und Phantasie, also außerhalb der Bedürftigkeit des Menschen nach Gott und unabhängig von ihr? Sie, diese Bedürftigkeit, ist da, sie ist *Wirklichkeit*, ist Fleisch und Blut und Geist. Wir sind dessen ja kürzlich erst wieder Zeuge geworden. Als nämlich jenes sowjetische, vornehmlich mit älteren Bundesdeutschen besetzte Kreuzfahrtschiff in den arktischen Gewässern um Spitzbergen in eine gefährliche Situation geriet und der anwesende Pfarrer plötzlich – und trotz der bedrohlichen Lage ganz glücklich – so viele Betende um sich sah, wie er sie wohl lange nicht, wenn überhaupt je, erlebt hatte.

Die Bedürftigkeit des Menschen nach Gott ist unbezweifelbar. In ihr lebt Gott. Aber ich bin unfähig, eine andere Existenz von ihm als diese zu erkennen. Ich bin unfähig, Gott als etwas anderes als eine Schöpfung des Menschen nach *seinem* Ebenbild zu sehen. Und ich bin unfähig, das gutzuheißen, weil es daran hindert, daß der Mensch dem Menschen das Höchste werde. Ich weiß aus Erfahrung, daß gerade diese Entwicklung Gläubige tief erschreckt, als Selbsterhöhung des Menschen und Frevel vor Gott – und jedesmal wieder bin ich erschüttert durch die Gesetzmäßigkeit, mit der der Glauben den Menschen verkleinert und verschattet.

Denn er, der Mensch, ist meine Passion! Ich sage das, ohne den kleinsten Unterton von Idealisierung. Ich sehe den Menschen, wie er ist – in Kenntnis vieler von ihnen über ein langes Leben hin und in der ganzen Welt und in Kenntnis meiner selbst. Von dieser *Passion* gehe ich in allem aus. Sie ist meine Position als glaubensloser Humanist, und sie steht in vielerlei grundsätzlichen Konträrbeziehungen zur Religion, zum Glauben und zu Gläubigen.

Die Frage, die dabei auftaucht, ist denn auch, ob es nur *Trennendes* oder ob es auch *Verbindendes* gebe. Wer der Überzeugung wäre, daß es nur Trennendes zwischen Gläubigen und Glaubenslosen gäbe, der hätte wohl kaum das Angebot von St. Petri in Lübeck angenommen – es sei denn, er wollte den Gläubigen zeigen, was eine atheistische Harke sei. Das aber, ich wiederhole es, ist meine Absicht nicht. Ich bekräftige vielmehr, daß die Unterdrückung des Glaubens mich als ihren entschlossenen Gegner sähe – der ich aber auch dort wäre, wo Glaube aufgezwungen werden soll. Ich hoffe, Sie nehmen mir beide Haltungen ab. Das wird nötig sein, denn bevor ich zu dem *Verbindenden* komme, möchte ich zunächst über das *Trennende* sprechen. Sprechen von dem, was mich zu einem glaubenslosen Humanisten machte – als Resultat einer lebenslangen Auseinandersetzung mit Religion, vor allem natürlich mit dem Christentum, in dessen Verbreitungsgebiet ich hineingeboren wurde und das lange auf mich eingewirkt hat, ohne daß ich eine innere Verteidigungsmöglichkeit dagegen gehabt hätte.

Der Beginn war die Auseinandersetzung mit der Institution, der Kirche – wie bei vielen. Die meisten von ihnen bleiben dabei stehen, ohne die Lehre in den ausgebrochenen Konflikt einzubeziehen und zu bezweifeln. Daß dieser Schritt bei mir vollzogen, also die Lehre eingeschlossen wurde, hängt ganz ursächlich zusammen mit meinen Lebenserfahrungen in der Nazizeit, aber auch danach. Ich bin der Sohn einer jüdischen Mutter – das mag mir heute manche Erklärung über das damalige Dasein ersparen. Die Mutter war übrigens – obwohl Jüdin durch und durch – weder mosaischen Glaubens noch Atheistin, sondern, ganz im Herrschaftssog meines Vaters, wie er Anhänger der sogenannten »Christlichen Wissenschaft«, einer Sekte mit Mutterhaus in Boston, USA. Meine Eltern sind nie etwas anderes geworden. Das heißt, daß ihr Glaube an Gott Auschwitz überlebt hat. Der ihres Sohnes aber, meiner, hat es nicht. Dennoch wäre es falsch, Auschwitz allein als Ursache für meine Glaubenslosigkeit zu nennen. Der furchtbare Name, und alles, was er symbolisiert und materialisiert, ist vielmehr *eine*, wenn auch bedeutende Etappe auf den Wegen jenes denkerischen Prozesses, der mich zu einem glaubenslosen Humanisten gemacht hat.

Wir wissen, wie die Geschichte *mit* dem Glauben der Menschen an Gott aussieht, welchen Glaubens an ihn auch immer – blutiger, unmenschlicher als geschehen, könnte man sie sich wohl kaum vorstellen. Und dies mit dem Höhepunkt zweier Weltkriege zwischen – darf man doch wohl sagen – vornehmlich christlichen Nationen, samt der Nachfolgedrohung der atomaren Selbstvernichtung. Auch die *Bombe*, mit inzwischen dutzendfachem *overkill*, ist ja eine Erfindung aus dem Wissenschaftsschoß christlicher Nationen. Kann man sich einen stärkeren Gegensatz vorstellen als den zwischen den Postulaten des Christentums und dem Werdegang christlicher Nationen, bis heute? Gibt es eine Religion, deren Anhänger ihresgleichen, wie auch die Gläubigen anderer Religionen, hingebungsvoller, anhaltender und stets im Namen des *Herrn* mißhandelt hätten, als Christen es getan haben und tun?

Ich gestehe – es fällt mir schwer, ruhig zu bleiben, wenn mir erwidert wird: daran sei nicht die Lehre, daran seien die Menschen schuld, die sie nicht befolgen. Es fällt mir sehr schwer... Ich bin ganz unfähig, Religion zu entwirklichen, indem ich sie in ein übergroßes, unsichtbares Jenseits transponiere und sie trenne von den Entsetzlichkeiten im Diesseits durch ihre Anhänger.

Genau das tut das Christentum aber. *Wie* tut es das? *Wie* hält die Lehre *Gott* von diesen Entsetzlichkeiten frei? *Wie* wird versucht, das Bild, das sie vom *Allgütigen* entwirft, zu vereinbaren mit eben den geschichtsnotorischen Fürchterlichkeiten hienieden? Indem sie die Entscheidungsfreiheit für Gut und Böse in die Verantwortlichkeit des Menschen delegiert – so einfach ist das. Dank dieser Lehrthese ist Gott aus allem *Bösen* heraus und zuständig nur für das *Gute*. Ich nenne sie das *metaphysische Mauseloch* der christlichen Lehre. Dank seiner soll Gott wohl zuständig sein für das tägliche Brot, nicht aber für Auschwitz. Ich komme darauf zurück.

Vorher weise ich hin auf einen Widerspruch, der sich aus der Konstruktion der Verantwortungsteilung ergibt: nämlich den Widerspruch zwischen der *Allmacht Gottes* und der *Willensfreiheit des Menschen* für Gut oder Böse... Ist denn Gott nicht mächtig über die menschliche Willensfreiheit? Ist *sie* ein Raum, der sich seiner *Allmacht* entzieht? Dann wäre er nicht allmächtig. Ist er aber allmächtig, so muß die menschliche Willensfreiheit in diese Allmacht einbezogen werden. Da hat schon Voltaire gestutzt...

Ich bin bei den Widersprüchen der christlichen Lehre angelangt, bei ihren inneren wie äußeren Unstimmigkeiten, in die sie sich, so finde ich, wie keine andere Religion verfängt. Ich empfinde die christliche als die konstruierteste von allen, aufgesetzt auf einen viel urtümlicheren Glauben, nämlich den der Juden. Noch gläubig, habe ich doch schon sehr früh empfunden, daß im *Alten* Testament ein völlig anderer Geist weht, ein ganz anderer Gott waltet als im *Neuen* – auch davon später.

Jetzt zunächst einmal zu dem verblüffendsten der Widersprüche und Ungereimtheiten: dem Initialereignis des Christentums, seiner Keimzelle sozusagen, der Kreuzigung Jesu!

Nach christlichem Selbstverständnis hat *Gottvater* doch den *Sohn* geopfert, um die Menschheit zu erlösen – das ist der Sinn der Kreuzigung. Ohne sie, ohne Jesu Opfertod, gäbe es keine christliche Heilslehre, kein Neues Testament, kein Evangelium. *Golgatha* – vollzogen am *Sohne* nach dem Willen des *Vaters*.

Nun sind bekanntlich Juden von Christen ausdrücklich wegen der Kreuzigung Jesu über mehr als ein Jahrtausend hin verfolgt, enteignet, ghettoisiert, geschlagen und massenhaft ermordet worden – eines Ereignisses wegen, dem die Verfolger und Totschläger ihre Religion zu verdanken haben. Juden sind also über eine riesige Geschichtsstrecke hin von Christen gehängt, lebendig verbrannt, gerädert und geviertelt worden für ein göttlich beschlossenes Ereignis, ohne das es kein Christentum gegeben hätte. Der Leidensweg ganzer Zeitalter jüdischer Verfolgung durch Christen begründet sich auf den Widerspruch, für ein Ereignis »bestraft« zu werden, das nach der christlichen Lehre ihr focus, ihr Herd, ihre Quelle, ihre Urzeugung war.

Ließe ich mich ein auf diese schreckliche Verwirrung, die soviel jüdisches Blut gekostet hat, so wäre zu fragen: Wenn es denn wirklich Gottes – in diesem Falle also ausnahmsweise einmal erforschlicher – Ratschluß gewesen war, daß sein Sohn ans Kreuz genagelt werde – was wären damalige Juden dann anderes gewesen als Gottes *Werkzeuge*? War die Kreuzigung Jesu jedoch ein jüdischer Mordakt, so kann sie kein Gottvaterentschluß zur Erlösung der Menschheit gewesen sein. Nach meinen Lebenserfahrungen kommen Christen nicht von sich aus auf diesen Widerspruch, er ist ihnen nie aufgegangen.

Doch selbst wenn ein Christ der Meinung wäre, wer Jesus ans Kreuz geschlagen habe, müsse bestraft werden – wieso dann die *Nachfahren* der Täter? Was ist das für eine Sippenhaftung, über die Jahrhunderte, ja Jahrtausende hin, und auch noch liturgisch festgeschrieben? Was für ein fürchterlicher Rachegeist meldet sich hier, und was soll an ihm christlich sein?

Ich kann diesem Widerspruch und seinen schrecklichen Folgen nicht theologisierend nachgehen, und ich halte mich an die blutigen Konsequenzen der christlichen Ungereimtheiten. Der Leidensweg ganzer Zeitalter jüdischer Verfolgung durch Christen gründet auf dem Initialereignis der Kreuzigung Jesu, ihr entsprang ein mörderischer Antijudaismus, der das Schicksal von Juden über eine unendliche Strecke der abendländischen Historie bestimmt hat und der in christlichen Nationen bis heute nicht überwunden ist. Kritische Christen unserer Tage, durch diese Erkenntnisse tief betroffen, beginnen sich zunehmend mit dem Antijudaismus der Lehre zu beschäftigen und seinen Spuren im Neuen Testament nachzugehen. Nicht nur Juden, auch Christen stellen heute, vor dem Hintergrund von Auschwitz, lauter denn je die Frage: »Was hat der christliche Antijudaismus zur Entstehung des modernen, des rassistischen Antisemitismus beigetragen?« Es gibt keine ehrliche Auseinandersetzung mit ihm, wenn dieser Frage nicht gründlich nachgegangen wird, und es kann das jüdisch-christliche Verhältnis in Gegenwart und Zukunft nur bessern, wenn sie nicht tabuisiert werden würde. Die Versuchung dafür ist groß, weil es nicht nur um die Institution, um die Kirche geht, sondern um die Lehre selbst.

Es muß geklärt werden, wie es bei uns, in einem christlichen Land, bezogen auf Juden, zu einem Satz wie diesem kommen konnte: »Mit Trichinen und Bazillen wird nicht verhandelt. Trichinen und Bazillen werden auch nicht erzogen. Sie werden so rasch und so gründlich wie möglich vernichtet.«

Der das geschrieben hat, hieß nicht Adolf Hitler, Heinrich Himmler oder Reinhard Heydrich, sondern Paul de Lagarde, ein deutscher Christ vor hundert Jahren und, mit Eugen Düring, Wilhelm Marr und Adolf Warmung, einer der Theoretiker des modernen Antisemitismus. Die hielten sich keine religiöse Maske mehr vor, sondern erklärten die Juden einfach zum bösen Prinzip der Weltgeschichte. Das aber waren sie als »Mörder Jesu« in der Vorstellungswelt nur allzu vieler Christen schon fünfzehnhundert Jahre lang gewesen! Was, frage ich mich, mag der verbal hemmungslos ausgetobte Judenhaß des protestantischen Reformators Martin Luther dazu beigetragen haben?

Neben dem Versuch, Gottes Antlitz in dem irdischen Meer von Blut und Tränen durch die Delegierung des Bösen in die Entscheidungsfreiheit des Menschen makellos zu halten und mittels dieses Mechanismus das Bild des *Allgütigen* vor der Verantwortung für den namenlosen Jammer der Menschheit unversehrt zu bewahren, bietet sich mir die christliche Lehre auch sonst dar als eine Religion mit tief menschenfeindlichen Zügen.

Das gesamte Lehrgebäude der Bibel – und darin ist natürlich das Alte Testament eingeschlossen – basiert auf der Inkriminierung des Menschen. Ich kann mich nur tief verletzt, ja abgestoßen fühlen von einem Begriff wie dem der *Erbsünde*, dieser monströsen Fabel einer Sippenhaft aller Nachgeborenen Adams und Evas; abgestoßen auch von der dichten Finsternis, die der Begriff *Sünde* über die Menschen breitet, und abgestoßen erst recht von dem der *Hölle* und ihrem *Fegefeuer* – welch entsetzliche, unermeßlich seelische Pein haben sie über Gläubige durch Jahrhunderte zur Folge gehabt, eine Horrorisierung ganzer Zeitalter, ja bis hinein in unsere Gegenwart.

Ich kann mich auch nicht befreunden mit einer Lehre, die auf der einen Seite verkündet, der Mensch sei geschaffen worden von Gott nach *dessen* Ebenbild, die auf der anderen Seite jedoch dieses Ebenbild ununterbrochen entwürdigt zum Vergänglichsten und Nichtigsten unter den Sternen, zu bloßem Staub. Wenngleich diesem Staub merkwürdigerweise eine unsterbliche Seele innewohnen soll. Muß einem da nicht unwillkürlich der Gedanke kommen: Wenn der Mensch, dieses Sündenbündel, denn so fehlbar, so unvollkommen, so grenzenlos nichtig sei, wie er ständig und in starken Farben von der Bibel gezeichnet wird – müßte dann nicht auch sein göttliches Ebenbild fehlbar, unvollkommen und nichtig sein? Wie denn sonst kämen hier *Ebenbilder* zustande?

Dann die hilflose und unmögliche Zusammenfügung von Altem und Neuem Testament, mit ihrer zwitterhaften Aufspaltung Gottes in zwei völlig ungleiche Gestalten – ich kann zwischen beiden keine Ähnlichkeiten entdecken! Immerhin – unter dem mit lauter beängstigenden und beklagenswerten *menschlichen* Eigenschaften ausgestatteten *Ewigen* des Alten Testaments kann ich mir noch etwas vorstellen: unter diesem Jahve mit seiner unersättlichen Ehr- und Rachsucht; seiner Gier, angebetet zu werden, seinem äußerst nachtragenden Erinnerungsvermögen; mit seiner auf die ganze, die ausschließliche Macht erpichten Herrschsucht und seinem universalen Brüllorgan. Unter diesem Gott von sehr zweifelhaftem Charakter, der selbst der größte Verletzer seiner eigenen Gebote ist, ja, der sie alle umstößt, ausgenommen jenes, daß er der Höchste und Größte sei – unter diesem Gott kann ich mir noch etwas denken: als eine von Menschen geschaffene Projektion, der sie nur zu gern entsprochen hätten in ihrer irdischen, ihrer existentiellen, ihrer jüdischen Not, Verletzbarkeit und Existenz in der Wüste. Ja, in der Wüste, dieser großen Inspiratorin von Religionen! Ich kenne ihre Magie, ihren Zauber, ihre Mystik. Der alte Gott der Juden, Jahve, ist ein Gott der Wüste – so erbarmungslos, so launisch und – so gnädig, wie sie sein kann.

Mit dem Gott der Liebe und der Barmherzigkeit aber, zu dem sich der des Neuen Testaments dann mausert, ohne daß sich auf Erden seither wirklich etwas zum Besseren verändert hätte, mit diesem blassen Gott, der zuständig sein soll nur für das *Gute* und der sich herumdrückt um die Verantwortung für das, was seine Ebenbilder auf Erden schindet, foltert und ausblutet – mit diesem Gott kann ich gar nichts mehr anfangen!

Aber Jesus? Was ist mit Jesus? O ja – Jesus… Er ist für mich ein historischer Mensch, von einer Eindruckskraft, Glaubenskonsequenz, Größe, Weisheit und Güte, vor denen jede Kritik verstummt. An Jesus habe ich gedacht, als ich Israels Boden zum erstenmal betreten habe, und immer wieder dann – aber an ihn als Mensch. Von Gottvaters Existenz außerhalb der menschlichen Phantasie und Vorstellungskraft kann auch Jesus mich nicht überzeugen. Mich schaudert vielmehr vor der christlichen Leidensmystik seiner Annagelung ans Kreuz. Der große Wilhelm Reich hat sie »pervers« genannt, mit Recht, wie ich finde.

Ebenfalls früh geschaudert hat mich vor der Liebes-, Leibes- und Lustabstinenz, die das Leben von Christen durch fast die ganze Geschichte des Christentums hindurch begleitet hat und es mit ihrer menschenverkrüppelnden, menschenverstümmelnden Moral in Teilen der Welt noch bis heute bestimmt. Man stelle sich das *Hohelied* Salomos im Neuen Testament vor! Dieses Diadem der Poesie *für* die Herrlichkeit des Körpers, *für* Sexualität, *für* Leib und Lust – welcher nicht mehr meßbare Abstand zu Paulus… Die Prüderie des Christentums ist die schlimme, inhumane Frucht des Neuen Testaments, und auch darin besteht zwischen ihm und dem Alten Testament keinerlei wahre Beziehung und Ähnlichkeit. Ist im Alten doch vielfach die Rede von kopulieren, ejakulieren, onanieren, wird da doch ausschweifend und drastisch schwadroniert über jene Körperteile, von denen der gegenwärtige Papst einmal gesagt hat, man spräche darüber »nicht gern«… Wieso eigentlich nicht, da sie doch auch nach Gottes Ebenbild geformt sein müßten, wenn der Mensch denn seine *einheitliche* Schöpfung sein soll? Es hat ja etwas Tragikomisches an sich, daß nur allzu viele Christen, bis heute, nie wirklich darüber hinweggekommen sind, auf welch unanständige Weise Gott die Fortpflanzung der Menschen geregelt hat. Da mag wohl mancher von ihnen ratlose Vorbehalte gegen Schöpfung und Schöpfer gehegt haben, jedenfalls heimlich und unausgesprochen.

Ich stehe voller Entsetzen und Gegnerschaft vor dieser Leibesfeindschaft – und ihren fürchterlichen Auswirkungen, besonders auf Frauen. Natürlich waren und sind *sie* nicht zufällig die große Opfergruppe der kirchlichen Kriminalgeschichte, sondern das natürliche Aggressionsobjekt einer männergeprägten Hierarchie und ihrer maskulin bestimmten Lehre. Ein Zufall sind die *Hexenverfolgungen* wohl kaum, und man braucht zur Erkenntnis ihrer Ursachen nicht Sexualpathologie studiert zu haben, um zu begreifen, was da vor sich ging. Was eine mächtige, sich sexuell selbstkasteiende Priesterschaft dazu bewog, Hunderttausende von Frauen erst nackt foltern und dann lebendigen Leibes verbrennen zu lassen. Mich schaudert vor der Menschenfeindlichkeit einer solchen Praxis, und ich spüre in mir eine kalte Wut aufsteigen, wenn hier wiederum zwischen ihr und der reinen Lehre zugunsten des gütigen Gottes der Liebe und Barmherzigkeit fein säuberlich getrennt wird. Keine Frau hat davon etwas bemerkt, als die Flammen an ihr schutzloses Fleisch schlugen...

Und weiter. Wie kommt es – habe ich mich oft und immer wieder gefragt –, wie kommt es, daß den Anhängern anderer Religionen das Odium der *Heuchelei* nicht so anhaftet wie gerade Christen?

Ich habe das stets empfunden, und deshalb fühle ich mich in der Synagoge auch viel wohler als in der Kirche – bei meinen spärlichen Besuchen beider, wie ich wahrheitsgemäß anfügen muß...

Dort, wo ich groß geworden bin, im Hamburger Stadtteil Barmbek, gab es ein protestantisches Gotteshaus, in das ich als Kind mit den Spielgefährten schon mal getreten bin – früh, sehr früh befremdet von dem seltsamen Verhalten der Menschen um mich herum. Es hatte so gar nichts mehr zu tun mit dem, das ich außerhalb der Kirche von ihnen kannte, Kinder übrigens eingeschlossen. Nicht so sehr die eigene proletarische Rotznasen-Clique, wohl aber die Sprößlinge an der Hand der erwachsenen Gotteshaus-Besucher. Es war, als hätten alle ihre Persönlichkeit am Eingang abgegeben und seien nun in ein ganz anderes Gewand geschlüpft, eine neue Haut, in der sie nur noch flüstern, feierliche Mienen aufsetzen und sich, wie ich fand, außerordentlich abnorm benehmen konnten.

Da lob' ich mir denn doch die Synagoge, etwa die in der Pestalozzistraße Berlins, die ich gern besucht habe bei meinen Aufenthalten dort, und das hauptsächlich wegen der Prachtstimme und ungebrochenen Sangeslust ihres unvergleichlichen griechisch-jüdischen Kantors Nachama – ob er nun seine Kunst über ein Dutzend oder hundert Besucher hinschmetterte. Welch vertrautes menschliches Treiben, welche entspannte Atmosphäre! Kinder, die ihre Spiele von draußen zwischen den Bänken fortzusetzen schienen, gewiß respektvoll vor der Umgebung, aber unbefangen. Wie auch die miteinander ungeniert parlierenden älteren Jamolka-Träger, die Väter und Großväter, und das in einer Gesamtrunde, die mir immer gelöst vorkam. Wenngleich ich mich jedesmal noch wieder ärgerte über die Separierung der Frauen, die doch nur noch einmal den unlösbaren Ursprung auch des jüdischen Monotheismus in der Gesellschaft des antiken Patriarchalismus bescheinigt. In jener Herren-Sklaven-Gesellschaft aber regierte der *Mann*, und Gott ist, ganz ihr Abziehbild – ein Mann! Das ist er übrigens in der Vorstellung der überwältigenden Mehrheit der christlichen Welt aller Konfessionen bis heute auch geblieben.

Meine vergleichsweise Vorliebe für die Synagoge besagt jedoch in keiner Weise, daß ich dem jüdischen Glauben etwa anders gegenüberstünde als dem christlichen. Die Unfähigkeit zu glauben schließt beide ein, und daran beteiligt sich nicht zuletzt meine Auseinandersetzung mit der Bibel, genauer: mit ihrer historischen und räumlich-geographischen Begrenzung.

Im Zusammenhang damit hatte sich mir die folgende Frage ebenfalls früh gestellt: Woher nehmen Christen eigentlich den Anspruch auf die Globalität, ja die Universalität ihrer Lehre? Der Gesichtskreis des *Buches der Bücher* bleibt ständig beschränkt auf die Nabelschau bestimmter Teile Kleinasiens, des Vorderen und des Mittleren Orients sowie Nordafrikas. Welch winziger Ausschnitt, nein, nicht des Universums, denn dann bliebe rein gar nichts mehr, sondern auch schon des Erdballs. Das drängt sich im Alten Testament zwischen der ägyptischen Oase Siwa im Westen über Palästina und das Zweistromland bis hin zum iranischen Hochland im Osten. Jenseits davon haben weder Jahve noch die Erzväter irgendein Weltbild. Das Neue Testament schließlich reduziert das Geschehen und die Mobilität Jesu gar auf wenige Quadratkilometer zwischen der Quelle des Jordan und Jerusalem.

Nun kann man mir entgegnen: Du siehst das mit den Augen des Glaubenslosen, es geht jedoch um eine göttliche Botschaft. Aber ununterdrückbar rumort es in mir: Was hatten denn gleichzeitig die Bewohner Chinas, Sibiriens und Altamerikas mit dieser Lehre zu tun? Was geschah denn dort um diese Zeit, und war deren Glauben weniger respektabel? Es ist ja der Weltanspruch des christlichen Glaubens, samt seiner – man darf wohl heute sagen: gescheiterten – Missionsgeschichte, die solche kritischen Assoziationen herausfordert. Die Autoren der Bibel kannten nichts anderes als sich selbst und *die* Geschichtskräfte, die auf sie einwirkten und denen sie unterworfen waren auf dem Glacis der antiken Orientreiche. Welch enggefaßter Geschichts-, Tat- und Lehrort dort, die territoriale Dimension, um die es da geht, welche Unkenntnis von Ländern, Völkern, Breiten, die es damals doch auch schon gegeben hat! Ein natürliches Defizit jener Zeit, selbstverständlich. Nur ist sie, *die Zeit*, weitergegangen, diese eherne irdische Wirklichkeit und ihre unaufhaltsame geistige Erkenntnisanreicherung, beides die eigentlichen, die zentralen Widersacher und Problemschöpfer für Religionen, auch für die christliche. Denn es ist ja ein großer Unterschied für die menschliche Vorstellungskraft, ob sich Gott im damalig sichtbaren Universum fortwährend und ausschließlich um das angebliche Zentrum seiner Schöpfung zu kümmern hatte oder, nach neu- und dazugewonnenen Kenntnissen, um Milliarden und aber Milliarden Galaxien, mit Entfernungen zwischen ihnen von wiederum Milliarden von Lichtjahren. Wovon weder der jüdische Jehova noch der christliche Gott des Neuen Testaments anderes verlauten lassen als das, was sich seinerzeit dem unbewaffneten Auge des Menschen dargeboten hatte. Und natürlich ist die Bibel auch in Unkenntnis der geologischen Zeitalter unserer Erde, ihrer Flora und Fauna und deren Entwicklungsstadien. Wie jung die Stiftungsurkunde doch in ihrer schriftlichen Fassung ist, gemessen an der erdgeschichtlichen Uhr, deren Zifferblatt wir längst um so vieles genauer kennen! Jung auch, was die nachweisbare Existenz des Menschen vor Millionen Jahren angeht. Wie neu sind doch die Monotheismen, der jüdische an die sechstausend, der christliche gar erst zweitausend Jahre alt. Heute weiß die Forschung, daß die menschenleere Erde an die 200 Millionen Jahre von der Reptiliengattung der Saurier beherrscht worden ist, und diese Herrschaft betrug auch nur ein Dreißigstel der Zeit seit dem *Urknall*, von dem die Wissenschaftler sprechen. Lange Zeit, wahrlich, hat Gott sich gelassen, um sein Ebenbild zu schaffen. Ich sehe noch jene patinierte Bibelausgabe vor mir, in der vorn gedruckt stand, wann der Mensch in Gestalt von Adam und Eva geschaffen worden sei – im Jahre 3442 vor der christlichen Zeitrechnung... Das hatte ein Christ ausgemacht.

Und dann, wenn Darwin – der übrigens falsche – Vorwurf gemacht wurde und wird, seine Lehre führe die Menschen auf den Stammbaum des Affen zurück! Da darf man doch, würde man darauf eingehen, fragen: für die äußere Ähnlichkeit zwischen Mensch und bestimmten Affen ist doch wohl auch Gott verantwortlich, denn gehören Affen, wie die ganze Tierwelt, nicht ebenfalls zu seiner Schöpfung? Und nicht nur die Menschen und die Affen, nein, alle übrigen Säugetiere auch haben, ohne Ausnahme, sieben Halswirbel – was doch wohl den Gedanken an einen gemeinsamen Ursprung nahelegt...

Und tatsächlich, unter den Zwängen der Forschung wurden und werden Korrekturen vorgenommen, widerwillig genug, aber unumgänglich. Etwa, wenn die vatikanische Tageszeitung »Osservatore Romano« vor einigen Jahren verlauten ließ, daß der Mensch »im Fleische« aus dem Tierreich stammen könnte... Eine abgetrotzte Berichtigung von geradezu revolutionärem Zuschnitt, an der abermals abzulesen war, welch ungeheurem Druck Religion durch Wirklichkeit ausgesetzt ist.

Das gilt auch für die Bibel, wenngleich das Christentum eine fast schon bewunderswerte Geschmeidigkeit demonstriert, sich den wandelnden Realitäten anzupassen. Die Einordnung unseres Planeten in das Universum durch die Bibel ist natürlich eine metaphysische Position, ohne daß seine wahre Gestalt im Sonnensystem und am Rande der Milchstraße, also der eigenen Galaxie, bekannt war. Die ja wiederum nichts weiter ist, als *ein* Molekül im Meer der materiellen Grenzenlosigkeit. Mit Massen, ja, meine Damen und Herren, mit Materiemassen, die, wenn ich fragen darf, von welcher Kraft eigentlich erschaffen worden sein sollen? Und gleich die nächste Frage: Wer hat diese Kraft geschaffen, die das zustande gebracht haben soll? Das ist rhetorisch gefragt, denn natürlich kenne ich die Antwort der Gläubigen: diese Kraft habe niemand geschaffen, denn sie, Gott, sei immer dagewesen. Das heißt: der gläubige Mensch kann sich schon etwas *Ewiges* vorstellen – aber offenbar nicht in Form von Materie, die sich immer wieder aus sich selbst heraus gebiert und verwandelt, ohne Anfang und ohne Ende – ewig. Das zu erkennen, fällt dem Menschen schwer, da er selbst nur zu vergänglich ist, mit Beginn und Abschluß, und das auf alles Sichtbare überträgt. Ich sehe in dieser natürlichen Erkenntnisschwierigkeit gegenüber der *ewigen Materie* einen wichtigen Ursprung der Religion und ihrer spirituellen Wurzeln. Nur zu verständlich, daß der Mensch sich kein anderes als ein anthropozentrisches Weltbild ausmalen konnte: er und sein Standort als Mittelpunkt des Universums. Und natürlich drehte sich dann die Sonne um die Erde, das sah doch jeder! Der Augenschein macht es ja heute noch schwer, das Gegenteil zu erkennen... Durch die Beharrung der Kirche auf diesem Irrtum ist bekanntlich mein Namensvetter *Giordano Bruno,* der es besser wußte und standhaft blieb, im Jahre 1600 auf dem römischen *campo dei fiori* lebendig verbrannt worden. Zeitgenössische Chroniken teilen mit, er habe furchtbar geschrieen, als die Flammen ihn erreichten...

Schließlich der christliche Glaubenssatz: alle Obrigkeit sei von Gott... Daß ich nicht lache, erlaube ich mir angesichts meiner Erinnerungen unter Hitler und meiner Erfahrungen mit dem Stalinismus zu kommentieren, und zwar in Übereinstimmung mit meinem erlittenen und erkämpften Lebensstandort.

Zusammengefaßt: Mein glaubensloser Humanismus richtet sich nicht nur gegen die christliche, sondern auch gegen jede andere Religion. Denn ich kann nicht erkennen, daß Religionen dauerhaft und grundlegend humanisierend gewirkt hätten. Manche von ihnen wollen das auch gar nicht, es ist nicht ihr Wesen – zum Beispiel der Hinduismus, dem der Begriff Menschen- oder Nächstenliebe völlig fremd ist. Aber auch die großen Religionen der deklarierten Menschenliebe und ihre Monotheismen haben diesen Effekt nicht, ganz im Gegenteil. Religionsgeschichte ist weitgehend Kriegsgeschichte, und die der Christen ganz spezifisch. Was für Bilder bieten sich uns da gerade über die historische Spanne des Kreuzes hin! Gott übrigens immer auf seiten der Sieger, jedenfalls nach deren Interpretationen! Denn sind die Inhaber der größerkalibrigen Kanonen nicht stets niedergekniet und haben Gott für den Sieg gedankt – ihm, der doch eigentlich auf der Seite der Besiegten, der Schwächeren hätte stehen müssen, nicht immer auf der der Triumphierer? Sonst stets voll von der Unerforschbarkeit des göttlichen Ratschlusses, waren die Sieger unerschütterlich der Gewißheit, daß sich der ihnen sonst so unendlich entzogene Gott diesmal in die lokalen militärischen Händel samt deren politische Hintergründe eingemischt und zugunsten der eigenen Partei entschieden habe! Dem fügt sich, ebenfalls von der göttlichen Lenkung überzeugt, dann auch der christliche Verlierer, wenngleich mit sehr anderen Gefühlen, denn meist wird ja nun mit ihm ganz unchristlich verfahren. Die höhere Lenkung rechtfertigt natürlich jeden Frevel des Siegers am Verlierer – der seinerseits als Sieger dem Unterlegenen guten Gewissens das gleiche angetan hätte. Ich bin gerade dabei, die Geschichte des Dreißigjährigen Krieges zu studieren – und ich war in Nordirland. Aber andere können es auch – ich nenne, als Beispiel, nur den Namen Chomeini… Religion hielt und hält für alles her, was Menschen Menschen antun.

Wer aus meinen Ausführungen Schärfe heraushören will, dem konzediere ich gern, daß die Wortwahl von der Bezogenheit des glaubenslosen Humanisten auf den Menschen herrührt, um den es mir immer geht – und ich mich deshalb bitter tue mit dem, was Religion und Glaube Menschen durch Menschen zugefügt haben, solange wir zurücksehen können. Wenn die Gläubigen unter Ihnen, meine Damen und Herren, wähnen, daß ich Sie verletzt hätte, so halten Sie mir meine vorangegangene Verletzung durch das zugute, was der Glaube des Menschen unter seinesgleichen angerichtet hat.

Nun kann mir mit Recht entgegnet werden, Religion habe auch Gutes gestiftet, habe menschenfreundliche Werke verrichtet, habe segensreich gewirkt und unendliche Wohltaten verbreitet. O ja, wer könnte, wer wollte das bestreiten? Spreche ich etwa dem einzelnen Gläubigen die Mitmenschlichkeit ab oder seine Bereitschaft zur Nächstenliebe? Natürlich nicht, und wie denn auch? Nur – die »guten Taten« konnten mich über die »bösen« noch nie hinwegtrösten, und irgendeine Aufrechnung der einen gegen die anderen gehört für mich ins Reich der Menschenfeindlichkeit. Das dauerhafteste Ergebnis von 2000 Jahren Christentum ist denn auch das *schlechte Gewissen* seiner Anhänger über die *guten Taten*, die zu tun sie unterlassen haben.

Die Quintessenz meiner Auseinandersetzung läuft auf das Hauptkriterium des glaubenslosen Humanisten, auf die Grundfrage hinaus: Was taugt Religion, um das Leben der Menschen menschlicher, die Erde, unseren blauen Planeten, für sie bewohnbarer zu machen? Meine Antwort lautet, nimmt man alles in allem: wenig, sehr wenig – bei gleichzeitig gutem Willen unendlich vieler durch alle Äonen der Religionsgeschichte hindurch. Zur Humanisierung des Diesseits hat Religion, hat insbesondere das Christentum, nicht beitragen können, im Gegenteil. Und für irgendein Jenseits, das hier ausgleichend wirken könnte, fehlt mir nicht nur die Vorstellungskraft, sondern auch das Verständnis. Ich ordne jede Lehre vom *besseren Jenseits* uneingeschränkt ein in die gesellschaftspolitische Vertröstungsfunktion der Religion, nämlich den Glauben des Menschen seit eh und je zu benutzen, um Elend, Not und Ausbeutungsverhältnisse *im Diesseits* als gottgegeben hinzunehmen und sie damit zu verewigen.

Meine Passion ist der Mensch. Ich bin geprägt von der Unfähigkeit, über den Menschen Höheres zu setzen als ihn selbst. Und ich bin gelehrt worden, immer wieder, was es heißt und was geschieht, wenn über ihn Höheres gesetzt wird – Gott, mit dem alles, aber auch alles »erklärt« werden kann.

Dafür ein gravierendes Beispiel von äußerster Bestürzungskraft und mir erst kürzlich widerfahren – bei der Lektüre von Friedrich Heers »Gottes erste Liebe«. In diesem Buch des verstorbenen, ebenso streitbaren wie progressiven österreichischen Katholiken, steht vieles, was ich, rein auf das Diesseits bezogen, unterschreiben könnte – eine Abrechnung mit der eigenen Kirche von seltener Verve und Gedankenschärfe. Dazu eine stürmische Philippika für das Volk der Juden, eben »Gottes erste Liebe«. Aber dann kommt der Schlußabsatz, das Resümee. Ich zitiere die nicht lange Passage vollständig, weil sie das ganze Dilemma, in das die Wirklichkeit einen Christen, und sei es auch einen Neuerer, ja Revolutionär, führt, auf geradezu klassische Weise offenbart:

»Die Antisemiten des 19. und 20. Jahrhunderts haben die Judenfrage als das Schlüsselproblem der Weltgeschichte angesprochen. Sie haben recht, doch anders, als sie meinen: In dem Juden... steckt nicht der Teufel, sondern der verborgene Gott. Hinter dem ›zersetzenden‹, ›teuflischen‹, ›antichristlichen‹ Juden ist – in den Feuern zweier Weltkriege, in den Feuern der Todesmühlen in den Konzentrationslagern – der Gott des Sinai erschienen: Er, ein furchtbarer Gott, opferte seine erstgeborenen Söhne, seine Juden, um der Menschheit Wege zum Durchbruch durch tausendjährige Verhärtungen, Versteinerungen, Fehlleistungen und Fehlhaltungen zu öffnen. Dieser Gott ist der Gott, der da kommt: ein Gott der Gegenwart, ein Gott der Zukunft: In sie hinein schmilzt er die mörderische Vergangenheit ein.«

Meine Damen und Herren, ich verstumme vor dieser ebenso phantasievollen wie hilflosen Interpretation, Auschwitz einen theologischen, einen göttlichen Sinn zu geben, diesmal dadurch, daß Friedrich Heer das größte Menschenschlachthaus aller Zeiten in *Gottes Plan*, in *seine* Verantwortung einbaut...

Auschwitz, und alles, was dieser Name symbolisiert und materialisiert, hatte keinen *Sinn*. Glaube, Religion, sie können es nicht *erklären*, ohne Hitler zum *Werkzeug Gottes* zu machen oder Auschwitz in die Entscheidungsfreiheit des Menschen für Gut und Böse zu stellen. Hatte, so frage ich, die Million jüdischer Kinder, die dort im Gas erstickte, auch solche Entscheidungsfreiheit?

Auschwitz ist Juden von Christen aller Konfessionen angetan worden, und es zeigt wieder nur die Ohnmacht der Religion gegenüber der Wirklichkeit, wenn mir darauf entgegnet würde: die Mörder und ihr Anhang seien eben keine Christen gewesen... Dieser Einwand, bei dem ich alle meine Kraft zusammennehmen muß, um ruhig zu bleiben, stellt mir als glaubenslosem Humanisten nur noch einmal die Frage nach der Tauglichkeit der Religion für den Menschen. *Er ist meine Passion*, mein Schlüsselproblem, war es und wird es sein, über das ganze Dasein hin – und ohne Gott. Nein, ich kann nicht glauben, und trotzdem hoffe ich. In diese Hoffnung aber sind Gläubige, sind Christen fest eingeschlossen. Nach dem Trennenden nun die Frage: Was kann uns einen?

Im April 1969 flog ich mit einem Fernsehteam des Westdeutschen Rundfunks nach Bogotá, Hauptstadt des südamerikanischen Anden- und Urwald-Staates Kolumbien. Dort ging ich den Spuren von *Camilo Torres* nach. Sproß der weißen Oberschicht, ausgestattet mit Geist, Charme und physischer Schönheit, hätten ihm alle Möglichkeiten der Privilegierten offengestanden. Aber Camilo Torres ging einen anderen Weg. Er entschied sich, Priester zu werden und den sozialen und politischen Kampf für die armen Massen aufzunehmen. Dieser Weg führte zum Bruch mit seiner geliebten Kirche – und in die Guerilla des Fabio Vasquez Castagno, in die Berge der Provinz Süd-Santander. Dort, im Gebiet von San Vicente Chucuri, fiel Camilo Torres, 33 Jahre alt, am 15. Februar 1966 im Kampf mit Regierungstruppen der 5. Armeebrigade.

Ich bin an Ort und Stelle der Lebensgeschichte dieses Kolumbianers zu ihren historischen Stätten gefolgt: Wie er in den Slums des verfaulenden, stinkenden Südens von Bogotá zur Hoffnung der Armen geworden war. Wie er emporstieg zur Symbolfigur, zum Liebling der unruhigen Studentenschaft auf der »Universidad Nacional«, der Nationaluniversität. Wie er kämpfte als Politiker und die Menschen zu ihm aufschauten wie zu einer Erscheinung. Wie er scheiterte und den letzten Ausweg im bewaffneten Kampf, in der Guerilla, suchte. Eine Entscheidung, die viele seiner Freunde respektierten, aber für falsch hielten.

Mit einigen von ihnen sprach ich damals, aber nicht nur mit ihnen, sondern bald schon mit Camilo Torres selbst, der für mich langsam immer plastischer, immer persönlicher auferstanden war – der Dialog mit einem Toten! Es hat in meinem Leben wenig gegeben, was mich tiefer beeindruckt hätte als dieser kolumbianische Priester, seine Liebe zu den Armen und die unüberwindliche Bereitschaft, gemäß seinen Überzeugungen zu leben und – zu sterben.

Auf der Suche nach der Stätte, wo Camilo Torres gefallen war, in den Dschungeln von Santander, hatte sich mir wie von selbst die Erinnerung eingestellt an Dostojewskis »Gebrüder Karamasow«, an den Großinquisitor, der den auf die Erde zurückgekehrten und im Gefängnis von Sevilla eingekerkerten Jesus drohend fragt: »Warum bist du gekommen, uns zu stören? Weißt du, was geschehen wird? Morgen werde ich dich richten, als den gefährlichsten aller Ketzer, und dasselbe Volk, das dir heute die Füße geküßt hat, wird sich auf einen Wink von meiner Hand zum Scheiterhaufen stürzen, um dort die Kohlen zu schüren, auf denen du brennen sollst, daß du kamst, uns zu stören.«

Die Phantasie des russischen Dichters in die Prosa dieser kolumbianischen Tragödie übertragen: ein Christ, der das Evangelium der Nächstenliebe leben wollte, geht in einem mit Kirchen übersäten Land an der Überlegenheit total unchristlicher Verhältnisse zugrunde – das ist die Dimension, an der Camilo Torres scheiterte.

Mir war durch die Begegnung mit ihm zweierlei widerfahren: ein weiterer bestürzender Beweis für die begrenzte Einflußfähigkeit von Jenseitsbotschaften auf die irdische Wirklichkeit – aber auch die Erfahrung, daß Christen Bundesgenossen sein, daß sie mich im Kampf um eine bessere menschliche Welt tief beeindrucken können. Wenn ich dem lebenden Camilo Torres begegnet wäre, er hätte möglicherweise eine biographische Weiche stellen können, die mein Dasein verändert und mich aus Europa verpflanzt hätte. Das Jenseits hätte ich Camilo Torres überlassen, aber im Diesseits wäre ich sein und er mein Bruder geworden, und das völlig ungeachtet seiner Gläubigkeit und meiner Glaubenslosigkeit.

Dieser Kirche, der Kirche der Armen, die sich ausbreitet in der Welt, bin ich ein Alliierter. Sie begrüße ich, als ihr Weggefährte und Mitstreiter, und stelle mich ohne Zögern in ihre Reihen. Es gibt sie auch hier bei uns, in Deutschland, in Europa, ich weiß. Aber einem ihrer großen Repräsentanten bin ich woanders begegnet, ebenfalls in Südamerika, und wiederum als ein Erlebnis von unvergeßlicher Eindruckskraft: dem Erzbischof von Recife-Olinda.

Sein Domizil war nicht das offiziell-pompöse Palais des Kirchenfürsten in dieser großen Stadt des trockenen brasilianischen Nordostens, sondern die Igreja das fronteiras, eine schmucklose Kirche am Rande von Recife, dem früheren Pernambuco. Da stand er plötzlich vor uns, der »rote Prälat«, der »Priester der Betrübten«, wie er auch genannt wird, der Mahner und Wächter weit über Brasilien hinaus und längst seine eigene Legende – geliebt von Millionen und gehaßt von vielen klerikalen Würdenträgern der Amtskirche: *Dom Helder Camara!*

Klein war er, unscheinbar, wie er da aus dem Altar hervortrat, ein Mensch, den man auf der Straße übersehen würde. Aber dann, als er sprach, auf meine Fragen antwortete vor laufender Kamera! Ich habe bei niemandem, weder vor noch nach diesem Gespräch, eine solche Verwandlung durch Sprache, Gestik und Mimik erlebt wie bei dieser temperamentgeladenen, von innerer Energie förmlich berstenden und doch ganz auf sich selbst bescheiden zurückgenommenen Persönlichkeit. Der winzige Mann wuchs förmlich in die Höhe und die Breite; mit dem Wort begann alles an ihm zu leben, Hände, Arme, Schultern, Rumpf. Die Finger spreizten, die zerbrechlichen Hände dehnten, die lächelnden Augen verdunkelten sich. Welch eine Inbrunst und – ja – welch ein Glaube... Der Kameramann, der beim Eintritt Helder Camaras noch enttäuscht gemault hatte, nun nach getaner Arbeit: »Das ist ja der *Jesus von Recife*!«

Einer seiner Priester, eben 28 geworden, war gerade von Todesschwadronen ermordet worden – drei Schüsse in den Kopf...

Der Abschied von der baufälligen Igreja das fronteiras, nach langem Gespräch: Helder Camara umarmt jeden von uns, keiner spricht, keiner will sich die innere Bewegung anmerken lassen. Dann aus dem Heckfenster des abfahrenden Wagens – der zierliche

Gottesmann, immer schrumpfender, ferner, schemenhafter, winkend – ein Bild, das ich nie vergessen werde.

Seine Kirche ist mein Bundesgenosse, wo es ihr um den Menschen geht. Denn er, *der Mensch ist meine Passion.*

Ich bin ihm auf meinen Reisen als Fernsehautor überall begegnet, hier in Europa und in achtunddreißig Ländern Asiens, Afrikas und Lateinamerikas. Überall bin ich dem *Menschen* begegnet.

Dem Menschen? Ist er nicht unerschöpflich in seiner Differenzierung und Unterschiedenheit? Natürlich ist er das. Und dennoch spreche ich von *ihm*, in der Einzahl. Denn ich bin belehrt worden, daß *die* Menschen in vielem *eins*, daß sie elementar gleich sind, wo immer sie auch leben. Ich meine den Humus der Menschheit, ihr biologisches Fundament, das, was Soziologie und Statistik den »einfachen Mann«, die »einfache Frau« nennen. Ich nenne ihn *den* Menschen, weil ich in den vielen, die er verkörpert, etwas fundamental Gemeinsames entdeckt habe: die *Große Angst* und die *Große Hoffnung.*

Ja, die Große Angst – ich bin ihr überall begegnet; in den Augen eines Indio-Kindes, das nie gelernt hat zu lächeln; in den harten Gesichtern der *campesinos*, die mit dem Holzpflug Kolumbiens Erde aufrissen, Chiles Boden umgruben und auf Perus steinigen Gebirgsäckern schufteten. Überall war die Große Angst – vor dem Heute, größer noch vor dem Morgen, am größten vor der immer wiederkehrenden Frage von Frau und Kindern in der häuslichen Hütte aus Lehm, Schilf oder Blech – der Frage nach Nahrung, nach dem Ende des Hungers...

Überall bin ich auf die Große Angst gestoßen – in den Dörfern des italienischen Mezzogiorno und des algerischen Atlas; im heißen Neapel wie im kalten Setif; in den Kordillerennestern von Quito bis Antofagasta und in der Masai-Steppe; im *Hinterhof der Menschheit*, den Slums aller Kontinente, und auf der *Odyssee unserer Tage*, den Flüchtlingsströmen von Vietnam bis zu den afrikanischen Völkerwanderungen der Dürre und des Hungers wegen. Angst vor Behörden und Polizei, vor mächtigen Eigentümern und *ihren* Gesetzen, *ihrer* Willkür, *ihrer* Grausamkeit; Angst vor Mißhandlung, vor Vergewaltigung, vor Krieg und Bürgerkrieg und vor der Folter –

dieser Schmach unserer Tage. Die Große Angst zog hinter den Wasserbüffeln auf den Reisfeldern Südostasiens her, stand wie eine Säule über den filigranen Dörfern des übervölkerten Java, und auch über Guams Bunkertrümmern aus dem Zweiten Weltkrieg.

Aber überall bin ich, bei den gleichen Menschen, auch der Großen Hoffnung begegnet; in den Gesichtern afrikanischer Schulkinder, die uns umkreist, umjauchzt oder still gefangen hielten, ein Blumengarten menschlicher Schönheit, Anmut und Erwartung; ich bin der Großen Hoffnung begegnet in der rührenden Geste eines kleinen Chinesen, der uns aus seiner Reisschale abgeben wollte; in der Ausdauer, mit der ein nordirischer Katholik inmitten der sozialen und politischen Kraterlandschaft seiner Heimatstadt Londonderry dennoch lachen konnte; in der stummen Würde, Freundlichkeit und distanzierten Bereitschaft einer Anden-Indianerin, sich von unserer frechen Kamera filmen zu lassen. Überall hat die Große Hoffnung gefragt: »Woher kommt ihr?« – »Wer seid ihr?« – Hoffnung auf Anteilnahme, auf Erwiderung, auf Wärme; Hoffnung auf ein Funken Liebe, auf ein offenes Ohr. Hoffnung lag in der Hand, die uns José Acuña-Acuña, ein Arbeiter des chilenischen Kupferbergwerks El Teniente, entgegenstreckte, und eine einzige Große Hoffnung war das fast sakrale Kolleg, das uns ein somalischer Berater des tansanischen Präsidenten Nyerere vor der Kulisse der modernen Universität von Daressalam hielt – über die Notwendigkeit eines neuen Verhältnisses zwischen Afrika und Europa…

Und all das können wir auch hier bei uns finden, auf dem immer noch raketengespicktesten Territorium der Erde, bedroht von den tickenden Zeitbomben der Atomkraftwerke um uns herum und der wachsenden Gefahr des ökologischen Selbstmordes.

Die Große Angst und die Große Hoffnung – das sind die beiden Gewalten, die für mich im Laufe der letzten 25 Jahre meines Lebens unterwegs immer klarer aus ihrer spirituellen Unsichtbarkeit hervorgetreten sind. Ihre höchste Konzentration erfahren sie dort, wo Menschen von Menschen gedemütigt, vertrieben, gequält werden – oder aber, wo Menschen einander helfen und gütig zueinander sind.

Er, der Mensch, ist meine Passion – in zugleich trauernder wie solidarischer Kenntnis: seiner ständigen Niederlagen und nicht abrei-
ßenden Verstoßungen; der erbärmlichen, vor sich selbst und den
Angehörigen nicht verbergbaren Schwäche; in Kenntnis der hilflosen Anläufe und der ausgestreckten und nicht ergriffenen Hände –
in Kenntnis also von Verhältnissen, die das Dasein der großen
Mehrheit der Menschheit ausmachen. Doch er, der Mensch, ist
ebenso meine Passion in Kenntnis seiner schlaflosen Erwartungen,
seiner nie versiegenden Sehnsucht nach Herzlichkeit, Zuspruch,
Bruder- und Schwesternschaft wie auch der Fähigkeit, all das
selbst zu spenden; in Kenntnis seiner Bereitschaft, anzupacken,
und seines ungestümen Lebenswillens, auch unter den elendesten
Bedingungen noch. Mit anderen Worten: der Mensch ist meine
Passion in trauernder und solidarischer Doppelkenntnis seiner ewigen Angst und seiner unsterblichen Hoffnung!

Dieses zweifache Wissen ist es, das, vor dem Hintergrund der eigenen Verfolgung während der Nazizeit, aus langjähriger *Nachbarschaft* mit den *Verdammten der Erde* endlich *Verwandtschaft* herstellt –
und den Sieg *meiner Angst* über *meine Hoffnung* verhindert hat.

Aber auf dieser Lebensstrecke haben alle Ideologien, haben alle
Ismen für immer ihre Glaubwürdigkeit und ihren Glanz verloren.

Geblieben ist *der* Mensch, *er* ist meine Sorge. Und wie gerechtfertigt ist sie – für uns alle!

Gesetzt den Fall, die Mächtigen dieser Erde würden ihren Streit
begraben, ihr Rivalitätsdenken aufgeben, ihre Armeen minimali-
sieren und die Blockpolitik auf den Kehrichthaufen der Geschichte
werfen; gesetzt den Fall, die Völker würden ihre Nationalismen
überwinden, der Rassenhaß hauchte sein Leben aus und das notorische Mißtrauen und die uralte Furcht der Menschen voreinander
würden fallen; gesetzt, all das würde geschehen, und zwar zu dem
Zweck, die Güter gerechter zu verteilen, die Abwesenheit von
Krieg in Frieden zu verwandeln, den Welthunger und die Weltarmut zu besiegen und der furchtbaren, alles überschattenden ökologischen Drohung energisch entgegenzutreten – selbst dann, selbst
wenn das gelänge, selbst bei solcher ins Unermeßliche potenzierten

Kraft der gesammelten Menschheit, bliebe es zweifelhaft, ob das Ziel der Anstrengungen erreicht werden würde, ohne daß es nicht dennoch zu jenen Katastrophen käme, die im Schoße unserer Epoche längst vorbereitet sind.

Obschon gerade in unseren Tagen einige ernst zu nehmende und außerordentlich begrüßenswerte Ansätze dazu zu erkennen sind, nicht zuletzt durch die weltgeschichtlichen Reformbestrebungen Michail Gorbatschows, so weiß doch jeder von uns, wie weit entfernt wir von einer so vereinten Menschheit sind.

Ich bin am Ende meiner – *Predigt*?

Ich hätte nichts dagegen, wenn es so genannt wird. Aufgefordert, hier zu sprechen, habe ich Ihnen gesagt, wo ich stehe. Es gibt Trennendes und Vereinendes. War ich deutlich genug, daß Sie nun wissen: Ich bekämpfe die Religion nicht, ich überlasse sie den Gläubigen –? Ich versuche niemals, Gläubigen ihren Glauben zu nehmen, wie ich mich gleichzeitig dagegen verwahre, missioniert zu werden. Ich streite mich gern und heftig mit jenen, die fest im Glauben sind, aber niemals mit solchen, denen ich durch die Argumentation meiner Glaubenslosigkeit und Religionsverneinung etwas nehmen könnte. Meine praktizierte Haltung gegenüber Menschen ist unabhängig davon, ob sie glauben oder nicht. Ich beurteile sie nicht danach, wie sie zu *Gott*, ich beurteile sie danach, wie sie zum *Menschen* stehen. So kann es sein, daß ein Glaubensloser mein Gegner, ja mein Feind, ein Gläubiger jedoch mein Freund und Bundesgenosse ist.

Die *philosophische Position* des Glaubenslosen kann eher melancholisch als alles andere genannt werden. Denn wird der Mensch je dem Menschen das Höchste werden? Solange seine Bedürftigkeit nach Gott besteht, wohl kaum. Aber werden die Menschen Zustände schaffen, die ihre Bedürftigkeit nach Gott aufheben werden? Ich würde das eher verneinen als bejahen. Der glaubenslose Humanist kann also wenig oder gar keine Erwartung hegen, daß eine Welt errichtet wird, die *die seine* wäre – eine Erkenntnis, die alles, was er an *Hoffnung* hat, begrenzt.

Tatenlos macht mich das nicht. Denn da gibt es etwas – im Diesseits und für mich nur dort –, das Gläubige und Glaubenslose einen kann: unendlich oft versehrt und unendlich oft mißhandelt, aber dennoch unzerstörbar – die *Liebe*. Nur sie ist – wie die Wahrheit – dauerhaft, nur *ihre Werke* haben Bestand. Aber nichts ist schwerer zu erkennen als sie und nichts schwerer zu erreichen für den Menschen.

Ein allerletztes Notabene: Es ist vorgekommen, daß Leute, in Kenntnis meiner Bücher, meines Lebensweges und durchaus auch meiner Glaubenslosigkeit mir geschrieben oder persönlich gesagt haben: »Weißt du eigentlich, daß du viel christlicher bist als die meisten von uns?«

Ich habe nicht protestiert.

Fragebogen

Aus dem »FAZ«-Magazin vom 4. August 1989

Was ist für Sie das größte Unglück?   *Nicht mehr arbeiten zu können für eine bewohnbarere Welt.*

Wo möchten Sie leben?   *Wo ich lebe: in Deutschland, in Italien und in Israel.*

Was ist für Sie das vollkommene irdische Glück?   *Daß des Menschen Höchstes der Mensch sei.*

Welche Fehler entschuldigen Sie am ehesten?   *Schwäche aus Güte.*

Ihre liebsten Romanhelden?   *Eugen Gant aus »Schau heimwärts, Engel«.*

Ihre Lieblingsgestalt in der Geschichte?   *Voltaire.*

Ihre Lieblingsheldinnen in der Wirklichkeit?   *Meine Mutter alias Lea Bertini.*

Ihre Lieblingsheldinnen in der Dichtung?   *Mir fällt erschreckenderweise keine ein.*

Ihre Lieblingsmaler?   *Keiner, aber danach Modigliani, Amadeo.*

Ihr Lieblingskomponist?   *Frédéric Chopin.*

Welche Eigenschaften schätzen Sie bei einem Mann am meisten?   *Ehrlichkeit und Zuverlässigkeit.*

Welche Eigenschaften schätzen Sie bei einer Frau am meisten?   *Die Fähigkeit, Anteil zu nehmen.*

Ihre Lieblingstugend?   *Zuhören zu können.*

Ihre Lieblingsbeschäftigung?   *Verarbeitete Gedanken zu veröffentlichen.*

Wer oder was hätten Sie sein mögen?   *Der ich bin – vorher: Jockey, Cowboy, Lokführer.*

Ihr Hauptcharakterzug?   *Zwang, produktiv zu sein.*

Was schätzen Sie bei Ihren Freunden am meisten?   *Bereitschaft in der Not.*

Ihr größter Fehler? *Zu impulsiv, zu rasche Entschlüsse, zu rasch verletzend.*

Ihr Traum vom Glück? *Daß des Menschen Höchstes der Mensch sei – ohne Gott, glaubenslos.*

Was wäre für Sie das größte Unglück? *Nicht mehr arbeiten zu können.*

Was möchten Sie sein? *Was ich bin – Journalist, Publizist, Schriftsteller.*

Ihre Lieblingsfarbe? *Rot.*

Ihre Lieblingsblume? *Keine bestimmte – alle.*

Ihr Lieblingsvogel? *Der Wiesenpieper.*

Ihr Lieblingsschriftsteller? *Der amerikanische Epiker Thomas Wolfe.*

Ihr Lieblingslyriker? *Günter Kunert.*

Ihre Helden in der Wirklichkeit? *Nelson Mandela, Camilo Torres.*

Ihre Heldinnen in der Geschichte? *Rosa Luxemburg, Anne Frank.*

Ihre Lieblingsnamen? *Keine.*

Was verabscheuen Sie am meisten? *Nazis, Stalinisten, Faschisten e tutti quanti.*

Welche geschichtlichen Gestalten verachten Sie am meisten? *Hitler, Stalin und ihre unbelehrbaren Anhänger.*

Welche militärischen Leistungen bewundern Sie am meisten? *Den Sieg der Roten Armee über die Wehrmacht.*

Welche Reform bewundern Sie am meisten? *Die Gorbatschowsche in der Sowjetunion.*

Welche natürliche Gabe möchten Sie besitzen? *Besonnener zu sein, als ich sein kann.*

Wie möchten Sie sterben? *Schmerzlos.*

Ihre gegenwärtige Geistesverfassung? *Kannibalisch vital, kämpferisch wie eh und je.*

Ihr Motto? *Niemals aufgeben.*

Ralph Giordano

Foto: tento press

An den Brandherden der Welt

(4860)

Wenn Hitler den Krieg gewonnen hätte
Die Pläne der Nazis nach dem Endsieg

(4810)

Die zweite Schuld oder Von der Last Deutscher zu sein

(3943)

»Ich bin angenagelt an dieses Land«
Reden und Aufsätze über die deutsche Vergangenheit und Gegenwart

(80024)

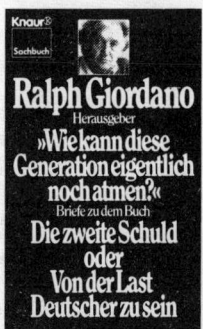

Ralph Giordano Herausgeber
»Wie kann diese Generation eigentlich noch atmen?«
Briefe zu dem Buch
Die zweite Schuld oder Von der Last Deutscher zu sein

(4817)

Politik und Zeitgeschichte

(80018)

(80000)

(80014)

(80022)

(80012)

(80013)

Friedrich Schorlemmer

(80006)

Träger des
Friedenspreises
des Deutschen
Buchhandels

(80005)

(77051)

(80031)